T0255433

ELEKTRONIK FÜR EINSTEIGER

EINE PRAKTISCHE EINFÜHRUNG IN SCHALTPLÄNE, SCHALTKREISE UND MIKROCONTROLLER

Jonathan Bartlett

Elektronik für Einsteiger: Eine praktische Einführung in Schaltpläne, Schaltkreise und Mikrocontroller

Jonathan Bartlett
Tulsa, USA

ISBN-13 (pbk): 978-3-662-66242-7   ISBN-13 (elektronisch): 978-3-662-66243-4
https://doi.org/10.1007/978-3-662-66243-4

Geschäftsführender Direktor, Apress Media LLC: Welmoed Spahr
Akquisitionsredakteurin: Natalie Pao
Entwicklungsredakteur: James Markham
Koordinierender Redakteur: Jessica Vakili

Weltweit an den Buchhandel vertrieben von Springer Science+Business Media New York, 233 Spring Street, 6th Floor, New York, NY 10013. Telefon 1-800-SPRINGER, Fax (201) 348-4505, E-Mail orders-ny@springer-sbm.com oder www.springeronline.com. Apress Media, LLC ist eine kalifornische LLC und das einzige Mitglied (Eigentümer) ist Springer Science + Business Media Finance Inc (SSBM Finance Inc). SSBM Finance Inc ist eine Gesellschaft nach **Delaware**.

Für Informationen über Übersetzungen wenden Sie sich bitte an booktranslations@springernature.com; für Nachdruck-, Taschenbuch- oder Audiorechte wenden Sie sich bitte an bookpermissions@springernature.com.

Apress-Titel können in großen Mengen für akademische Zwecke, Unternehmen oder Werbezwecke erworben werden. Für die meisten Titel sind auch eBook-Versionen und -Lizenzen erhältlich. Weitere Informationen finden Sie auf unserer Webseite für Print- und eBook-Massenverkäufe unter http://www.apress.com/bulk-sales.

Jeglicher Quellcode oder anderes ergänzendes Material, auf das der Autor in diesem Buch verweist, ist für die Leser auf GitHub über die Produktseite des Buches verfügbar, die sich unter www.apress.com/978-3-662-66242-7 befindet. Für weitere Informationen besuchen Sie bitte http://www.apress.com/source-code.

Gedruckt auf säurefreiem Papier

Dieses Buch ist Forrest M. Mims III gewidmet, dessen „Engineer's Mini-Notebook"-Buchreihe ich als Jugendlicher ununterbrochen gelesen habe und dessen Arbeit als Bürgerwissenschaftler mich und viele andere inspiriert hat.

Inhaltsverzeichnis

Über den Autor

Jonathan Bartlett ist ein leitender Software-F&E-Spezialist bei Specialized Bicycle Components, der sich auf die Erstellung erster Prototypen für eine Vielzahl von IoT-Projekten (Internet of Things) konzentriert. Jonathan unterrichtet die Tech-Community seit mehr als einem Jahrzehnt. Sein erstes Buch, *Programming from the Ground Up*, ist ein Internetklassiker und wurde von Joel Spolsky, Mitbegründer von Stack Exchange, empfohlen. Es war eines der ersten Open-Source-Bücher und wurde von einer ganzen Generation von Programmierern benutzt, um zu lernen, wie Computer von innen heraus funktionieren, wobei Assembler als Ausgangspunkt diente. Kürzlich veröffentlichte er *Building Scalable PHP Web Applications Using the Cloud* sowie das Analysislehrbuch *Calculus from the Ground Up*. Jonathan schreibt außerdem eine Mischung aus technischen und populären Artikeln für eine Reihe von Websites, darunter den neuen Technologieblog MindMatters.ai. Seine anderen Artikel sind auf der IBM-DeveloperWorks-Website, Linux.com und Medium.com zu finden. Er ist auch der Leiter von Tulsa Open Source Hardware, einer lokalen Gruppe, die sich auf Do-it-yourself-Elektronikprojekte konzentriert.

Jonathan ist auch an einer Reihe von akademischen Arbeiten beteiligt. Er ist assoziiertes Mitglied des Walter Bradley Center for Natural and Artificial Intelligence. Dort forscht er auf dem Gebiet der Grundlagenmathematik und der Mathematik der künstlichen Intelligenz. Außerdem ist er Mitglied des Redaktionsausschusses der Zeitschrift *BIO-Complexity*, wo er sich auf die Überprüfung von informationstheoretischen Arbeiten für die Zeitschrift konzentriert und bei der Erstellung von LaTeX-Sätzen behilflich ist.

Außerdem hat Jonathan mehrere Bücher über das Zusammenspiel von Philosophie, Mathematik und Wissenschaft geschrieben, darunter *Engineering and the Ultimate* und *Naturalism and Its Alternatives in Scientific Methodologies*. Jonathan fungierte als Herausgeber des Buches *Controllability of Dynamic Systems: The Green's Function Approach*, das mit dem RA Presidential Award der Republik Armenien im Bereich „Technische Wissenschaften und Informationstechnologien" ausgezeichnet wurde.

Jonathan ist zusammen mit seiner Frau Christa, mit der er seit 20 Jahren verheiratet ist, Mitglied des Vorstands von Homeschool Oklahoma. Sie inspirieren ihre Gemeinschaft auf verschiedene Weise, z. B. durch das Schreiben von Lehrmaterial, das Erstellen von Lehrvideos, die Nachhilfe für Schüler durch Classical Conversations und das Teilen ihrer eigenen Geschichten von Tragödien und Erfolg mit anderen.

Über den technischen Prüfer

Mike McRoberts ist der Autor von *Beginning Arduino* von Apress. Er ist der Gewinner von Pi Wars 2018 und ein Mitglied von Medway Makers. Er ist ein Arduino- und Raspberry-Pi-Enthusiast.

Mike McRoberts verfügt über Fachkenntnisse in einer Vielzahl von Sprachen und Umgebungen, darunter C/C++, Arduino, Python, Processing, JS, Node-RED, NodeJS und Lua.

Danksagungen

Ich möchte in erster Linie meiner Homeschool-Co-op-Gemeinschaft danken. Dieses Buch entstand ursprünglich aus einer Reihe von Kursen, die ich in unserer örtlichen Co-op gab und meine Schüler waren die Versuchskaninchen für diesen Inhalt. Ich habe viel Zuspruch von dieser Klasse erhalten, und sowohl die Schüler als auch die Eltern waren von dem Material begeistert. Ich möchte mich bei meiner Frau bedanken, die es ertragen hat, dass ich ständig am Computer getippt habe, um das Material zusammenzustellen. Ich möchte auch der Tulsa Open Source Hardware Community (sowie der größeren Tulsa WebDevs Community) danken, die mich bei der Zusammenstellung dieses Buches sehr ermutigt hat und die sich auch viele Präsentationen, die auf diesem Material basieren, angesehen hat.

Einführung

Willkommen in der Welt der Elektronik! In der modernen Welt sind elektronische Geräte allgegenwärtig, aber immer weniger Menschen scheinen zu verstehen, wie sie funktionieren oder wie man sie zusammensetzt. Gleichzeitig war es noch nie so einfach, dies als Einzelperson zu tun. Das Angebot an Schulungen, Werkzeugen, Bauteilen, Anleitungen, Videos und Tutorials für den Heimexperimentator ist enorm gestiegen und die Kosten für die Ausrüstung sind fast auf null gesunken.

Was jedoch bisher fehlte, war ein guter Leitfaden, der die Schüler von dem *Wunsch*, die Funktionsweise elektronischer Schaltungen zu verstehen, dazu bringt, sie tatsächlich zu begreifen und ihre eigenen zu entwickeln. Für Hobbybastler gibt es viele Leitfäden, die zeigen, wie man einzelne Projekte durchführt, aber sie bieten oft nicht genug Informationen, um den Lesern die Möglichkeit zu geben, eigene Projekte zu entwickeln. In Physikbüchern gibt es viele Informationen über die Physik der Elektrizität, aber es gelingt ihnen nicht, die Informationen in die Praxis umzusetzen. Eine Ausnahme bildet das Buch *The Art of Electronics* von Horowitz und Hill. Dieses Buch ist ein hervorragendes Nachschlagewerk für den Entwurf praktischer Schaltungen. Allerdings richtet es sich hauptsächlich an Elektroingenieure oder andere sehr fortgeschrittene Schaltkreisentwickler. Und nicht nur das: Das Buch selbst ist unerschwinglich teuer.

Was schon lange gebraucht wurde, ist ein Buch, das Sie von der Unkenntnis über Elektronik bis hin zur Fähigkeit führt, echte Schaltungen zu bauen, die Sie selbst entwerfen. Dieses Buch kombiniert Theorie, Praxis, Projekte und Entwurfsmuster, um Sie in die Lage zu versetzen, Ihre eigenen Schaltungen

J. Bartlett, *Elektronik für Einsteiger*, https://doi.org/10.1007/978-3-662-66243-4_1

von Grund auf zu bauen. Darüber hinaus ist dieses Buch ganz auf eine sichere, stromsparende DC-Versorgung (Direct Current, DC, Gleichstrom) ausgelegt. Wir bleiben in diesem Buch weit weg von der Steckdose, um sicherzustellen, dass Sie eine unterhaltsame und weitgehend sorgenfreie Erfahrung mit Elektronik machen.

Dieses Buch ist für zwei Personengruppen gedacht. Erstens kann dieses Buch als Leitfaden für Hobbyisten (oder solche, die es werden wollen) verwendet werden, um selbst zu lernen. Es enthält viele Projekte, an denen man arbeiten und mit denen man experimentieren kann. Zweitens kann dieses Buch auch im Elektronikunterricht für Schüler und Studenten verwendet werden. Es enthält Aufgaben, die bearbeitet werden müssen, Aktivitäten, die durchgeführt werden müssen, und Übersichten am Ende eines jeden Kapitels.

Die Bedürfnisse dieser Gruppen unterscheiden sich nicht so sehr voneinander. Selbst wenn Sie ein Hobbyist sind und dieses Buch zum Selbststudium verwenden möchten, empfehle ich Ihnen, nicht nur die wichtigsten Teile des Kapitels zu lesen, sondern auch die Aktivitäten und Hausaufgaben zu erledigen. Das Ziel der Hausaufgaben ist es, Ihren Verstand zu trainieren, um wie ein Schaltungsentwickler zu denken. Wenn Sie die Beispielprobleme durcharbeiten, wird das Analysieren und Entwerfen von Schaltungen zu einer reinen Gewohnheit.

1.1   Arbeiten mit Beispielen

In diesem Buch sollten alle Beispiele mit Dezimalzahlen und nicht mit Brüchen gerechnet werden. Dies ist ein Ingenieurkurs, kein Mathematikkurs, Sie können also gerne einen Taschenrechner benutzen. Allerdings werden Sie bei einigen der Antworten oft sehr lange Reihen von Dezimalzahlen erhalten. Sie können Ihre Antworten gerne runden, aber geben Sie immer mindestens eine Dezimalstelle an. Wenn ich z. B. 5 durch 3 teile, zeigt mir mein Taschenrechner 1,66666667 an. Ich kann die endgültige Antwort jedoch einfach als 1,7 angeben. Dies gilt nur für die endgültige Antwort. Sie müssen Ihre Dezimalzahlen beibehalten, während Sie Ihre Berechnungen durchführen.

Wenn Ihre Antwort eine Dezimalzahl ist, die mit einer Null *beginnt*, sollten Sie Ihre Antwort so runden, dass die ersten zwei bis vier Ziffern, die keine Null sind, enthalten sind. Wenn ich also eine Antwort von 0,0000033333333 habe, kann ich sie auf 0,00000333 runden. Wenn Sie genau wissen wollen, wie Sie die Ergebnisse runden müssen, lesen Sie den Abschnitt über signifikante Zahlen im nächsten Kapitel. Für Anfänger und Hobbybastler ist dies weniger ein Problem und wir werden uns in diesem Buch im Allgemeinen als Hobbybastler verstehen.

Kurz gesagt, als Ingenieure sind wir mindestens so präzise, wie wir sein *müssen*, oder maximal so präzise, wie wir sein *können*. Das Maß an Präzision, das wir benötigen, ist von Projekt zu Projekt unterschiedlich, und das Maß an Präzision, das wir erreichen können, hängt von unseren Werkzeugen, unseren Komponenten und anderen Dingen ab, mit denen wir arbeiten. Daher wird in diesem Buch nicht so sehr darauf eingegangen, wie viele Dezimalstellen genau zu verwenden sind. Ausführlichere Beschreibungen zum Umgang mit signifikanten Zahlen finden Sie in anderen wissenschaftlichen Büchern. Wenn Sie bei den Aufgaben in den Kapiteln aufgrund von Rundungsfehlern um eine einzige Stelle daneben liegen, brauchen Sie sich keine Sorgen zu machen.

1.2   Erstes Handwerkzeug und Zubehör

Man kann mit einem minimalen Satz an Handwerkzeug in die Elektronik einsteigen, aber man kann auch so ausgefallen sein, wie man es sich leisten kann. Dieses Buch konzentriert sich auf das bescheidenere Handwerkzeug, das für so gut wie jeden Geldbeutel erschwinglich ist.

Das Buch führt Sie durch eine Vielzahl von Bauteilen für verschiedene Arten von Schaltungen, aber jeder Elektronikbastler sollte mit den folgenden Bauteilen beginnen:

1. Multimeter: Mit Multimetern lassen sich Spannung, Strom, Widerstand und andere wichtige Werte messen. Für diese Projekte ist das billigste Digitalmultimeter, das Sie finden können, völlig ausreichend. Sie brauchen nur eines von diesen.

2. Lötfreie Breadboards: Lötfreie Breadboards halten Ihre Projekte an Ort und Stelle und verbinden Ihre Komponenten miteinander. Breadboards werden nach der Anzahl der Löcher, den sog. Tie Points, verkauft, die das Breadboard enthält. Wenn Sie Ihre Projekte aufbewahren wollen, sollten Sie für jedes Projekt ein eigenes Breadboard haben. Das Schöne an lötfreien Breadboards (Steckplatinen) ist jedoch, dass sie wiederverwendet werden können, wenn Sie wollen.

3. Überbrückungsdrähte: Überbrückungsdrähte sind wie normale isolierte Drähte, mit dem Unterschied, dass ihre Enden fest und stabil genug sind, um in Ihr Breadboard gesteckt zu werden. Die Drähte selbst können flexibel oder starr sein. Es gibt auch Überbrückungsdrähte mit weiblichen Enden (ein Loch anstelle eines Drahts), die in Schaltkreise eingesteckt werden können, aus denen Metallstifte herausragen (sog. Header), an die man sie anschließen kann. Jeder Bastler, den ich kenne, hat eine

riesige Menge an Überbrückungsdrähten. Sie werden normalerweise in Bündeln von 65 Drähten geliefert, was für den Anfang völlig ausreichend ist.

4. Widerstände: Widerstände leisten einen großen Teil der Arbeit in einem Schaltkreis. Sie widerstehen dem Stromfluss, was u. a. verhindert, dass andere Teile des Stromkreises beschädigt werden. Widerstände werden in Ohm (Ω) gemessen. Die meisten Bastler haben eine große Auswahl an Widerständen. Sie sollten eine Auswahl an Widerständen von 200–1.000.000 Ω haben. Wenn Sie sich jedoch für einen Wert entscheiden müssten, funktionieren 1000-Ω-Widerstände in einer Vielzahl von Situationen. Die Widerstände für dieses Buch sollten für 1/4 W Leistung ausgelegt sein.

5. LEDs: LEDs (lichtemittierende Dioden) sind stromsparende Lichter, die häufig in elektronischen Geräten verwendet werden. Ich empfehle, sich eine Vielzahl von LED-Farben zuzulegen, weil das Leben dadurch einfach mehr Spaß macht. Die meisten einfarbigen Standard-LEDs haben ungefähr die gleichen Spezifikationen, der Hauptunterschied ist also die Farbe.

6. Knöpfe und Schalter: Taster und Schalter sind die wichtigsten Ein- und Ausgabemethoden in diesen Schaltungen. Sie sollten Taster und Schalter kaufen, *die speziell für Breadboards geeignet sind.*

7. Leistungsregler: Während die meisten dieser Projekte direkt mit einer Batterie betrieben werden können, sorgt eine Stromreglerplatine dafür, dass Sie eine vorhersehbare Spannung von Ihrer Batterie erhalten, unabhängig davon, wie gut geladen oder entladen die Batterie ist. Die YwRobot-Breadboard-Stromversorgung ist extrem billig (billiger als die meisten Batterien) und versorgt Ihr Projekt auch mit einem Ein-/Ausschalter. Sie sollten für jedes Breadboard, das Sie besitzen, ein solches Netzteil kaufen. Es gibt auch andere Breadboard-Netzteile (stellen Sie sicher, dass sie 5 V ausgeben), aber in unseren Zeichnungen wird das YwRobot-Netzteil verwendet.

8. 9-V-Batterie und Stecker: Die einfachste Art, den Leistungsregler mit Strom zu versorgen, ist eine 9-V-Batterie mit einem Standardzylinderstecker (2,1 mm × 5,5 mm), der in das YwRobot-Netzteil passt.

Spätere Projekte werden spezielle Komponenten erfordern, aber dies sind die Komponenten, die für fast jedes Projekt benötigt werden, das Sie kennenlernen oder selbst entwerfen werden. Wenn Sie einen Bausatz mit allen Komponenten, die Sie für dieses Buch benötigen, bestellen möchten, finden Sie diese unter www.bplearning.net.

1.3 Sicherheitsrichtlinien

Dieses Buch befasst sich fast ausschließlich mit Gleichstrom aus kleinen Batteriequellen. Dieser Strom ist von Natur aus ziemlich sicher, da kleine Batterien nicht in der Lage sind, die Strommenge zu liefern, die nötig ist, um zu verletzen oder zu schaden. Bei diesen Projekten können Sie ungestört Drähte berühren und mit aktiven Schaltkreisen arbeiten, ohne sich zu schützen, denn der Strom ist nicht in der Lage, Sie zu verletzen. Das Hauptproblem, das manchmal auftritt, ist, dass bei schlecht ausgeführten Schaltungen Bauteile überhitzen und gelegentlich (aber selten) Feuer fangen können. Außerdem kann die Batterie selbst überhitzen/schädlich werden und Batterien bestehen oft aus potenziell giftigen Chemikalien.

Bitte beachten Sie die folgenden Sicherheitsrichtlinien, wenn Sie an Projekten arbeiten (sowohl an Projekten aus diesem Buch als auch an Projekten, die Sie selbst bauen). Sie tragen zu Ihrer Sicherheit bei und verhindern, dass Sie versehentlich Ihre eigene Ausrüstung beschädigen:

1. Wenn Sie Schnittwunden oder andere offene Stellen auf Ihrer Haut haben, decken Sie diese bitte ab. Die Haut bietet den größten elektrischen Schutz an Ihrem Körper.

2. Bevor Sie Ihren Stromkreis mit Strom versorgen, überprüfen Sie, ob Sie nicht versehentlich einen Kurzschluss zwischen dem Plus- und Minuspol Ihrer Batterie verursacht haben.

3. Wenn sich Ihr Stromkreis nicht so verhält, wie Sie es erwarten, wenn Sie den Akku einstecken, stecken Sie ihn sofort aus und überprüfen Sie ihn auf Probleme.

4. Wenn der Akku oder ein Bauteil warm wird, trennen Sie den Akku oder das Bauteil sofort von der Stromversorgung.

5. Wenn Sie Brand- oder Rauchgeruch wahrnehmen, unterbrechen Sie sofort die Stromzufuhr.

6. Entsorgen Sie alle Batterien in Übereinstimmung mit den örtlichen Vorschriften.

7. Befolgen Sie bei wiederaufladbaren Batterien die Anweisungen auf der Batterie für das richtige Aufladen.

Bitte beachten Sie, dass Sie beim Umgang mit Wechselstrom (AC) oder großen Batterien (z. B. Autobatterien) weitaus mehr Vorsichtsmaßnahmen ergreifen müssen als in diesem Buch beschrieben, da diese Geräte in sich selbst und in den Stromkreisen genügend Energie erzeugen, um Sie bei falscher Handhabung zu verletzen oder zu töten (manchmal sogar, nachdem der Strom abgeschaltet wurde).

1.4   Elektrostatische Entladung

Wenn Sie schon einmal einen Türknauf berührt und einen kleinen Schlag erhalten haben, haben Sie eine elektrostatische Entladung („electrostatic discharge" ESD) erlebt. Eine elektrostatische Entladung ist für Sie nicht gefährlich, aber für Ihre Geräte kann sie gefährlich sein. Selbst Erschütterungen, die Sie nicht spüren, können Ihre Geräte beschädigen. Bei modernen Bauteilen ist eine elektrostatische Entladung selten ein Problem, aber dennoch ist es wichtig zu wissen, wie man sie vermeiden kann. Sie können diese Vorsichtsmaßnahmen auslassen, wenn Sie wollen, aber Sie sollten wissen, dass es gelegentlich vorkommen kann, dass Sie einen Chip oder Transistor kurzschließen, weil Sie nicht vorsichtig waren. Eine elektrostatische Entladung ist auch problematischer, wenn Sie Teppichböden haben, da diese dazu neigen, statische Elektrizität aufzustauen.

Hier sind einige einfache Regeln, die Sie befolgen können, um Probleme mit elektrostatischer Entladung zu vermeiden:

1. Lagern Sie IC-Bauteile (d. h. Elektronikchips; Integrated Circuit, IC) so, dass die Kabel in leitfähigen Schaumstoff eingewickelt sind. Dadurch wird verhindert, dass sich während der Lagerung Spannungsunterschiede aufbauen.

2. Tragen Sie natürliche Stoffe aus 100 % Baumwolle.

3. Verwenden Sie eine spezielle ESD-Bodenmatte und/oder ein Handgelenkband, um Sie und Ihren Arbeitsbereich auf Erdpotenzial zu halten.

4. Wenn Sie kein ESD-Band oder keine ESD-Matte verwenden, berühren Sie vor Beginn der Arbeit einen großen Metallgegenstand. Führen Sie dies nach jeder Bewegung erneut durch.

1.5   Richtiges Benutzen des Multimeters

Wir haben zwar noch nicht alle Details behandelt, die wir für die Verwendung unseres Multimeters brauchen, aber da wir uns mit dem richtigen Umgang mit Geräten befassen, füge ich diesen Abschnitt hier zu den anderen hinzu. Sie können diesen Abschnitt gerne überspringen, bis wir im Buch mit der Verwendung von Multimetern beginnen.

Um die Funktionsfähigkeit Ihres Multimeters zu erhalten, ist es wichtig, einige grundlegende Vorsichtsmaßnahmen zu treffen. Multimeter, v. a. billige, können durch unsachgemäße Handhabung leicht beschädigt werden. Befolgen Sie die folgenden Schritte, um zu verhindern, dass Sie Ihr Multimeter beschädigen oder Ihren Schaltkreis mit dem Multimeter beschädigen:

1. Versuchen Sie nicht, den Widerstand in einem aktiven Stromkreis zu messen. Nehmen Sie den Widerstand ganz aus dem Stromkreis heraus, bevor Sie versuchen, ihn zu messen.

2. Wählen Sie die entsprechende Einstellung an Ihrem Multimeter, *bevor* Sie es anschließen.

3. Wählen Sie immer zuerst die hohen Werte, insbesondere für Strom und Spannung. Verwenden Sie die hohen Werte für Strom und Spannung, um Ihrem Multimeter den maximalen Schutz zu bieten. Wenn Sie den Wert zu hoch eingestellt haben, ist es leicht, ihn niedriger zu setzen. Wenn Sie ihn zu niedrig eingestellt haben, müssen Sie vielleicht ein neues Multimeter kaufen!

Der Umgang mit Einheiten

Bevor wir mit der Erforschung der Elektronik beginnen, müssen wir über **Maßeinheiten** sprechen. Eine Maßeinheit ist im Grunde ein Standard, mit dem wir etwas messen. Wenn wir z. B. die Länge von etwas messen, verwenden wir normalerweise die Maßeinheiten Fuß und Meter. Sie können die Länge auch in Zoll, Yards, Zentimetern, Kilometern, Meilen usw. messen. Darüber hinaus gibt es einige obskure Längeneinheiten wie Achtelmeile, Elle, Meile und Pace.

Jede Art von Menge hat ihre eigenen Arten von Einheiten. Zum Beispiel messen wir die Zeit in Sekunden, Minuten, Stunden, Tagen, Wochen und Jahren. Wir messen die Geschwindigkeit in Meilen pro Stunde, Kilometern pro Stunde, Metern pro Sekunde usw. Wir messen die Masse in Pfund, Unzen, Gramm, Kilogramm, Körnern usw. Wir messen die Temperatur in Fahrenheit, Celsius, Kelvin und Rankine.

Einheiten für dieselbe Art von Menge können mit der richtigen Formel ineinander umgerechnet werden.

J. Bartlett, *Elektronik für Einsteiger*, https://doi.org/10.1007/978-3-662-66243-4_2

2.1 SI-Einheiten

Die wissenschaftliche Gemeinschaft hat sich weitgehend auf eine einheitliche Norm für Einheiten geeinigt, das **Internationale Einheitensystem**, abgekürzt **SI-Einheiten**. Dies ist die moderne Form des metrischen Systems. Aufgrund der großen Zahl der verfügbaren Einheitensysteme bestand das Ziel der Schaffung der SI-Norm darin, einen einzigen Satz von Einheiten zu schaffen, der auf einer physikalischen Grundlage beruht und eine einheitliche Art und Weise zur Darstellung größerer und kleinerer Mengen bietet.

Das imperiale Mengensystem veranschaulicht das Problem, das sie zu lösen versuchten. Im imperialen System gab es Gallonen. Wenn man eine Gallone in vier Teile teilte, erhielt man Quarts. Wenn man Quarts halbiert, erhält man Pints. Wenn man ein Pint in Zwanzigstel teilte, erhielt man Unzen.

Das imperiale System war sehr verwirrend. Es gab nicht nur eine enorme Anzahl von Einheiten, sondern sie waren auch alle durch unterschiedliche Beträge teilbar. Ähnlich verhielt es sich mit der Länge – 12 Zoll sind 1 Fuß, aber 3 Fuß sind 1 Yard und 1760 Yards sind 1 Meile. Das war eine Menge, die man sich merken musste und es war nicht einfach, die Berechnungen durchzuführen.

Das imperiale System hat zwar einige Vorteile (die im imperialen System verwendeten Größen entsprechen den Größen, die normalerweise bei menschlichen Aktivitäten verwendet werden – nur wenige Menschen bestellen Getränke in Millilitern), aber für Arbeiten, die viele Berechnungen und Einheiten erfordern, hat sich das SI-System weitgehend durchgesetzt. Wissenschaftliche Größen werden fast immer in SI-Einheiten ausgedrückt. In der Technik ist es eher eine Mischung, so wie die Technik selbst eine Mischung aus wissenschaftlicher Forschung und menschlichem Nutzen ist. Die eher technischen Bereiche sind jedoch im Allgemeinen zu SI-Einheiten übergegangen und haben diese beibehalten.

Im SI-System gibt es nur sieben Basiseinheiten. Es gibt auch andere Einheiten, die jedoch alle in Bezug auf diese Basiseinheiten gemessen werden können. Die Basiseinheiten für das SI-System sind in Abb. 2-1 dargestellt.

Einheit Typ	Einheit	Abkürzung
Länge	Meter	m
Zeit	Sekunde	s
Masse	Gramm[a]	g
Temperatur	Kelvin	K
Beleuchtungsstärke	Candela	cd
Stromstärke	Ampere	A
Menge[b]	Mol	mol

[a] Technisch gesehen ist die Basiseinheit der Masse aus historischen Gründen eigentlich das *Kilogramm*, aber es macht mehr Sinn, das Gramm selbst als Basiseinheit zu betrachten. Das Kilogramm ist eine Basiseinheit in dem Sinne, dass das standardisierte Gewicht auf dem Kilogramm beruht. Das Gramm jedoch eine Basiseinheit in dem Sinne, dass alle Präfixe auf dem Gewicht eines Gramms beruhen.

[b] Diese Einheit wird vor allem in der Chemie zum Zählen von kleinen Dingen wie Atomen und Molekülen verwendet.

Abb. 2 - 1. SI-Basiseinheiten

Viele andere Einheiten sind von diesen abgeleitet und werden als abgeleitete SI-Einheiten bezeichnet. Zum Beispiel wird zur Messung des Volumens oft der Liter verwendet.[1] Ein Liter ist jedoch nicht als solcher definiert, sondern in Bezug auf Meter. Ein Liter ist ein Tausendstel eines Kubikmeters. Wir können also die Längeneinheit nehmen und sie zur Beschreibung einer Volumeneinheit verwenden.

Ein komplizierteres Beispiel ist das Newton, eine Einheit der Kraft. Im SI-System ist das Newton definiert als ein „Kilogramm-Meter pro Sekunde zum Quadrat". Dies ist eine andere Art zu sagen, dass ein Newton die Kraft ist, die 1 kg pro Sekunde 1 m pro Sekunde beschleunigt.

Alle Dinge, die uns in diesem Buch interessieren, werden letztlich in Form von SI-Basiseinheiten definiert. Für die Zwecke dieses Buches ist es nicht wichtig zu wissen, welche Einheiten Basiseinheiten oder abgeleitete Einheiten sind, und es ist v. a. unnötig zu wissen, wie sie abgeleitet werden. Wichtig ist nur, dass Sie ein gut durchdachtes, standardisiertes Einheitensystem verwenden werden. Wenn die Einheiten gut zusammenzupassen scheinen, liegt das daran, dass sie so konzipiert wurden.

2.2 Skalierungseinheiten

Manchmal misst man wirklich große Mengen, und manchmal misst man sehr kleine Mengen. Im imperialen System gibt es insgesamt verschiedene Einheiten, um einen unterschiedlichen Maßstab für eine Menge zu erreichen. So gibt es

---

[1] Technisch gesehen ist der Liter nicht durch das SI definiert, aber er wird hier aufgeführt, weil er die einfachste Veranschaulichung des Punktes ist.

beispielsweise Zoll für kleine Entfernungen, Yards für mittlere Entfernungen und Meilen für große Entfernungen. Es gibt Unzen für kleine Mengen und Gallonen für große Mengen.

Im SI-System gibt es jedoch eine einheitliche Standardmethode, um größere und kleinere Mengen auszudrücken. Es gibt eine Reihe von Modifikatoren, die sog. **Einheitenpräfixe**, die an *jede Einheit* angehängt werden können, um in einem anderen Maßstab zu arbeiten. Die Vorsilbe *Kilo* bedeutet z. B. Tausend. Während also ein Meter eine Längeneinheit ist, ist ein Kilometer eine Längeneinheit, die 1000-mal so groß ist wie ein Meter. Während ein Gramm eine Masseneinheit ist, ist ein Kilogramm eine Masseneinheit, die das 1000-Fache der Masse eines Grammes beträgt.

Es funktioniert auch andersherum. Die Vorsilbe *Milli-* bedeutet Tausendstel, wie in $\frac{1}{1000}$. Während also ein Meter eine Längeneinheit ist, ist ein Millimeter eine Längeneinheit, die $\frac{1}{1000}$ eines Meters entspricht. Während ein Gramm eine Einheit der Masse ist, ist ein Milligramm eine Einheit der Masse, die $\frac{1}{1000}$ der Masse eines Gramms entspricht.

Wenn man sich also einen einzigen Satz von Präfixen merkt, weiß man, wie man alle Einheiten im SI-System ändern kann. Die gemeinsamen Präfixe kommen in jeder Potenz von 1000 vor, wie Sie in Abb. 2-2 sehen können.

Umrechnungsfaktor	Präfix	Abkürzung	Beispiele
1.000.000.000.000	Tera	T	Terameter, Terasekunde, Teragramm
1.000.000.000	Giga	G	Gigameter, Gigasekunde, Gigagramm
1.000.000	Mega	M	Megameter, Megasekunde, Megagramm
1.000	Kilo	k	Kilometer, Kilosekunde, Kilogramm
1			Meter, Sekunde, Gramm
0,001	Milli	m	Millimeter, Millisekunde, Milligramm
0,000001	Mikro	µ oder u	Mikrometer, Mikrosekunde, Mikrogramm
0,000000001	Nano	n	Nanometer, Nanosekunde, Nanogramm
0,000000000001	Pico	p	Picometer, Picosekunde, Picogramm

Abb. 2-2. Übliche SI-Präfixe

Um zwischen einer vorangestellten Einheit (z. B. Kilometer) und einer Basiseinheit (z. B. Meter) umzurechnen, wenden wir einfach den Umrechnungsfaktor an. Wenn also etwas 24,32 kg wiegt, kann ich das in

Gramm umrechnen, indem ich mit 1000 multipliziere. 24,32 ∗ 1000 = 24.320. Mit anderen Worten: 24,32 kg sind gleich 24 320 g.

Um von der Basiseinheit zu einer vorangestellten Einheit zu gelangen, *dividiert* man durch den Umrechnungsfaktor. Wenn also etwas 35,2 g wiegt, kann ich es in Kilogramm umrechnen, indem ich es durch 1000 teile. 35,2/1000 = 0,0352. Mit anderen Worten: 35,2 g entsprechen 0,0352 kg.

Sie können auch zwischen zwei vorangestellten Einheiten umrechnen. Sie multiplizieren einfach mit der Vorsilbe und dividieren durch die Zielvorsilbe. Wenn also etwas 220 kg wiegt und ich wissen will, wie viel Mikrogramm das sind, dann multipliziere ich mit der Vorsilbe Kilo (1000) und teile durch die Vorsilbe Mikro (0,000001):

$$\frac{220 \cdot 1000}{0.00000} = 220.000.000.000$$

Mit anderen Worten: 220 kg sind gleich 220.000.000.000 Mikrogramm.

Wenn Sie die Multiplikatoren kennen, können Sie die Skalierung der Einheiten vornehmen, die Sie benötigen. Was mir jedoch in der Regel hilft, mit diesen Multiplikatoren intuitiv umzugehen, ist, sich einfach vor Augen zu führen, wo jeder einzelne Multiplikator in einer einzigen Zahl landet. Die Abb. 2-3 zeigt alle Präfixe in einer einzigen Zahl.

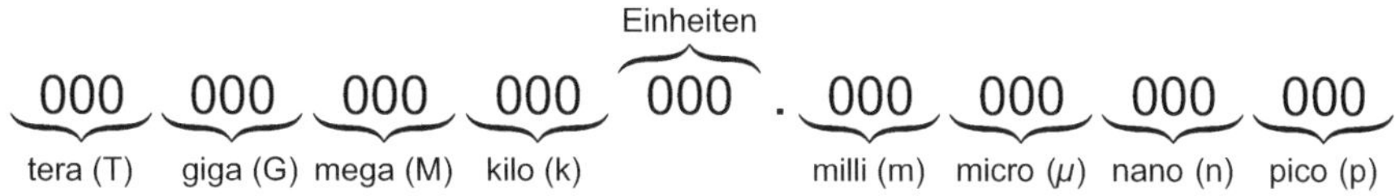

Einheiten

000 000 000 000 ⌢000 . 000 000 000 000

tera (T)   giga (G) mega (M) kilo (k)   milli (m) micro (μ) nano (n) pico (p)

Abb. 2-3. Visualisierung gemeinsamer Einheitenpräfixe

Nehmen wir also an, ich hätte es mit Bruchteilen eines Meters zu tun und hätte etwas, das 0,000000030 m beträgt. Wenn Sie diese Zahl mit dem Diagramm in Abb. 2-3 vergleichen, gibt es nur Nullen in der Einheit – im Milli- und im Mikrobereich. Die ersten Ziffern, die keine Nullen sind, erscheinen in der „Nano"-Gruppe. Aus der Abb. 2-3 ergibt sich, dass die Zahl im Nanobereich 030 ist. Die zu betrachtende Zahl ist also 30 Nanometer.

2.3 Verwendung von Abkürzungen

Das Tippen oder Schreiben von Wörtern wie Kilogramm, Mikrosekunde und Mikrometer ist nicht sonderlich schwierig, aber wenn sie häufig vorkommen (wie es in Gleichungen der Fall sein kann), kann es überwältigend werden. Deshalb hat jede Vorsilbe und jede Einheit eine Abkürzung. Da die Abkürzung für Gramm g und die Abkürzung für Kilo k lautet, können wir Kilogramm mit kg abkürzen. Gelegentlich sind die Abkürzung für die Einheit und das Skalierungspräfix identisch, wie im Fall von Meter (m) und Milli- (auch m). Das ist in Ordnung, denn wenn man sie zusammensetzt, erhält man Millimeter, das als mm abgekürzt wird.

Am schwierigsten zu schreiben ist der Buchstabe für Mikro-, μ. Dies ist der griechische Buchstabe mu (ausgesprochen „mü"). Es ist im Wesentlichen die griechische Schreibweise des Buchstabens m und wird verwendet, weil wir bereits ein kleines m (Milli-) und ein großes M (Mega-) verwenden. Da das Mikro- mit einem m beginnt, wird es in Ermangelung einer zusätzlichen englischen/lateinischen Schreibweise des m mit dem griechischen μ geschrieben, was jedoch manchmal schwer zu tippen ist. Da es durch die gequetschte Schreibweise wie ein u aussieht, schreiben manche Leute u statt μ, wenn sie nicht wissen, wie sie μ mit ihrem Computer/Tastatur schreiben sollen. In diesem Buch verwenden wir nie ein u für diesen Zweck, aber wenn Sie anderswo etwas wie 100 us lesen, bedeutet das 100 Mikrosekunden.

2.4   Signifikante Zahlen

Signifikante Zahlen sind der Fluch vieler wissenschaftlicher Bücher. Fast alles in der Wissenschaft muss gerundet werden und signifikante Zahlen sind im Grunde die Rundungsregeln für die Wissenschaft. Wir müssen einfach über sie sprechen, damit Sie wissen, wie ich die Rundungen in meinen Übungen durchführe.

Diese Regeln sind nicht schwer, aber sie können einige neuere Schüler ins Straucheln bringen. Wenn Sie einfach nur mit Elektronik spielen wollen, können Sie diesen Abschnitt überspringen; seien Sie sich nur bewusst, dass ich die Antworten auf die Probleme vielleicht anders gerundet habe als Sie.

Die signifikanten Zahlen sollen verhindern, dass wir denken, wir seien präziser, als wir es tatsächlich sind. Nehmen wir an, ich habe ein Stück Holz mit einer Länge von 1 m gemessen, möchte es aber in drei Teile schneiden. Wie soll ich die Länge jedes gewünschten Stücks in Dezimalzahlen angeben? Nun, 1 geteilt durch 3 ist 0,33333333333 … Ich kann so lange Dreier schreiben, bis die Kühe nach Hause kommen. Aber muss die Länge wirklich so genau sein? Ist meine Messung der ursprünglichen Länge des Holzes genau genug, um diese Art von Präzisionsanforderung zu rechtfertigen? Signifikante Zahlen ermöglichen es uns, diese Frage zu beantworten und Zahlen mit einer vertretbaren Genauigkeit anzugeben.

Für jede gemessene Größe müssen wir also die Anzahl der signifikanten Zahlen zählen. In den meisten Fällen entspricht die Anzahl der signifikanten Zahlen einer Zahl der Anzahl der Ziffern, mit ein paar Ausnahmen. Erstens werden bei den signifikanten Zahlen alle führenden Nullen ignoriert. Wenn ich also etwas mit 102 Fuß gemessen habe, hat es drei signifikante Ziffern, auch wenn ich führende Nullen hinzufüge. 102 Fuß und 0000000000102 Fuß haben also beide drei signifikante Ziffern. Außerdem werden diese führenden Nullen auch dann ignoriert, wenn sie hinter dem Dezimalpunkt stehen. Die Zahl 0,00042 hat also zwei signifikante Stellen. Die zweite Regel beim Zählen lautet, dass führende Nullen nicht als signifikant gezählt werden, wenn das Messgerät nicht in der Lage ist, so genau zu messen (oder die Menge nicht so genau angegeben wird). So beziehen sich beispielsweise der Wert 1 m und der Wert 1000 m numerisch auf dieselbe Zahl. Der zweite Wert wird jedoch in der Regel verwendet, um anzugeben, dass wir diese Zahl tatsächlich genau messen können. Wir würden nicht 1000 m angeben, wenn unsere Waage nicht tatsächlich auf ein Tausendstel eines Meters genau messen kann.

Mit Nullen auf der linken Seite des Dezimalsystems ist die Situation etwas komplizierter. Wenn ich sage: „1000 Personen nahmen an der Veranstaltung teil", wie genau ist diese Zahl dann? Haben Sie die Personen gezählt und genau 1000 erhalten? Ist sie möglicherweise auf die Zehner- oder Hunderterstelle geschätzt? Das wird unklar. Um das Problem für dieses Buch zu vereinfachen, können Sie davon ausgehen, dass alle Ziffern auf der rechten Seite als signifikante Zahlen zählen. Wenn wir also sagen, dass „1000 Menschen" an der Veranstaltung teilgenommen haben, ist das eine Zahl mit vier signifikanten Ziffern. Wenn wir jedoch sagen, dass „1 Kilopersonen" an der Veranstaltung teilgenommen haben, ist dies eine Zahl mit einer signifikanten Ziffer. Wenn wir sagen, dass „1,03 Kilopersonen" an der Veranstaltung teilgenommen haben, ist das eine Zahl mit drei signifikanten Ziffern. Wir werden diese Konvention beim Aufschreiben von Problemen verwenden, aber die Ergebnisse können auch nur eine gerundete Zahl mit nachgestellten Nullen sein (d. h. anstatt „1,03 Kilopersonen" zu schreiben, könnten wir das Ergebnis als 1030 Personen schreiben).

Eine weitere kleine Regel: Wenn eine Zahl exakt ist, dann hat sie im Grunde genommen unendlich viele signifikante Ziffern. So braucht es z. B. zwei Menschen, um ein Baby zu bekommen. Dies ist eine exakte Zahl. Es sind nicht 2,01 oder 2,00003 Menschen, es sind genau zwei. Für die Zwecke der signifikanten Zahlen hat dieser Wert also eine unendliche Anzahl von Ziffern. Umrechnungsfaktoren werden im Allgemeinen als exakte Werte betrachtet.

So zählt man also signifikante Stellen. Dies ist wichtig, weil die signifikanten Stellen Einfluss darauf haben, wie Berechnungen gerundet werden. Es gibt zwei Regeln – eine für das Multiplizieren und Dividieren und eine für das Addieren und Subtrahieren.

Beim Multiplizieren und Dividieren sollten Sie den Eingabewert mit den wenigsten signifikanten Stellen ermitteln. Das Ergebnis sollte dann auf so viele signifikante Stellen gerundet werden. Wenn wir z. B. $103 * 55$ haben, dann sollte das Ergebnis auf zwei signifikante Stellen gerundet werden. Obwohl das Ergebnis also 5665 beträgt, sollten wir es als 5700 ausweisen. Nehmen wir an, wir haben 55,0 ÷ 3,00. Da beide Eingabewerte drei signifikante Stellen haben, sollte auch das Ergebnis drei signifikante Stellen haben. Daher ist das Ergebnis 18,3.

Bei der Addition und Subtraktion werden anstelle von signifikanten Zahlen die Dezimalstellen der Zahlen aneinandergereiht, die Operation durchgeführt und das Ergebnis auf die Anzahl der verfügbaren Dezimalstellen des Eingabewerts gerundet, der die geringste Genauigkeit aufweist (die wenigsten Zahlen rechts vom Dezimalpunkt). Wenn ich also z. B. 1,054 + 0,06 habe, ist das Ergebnis 1,104. Das Ergebnis wird jedoch auf 1,10 gerundet, weil die 0,06 so viele Stellen nach dem Komma hat.

Bei einer Reihe von Operationen werden signifikante Zahlen in der Regel am Ende der gesamten Berechnung oder bei Bedarf verwendet, um die Komplikation von Zwischenergebnissen zu begrenzen. Taschenrechner runden ohnehin irgendwann für Sie, sodass sich eine gewisse Zwischenrundung nicht vermeiden lässt. Wenn Ihre Antwort um die kleinste signifikante Stelle von der im Buch angegebenen abweicht, ist es daher wahrscheinlich, dass Sie zwar richtig liegen, aber an verschiedenen Stellen Ihrer Berechnung gerundet haben.

In der professionellen wissenschaftlichen und technischen Datenberichterstattung sind signifikante Zahlen wichtig. Beim Herumspielen mit Elektronik sind sie viel weniger wichtig. Außerdem sind selbst die Regeln für signifikante Zahlen nicht perfekt – es gibt Stellen, an denen ihre Verwendung zu problematischen Ergebnissen führt. Ganze Bücher sind zu diesem Thema geschrieben worden.[2] Signifikante Zahlen gibt es nicht, weil sie perfekt sind, sondern damit wir alle eine gemeinsame, unkomplizierte Möglichkeit haben, die Genauigkeit unserer Ergebnisse zu kommunizieren. Das Wichtigste dabei ist, dass der Grad der Genauigkeit bei den Messungen den Grad der Genauigkeit bei den Berechnungen beeinflusst.

2.5   Anwenden, was Sie gelernt haben

1. Wie viele Nanometer sind 23 m?

2. Wie viele Sekunden sind 23,7 µs?

3. Wie viel Gramm sind 89,43 Mg?

4. Wie viele Meter sind 15 nm?

5. Wie viel Kilogramm sind 0,3 µg?

6. Wie viele Millisekunden sind 45 ks?

---

[2] Siehe z. B. Nicholas Highams *Accuracy and Stability of Numerical Algorithms.*

7. Was ist die Abkürzung für Picosekunde? Was ist die Abkürzung für Mikrogramm?

8. Was ist die Abkürzung für einen Terameter?

9. Wie viele signifikante Zahlen hat die Zahl 476?

10. Wie viele signifikante Zahlen hat die Zahl 5?

11. Wie viele signifikante Stellen hat die Zahl 000352?

12. Wie viele signifikante Stellen hat die Zahl 0,00043?

13. Wie viele signifikante Stellen hat die Zahl 1,0004?

14. Wie viele signifikante Stellen hat die Zahl 2,34000?

Berechnen Sie die folgenden Aufgaben unter Berücksichtigung der signifikanten Zahlen.

15. wie groß ist 23 * 5?

16. Was ist 23 + 0,6?

17. Was ist 0,005 * 209?

18. Was ist 0,0023 * 45?

19. Was ist 0,5 + 0,5?

20. Warum sind signifikante Zahlen wichtig?

Grundlegende Konzepte

Was ist Elektrizität?

Auf dem Weg zum Verständnis der Elektronik müssen wir uns zunächst einmal klar machen, was Elektrizität ist und wie sie funktioniert. Die Art und Weise, wie Elektrizität funktioniert, ist sehr eigenartig und nicht intuitiv. Wir sind daran gewöhnt, die Welt in Form von physischen Objekten zu betrachten – Tische, Stühle, Baseballs usw. Auch wenn wir nie einen Physikkurs besucht haben, kennen wir die grundlegenden Eigenschaften solcher Objekte aus unserer täglichen Erfahrung. Wenn ich einen Stein auf meinen Fuß fallen lasse, tut das weh. Wenn ich einen schwereren Stein fallen lasse, tut es noch mehr weh. Wenn ich eine wichtige Wand aus einem Haus herausnehme, wird es einstürzen.

Die einzige wirkliche Erfahrung, die wir mit Elektrizität haben, ist, dass man uns gesagt hat, wir sollen uns von ihr fernhalten. Sicher, wir haben Erfahrung mit Computern und Telefonen und allen möglichen Geräten, aber sie geben uns das Ergebnis der Verarbeitung von Elektrizität millionenfach wieder. Aber wie funktioniert die Elektrizität selbst?

© Der/die Autor(en), exklusiv lizenziert an APress Media, LLC, ein Teil von
Springer Nature 2023
J. Bartlett, *Elektronik für Einsteiger*, https://doi.org/10.1007/978-3-662-66243-4_3

3.1 Ladung

Um diese Frage zu beantworten, müssen wir zunächst eine andere Frage beantworten: Was *ist* Elektrizität? Elektrizität ist der Fluss von **Ladung**. Was also ist Ladung?

Die Ladung ist eine fundamentale Größe in der Physik – sie ist keine Kombination (die wir kennen) mit einer anderen Größe. Ein Teilchen kann auf eine von drei Arten geladen sein – es kann positiv geladen sein (dargestellt durch ein „+"-Zeichen), negativ geladen (dargestellt durch ein „–"-Zeichen) oder neutral geladen (d. h., es hat keine Ladung). Die Abb. 3-1 zeigt, wie ein Atom aussieht. In der Mitte des Atoms befinden sich größere, schwerere Teilchen, die **Protonen** und **Neutronen** genannt werden. Protonen sind positiv geladene Teilchen, Neutronen sind neutral geladene Teilchen. Zusammen bilden sie den Atomkern und bestimmen, um *welches* Atom es sich handelt. Im Periodensystem wird die große gedruckte Zahl, die einem Element zugeordnet ist, als **Ordnungszahl** bezeichnet. Diese Zahl gibt an, wie viele Protonen das Element in seinem Kern hat. Manchmal ist die Zahl auch in kleinerer Schrift angegeben. Dies ist die Gesamtzahl der Protonen und Neutronen zusammen.[1] Beachten Sie, dass die Anzahl der Neutronen in einem Element variieren kann. Daher ist diese Zahl oft eine Dezimalzahl, die die durchschnittliche Anzahl der kombinierten Protonen und Neutronen in einem bestimmten Element angibt.

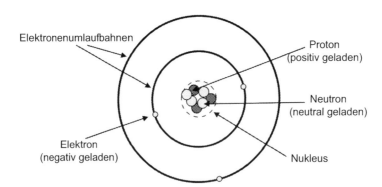

Elektronenumlaufbahnen

Proton
(positiv geladen)

Neutron
(neutral geladen)

Elektron
(negativ geladen)

Nukleus

Abb. 3-1. Geladene Teilchen in einem Atom

Um den Kern kreisen die **Elektronen**. Elektronen sind negativ geladene Teilchen. Obwohl Elektronen viel kleiner und leichter als Protonen sind, ist

---

[1] Dies ist technisch gesehen die *Atommasse* des Elements, die in speziellen Einheiten, den sog. atomaren Masseneinheiten (Atomic Mass Unit, AMU), angegeben wird. Allerdings liegen die Gewichte von Protonen und Neutronen jeweils extrem nahe bei 1 AMU, und das Gewicht der Elektronen liegt extrem nahe bei null, sodass die Atommasse und die kombinierte Anzahl von Protonen und Neutronen nahezu identisch sind.

die negative Ladung eines Elektrons gleich der positiven Ladung eines Protons. Positive und negative Ladungen ziehen sich gegenseitig an, was dazu führt, dass die Elektronen im Atom gehalten werden. Die Elektronen sind in Schalen angeordnet, die den Atomkern umgeben. Die äußerste Schale ist jedoch die wichtigste, wenn man über die Funktionsweise der Atome nachdenkt.

Wenn wir über einzelne Atome nachdenken, denken wir an sie, wenn sie isoliert und allein sind. In diesen Situationen sind die Anzahl der Elektronen und die Anzahl der Protonen gleich, sodass das Atom als Ganzes elektrisch neutral ist. Wenn Atome jedoch mit anderen Atomen interagieren, kann sich die Konfiguration ihrer Elektronen ändern. Wenn die Atome Elektronen gewinnen, sind sie negativ geladen. Verlieren die Atome Elektronen, so sind sie positiv geladen. Freie Elektronen sind alle negativ geladen.

Wenn sich sowohl positiv als auch negativ geladene Teilchen bewegen, ziehen sich ihre entgegengesetzten Ladungen gegenseitig an. Wenn ein großes Ungleichgewicht zwischen positiver und negativer Ladung besteht, kommt es normalerweise zu einer *Bewegung* einiger geladener Teilchen in Richtung der Teilchen mit der entgegengesetzten Ladung. Es handelt sich um einen Ladungsfluss, und dieser Fluss ist gemeint, wenn wir von Elektrizität sprechen.

Bei der Bewegung von Ladung kann es sich entweder um positiv geladene Teilchen handeln, die sich in Richtung negativ geladener Teilchen bewegen, oder um negativ geladene Teilchen, die sich in Richtung positiv geladener Teilchen bewegen, oder um beides. In der Elektronik sind es in der Regel die Elektronen, die sich durch einen Draht bewegen, aber man sollte wissen, dass dies nicht die einzige Möglichkeit ist, wie sich Ladung bewegen kann.

Elektrizität kann auf verschiedene Weise erzeugt werden. Die Art und Weise, wie Strom in einer Batterie erzeugt wird, besteht darin, dass eine chemische Reaktion stattfindet, aber die Reaktanten (die Stoffe, die miteinander reagieren) durch eine Art Medium voneinander getrennt sind. Die positiven Ladungen für die Reaktion bewegen sich am leichtesten durch das Medium, aber die negativen Ladungen für die Reaktion bewegen sich am leichtesten durch den Draht. Wenn der Draht angeschlossen ist, fließt also Elektrizität durch den Draht, um die chemische Reaktion auf der anderen Seite der Batterie abzuschließen.

Dieser Fluss elektrischer Ladung durch den Draht ist das, was wir normalerweise als Elektrizität bezeichnen.

HERSTELLUNG EINER EIGENEN BATTERIE

Sie können eine einfache Batterie aus drei Materialien selbst herstellen: dicker Kupferdraht oder -rohr, ein verzinkter Nagel (er *muss* verzinkt sein) und eine Kartoffel oder eine Zitrone. Diese Batterie funktioniert durch eine Reaktion zwischen dem

Kupfer auf dem Draht und dem Zink auf der Außenseite des verzinkten Nagels. Die Elektronen fließen durch den Draht vom Zink zum Kupfer, während die positive Ladung in der Zitrone oder Kartoffel fließt.

Um die Batterie zu bauen, müssen Sie das dicke Kupfer und den Nagel in die Kartoffel stecken. Sie sollten nahe beieinanderliegen, sich aber *nicht berühren*. Diese Batterie wird nicht sehr viel Strom erzeugen – weniger als 1 mA Strom bei weniger als 1 V (wir werden Milliampere [mA] später in diesem Kapitel und Volt [V] in Kap. 4 behandeln). Das ist nicht genug, um eine LED zum Leuchten zu bringen, aber es sollte auf einem Multimeter angezeigt werden. In Kap. 6 erfahren Sie, wie Sie die Spannung mit einem Multimeter messen.

Beachten Sie, dass die Zitrone/Kartoffel den Strom nicht wirklich liefert. Die Zitrone/Kartoffel stellt eine Barriere dar, sodass nur die positiven Ladungen in der Kartoffel frei fließen können und die negativen Ladungen den Draht benutzen müssen.

3.2   Messung von Ladung und Strom

Atome sind sehr, sehr klein. Erst in den letzten Jahren haben Wissenschaftler sogar Mikroskope entwickelt, mit denen man Atome direkt sehen kann. Elektronen sind noch winziger. Außerdem müssen sich viele Elektronen bewegen, damit ein nennenswerter Ladungsfluss zustande kommt. Einzelne Elektronen können allein nicht viel ausrichten – nur wenn sich eine sehr große Anzahl von ihnen bewegt, können sie unsere Elektronikprojekte antreiben.

Daher messen Wissenschaftler und Ingenieure die Ladung in der Regel in einem viel größeren Maßstab. Das **Coulomb** ist das Standardmaß für elektrische Ladung. Ein Coulomb (C) entspricht der elektrischen Ladung von etwa 6.242.000.000.000.000.000 Protonen. Wenn Sie so viele Elektronen haben, hätten Sie eine Ladung von – 1 C. Das sind eine Menge Teilchen, und man braucht Teilchen in dieser Größenordnung, um sehr viel elektrische Arbeit zu leisten. Zum Glück sind Protonen und Elektronen sehr, sehr klein. Eine typische 9-V-Batterie kann etwa 2000 C Ladung liefern, das sind über 10.000.000.000.000.000.000.000 geladene Teilchen.

Bei Elektrizität und Elektronik geht es jedoch nicht um elektrische Ladung, die herumsteht und nichts tut. Bei der Elektrizität geht es um den *Fluss* von Ladung. Wenn wir uns mit Elektrizität beschäftigen, sprechen wir daher selten von Coulomb. Stattdessen sprechen wir darüber, wie schnell die elektrische Ladung fließt. Dafür verwenden wir **Ampere**, oft auch Ampere genannt und mit A abgekürzt: 1 A entspricht der Bewegung von 1 C Ladung aus der Batterie pro Sekunde.

Für die Art von Elektronik, mit der wir uns beschäftigen werden, ist 1 A eigentlich eine Menge Strom. Tatsächlich kann ein ganzes Ampere Strom eine Menge körperlichen Schaden anrichten, aber wir haben es bei der Entwicklung elektronischer Geräte normalerweise nicht mit ganzen Ampere zu tun. Stromfressende Geräte wie Lampen, Waschmaschinen, Trockner, Drucker, Stereoanlagen und Batterieladegeräte brauchen viel Strom – deshalb stecken wir sie in die Steckdose. Kleine elektronische Geräte brauchen normalerweise nicht so viel Strom. Daher wird der Strom bei elektronischen Geräten in der Regel in **Milliampere** gemessen, die in der Regel als Milliampere bezeichnet und mit mA abgekürzt werden. Denken Sie daran, dass die Vorsilbe *Milli-* ein Tausendstel bedeutet (z. B. $\frac{1}{1000}$ oder 0,001): 1 mA ist also ein Tausendstel eines Ampere. Wenn jemand sagt, dass der Strom 20 mA beträgt, bedeutet das, dass der Strom 0,020 A beträgt. Das ist wichtig, denn die Gleichungen, die wir für Elektrizität verwenden, basieren auf Ampere, aber da wir es mit Schwachstromgeräten zu tun haben, werden die meisten unserer Messungen in Milliampere erfolgen.

Um also von Ampere auf Milliampere umzurechnen, multiplizieren Sie den Wert mit 1000. Um von Milliampere auf Ampere umzurechnen, teilen Sie den Wert durch 1000 (oder multiplizieren Sie mit 0,001) und geben Sie die Antwort in Dezimalzahlen an (in der Elektronik werden immer Dezimalzahlen anstelle von Brüchen verwendet).

Beispiel 3.1 Wenn ich eine Stromstärke von 2,3 A habe, wie viele Milliampere sind das dann? Um von Ampere auf Milliampere umzurechnen, multiplizieren wir mit 1000. 2,3 * 1,000 = 2,300. Daher sind 2,3 A gleich 2300 mA.

Beispiel 3.2 Wenn ich 5,7 mA Strom habe, wie viele Ampere sind das? Um von Milliampere auf Ampere umzurechnen, dividieren wir durch 1000. 5,7/1000 = 0,0057. Daher sind 5,7 mA gleich 0,0057 A.

Beispiel 3.3 Versuchen wir nun etwas Schwierigeres: Wenn ich sage, dass ich 37 mA Strom verbrauche, wie viele Coulomb Ladung haben sich dann nach 1 min bewegt? Nun, zuerst müssen wir von Milliampere in Ampere umrechnen. Um von Milliampere in Ampere umzurechnen, dividieren wir durch 1000: 37/1000 = 0,037. Wir haben also 0,037 A. Was ist 1 A? 1 A ist 1 C Ladung, die sich pro Sekunde bewegt. Daher können wir unsere Antwort als 0,037 C Ladung, die sich pro Sekunde bewegt, wiedergeben.

In unserer Frage ging es jedoch darum, wie viel sich nach 1 *min* bewegt hat. Da jede Minute 60 s hat, können wir für unsere Antwort 0,037 mit 60 multiplizieren: 0,037 $*$ 60 = 2,22. Nach 1 min haben also 37 mA Strom 2,22 C Ladung bewegt.

3.3   AC vs. DC

Vielleicht haben Sie schon einmal die Begriffe AC und DC gehört, wenn von Elektrizität die Rede ist. Was bedeuten diese Begriffe? Kurz gesagt, steht DC für **Gleichstrom** und AC für **Wechselstrom**. Bisher haben wir uns bei der Beschreibung von Elektrizität hauptsächlich mit Gleichstrom beschäftigt. Bei Gleichstrom nimmt der Strom einen Weg vom Pluspol zum Minuspol. Das ist die Art und Weise, wie sich die meisten Menschen Elektrizität vorstellen. Er ist „direkt".

Gleichstrom eignet sich zwar hervorragend für Elektronikprojekte, verliert aber über große Entfernungen sehr schnell an Leistung. Wenn wir in der ganzen Stadt Strom übertragen wollten, der einfach vom Plus- zum Minuspol fließt, müssten wir etwa alle 2 km Kraftwerke haben.

Anstatt den Strom durch eine Klemme hinein und durch eine andere herauszuschicken, wird Ihr Haus also mit **Wechselstrom** betrieben. Bei Wechselstrom wechseln die positive und die negative Seite ständig, 50–60-mal pro Sekunde, hin und her. Die Stromrichtung (und damit die Bewegungsrichtung der Elektronen) wechselt also ständig hin und her, immer und immer wieder. Anstatt sich in einem kontinuierlichen Fluss zu bewegen, ist es eher so, als würde jemand den Strom hin und her schieben und ziehen. In der Generatorstation ist es sogar fast genau das, was vor sich geht! Das mag seltsam erscheinen, aber durch dieses Hin- und Herschieben wird die Stromerzeugung sehr viel einfacher und es kann auch sehr viel mehr Strom über sehr viel größere Entfernungen geliefert werden.

Wechselstrom, wie z. B. der Strom, der aus der Steckdose kommt, ist viel stärker, als der, den wir für unsere Projekte hier benötigen. Die Umwandlung von Wechselstrom mit hoher Leistung in Gleichstrom mit niedriger Leistung, der in elektronischen Geräten verwendet wird, ist eine Kunst für sich. Deshalb verlangen die Unternehmen so viel Geld für Batterieladegeräte – es ist eine Menge Arbeit, ein solches Gerät richtig zu machen!

Nun ist nicht jeder Wechselstrom so. Wir nennen diesen Wechselstrom „Netzstrom", weil er aus dem Stromnetz der Kraftwerke kommt. Er sollte mit etwa 120 V arbeiten und die Stromkreise sind in der Regel für 15–30 A ausgelegt (das sind 15.000–30.000 mA). Das ist eine ganze Menge Strom!

Neben dem Netzwechselstrom gibt es auch Wechselströme, die wir als „Signalwechselstrom" bezeichnen. Diese Ströme kommen von Geräten wie Mikrofonen. Sie sind Wechselstrom, weil die Stromrichtung tatsächlich wechselt. Wenn Sie sprechen, vibriert Ihre Stimme die Luft hin und her. Ein

Mikrofon wandelt diese Luftschwingungen in kleine elektrische Schwingungen um – es schiebt und zieht einen kleinen elektrischen Strom hin und her. Diese Wechselströme sind jedoch so schwach, dass sie fast nicht wahrnehmbar sind. Sie sind so klein, dass wir diese Ströme sogar verstärken müssen (siehe Kap. 25), um mit ihnen arbeiten zu können, wenn wir unseren Gleichstrom verwenden!

Kurz gesagt, wir werden zwar später im Buch mit Wechselspannungen arbeiten, aber alle unsere Projekte werden sichere Projekte mit geringem Stromverbrauch sein. Wir werden bei unseren aktiven Projekten oft Drähte berühren oder Multimeter verwenden, um Ströme und Spannungen in aktiven Schaltungen zu messen. Dies ist bei batteriebetriebenen Projekten vollkommen sicher. Versuchen Sie jedoch *nicht*, die gleichen Manöver für alles, was an Ihre Steckdose angeschlossen ist, durchzuführen, wenn Sie nicht entsprechend geschult sind.

3.4   In welche Richtung fließt der Strom?

Ein Problem, das die Leute wirklich verwirrt, wenn sie anfangen, mit Elektronik zu arbeiten, ist herauszufinden, in welche Richtung elektrischer Strom fließt. Zuerst hört man, dass elektrischer Strom die Bewegung von Elektronen ist, und dann hört man, dass sich Elektronen von negativ nach positiv bewegen. Also würde man natürlich annehmen, dass der Strom von negativ nach positiv fließt, oder?

Gut geraten, aber nein – oder zumindest nicht ganz.

Strom ist nicht der Fluss von physikalischen Dingen wie Elektronen, sondern der Fluss von *Ladung*. Wenn also die chemische Reaktion in der Batterie stattfindet, wird die positive Seite positiv geladen, und der Einfluss dieser Ladung bewegt sich die Drähte hinunter. Die Elektronen sind eine negative Ladung, die sich in Richtung der positiven Ladung bewegt. Die positive Ladung ist genauso real wie die negative Ladung, auch wenn sich physikalische Dinge nicht mit der positiven Ladung bewegen.

Stellen Sie sich das einmal so vor. Haben Sie schon einmal einen Staubsauger benutzt? Nehmen wir an, wir wollen die Funktionsweise eines Staubsaugers nachvollziehen. Wo fangen Sie an? Normalerweise fängt man im Inneren an, wo die Ansaugung stattfindet, und verfolgt dann den Fluss der Ansaugung durch das Rohr. Am Ende des Rohrs kommt der Staub in das Rohr.

Ingenieure verfolgen ihre Systeme nicht vom Staub nach innen, sondern vom Sog im Inneren nach außen zu den Staubpartikeln. Auch wenn es der Staub ist, der sich bewegt, ist es der Sog, der interessant ist.

Auch bei der Elektrizität verfolgen wir den Strom normalerweise von positiv nach negativ, obwohl sich die Elektronen in die andere Richtung bewegen. Die positive Ladung ist wie der Sog eines Vakuums, das die Elektronen anzieht. Daher wollen wir den Strom des Vakuums von positiv nach negativ verfolgen, auch wenn sich der Staub in die andere Richtung bewegt.

Die Vorstellung, dass wir den Strom von positiv nach negativ verfolgen, wird oft als **konventioneller Stromfluss** bezeichnet. Er wird so genannt, weil wir uns Stromkreise üblicherweise so vorstellen, dass sie vom Positiven zum Negativen verlaufen, und weil es üblich ist, sie auf diese Weise zu zeichnen (jeder Pfeil in einem elektronischen Diagramm zeigt in Richtung der Bewegung der *positiven* Ladung).

Wenn man die Ladung in die andere Richtung verfolgt, nennt man das **Elektronenstromfluss**, aber er wird nur selten verwendet.

3.5   Rückblick

In diesem Kapitel haben wir das Folgende gelernt:

1. Elektrischer Strom ist der Fluss von Ladung.
2. Die Ladung wird in Coulomb gemessen.
3. Der elektrische Stromfluss wird in Coulomb pro Sekunde gemessen, auch Ampere genannt.
4. 1 mA ist ein Tausendstel eines Ampere.
5. In einem Atom sind die Protonen positiv, die Elektronen negativ und die Neutronen neutral aufgeladen.
6. Batterien funktionieren durch eine chemische Reaktion, bei der Strom durch Drähte fließt.
7. Bei Gleichstrom fließt der Strom kontinuierlich von positiv nach negativ.
8. Bei Wechselstrom fließt der Strom hin und her und ändert dabei mehrmals pro Sekunde die Flussrichtung.
9. Obwohl Elektronen von negativ nach positiv fließen, denken wir in der Elektronik gewöhnlich an Stromkreise und zeichnen Stromkreisladungen als von positiv nach negativ fließend.
10. Netzstrom (aus der Steckdose) ist gefährlich, aber Batteriestrom ist relativ sicher.
11. Kleine Wechselstromsignale (wie die von einem Mikrofon erzeugten) sind nicht gefährlich.

3.6   Anwenden, was Sie gelernt haben

1. Wenn 56 mA Strom fließen, wie viele Ampere Strom fließen dann?

2. Wenn ich 1450 mA Strom fließen lasse, wie viele Ampere Strom fließen dann?

3. Wenn ich 12 A Strom fließen lasse, wie viele Milliampere Strom fließen dann?

4. Wenn ich einen Strom von 0,013 A fließen lasse, wie viele Milliampere Strom fließen dann?

5. Wenn ich 1 h lang 125 mA Strom fließen lasse, wie viele Coulomb an Ladung habe ich dann verbraucht?

6. Was ist der Unterschied zwischen AC und DC?

7. Wie oft wechselt die Stromrichtung im Wechselstromnetz hin und her?

8. Warum wird Wechselstrom anstelle von Gleichstrom für die Stromversorgung in einer Stadt verwendet?

9. Wird bei der Arbeit mit elektronischen Geräten normalerweise in Ampere oder Milliampere gearbeitet?

Spannung und Widerstand

In Kap. 3 haben wir etwas über den Strom gelernt, der die Rate des Ladungsflusses ist. In diesem Kapitel werden wir uns mit zwei weiteren grundlegenden elektrischen Größen beschäftigen: **Spannung** und **Widerstand**. Diese beiden Größen sind in der Regel für den Aufbau effektiver Schaltungen am wichtigsten.

Strom ist wichtig, denn durch die Begrenzung des Stroms können wir die Lebensdauer der Batterie verlängern und Präzisionskomponenten schützen. Die Spannung hingegen ist in der Regel die Größe, die vorhanden sein muss, um in einem Schaltkreis zu funktionieren.

4.1 Beschreibung der Spannung

Was ist Spannung? Die Spannung ist die Energiemenge, die jedes Coulomb der Elektrizität liefern kann. Wenn Person A eine Ladung von 1 C bei 5 V hat und Person B eine Ladung von 1 C bei 10 V, bedeutet das, dass das Coulomb von Person B doppelt so viel Strom liefern kann wie das von Person A.

Eine gute Analogie zur Elektronik ist der Fluss von Wasser. Wenn man Wasser mit Elektrizität vergleicht, ist *Coulomb* eine ähnliche Einheit wie *Liter* – in *Coulomb* wird die Menge der vorhandenen elektrischen Ladung gemessen, so wie ein Liter die Menge des vorhandenen Wasservolumens ist. Sowohl Ladung

© Der/die Autor(en), exklusiv lizenziert an APress Media, LLC, ein Teil von Springer Nature 2023
J. Bartlett, *Elektronik für Einsteiger*, https://doi.org/10.1007/978-3-662-66243-4_4

als auch Wasser bewegen sich als Fluss. Im Wasser können wir die Strömung eines Stroms in Litern pro Sekunde messen. Ebenso messen wir in der Elektronik den Ladungsfluss durch einen Draht in Coulomb pro Sekunde, auch Ampere genannt.

Ich möchte, dass Sie sich nun das Ende eines Schlauchs vorstellen, durch den Wasser fließt. Normalerweise fällt das Wasser einfach aus dem Schlauch heraus, v. a., wenn der Schlauch einfach auf dem Boden liegt. Der Schlauch, der einfach nur auf dem Boden liegt, ist wie ein Strom mit 0 V – jede Einheit Wasser oder Ladung bewirkt nicht so viel.

Nehmen wir an, wir hätten eine Sprühdüse am Schlauch angebracht. Was passiert jetzt? Das Wasser schießt kraftvoll aus der Düse. Wir haben nicht mehr Wasser hinzugefügt – es fließt tatsächlich die gleiche Menge Wasser (d. h. Strom). Stattdessen haben wir den Druck des Wassers erhöht, was mit der Erhöhung der Spannung einer elektrischen Ladung vergleichbar ist. Durch die Erhöhung des Drucks haben wir die Menge an Arbeit verändert, die jeder Liter Wasser verrichten kann.

Wenn wir die Spannung erhöhen, ändert sich auch die Arbeit, die jedes elektrische Coulomb verrichten kann.

Eine Möglichkeit, den Druck des aus einem Schlauch kommenden Wassers zu messen, besteht darin, zu messen, wie weit es aus dem Schlauch herausschießen kann. Wenn wir den Druck des Wassers verdoppeln, können wir das Wasser auch doppelt so weit aus dem Schlauch herausschießen. Ähnlich verhält es sich mit Spannungen: Ausreichend große Spannungen können tatsächlich Luftspalten in Schaltkreisen überspringen. Dazu ist jedoch eine hohe Spannung erforderlich – etwa 30.000 V pro Zoll Spalt. Wenn Sie schon einmal einen Schock durch statische Elektrizität erlitten haben, ist das genau das, was passiert! Die Stärke der Ladung ist extrem (Tausende von Volt), aber die Menge der Ladung in diesen Schocks ist so gering, dass sie Ihnen nicht schadet (etwa 0,00000001 C).

4.2 Spannungen sind relativ

Während Ladung und Strom ziemlich konkrete Begriffe sind, ist die Spannung ein sehr viel relativerer Begriff. Man kann Spannung eigentlich nie absolut messen. Alle Spannungsmessungen sind eigentlich relativ zu anderen Spannungen. Das heißt, ich kann nicht sagen, dass meine elektrische Ladung genau 1, 2, 3 oder wie viel Volt hat. Stattdessen muss ich sagen, dass eine Ladung um wie viele Volt mehr oder weniger als eine andere Ladung hat. Nehmen wir also eine 9-V-Batterie. Das bedeutet nicht, dass die Batterie in irgendeinem absoluten Sinne 9 V hat, sondern dass es einen *Unterschied von* 9 V zwischen der Ladung am Pluspol und der Ladung am Minuspol gibt. Das heißt, der Druck, mit dem die Ladung versucht, vom Pluspol zum Minuspol zu gelangen, beträgt 9 V.

4.3 Relative Spannungen und Massepotenzial

Wenn wir tatsächlich Spannungen in einem Stromkreis messen wollen, werden wir nur *Spannungsunterschiede* im Stromkreis messen. Um die Spannung zu messen, kann ich also nicht einfach eine Sonde an einer Stelle des Stromkreises ansetzen. Stattdessen muss ich meine Sonde an zwei *verschiedenen* Stellen des Stromkreises ansetzen und die Spannungsdifferenz (auch **Spannungsabfall** genannt) zwischen diesen beiden Punkten messen.

Um jedoch Berechnungen und Diskussionen zu vereinfachen, wählen wir in der Regel einen Punkt im Stromkreis, der „0 V" darstellt. Auf diese Weise können wir die Spannungsmessungen in einem Stromkreis standardisieren, da sie sich alle auf denselben Punkt beziehen. Theoretisch könnte dies jeder beliebige Punkt des Stromkreises sein, aber in der Regel wählen wir den Minuspol der Batterie, um 0 V darzustellen.

Für diesen „Nullpunkt" gibt es mehrere Bezeichnungen, die bekannteste ist **Masse** (Ground, oft abgekürzt als **GND**). Er wird als Masse bezeichnet, weil die physische Masse in der Vergangenheit häufig als Referenzspannung für Schaltungen verwendet wurde. Die Verwendung der physischen Masse als Nullpunkt ermöglicht auch den Vergleich von Spannungen zwischen Schaltungen mit unterschiedlichen Stromversorgungen. Wenn wir in unseren Schaltkreisen von Masse sprechen, meinen wir den Minuspol der Batterie, den wir als 0 V bezeichnen.

Ein anderer, weniger gebräuchlicher Begriff für diese bezeichnete 0-V-Referenz ist der **gemeinsame** Punkt. Bei vielen Multimetern wird eine der Elektroden als **COM** bezeichnet, was für die gemeinsame Elektrode (Common Electrode) steht. Bei der Analyse der Spannung eines Stromkreises wird diese Elektrode mit dem 0-V-Punkt verbunden.

Diese Analogie mit der „Masse" macht auch bei unserer Analogie mit dem Wasserschlauch Sinn. Denken Sie daran, dass eine Spannung das Potenzial einer Ladung ist, Arbeit zu verrichten. Was passiert mit dem Wasser, nachdem es auf dem Boden gelandet ist? Wenn das Wasser aus meinem Schlauch auf dem Boden landet, hat es seine gesamte Energie verloren. Es liegt einfach nur da. Sicher, es versickert vielleicht oder fließt ein bisschen herum, aber nichts von Bedeutung. Seine Fähigkeit, etwas zu bewirken – sich schnell zu bewegen oder etwas umzustoßen – ist aufgebraucht. Es liegt einfach auf dem Boden. Genauso sagen wir, dass unsere elektrische Ladung das „Massepotenzial" erreicht hat, wenn sie vollständig abgeflossen ist.

Obwohl wir also jeden beliebigen Punkt als Nullpunkt bezeichnen können, bezeichnen wir in der Regel den Minuspol der Batterie als Nullpunkt, was bedeutet, dass der Strom, wenn er diesen Punkt erreicht, seine gesamte potenzielle Energie verbraucht hat – er hat jetzt 0 V im Vergleich zum Endziel (d. h. dem anderen Batteriepol).

4.4 Widerstand

Der **Widerstand** gibt an, wie viel Widerstand ein Stromkreis oder ein Gerät dem Stromfluss entgegensetzt. Der Widerstand wird in **Ohm** gemessen und in der Regel durch das Symbol Ω dargestellt. Um auf unser Beispiel mit dem Wasserschlauch zurückzukommen: Der **Widerstand** gibt an, wie klein der Schlauch ist, denn ein kleinerer Schlauch widersteht dem Wasserfluss mehr als ein größerer Schlauch. Denken Sie an eine 2-l-Flasche mit Limonade. Die Flasche hat einen breiten Boden, aber die Öffnung ist klein. Wenn ich die Flasche auf den Kopf stelle, begrenzt die kleine Öffnung die Menge an Flüssigkeit, die auf einmal herausfließt. Die kleine Öffnung bietet dem Flüssigkeitsstrom einen *Widerstand*, sodass er langsamer fließt. Wenn man die kleine Öffnung abschneidet, sodass eine große Öffnung übrig bleibt, fließt die Flüssigkeit viel schneller heraus, weil der Widerstand geringer ist.

Das ohmsche Gesetz, das wir in diesem Buch durchgängig verwenden werden, beschreibt die Beziehung zwischen Widerstand, Spannung und Stromfluss. Die Gleichung ist sehr einfach. Sie besagt

$$V = I * R. \tag{4.1}$$

In dieser Gleichung steht V für die Spannung, I für den Strom (in *Ampere*, nicht in Milliampere) und R für den Widerstand (in Ohm). Um zu verstehen, was diese Gleichung bedeutet, lassen Sie uns noch einmal über Wasserschläuche nachdenken. Das Wasser, das aus dem Wasserhahn Ihres Hauses kommt, hat im Wesentlichen eine konstante Stromstärke. Wenn wir also der Gleichung zufolge einen Widerstand hinzufügen, erhöht sich unsere Spannung.

Das wissen wir aus Erfahrung. Wenn wir einen Schlauch haben und ihn einfach nach vorne richten, kommt das Wasser normalerweise etwa 1 oder 2 m heraus. Denken Sie daran, dass die Spannung bestimmt, wie viel Druck das Wasser hat, wenn es den Schlauch verlässt. Was mache ich aber, wenn meine Kinder auf der anderen Seite des Gartens sind und ich sie mit einem Wasserstrahl treffen will? Ich lege meinen Daumen auf die Öffnung. Dadurch erhöht sich der Widerstand, und da der Strom relativ konstant ist, steigt die Spannung (die Kraft, die das Wasser hat, wenn es den Schlauch verlässt) und diese Kraft bewirkt, dass das Wasser weiter spritzt.

In Schaltkreisen haben wir jedoch normalerweise keine konstante Stromquelle. Stattdessen bieten Batterien eine konstante Spannungsquelle. Eine 9-V-Batterie liefert unter fast allen Bedingungen 9 V. Daher wird die Gleichung bei elektronischen Schaltungen in der Regel ein wenig umgestellt. Mit ein wenig Algebra können wir unsere Gleichung entweder für den Strom oder für den Widerstand lösen, etwa so:

$$I = \frac{V}{R},$$ (4.2)

$$R = \frac{V}{I}.$$ (4.3)

Die Gl. 4.2 ist diejenige, die in der Regel am nützlichsten ist. Um diese Gleichung zu verstehen, denken Sie an das Beispiel mit der auf den Kopf gestellten Flasche. Dort hatte die Flüssigkeit einen konstanten Druck bzw. eine konstante Spannung (durch die Schwerkraft), aber wir hatten unterschiedliche Widerstände. Mit der kleinen Öffnung hatten wir einen großen Widerstand, sodass die Flüssigkeit langsamer herauskam. Bei der großen Öffnung gab es fast keinen Widerstand, sodass die Flüssigkeit auf einmal herauskam.

> **Beispiel 4.1** Wenden wir das ohmsche Gesetz an. Wenn ich eine 5-V-Spannungsquelle mit einem Widerstand von 10 Ω im Stromkreis habe, wie viel Strom fließt dann? Da wir den Strom berechnen, sollten wir Gl. 4.2 verwenden. Diese besagt $I = \frac{V}{R}$. Wenn wir also unsere Spannung und unseren Widerstand einsetzen, erhalten wir $I = \frac{5}{10}$, was $I = 0{,}5$ A entspricht (denken Sie daran, dass das ohmsche Gesetz für Strom immer Ampere verwendet).
>
> **Beispiel 4.2** Nehmen wir an, wir haben eine 10-V-Quelle und wollen einen Strom von 2 A fließen lassen. Wie viel Widerstand brauchen wir, um dies zu erreichen? Da wir jetzt den Widerstand berechnen, verwenden wir Gl. 4.3, die besagt: $R = \frac{V}{I}$. Wenn wir unsere Werte einsetzen, sehen wir, dass $R = \frac{10}{2} = 5$ Ω. Wir brauchen also einen Widerstand von 5 Ω.
>
> **Beispiel 4.3** Nehmen wir nun an, ich habe eine 9-V-Quelle und möchte den Strom auf 10 *mA* begrenzen. Hier wird dieselbe Gleichung verwendet, aber das Problem ist, dass meine Einheiten Milliampere sind, meine Gleichung aber Ampere verwendet. Bevor ich die Gleichung anwenden kann, muss ich also

meinen Strom von Milliampere in Ampere umrechnen. Zur Erinnerung: Um Milliampere in Ampere
umzurechnen, dividieren wir einfach durch 1000. Wir
nehmen also 10 mA, dividieren durch 1000 und wir
erhalten 0,010 A. Jetzt können wir Gl. 4.3 verwenden,
um den benötigten Widerstand zu ermitteln.

$R = \dfrac{V}{I} = \dfrac{9}{0.010} = 900\ \Omega$. Mit einem Widerstand von

900 Ω begrenzen wir also den Strom auf 10 mA.

4.5 Rückblick

In diesem Kapitel haben wir das Folgende gelernt:

1. Die Spannung ist die Energiemenge, die jedes Coulomb der Ladung liefert.

2. Das Volt ist die elektrische Einheit, die wir zur Messung der Spannung verwenden.

3. Die Spannung wird immer relativ zu anderen Spannungen angegeben – es handelt sich nicht um einen absoluten Wert.

4. Die Masse eines Stromkreises ist eine Stelle im Stromkreis, die wir als universellen Bezugspunkt gewählt haben – wir definieren diesen Punkt als Nullspannung für unseren Stromkreis, um die Messung anderer Punkte in unserem Stromkreis zu erleichtern.

5. In der Gleichstromelektronik ist die gewählte Masse normalerweise der Minuspol der Batterie.

6. Andere Begriffe und Abkürzungen für die Masse sind GND und COM.

7. Der Widerstand gibt an, wie viel Widerstand ein Stromkreis dem Stromfluss entgegensetzt, und wird in Ohm (Ω) gemessen.

8. Das ohmsche Gesetz beschreibt die Beziehung zwischen Spannung, Strom und Widerstand: $V = I * R$.

9. Mithilfe grundlegender Algebra können wir das ohmsche Gesetz auf zwei andere Arten umformen, je nachdem, was wir wissen wollen. Es kann für den Strom, $I = \dfrac{V}{R}$, oder für den Widerstand, $R = \dfrac{V}{I}$, gelöst werden.

4.6   Anwenden, was Sie gelernt haben

1.   Wenn ich eine 4-V-Batterie habe, wie viel Volt liegen dann zwischen dem Plus- und Minuspol dieser Batterie?

2.   Wenn ich den *Minuspol* dieser Batterie als Masse wähle, wie viel Volt liegen dann am *Minuspol* an?

3.   Wenn ich den *Minuspol* dieser Batterie als Masse wähle, wie viel Volt liegen dann am *Pluspol an*?

4.   Wenn ich den *Pluspol* dieser Batterie als Masse wähle, wie viel Volt liegen dann am *Minuspol an*?

5.   Wenn ich einen Punkt A in meinem Stromkreis habe, der 7 V über der Masse liegt, und ich einen Punkt B in meinem Stromkreis habe, der 2 V über der Masse liegt, wie groß ist der Spannungsunterschied zwischen Punkt A und Punkt B?

6.   Welche Auswirkung hat eine Erhöhung des Widerstands auf den Strom bei konstanter Spannung?

7.   Wie wirkt sich die Erhöhung des Widerstands bei konstantem Strom auf die Spannung aus?

8.   Wenn ich eine 10-V-Batterie habe, wie viel Widerstand brauche ich dann für einen Stromfluss von 10 A?

9.   Wenn ich eine 3-V-Batterie habe, wie viel Widerstand brauche ich dann, um einen Stromfluss von 15 A zu erreichen?

10.   Wenn 4 A Strom über einen Widerstand von 200 Ω fließen, wie hoch ist die Spannung in meinem Stromkreis?

11.   Wenn ich den Stromfluss auf 2 A begrenzen möchte, wie viel Widerstand müsste ich dann zu einer 40-V-Quelle hinzufügen?

12.   Wenn ich den Stromfluss auf 2 mA begrenzen möchte, wie viel Widerstand müsste ich dann zu einer 9-V-Quelle hinzufügen?

13.   Wenn ich den Stromfluss auf 20 mA begrenzen möchte, wie viel Widerstand müsste ich dann zu einer 5-V-Quelle hinzufügen?

Ihr erster Schaltkreis

In den letzten beiden Kapiteln haben wir die grundlegenden Einheiten der Elektrizität kennengelernt: Ladung, Strom, Spannung und Widerstand. In diesem Kapitel werden wir diese Informationen in einem echten Stromkreis anwenden.

5.1   Schaltungsanforderungen

Damit ein Stromkreis richtig funktioniert, braucht man normalerweise mehrere Dinge:

1. Eine Stromquelle, die Ihren Stromkreis mit Elektrizität versorgt (in der Regel eine Kombination aus Quelle *und Ziel* für die Elektrizität).

2. Ein Netzwerk von Drähten und Komponenten, die letztlich von der Quelle zum Ziel führen.

3. Ein gewisser Widerstand in Ihrem Stromkreis.

Wir brauchen die Quelle, denn ohne eine Stromquelle bewegt sich die Ladung nicht! Wenn wir einen Stromkreis haben, aber keinen Strom, dann bleibt er einfach liegen. In unseren Schaltkreisen liefern Batterien normalerweise die benötigte Energie. Sie stellen eine (relativ) konstante Spannung für unsere Schaltkreise zur Verfügung.

J. Bartlett, *Elektronik für Einsteiger*, https://doi.org/10.1007/978-3-662-66243-4_5

Wir brauchen die Drähte, weil die Elektrizität nicht fließen kann, wenn wir keinen *vollständigen* Weg von einer höheren Spannung (der Quelle) zu einer niedrigeren Spannung (dem Ziel) schaffen. Wenn wir wollen, dass sich die Ladung bewegt, müssen wir einen *Weg* von der höheren Spannung zur niedrigeren Spannung schaffen. Ohne diesen Weg haben wir einen sog. **offenen Stromkreis**. In einem offenen Stromkreis fließt kein Strom.

Die Komponenten auf dem Weg von der Quelle zum Ziel erledigen die „elektrischen Dinge", die wir erreichen wollen, sei es das Einschalten eines Lichts, das Betreiben eines Motors, eines Computers oder was immer wir sonst tun wollen. Damit sie die elektrische Energie nutzen können, müssen sie sich in der Strombahn befinden, in der sich der Strom bewegt. Stellen Sie sich das wie eine Wassermühle vor – diese Konstruktionen, die in der Nähe eines Flusses stehen und die Kraft des Wassers, das sich durch den Fluss bewegt, nutzen, um ein Rad zu drehen und damit alles im Haus zu betreiben. Damit das funktioniert, muss das Wasser durch das mit der Wassermühle verbundene Bauwerk fließen. Wenn die Wassermühle nicht in der Nähe des Flusses gebaut wird oder wenn der Fluss austrocknet, funktioniert die Wassermühle nicht. Ähnlich verhält es sich mit den Bauteilen, die sich nicht im Fluss der sich bewegenden elektrischen Ladung befinden: Sie funktionieren nicht.

Zusätzlich zu den Drähten und Bauteilen müssen wir jedoch auch einen Widerstand haben (obwohl dieser manchmal von den Bauteilen selbst hinzugefügt wird). Ohne Widerstand wäre der Strom zu hoch. Hätten Sie keinen Widerstand, wäre der Strom so hoch, dass die Batterie sofort leer wäre und wahrscheinlich alle angeschlossenen Komponenten zerstört würden. Sie können dies anhand des ohmschen Gesetzes sehen. Bei einer 10-V-Quelle ohne Widerstand ergibt sich der Strom aus der Gleichung $I = V/R = 10/0 \approx \infty$. Dividiert man durch null, erhält man im Grunde einen unendlichen Strom. Da Kabel und Batterien *selbst* einen gewissen Widerstand haben, wäre der Strom zwar nicht unendlich, aber sehr, sehr groß und würde die Batterie schnell entleeren und alle angeschlossenen empfindlichen Komponenten zerstören. Daher *muss* jeder Pfad von der positiven Seite der Batterie zur negativen einen messbaren Widerstand aufweisen. Wenn ein Pfad vom Plus- zum Minuspol ohne Widerstand ist, spricht man von einem **Kurzschluss**.

Mit anderen Worten: Um echte Aufgaben mit Strom zu bewältigen, müssen wir seinen Fluss kontrollieren. Wenn er nicht fließt (wie bei einem offenen Stromkreis), kann er nichts bewirken. Wenn er ohne Widerstand fließt (wie bei einem Kurzschluss), richtet er eher Schaden an, als dass er funktioniert. Daher besteht das Ziel der Elektronik darin, der elektrischen Ladung einen kontrollierten Weg zu bahnen, damit die elektrische Energie auf ihrem Weg von der Quelle zum Ziel das tut, was sie tun soll.

KURZSCHLUSS

Wenn Sie schon einmal den Ausdruck „Kurzschluss" gehört haben, bezieht sich das auf die Tatsache, dass bei einem Kurzschluss oft zu viel Strom durch ein Bauteil fließt und dieses kaputt geht. Manchmal verursacht dies so viel Schaden, dass sogar die Verbindungen innerhalb des Stromkreises beschädigt werden. Obwohl das *ursprüngliche Problem* also darin bestand, dass ein Kurzschluss vorlag (d. h. etwas, das einen Weg geschaffen hat, der den Widerstand im Stromkreis umgeht), besteht das *daraus resultierende Problem* darin, dass die Beschädigung einen dauerhaft offenen Stromkreis hinterlässt.

Interessanterweise ist ein verursachter Kurzschluss in der Regel besser als ein permanenter Kurzschluss, bei dem sich das Projekt erhitzen und möglicherweise in Brand geraten könnte. Aus diesem Grund werden bei vielen Projekten mit größeren Stromquellen häufig Sicherungen verwendet. Das Ziel der Sicherung ist es, entweder auszulösen, bevor andere Teile des Stromkreises ausfallen oder bevor etwas Feuer fängt.

5.2 Grundlegende Komponenten

Die ersten Schaltungen, die wir bauen werden, verwenden nur vier grundlegende Arten von Komponenten:

- Batterien (9 V)
- Batterieregler
- Widerstände
- LEDs

Wie wir bereits besprochen haben, liefern Batterien eine relativ konstante Spannung zwischen dem Plus- und dem Minuspol. Eine 9-V-Batterie sollte daher eine 9-V-Differenz zwischen dem Plus- und dem Minuspol aufweisen. Es gibt jedoch einen tatsächlichen Bereich, den 9-V-Batterien haben. Eine 9-V-Batterie liefert, je nach Batteriechemie, zwischen 7 und 10 V. Wenn die Batterie abgenutzt ist, sinkt auch ihre Spannung.

Damit die Projekte bei verschiedenen Stromquellen gleichmäßiger funktionieren, enthalten unsere Projekte daher oft einen Regler, der die Batteriespannung (die zwischen 7 und 10 V schwanken kann) aufnimmt und einen konstanten 5-V-Ausgang liefert. Wenn das Projekt also keinen Regler enthält, können die tatsächlichen Spannungen in der Schaltung je nach Batterie variieren. Wenn das Projekt mit einem Regler ausgestattet ist, sollte er zuverlässig eine Differenz von 5 V zwischen dem Plus- und dem Minuspol liefern. Wir werden den Regler wie eine Batterie behandeln, nur dass er stabiler und zuverlässiger ist als eine Batterie.

Ein Widerstand ist ein Gerät, das, wie der Name schon sagt, einem Stromkreis einen Widerstand hinzufügt. Widerstände haben Farben, die angeben, wie viel Widerstand sie dem Stromkreis hinzufügen. Sie brauchen die Farbcodes noch nicht zu kennen, aber wenn Sie neugierig sind, können Sie sich das Datenblatt für Widerstände in Anhang E ansehen. Wenn wir also 100 Ω zu unserer Schaltung hinzufügen wollen, brauchen wir nur einen Widerstand mit einem Wert von 100 Ω zu finden. Widerstände sind nicht die einzigen Geräte, die einem Stromkreis einen Widerstand hinzufügen, aber sie werden in der Regel verwendet, wenn man eine feste Menge an Widerstand hinzufügen möchte. Widerstände haben zwei Anschlüsse (Verbindungspunkte), die aber beide identisch funktionieren – im Gegensatz zu anderen Bauteilen gibt es bei einem Widerstand kein Vorwärts oder Rückwärts. Man kann sie auf die eine oder andere Weise in die Schaltung einbauen und sie funktionieren einwandfrei.

Von den Bauteilen in diesem Abschnitt ist die LED wahrscheinlich das Seltsamste. LED steht für Light-Emitting Diode. Eine Diode ist ein Bauteil, das Strom nur in eine Richtung fließen lässt. Sie blockiert den Stromfluss in die andere Richtung. Noch wichtiger ist jedoch, dass LEDs Licht emitieren, wenn Strom durch sie fließt. LEDs sind jedoch nicht stromfest, sodass sie mit einem Widerstand verwendet werden müssen, um den Stromfluss zu begrenzen (die meisten von ihnen brechen bei 20–30 mA zusammen). Da LEDs den Stromfluss nur in eine Richtung zulassen, müssen sie auch in die richtige Richtung verdrahtet werden. Um herauszufinden, in welche Richtung eine LED verdrahtet werden muss, sehen Sie sich die Schenkel der LED an – einer ist länger als der andere. Um den Stromfluss zu ermöglichen, sollte das längere Bein der LED auf der positiveren Seite des Stromkreises liegen.

Die meisten Ihrer Bauteile (insbesondere Ihre Widerstände) haben sehr lange Beine. Sie können diese Beine nach Belieben biegen oder abschneiden, damit sie besser in Ihren Schaltkreis passen. Bei LEDs (und allen anderen Bauteilen, bei denen die Länge der Schenkel eine Rolle spielt) sollten Sie jedoch darauf achten, dass die längeren Schenkel länger sind, damit Sie nicht verwirrt werden, in welcher Richtung sie in Ihre Schaltung eingesetzt werden sollen.

5.3 Erstellen Ihres ersten Schaltkreises

Nun werden wir eine einfache erste Schaltung aufbauen. Sie benötigen dazu

- eine 9-V-Batterie,
- eine rote LED (andere Farben sind auch möglich),
- ein 1000-Ω-Widerstand (jeder Widerstand zwischen 400 und 2000 Ω sollte funktionieren).

Wenn Sie bereits Widerstände haben, können Sie den Widerstand mit einem Multimeter bestimmen oder die Farbtabelle in Anhang E verwenden. Die meisten Elektronikfans, die ich kenne, verwenden die Farbcodes nicht, weil sie zu klein sind. Wenn Sie besser sehen können als wir, dann ist die Farbtafel vielleicht ganz gut. Andernfalls verwenden Sie ein Multimeter, um den Widerstand zu überprüfen, oder, noch besser, ordnen Sie Ihre Widerstände so, dass Sie den gewünschten Wert leicht finden können. Wenn Sie keine Widerstände haben, ist es sogar noch einfacher – kaufen Sie einfach einen Widerstand mit dem gesuchten Wert!

ABLESEN DES WERTES EINES WIDERSTANDES MIT EINEM MULTIMETER

Multimeter sind unglaublich flexible Werkzeuge und sie sind auch ziemlich billig. Für die Zwecke dieses Buches brauchen Sie nichts Ausgefallenes – das billigste Gerät reicht völlig aus! Vergewissern Sie sich, dass der Widerstand vor dem Testen nicht an etwas anderes angeschlossen ist.

Um den Wert des Widerstands zu ermitteln, suchen Sie auf dem Multimeter nach Werten, die mit dem Ohm-Zeichen (Ω) gekennzeichnet sind. Stellen Sie den Zeiger auf den niedrigsten Widerstandswert ein (denken Sie an die metrischen Suffixe aus Kap. 2, z. B. 10 M bedeutet 10.000.000). Testen Sie dann den Widerstand, indem Sie die beiden Messfühler des Multimeters an die beiden Schenkel des Widerstands anlegen. Sie können die Messfühler auch mit den Fingern an den Widerstandsschenkeln festhalten. Bei vielen Multimetern müssen Sie nur die Spitzen der Messfühler verwenden, um die Werte genau zu messen.

Wenn das Display eine 0 oder 1 anzeigt, bedeutet dies, dass der Wert des Widerstands zu groß ist, um bei dieser Einstellung registriert zu werden. Bewegen Sie in diesem Fall den Zeiger des Multimeters auf die nächsthöhere Einstellung und versuchen Sie es erneut. Wenn das Display einen präziseren Wert anzeigt, verwenden Sie diesen Wert plus das metrische Suffix, auf das das Multimeter eingestellt ist. Wenn das Multimeter z. B. auf 10 M eingestellt ist, addieren Sie das Suffix M zu dem Wert, der auf dem Display angezeigt wird. Das ist der Wert des Widerstands.

Wenn Sie ein schickes, teures Multimeter gekauft haben, kann es sein, dass es nur eine Stelle für die Widerstandsmessung hat, die als Ohm gekennzeichnet ist, ohne eine Zahl daneben anzugeben. In diesem Fall wird es automatisch den gleichen Prozess intern durchführen und Ihnen die Ergebnisse wie von Zauberhand mitteilen.

Weitere Informationen zur Verwendung von Multimetern finden Sie in Kap. 6.

Um diese Schaltung herzustellen, nehmen Sie ein Bein des Widerstands und verdrehen es mit dem *kurzen* Bein der LED. Es sollte wie in Abb. 5-1 aussehen.

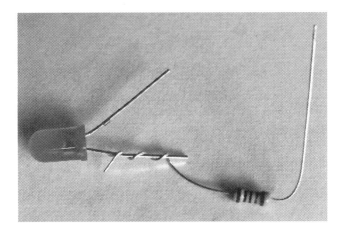

Abb. 5-1. Wickeln des Widerstands um das kurze Bein der LED

Nehmen Sie nun das lange Bein der LED und berühren Sie es mit dem Pluspol der Batterie. Es passiert nichts – warum nicht? Es passiert nichts, denn obwohl wir die Drähte mit dem Pluspol der Batterie verbunden haben, kann der Strom nirgendwo hin, also fließt er auch nicht. Wir haben einen offenen Stromkreis, weil es keinen vollständigen Pfad vom Plus- zum Minuspol gibt.

Berühren Sie nun den langen Schenkel der LED mit der Batterie und berühren Sie gleichzeitig das freie Ende des Widerstands mit der Batterie. Die LED sollte nun in ihrer Farbe leuchten. Herzlichen Glückwunsch! Sie haben Ihre erste Schaltung gebaut!

Auch wenn wir nicht sehen können, wie sich der Strom bewegt, hoffe ich, dass Sie verstehen, wie er durch den Stromkreis fließt. Wir können den Stromfluss vom Pluspol der Batterie durch die LED verfolgen. Der Widerstand begrenzt die Strommenge, die durch den Stromkreis und damit durch unsere LED fließt (der Widerstand kann auf beiden Seiten der LED angebracht werden; er begrenzt den Stromfluss, egal auf welcher Seite er sich befindet). Ohne den Widerstand würde die Batterie die 30-mA-Belastbarkeit unserer LED leicht überschreiten – sie würde kurzschließen und nicht mehr funktionieren. Wenn man sie ohne Widerstand anschließen würde, würde sie vielleicht kurz aufleuchten und dann sehr schnell wieder ausgehen, und dann würde sie nie wieder funktionieren. Wenn Sie eine zusätzliche LED haben, können Sie das ausprobieren. Es ist nicht gefährlich – es kostet Sie nur den Preis einer LED.

Wenn Ihre LED verkehrt herum ist, fließt überhaupt kein Strom. Das schadet der LED nicht, aber sie schaltet sich nicht ein, wenn sie nicht in die richtige Richtung ausgerichtet ist.

5.4 Hinzufügen von Drähten

Wir werden zu diesem Zeitpunkt keine Drähte zu unserer Schaltung hinzufügen, aber ich möchte eine Anmerkung zu den Drähten machen. Das Ändern der Länge der Drähte hat keinerlei Auswirkungen auf unsere Schaltungen. Bei fortgeschrittenen Projekten (normalerweise Projekte mit extrem hoher Präzision oder extrem langen Drähten) hat die Länge eines Drahtes manchmal Auswirkungen auf solche Schaltungen. Wir machen keine hochpräzisen Schaltungen, und unsere Drähte sind alle weniger als 1 m lang. Daher können wir die Drahtlänge für die Elektronik, die wir machen, völlig ignorieren.

Wenn wir also unsere Bauteile mit Drähten verbinden würden, anstatt ihre Beine direkt umeinander zu wickeln, hätte das keinerlei Auswirkungen auf die Schaltung. Wichtig sind nicht die Drähte, sondern die Verbindungen – welche Komponenten miteinander verbunden sind und wie sie verbunden sind. Die Länge des Drahtes, mit dem sie verbunden sind, ist nicht wichtig. Man kann sie mit einem sehr langen Draht verbinden oder die Beine der einzelnen Komponenten direkt und ohne Drähte miteinander verbinden. Es spielt keine Rolle, denn das Ergebnis ist dasselbe: Die Komponenten sind miteinander verbunden.

5.5 Zeichnen von Schaltkreisen

Bisher haben wir Schaltkreise nur in Worten oder mit Bildern beschrieben. Das ist jedoch eine schlechte Art, Schaltungen zu beschreiben. Bei komplizierten Schaltungen ist es schwierig, die Drähte auf einem Foto nachzuzeichnen. Wenn Sie eine Schaltung zeichnen möchten, die Sie nachbauen wollten, müssten Sie ein Künstler sein, um sie richtig darzustellen. Auch das Lesen von Texten, die eine Schaltung beschreiben, dauert sehr lange und bei großen Schaltungen kann man sich leicht verirren.

Um Informationen darüber, wie ein Schaltkreis zusammengesetzt ist, in einer Weise zu vermitteln, die leicht zu lesen und zu schreiben ist, haben Ingenieure eine Methode zum Zeichnen von Schaltkreisen entwickelt, die als **Schaltpläne** oder **elektronische Schemata** bezeichnet werden (oft einfach *Diagramme* oder *Schemata* genannt). In einem Schaltplan wird jede Komponente durch ein einfach zu zeichnendes Symbol dargestellt, das Ihnen hilft, sich die Funktion der Komponente zu merken. Die Abb. 5-2 zeigt die Symbole für die Bauteile, die wir bisher verwendet haben. Beachten Sie, dass jeder die Symbole etwas anders zeichnet und einige Komponenten mehr als ein Symbol haben. Dies sind jedoch die Symbole, die wir in diesem Buch verwenden werden. Weitere Symbole finden Sie in Anhang B.

Symbol	Komponente	Beschreibung
⊥	Batterie	Eine Batterie wird durch eine lange Linie und eine kurze Linie dargestellt, die übereinanderliegen. Manchmal gibt es zwei Sätze von langen und kurzen Linien. Die lange Leitung ist der Pluspol und die kurze Leitung ist der Minuspol (der normalerweise als Masse verwendet wird).
⌇	Widerstand	Ein Widerstand wird durch eine scharfe, gewellte Linie mit Drähten dargestellt, die aus jeder Seite herauskommen. Dies zeigt, dass der Widerstand kein einfacher Weg für den Stromfluss ist.
⏚	LED	Eine LED wird durch einen Pfeil mit einem Querstrich dargestellt, was darauf hindeutet, dass der Strom von positiv nach negativ in Richtung des Pfeils fließen kann, aber in der anderen Richtung blockiert ist. Das LED-Symbol weist außerdem zwei kurze Linien auf, die die Tatsache darstellen, dass sie Licht ausstrahlt.

Abb. 5-2. Grundlegende Symbole im Komponentendiagramm

Anschließend werden die Komponenten mithilfe von Linien miteinander verbunden, die die Drähte und Verbindungen zwischen den Komponenten darstellen.

Daher können wir unsere ursprüngliche Schaltung mit diesen Symbolen neu zeichnen, wie in Abb. 5-3 zu sehen ist.

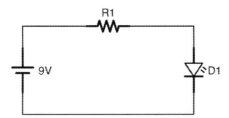

Abb. 5-3. Grundlegende LED-Schaltung als Diagramm gezeichnet

Beachten Sie, dass unsere Bauteile im Diagramm mit Drähten verbunden sind. Denken Sie daran, dass es keine Rolle spielt, ob wir sehr lange oder sehr kurze Drähte haben oder ob die Komponenten direkt aneinandergereiht sind – die resultierenden Schaltungen funktionieren identisch. Beachten Sie auch, dass jedes Bauteil beschriftet ist (R1 und D1), denn wenn wir kompliziertere Schaltkreise bauen, ist es wichtig, dass wir auf sie zurückgreifen können.

In einem Schaltplan spielt es keine Rolle, in welche Richtung Sie Ihre Komponenten gedreht haben, wie lang oder kurz Ihre Drähte sind oder wie die allgemeinen Abstände aussehen. Wenn Sie die Schaltung tatsächlich verdrahten, werden sich all diese Dinge ändern. Das Wichtigste an einem Schaltplan ist, dem Leser zu vermitteln, was die Teile sind, wie sie verbunden sind und was der Schaltkreis tut, und zwar in einer Weise, die am einfachsten zu lesen ist.

So sind beispielsweise alle Schaltungen in Abb. 5-4 äquivalent zu der Schaltung in Abb. 5.3, sie sind nur anders gezeichnet. Bei allen ist der Pluspol einer Batterie mit einem Widerstand verbunden, während der andere Schenkel des Widerstands mit dem Pluspol einer LED und der andere Schenkel der LED mit dem Minuspol der Batterie verbunden ist. Da die Anschlüsse identisch sind, sind auch die Schaltungen identisch. Bei Schaltplänen spielt es keine Rolle, wie lang die von Ihnen gezeichneten Linien sind, wie die Komponenten ausgerichtet sind oder wo die Komponenten auf der Seite eingezeichnet sind. Das Einzige, was im Schaltplan wichtig ist, ist, wie die Komponenten verbunden sind.

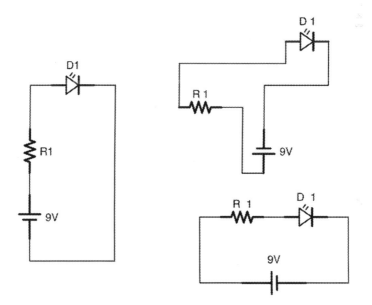

Abb. 5-4. Alternative Möglichkeiten zum Zeichnen des LED-Grundschaltkreises

Aus Gründen der Einheitlichkeit zeichne ich alle meine Batterien auf der linken Seite der Zeichnung mit der positiven Seite nach oben. Dadurch, dass die Batterie mit der positiven Seite nach oben gezeichnet wird, befinden sich die Komponenten mit höherer Spannung in der Regel näher an der Oberseite und die Komponenten mit niedrigerer Spannung näher an der Unterseite, wobei die Masse (d. h. 0 V) in den Minuspol zurückgeführt wird. Ich versuche auch, meine Kabel so einfach wie möglich zu gestalten, um die Verfolgung der Kabel zu erleichtern.

Wenn man ein gewisses Maß an Konsistenz beibehält, ist es einfacher, eine Zeichnung zu betrachten und zu erkennen, was passiert.

5.6 Zeichnen der Masse

Denken Sie daran, dass jeder Stromkreis vollständig von der positiven zur negativen Seite verbunden sein muss, damit Strom fließen kann. Das bedeutet, dass es in größeren Stromkreisen zahlreiche Verbindungen gibt, die vom Pluspol ausgehen oder zur Masse/zum Minuspol zurückführen. Aus diesem Grund wurde ein spezielles Symbol eingeführt, um den Massepunkt in einer Schaltung zu bezeichnen. Dieses Symbol, das Massesymbol, besteht aus drei Linien, von denen jede kürzer ist als die andere. Punkte in einem Stromkreis, die mit diesem Symbol verbunden sind, sind miteinander verbunden (normalerweise sind sie alle mit der negativen Seite der Batterie verbunden).

Daher ist die Schaltung in Abb. 5-5 die gleiche Schaltung wie zuvor, nur mit dem Massesymbol gezeichnet. Da Punkte mit dem Massesymbol alle miteinander verbunden sind, bedeutet die Verwendung dieses Symbols sowohl für die negative Klemme als auch für die negative Seite der LED, dass sie miteinander verdrahtet sind.

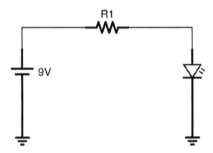

Abb. 5-5. Grundlegende LED-Schaltkreiszeichnung unter Verwendung des Massesymbols

Das hilft uns bei dieser Schaltung nicht viel weiter (und macht sie sogar etwas unübersichtlicher). In komplexen Schaltungen ist es jedoch viel einfacher, das Massesymbol zu schreiben, als zu versuchen, 20 Leitungen zum Minuspol zurückzuziehen.

Das Gleiche gilt auch für die positive Seite der Batterie. Viele Komponenten erfordern einen direkten Anschluss an eine bestimmte Spannung, um korrekt zu funktionieren. Diese sind in der Regel mit einem abgeklemmten Draht gekennzeichnet, an dessen Ende die benötigte Spannung steht. Wir verwenden dieses Symbol in diesem Buch weniger als das Massesymbol, aber es ist manchmal sehr nützlich.

Unter Verwendung der Symbole für die Spannungsquelle und die Masse können wir also dieselbe Schaltung noch einmal wie in Abb. 5-6 dargestellt beschreiben. Auch diese Schaltung ist nicht anders *verdrahtet als* zuvor. Wir *zeichnen* sie nur anders. Für diese Schaltung spielt das keine Rolle, aber in komplexeren Schaltungen, wenn wir eine bestimmte Spannung an einer bestimmten Stelle benötigen, sagt uns dieses Symbol, dass wir sie dort anlegen müssen.

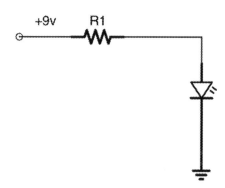

Abb. 5-6. Einfache LED-Schaltung mit positiver Seite der Batterie und Massesymbol

5.7 Rückblick

In diesem Kapitel haben wir das Folgende gelernt:

1. Jeder Stromkreis benötigt eine Stromquelle (in der Regel eine Batterie), Drähte und Bauteile, einen gewissen Widerstand und einen vollständigen Pfad zurück zur negativen Seite der Stromquelle.

2. Ein offener Stromkreis ist ein Stromkreis, der keine Verbindung zum Minuspol herstellt (und somit keinen Strom liefert), und ein Kurzschluss ist ein Stromkreis, der ohne Widerstand eine Verbindung zum Minuspol herstellt (und somit den Stromkreis mit Strom überlastet).

3. Eine Batterie liefert eine feste Spannung zwischen ihren beiden Polen.

4. Ein Widerstand bietet einen festen Widerstand (gemessen in Ohm) in Ihrem Stromkreis.

5. Eine LED lässt Strom nur in eine Richtung fließen, leuchtet, wenn Strom fließt, wird aber zerstört, wenn der Strom über 20–30 mA steigt.

6. Das längere Bein der LED sollte auf der positiven Seite des Stromkreises liegen.

7. Bei einfachen Schaltungen können die Drähte fast beliebig lang sein (von null bis zu einigen Metern), ohne dass sich die Funktionalität der Schaltung ändert.

8. Ein Schaltplan ist eine Art, einen Schaltkreis so zu zeichnen, dass er leicht zu lesen und es leicht zu verstehen ist, was der Schaltkreis tut.

9. Jedes Bauteil hat sein eigenes Symbol in einem Schaltplan.

10. Die mit dem Massesymbol gekennzeichneten Komponenten sind miteinander verbunden, in der Regel mit der negativen Seite der Batterie.

11. Spannungsquellen können in ähnlicher Weise durch einen Draht gekennzeichnet werden, der an einer Seite angeschlossen und mit der Spannung beschriftet ist, die er führen soll.

5.8 Anwenden, was Sie gelernt haben

Besonderer Hinweis

Da wir uns noch nicht eingehend mit dem Betrieb von LEDs beschäftigt haben, ignorieren wir in den folgenden Aufgaben die elektrischen Eigenschaften der LED und konzentrieren uns nur auf den Widerstand. Wenn Sie wissen, wie Sie die Schaltungseigenschaften mithilfe der LED berechnen können, ignorieren Sie sie bitte für die Zwecke dieser Übungen trotzdem.

1. Berechnen Sie die Stromstärke in dem Stromkreis, den Sie in diesem Kapitel aufgebaut haben, mithilfe des ohmschen Gesetzes. Da das ohmsche Gesetz die Ergebnisse in Ampere angibt, rechnen Sie den Wert in Milliampere um.

2. Nehmen wir an, die Mindeststromstärke, die erforderlich ist, damit die LED sichtbar leuchtet, beträgt 1 mA. Welcher Wert des Widerstands würde diesen Strom erzeugen?

3. Nehmen wir an, der maximale Strom, den die LED verarbeiten kann, beträgt 30 mA. Welcher Wert des Widerstands würde diesen Strom erzeugen?

4. Zeichnen Sie einen Schaltplan für einen Kurzschluss.

5. Nehmen Sie die Schaltungszeichnung in diesem Kapitel und ändern Sie sie so ab, dass sie einen offenen Stromkreis darstellt.

6. Zeichnen Sie einen Stromkreis, der nur aus einer Batterie und einem Widerstand besteht. Erfinden Sie Werte für die Batterie und den Widerstand und berechnen Sie die Stromstärke, die durch sie fließt.

Konstruieren und Testen von Schaltungen

In Kap. 5 haben wir gelernt, wie ein Stromkreis funktioniert. Allerdings lässt sich die Methode zum Aufbau einer Schaltung in diesem Kapitel nicht gut auf die reale Welt übertragen. In diesem Kapitel werden wir lernen, wie man lötfreie Breadboards verwendet, um Schaltungen auf robustere Weise aufzubauen. Außerdem werden wir unser Verständnis des ohmschen Gesetzes auf die Probe stellen, indem wir lernen, wie wir mit unserem Multimeter Spannungen in Schaltungen messen können.

© Der/die Autor(en), exklusiv lizenziert an APress Media, LLC, ein Teil von Springer Nature 2023
J. Bartlett, *Elektronik für Einsteiger*, https://doi.org/10.1007/978-3-662-66243-4_6

6.1   Das lötfreie Breadboard

Das wichtigste Gerät für die Herstellung von Schaltungen ist das **lötfreie Breadboard** (Steckplatine) Bevor es lötfreie Breadboards gab, musste man, wenn man eine Schaltung aufbauen wollte, die Teile an einem Stück Holz befestigen, um sie festzuhalten, und sie dann zusammenlöten. Beim Löten werden zwei Drähte mithilfe von Hitze und einem Metall namens Lot verbunden, das bei viel niedrigeren Temperaturen schmilzt als andere Metalle. Man müsste also die elektrischen Bauteile auf der Platine befestigen, die Beine der Bauteile umeinander wickeln und sie dann mit einem Lötkolben erhitzen und Lot hinzufügen, um sie dauerhaft zu verbinden.

Das war ein aufwendiger Prozess, und obwohl es manchmal möglich war, die Bauteile durch wieder aufwärmen der Lötstellen zurückzuerhalten, war man im Allgemeinen auf das Ergebnis angewiesen. Das lötfreie Breadboard ist eine erstaunliche Erfindung, die es uns ermöglicht, schnell und einfach Schaltungen zu erstellen und zu verändern, ohne dass es zu Problemen kommt. Die Abb. 6-1 zeigt, wie ein lötfreies Breadboard aussieht, und in Abb. 6-2 sind die verschiedenen Teile des Breadboards beschriftet.

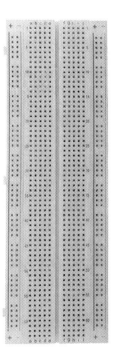

Abb. 6-1. Ein lötfreies Breadboard

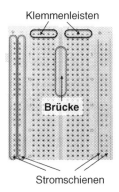

Klemmenleisten

Brücke

Stromschienen

Abb. 6-2. Teile eines lötfreien Breadboards

Das lötfreie Breadboard verfügt über eine Reihe von Federklemmen (in der Regel etwa 400 oder 800 Stück), die als **Anschlusspunkte** bezeichnet werden und die es Ihnen ermöglichen, Drähte oder Bauteilanschlüsse einzufügen und sie an Ort und Stelle zu halten. Und nicht nur das: Das Breadboard selbst schließt die Bauteile für Sie an!

Das funktioniert so, dass das Breadboard in kleine Halbreihen, sog. **Klemmleisten**, unterteilt ist. Jede Klemmleiste hat mehrere Anschlusspunkte – in der Regel fünf. Jeder Anschlusspunkt auf einer bestimmten Klemmleiste ist durch einen Draht *innerhalb* des Breadboards verbunden. Um zwei Drähte oder Leitungen miteinander zu verbinden, müssen Sie sie also nur an dieselbe Klemmleiste anschließen. Zwei Drähte oder Leitungen, die an dieselbe Klemmleiste angeschlossen sind, sind auch miteinander verbunden.

Bei den meisten Breadboards sind die beiden Seiten des Breadboards durch eine Kluft getrennt, die als **Brücke** bezeichnet wird. Die Brücke ist ein optischer Hinweis darauf, dass die beiden Klemmleisten nicht miteinander verbunden sind, sie erfüllt aber auch einen praktischen Zweck. Wenn Sie einen integrierten Schaltkreis (einen kleinen Chip) haben, hat die Brücke die richtige Breite, sodass Sie Ihren integrierten Schaltkreis direkt über der Brücke platzieren können und jedes Bein des Chips erhält seine eigene Klemmleiste, sodass Sie sie leicht mit dem verbinden können, was Sie brauchen. Wir werden dies in späteren Kapiteln noch genauer behandeln.

Zusätzlich zu den Klemmleisten haben die meisten Breadboards zwei Leisten auf jeder Seite, eine mit einer roten und eine mit einer blauen Linie. Diese sind als **Stromschienen** bekannt (manche Leute nennen sie **Leistungsbusse**).

Stromschienen sind den Klemmleisten sehr ähnlich, mit ein paar Ausnahmen. Der Hauptunterschied besteht darin, dass bei Klemmleisten nur die fünf zusammengefassten Anschlusspunkte miteinander verbunden sind. Bei Stromschienen sind viel mehr Anschlusspunkte miteinander verbunden, auch wenn es kurze Lücken gibt. Bei einigen Platinen werden die Stromschienen auf halber Strecke geteilt, bei anderen geht es die ganze Platine hinunter. Eine Unterteilung der Stromschienen wird normalerweise durch eine Unterbrechung der roten und blauen Linien angezeigt, die die Stromschienen kennzeichnen.

Beachten Sie, dass der Plus- und der Minuspol *nicht* miteinander verbunden sind (das würde einen Kurzschluss verursachen) und dass sie *nicht* mit den Stromschienen auf der anderen Seite des Breadboards verbunden sind (es sei denn, Sie verbinden sie manuell). Bei manchen Breadboards ist sogar eine einzelne Seite nicht durchgängig verbunden, sondern kann auf halber Strecke in Abschnitte unterteilt sein.

In vielen Projekten benötigen viele Bauteile direkten Zugang zur positiven oder negativen Stromversorgung. Stromschienen machen dies einfach, indem sie einen Anschlusspunkt mit positiver und negativer Stromversorgung in sehr kurzer Entfernung von der Stelle auf dem Breadboard bereitstellen, an der sie benötigt werden. Wenn Sie die Plus- und Minusklemmen Ihrer Stromquelle an die Plus- und Minusschienen auf dem Breadboard anschließen, können Sie jedes Mal, wenn Sie eine Verbindung zum Plus- oder Minuspol benötigen, einfach einen Draht zum nächstgelegenen Anschlusspunkt auf der entsprechenden Stromschiene führen.

6.2   Aufsetzen einer Schaltung auf einem Breadboard

Um zu sehen, wie eine einfache Schaltung auf einem Breadboard funktioniert, kehren wir zu der Schaltung zurück, die wir uns in Kap. 5 angeschaut haben. In Abb. 6-3 ist die Zeichnung noch einmal dargestellt, um die Orientierung zu erleichtern.

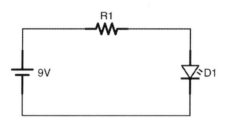

Abb. 6-3. Grundlegende LED-Schaltung

Wie übertragen wir also das, was wir in der Zeichnung sehen, auf das, was wir auf dem Breadboard unterbringen müssen? Schauen wir uns an, was in der Schaltung vorhanden ist – eine 9-V-Batterie, eine LED (wir nehmen eine rote

LED) und ein 1000-Ω-Widerstand. Mit der Batterie wollen wir uns im Moment nicht beschäftigen. Ohne die Batterie haben wir also einen Widerstand, der mit einer LED verbunden ist.

Beginnen wir damit, dass wir unsere Bauteile einfach auf dem Breadboard platzieren. Sie sollten die Bauteile so auf dem Breadboard platzieren, dass jedes Beinchen an eine *andere* Klemmleiste angeschlossen ist. Es spielt keine Rolle, *welche* Klemmleisten Sie verwenden – stellen Sie nur sicher, dass die Beine alle an verschiedene Klemmleisten angeschlossen werden. Die Abb. 6-4 zeigt, wie Ihr Breadboard bis jetzt aussehen sollte. Beachten Sie, dass das längere Bein der LED näher am Widerstand ist. Das längere Beinchen ist im Diagramm mit einer zusätzlichen Biegung dargestellt.

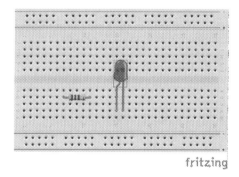

Abb. 6-4. Anbringen der Bauteile auf dem Breadboard

Die Abb. 6-5 zeigt, wie man es *falsch* macht. In dieser Abbildung liegen die Beine der beiden Bauteile in derselben Reihe, was dasselbe ist wie ein Draht zwischen den Beinen, der einen Kurzschluss verursacht. Tun Sie das nicht! Stellen Sie sicher, dass jedes Beinchen in eine eigene Reihe kommt.

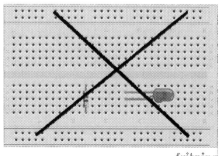

Abb. 6-5. Die falsche Art und Weise, die Bauteile auf das Breadboard zu setzen

Um nun den Widerstand mit der LED zu verbinden, müssen wir einen Draht hinzufügen. Alles, was wir tun müssen, ist, einen Draht mit einem beliebigen leeren Anschlusspunkt zu verbinden, der sich auf derselben Klemmleiste wie der rechte Schenkel des Widerstands befindet, und die andere Seite dieses Drahtes mit dem linken Schenkel der LED zu verbinden, wie in Abb. 6-6 gezeigt.

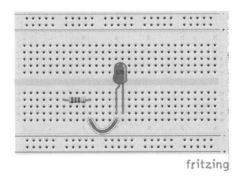

Abb. 6 - 6 . Hinzufügen eines Kabels zur Verbindung der Bauteile

Beachten Sie, dass die auf Breadboards verwendeten Drähte oft als „Überbrückungsdrähte" bezeichnet werden. Der Unterschied zwischen diesen und anderen Arten von Drähten besteht darin, dass Überbrückungsdrähte in der Regel feste, harte Enden haben, sodass sie sich leichter in das Breadboard drücken lassen. Bei normalen Drähten oder Lautsprecherkabeln sind die Enden biegsam und es ist fast unmöglich, sie richtig in das Breadboard einzuschieben und anzuschließen.

Ein häufiger Fehler, der gemacht wird, ist der Anschluss des Kabels an die Reihe direkt vor oder nach der Komponente. Nehmen Sie sich etwas Zeit und achten Sie besonders darauf, dass der Draht an die *gleiche* Reihe angeschlossen wird wie das Bein Ihrer Bauteile.

Nun müssen wir unser Projekt mit den Stromschienen verbinden. Verbinden Sie also ein rotes Kabel vom linken Schenkel des Widerstands mit der positiven Stromschiene (denken Sie daran, dass sie verbunden sind, solange sie sich in derselben Klemmleiste wie der Widerstand befinden). Ebenso wird ein schwarzes Kabel vom rechten Schenkel der LED an die negative Stromschiene angeschlossen. Ich verwende immer rote Drähte für den Anschluss an die positive Stromschiene und schwarze Drähte für den Anschluss an die negative bzw. Masseschiene, da es so klarer ist, wenn ich mir mein Projekt ansehe, welcher Draht was führt. Ihr Projekt sollte wie in Abb. 6-7 aussehen.

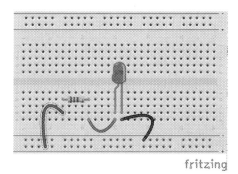

Abb. 6-7. Hinzufügen von Drähten zu den Stromschienen

Ihr Projekt ist nun fast fertig. Jetzt müssen Sie nur noch Ihre Stromschienen mit einer Stromversorgung verbinden. Schließen Sie einen T-Verbinder an eine 9-V-Batterie an und verbinden Sie dann den roten (positiven) Draht mit der positiven Stromschiene auf dem Breadboard.[1] Sie können ihn an einer beliebigen Stelle der Schiene anschließen, aber ich schließe ihn normalerweise am Rand der Schiene an, um mehr Platz für Bauteile zu haben. Verbinden Sie dann das schwarze (negative) Kabel mit der negativen Stromschiene auf dem Breadboard. Sobald Sie das getan haben, sollte die LED aufleuchten! Die Abb. 6-8 zeigt die fertige Schaltung.

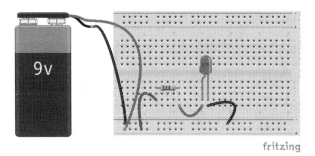

Abb. 6-8. Endgültige LED-Schaltung mit angeschlossener Stromversorgung

Beachten Sie, dass viele T-Verbinder für 9-V-Batterien sehr fadenscheinige Drähte haben, die sich nur schwer in ein Breadboard einführen lassen. In der Regel funktioniert es, solange Sie beide Anschlüsse weit genug einführen

---

[1] Ein T-Verbinder ist einfach eine Kappe auf der Batterie, aus der Drähte herauskommen. Wenn Sie keinen T-Anschluss haben, können Sie manuell einen Überbrückungsdraht in das Breadboard einstecken und das andere Ende an die Batterieklemme halten. T-Verbinder haben ihre eigenen Nachteile, da die meisten von ihnen biegsame Enden haben, was es schwierig macht, sie in Breadboards zu stecken. In Kürze werden wir zu einer einfacheren Methode übergehen: die Stromversorgung mithilfe von Leistungsreglern handzuhaben.

können, um das Metall innerhalb der Anschlussstelle zu berühren. Wir werden in Kürze zur Verwendung von Leistungsreglern übergehen, was den Prozess ein wenig einfacher macht.

Wenn Ihr Schaltkreis nicht funktioniert, finden Sie hier eine Liste von Dingen, die Sie überprüfen sollten:

1. Vergewissern Sie sich, dass die Batterie richtig an das Breadboard angeschlossen ist – die rote Batterie sollte an den Pluspol und die schwarze an den Minuspol angeschlossen werden.

2. Vergewissern Sie sich, dass es *keine* Drähte gibt, die Plus- und Minuspol auf der Platine direkt verbinden. Jede direkte Verbindung von Plus- zu Minuspol ohne Umweg über ein Bauteil führt zu einem Kurzschluss und kann Ihre Bauteile und die Batterie zerstören.

3. Vergewissern Sie sich, dass Ihre Drähte an der gleichen Klemmleiste angeschlossen sind wie die Leitung der Bauteile, an die sie angeschlossen werden sollen. Wenn sie in einer anderen Reihe liegen, *sind sie nicht angeschlossen!*

4. Achten Sie darauf, dass die LED richtig herum eingesetzt wird. Das längere Beinchen sollte mit dem Widerstand und das kürzere Beinchen mit dem Minuspol der Stromversorgung verbunden werden.

5. Vergewissern Sie sich, dass Ihre Bauteile in Ordnung sind. Versuchen Sie, Ihre LED durch eine andere LED zu ersetzen, um zu sehen, ob sie funktioniert.

6. Wenn alle diese Maßnahmen fehlschlagen, machen Sie ein Foto von Ihrem Projekt und stellen Sie es in ein Onlineforum. Wahrscheinlich kann jemand Ihr Problem erkennen und/oder Sie in die richtige Richtung führen. Auch im Internet gibt es viele Foren, die sich mit diesem Thema befassen.

6.3 Weniger Drähte verwenden

Im vorherigen Abschnitt haben wir drei Drähte verwendet, um unsere Bauteile zu verbinden, plus zwei weitere Drähte von der Batterie. Wir können unser Projekt verbessern, indem wir es so umgestalten, dass die meisten Drähte überflüssig sind.

Denken Sie daran, dass zwei Leitungen oder Drähte, die nebeneinander an derselben Klemmleiste angeschlossen sind, miteinander verbunden sind.

Daher können wir den Draht, der von der LED zum Widerstand führt, einfach entfernen, indem wir die LED und den Widerstand so verschieben, dass sich der rechte Schenkel des Widerstands auf derselben Klemmleiste befindet. Die Abb. 6-9 zeigt, wie dies aussieht.

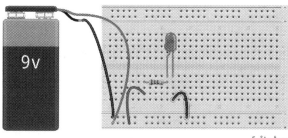

Abb. 6-9. Verbinden von Bauteilen durch Anlegen ihrer Leitungen an dieselbe Klemmleiste

Das mittlere Kabel ist jedoch nicht das einzige überflüssige Kabel. Wenn man darüber nachdenkt, könnte man auch ein Kabel einsparen, indem man das Kabel der LED selbst verwendet, um zur negativen Schiene zurückzukehren. Die Abb. 6-10 zeigt, wie man das macht. Damit die LED besser passt, befindet sie sich jetzt auf der *anderen* Seite des Widerstands auf der Klemmleiste. Denken Sie daran, dass dies überhaupt keine Rolle spielt! Egal, wo ein Bauteil auf der Klemmleiste angeschlossen ist, es ist mit einem Draht mit jedem anderen Bauteil auf derselben Klemmleiste verbunden.

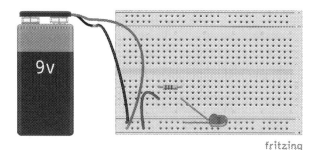

Abb. 6-10. Direktes Anschließen der LED an die negative Schiene

Jetzt gibt es noch ein letztes Kabel, das wir loswerden können. Können Sie sich vorstellen, welches es ist? Wenn Sie sagen, der Draht, der von der positiven Schiene zum Widerstand führt, haben Sie recht.

Was wir tun können, ist, den Widerstand direkt an die positive Schiene anzuschließen. Auf diese Weise erhalten wir das in Abb. 6-11 gezeigte Ergebnis.

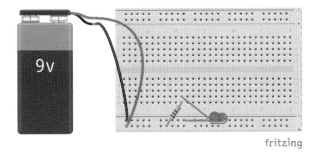

Abb. 6-11. Direktes Anschließen des Widerstands an die positive Schiene

Wie Sie sehen können, gibt es also beliebig viele Möglichkeiten, Teile auf einem Breadboard so anzuordnen, dass sie zu einem bestimmten Schaltplan passen. Alle diese Anordnungen, die wir gesehen haben, passen zu dem in Abb. 6-3 dargestellten Schaltplan. Solange Ihre Schaltung mit der Konfiguration im Schaltplan übereinstimmt, ist es Ihnen überlassen, wo Sie die Drähte und Bauteile anordnen. Manche Leute platzieren die Bauteile zuerst in Abständen auf ihrem Breadboard und fügen dann Drähte hinzu, um sie nach Bedarf zu verbinden. Das funktioniert, macht aber die Platine unordentlicher, da viele Drähte in alle Richtungen verlaufen. Andere Leute möchten so wenig Drähte wie möglich verwenden und ihre Layouts so sauber wie möglich gestalten (d. h., sie mögen kein Durcheinander).

Manche Leute verwenden gerne flexible Überbrückungsdrähte, die auf und über die Platine gehen. Andere verwenden lieber starre Überbrückungsdrähte, die dicht an der Platine anliegen und genau die benötigte Länge haben. Die flexiblen Drähte bieten mehr Flexibilität beim Aufbau der Schaltungen (sie lassen sich leichter verschieben und neu konfigurieren), während die festen, starren Drähte das Endergebnis viel sauberer und übersichtlicher machen.

Wenn Sie möchten, können Sie auch die Beine Ihrer Bauteile kürzen, damit sie besser passen. Manche Leute möchten ihre Bauteile so intakt wie möglich lassen, während andere die Beine ihrer Leitungen so zurechtschneiden, dass sie genau die richtige Größe für ihr Projekt haben. Wenn Sie jedoch die Anschlussdrähte Ihrer LEDs kürzen, achten Sie darauf, dass der positive Anschluss länger ist!

Wie Sie mit Elektronik arbeiten möchten, bleibt Ihnen überlassen. Es gibt viele Möglichkeiten, die alle auf die gleiche Schaltung hinauslaufen.

6.4 Prüfen von Schaltkreisen mit einem Multimeter

Nachdem wir nun wissen, wie man Schaltkreise aufbaut, müssen wir auch wissen, wie wir unsere Schaltkreise *testen können*. Das wichtigste Werkzeug zum Prüfen einfacher Schaltungen ist das **Multimeter**. Es wird Multimeter genannt, weil es mehrere verschiedene Dinge in einem Schaltkreis misst. Die Abb. 6-12 zeigt ein typisches, preiswertes Multimeter.

Abb. 6-12. Ein preisgünstiges Multimeter

Es gibt eine Vielzahl von Multimetern mit unterschiedlichen Funktionen. Fast alle können jedoch Spannung, Strom und Widerstand messen. Jeder dieser Werte wird gemessen, indem zwei verschiedene Punkte im Stromkreis geprüft werden. Die meisten Multimeter haben ein rotes und ein schwarzes Kabel. Das rote Kabel sollte an die positivere Seite des Stromkreises und das schwarze Kabel an die negativere Seite des Stromkreises angeschlossen werden. Wenn Sie sie jedoch vertauschen, ist das in der Regel in Ordnung – das Multimeter kann nur negative Werte anzeigen, wenn Sie Spannung oder Strom messen.

Um die Verwendung eines Multimeters zu veranschaulichen, beginnen wir mit der Messung der Spannung in einer 9-V-Batterie. Erinnern Sie sich aus Kap. 4, dass es keine absolute Nullspannung gibt – Spannungen werden lediglich in Bezug zueinander gemessen. Daher kann ein Multimeter nicht die genaue Spannung von etwas angeben – es gibt keine genaue Spannung. Stattdessen können Sie mit einem Multimeter zwei Punkte in Ihrem Stromkreis auswählen und die Spannungsdifferenz (auch als **Spannungsabfall** bezeichnet) zwischen diesen Punkten messen.

Denken Sie daran, dass eine 9-V-Batterie bedeutet, dass zwischen Plus- und Minuspol der Batterie 9 V liegen sollten. Versuchen Sie es noch nicht, aber wenn wir die Spannung messen, werden wir erwarten, dass das Multimeter uns anzeigt, dass die Spannungsdifferenz bei 9 V liegt.

Wenn Sie Ihr Multimeter verwenden, müssen Sie *das zu prüfende Gerät vor der Prüfung* einstellen. Andernfalls können Sie leicht Ihr Multimeter oder Ihren Stromkreis beschädigen. Da wir also die Spannung messen werden, wählen Sie die Einstellung Gleichspannung an Ihrem Multimeter (wählen Sie *nicht* die Einstellung Gleichstrom oder Gleichwiderstand!). Wenn Sie ein hochwertiges Multimeter **mit automatischem Messbereich** verwenden, ist das alles, was Sie tun müssen. Die meisten Menschen kaufen jedoch zu Beginn ein Multimeter der untersten Preisklasse. Das ist kein Problem, aber Sie sollten sich darüber im Klaren sein, dass Sie es wahrscheinlich irgendwann aus Versehen kaputt machen werden.

Wenn Sie ein minderwertiges Multimeter verwenden, müssen Sie nicht nur auswählen, *was* Sie messen möchten, sondern auch den *geschätzten Bereich* der Werte, die Sie messen möchten. Bei meinem Multimeter hat die Gleichspannung fünf verschiedene Einstellungen: 1000, 200, 20, 2000 m und 200 m. Das sind die oberen Grenzen (in Volt), die diese Einstellungen anzeigen können.

Bei einer 9-V-Batterie ist es also wahrscheinlich unklug, die 1000-V-Einstellung zu verwenden. Es kann einen Messwert geben, aber er wird wahrscheinlich nicht genau sein. Wenn ich es jedoch mit einer zu niedrigen Einstellung (z. B. 2000 m) versuche, wird entweder nichts angezeigt oder mein Multimeter wird durchbrennen. Am sichersten ist es also, mit der höchsten vernünftigen Einstellung zu beginnen (oder einfach die höchste Einstellung zu wählen, wenn man nicht weiß, was vernünftig ist), sie zu testen und dann die Einstellung zu verringern, bis sie einen guten Wert ergibt.

Nehmen wir z. B. an, ich kenne die Spannung meiner 9-V-Batterie nicht. Daher werde ich die Batterie mit der 1000-V-Einstellung messen. Nachdem ich das Multimeter auf 1000 V eingestellt habe, lege ich das rote Kabel an den Pluspol der Batterie und das schwarze Kabel an den Minuspol. Achten Sie darauf, dass Sie die *Spitzen* Ihrer Messleitungen *fest* gegen den Plus- und Minuspol drücken. Wenn es nicht fest ist oder wenn Sie die Seiten der Pole benutzen, erhalten Sie keinen guten Messwert.

Wenn ich das tue, zeigt mein Multimeter 9 an.

Beachten Sie, dass dieser Wert deutlich unter unserer 1000-V-Einstellung liegt. Daher ist er möglicherweise nicht ganz genau. Also reduziere ich die Einstellung auf 200 V und messe erneut. Diesmal zeigt mein Multimeter 9,6 an. Das ist definitiv ein genauerer Wert – ich erhalte eine zusätzliche Stelle an Genauigkeit! Allerdings liegt dieser Wert immer noch deutlich unter der Einstellung.

Deshalb reduziere ich die Einstellung wieder auf die 20-V-Einstellung und messe erneut. Dieses Mal beträgt der Messwert 9,66. Wieder ist er genauer. Kann ich nun die Einstellung noch weiter verringern? Nun, die nächste Einstellung ist

2000 m, was im Grunde 2 V entspricht. Unser Messwert beträgt 9,66 V und liegt damit über dem Grenzwert für die nächste Einstellung. Daher sollte ich es nicht mit einer niedrigeren Einstellung versuchen, sowohl im Interesse der Genauigkeit als auch im Interesse der Lebensdauer meines Multimeters.

Ich sollte jedoch anmerken, dass, wenn ich eine niedrigere Einstellung verwenden würde, da die Einstellung in Millivolt angegeben ist (d. h. 2000 m), die Ablesung auch in Millivolt erfolgen würde. Das heißt, wenn wir den Wert der Batterie bei dieser Einstellung ablesen würden, würde er 9660 anzeigen, denn so viele Millivolt hat die Batterie.

Nun könnten Sie sich fragen, warum eine 9-V-Batterie etwas anderes ist als genau 9 V? Nun, es stellt sich heraus, dass in der Elektronik kein Wert exakt ist und keine Formel funktioniert perfekt. Wenn wir von einer 9-V-Batterie sprechen, meinen wir eigentlich eine Batterie, die einem Bereich von 7 bis 9,7 V liegt. Tatsächlich verliert meine Batterie, die zu Beginn 9,66 V hatte, beim Entladen langsam an Spannung. Das ist einer der Gründe, warum das Messen so wichtig ist.

Das bedeutet auch, dass wir in unseren Schaltungen Wege finden müssen, um unterschiedliche Werte auszugleichen. Unsere Schaltungen sollten in einem weiten Bereich von möglichen Werten für unsere Bauteile funktionieren. Wir werden im weiteren Verlauf Strategien dafür diskutieren.

Als Nächstes werden wir den Widerstand messen. Nehmen Sie einen Widerstand heraus – einen beliebigen Widerstand. Das Datenblatt für Widerstände in Anhang E zeigt Ihnen, wie Sie die Widerstandswerte anhand der Farbstreifen auf dem Widerstand ermitteln können. Ich weiß nicht, wie es Ihnen geht, aber meine Augen sind nicht so gut darin, auf diese winzigen Linien auf dem Widerstand zu schauen und herauszufinden, welche Farbe welche ist. Oft ist es einfacher, den Widerstand mit dem Multimeter zu messen.

Das Verfahren ist dasselbe wie bei der Messung der Spannung, nur dass Sie mit der niedrigsten Einstellung beginnen und sich hocharbeiten. Suchen Sie zunächst die Widerstandseinstellungen auf Ihrem Multimeter (vielleicht nur mit dem Symbol für Ohm [Ω] gekennzeichnet). Beginnen Sie mit dem kleinsten Wert (in meinem Fall 200). Bei dieser Einstellung zeigt das Multimeter 1 an, was bedeutet, dass es kein Signal empfängt. Also drehen Sie es auf die nächste Einstellung, 2000, hoch. Dieses Mal zeigt es 1002 an. Denken Sie daran, dass, wenn der Wert, auf den das Messgerät eingestellt ist, ein metrisches Suffix enthält (z. B. m, k oder M), dieses Suffix auf den Wert angewendet wird, der auf dem Bildschirm angezeigt wird.

Beachten Sie, dass Sie *den Widerstand niemals in einem stromführenden Stromkreis messen* sollten. Das Multimeter benötigt Strom, um den Widerstand zu messen, und wenn der Stromkreis bereits unter Spannung steht, kann dies das Multimeter und/oder den Stromkreis beschädigen. Um jedoch Strom und Spannung zu messen, muss der Stromkreis unter Spannung stehen.

6.5 Verwendung eines Multimeters mit einem Breadboard

Wir können unser Multimeter auch mit unserem Breadboard verwenden. Nehmen wir an, dass wir die Spannung zwischen der positiven und negativen Schiene des Breadboards messen wollen.

Es gibt zwei Möglichkeiten, dies zu tun. Wenn die Größe Ihrer Multimetersonden und die Größe Ihrer Breadboard-Anschlüsse es zulassen, können Sie die Sonden Ihres Multimeters einfach in die Anschlusspunkte der positiven und negativen Schiene stecken. Da diese über ein Kabel mit der Stromversorgung verbunden sind, liegen sie auf demselben Spannungsniveau wie die Batterie selbst.

Wenn Ihre Breadboard-Multimeter-Kombination dies nicht unterstützt, können Sie dasselbe tun, indem Sie einfach zwei Überbrückungsdrähte an die positiven und negativen Schienen anschließen und dann die Spannung am anderen Ende der Drähte testen.

Wenn Sie Bauteile auf Spannung prüfen, können Sie Ihr Multimeter auch an den frei liegenden Beinen des Bauteils verwenden. Das ist oft einfacher, als die Messfühler in das Breadboard zu stecken oder zusätzliche Drähte zum Multimeter zu führen.

Um die Verwendung Ihres Multimeters mit Ihrem Breadboard auszuprobieren, konfigurieren Sie Ihr Breadboard ähnlich wie in Abb. 6-8. Verwenden Sie dieses Layout und *nicht* eines derjenigen mit weniger Drähten (Sie werden gleich sehen, warum). Stellen Sie Ihr Multimeter bei angeschlossener Batterie auf die höchste Spannungseinstellung ein und stecken Sie das rote Kabel in ein beliebiges freies Loch in der positiven Schiene. Stecken Sie währenddessen das schwarze Kabel in ein beliebiges freies Loch in der Minusschiene.

Dies sollte denselben Wert ergeben, den Sie für die Batterieklemmen erhalten haben. Denken Sie daran, dass die Stromschienen durchgängig verbunden sind – deshalb funktioniert es, wenn Sie Ihre Messfühler in ein beliebiges Loch in der Leitung stecken! Wenn Sie sich durch die Messbereiche Ihres Multimeters arbeiten, sollten Sie den gleichen Wert erhalten wie bei der Messung direkt an den Batteriepolen. Auch hier gilt: Wenn Ihre Messfühler nicht in die Anschlusspunkte passen, können Sie auch Drähte verwenden, um die Messfühler von Ihrem Breadboard mit dem Multimeter zu verbinden.

Sie können nun das Gleiche mit einem beliebigen Bauteil auf Ihrer Platine tun. Ermitteln wir die Spannungsdifferenz zwischen einer Seite des Widerstands und der anderen. Suchen Sie dazu ein leeres Loch auf derselben Klemmleiste wie die linke Seite des Widerstands und stecken Sie die rote Leitung Ihres Multimeters in dieses Loch. Suchen Sie dann ein leeres Loch auf derselben Klemmleiste wie die rechte Seite des Widerstands und stecken Sie das schwarze Kabel Ihres Multimeters in dieses Loch. Nun können Sie die

Spannungsdifferenz messen. Beachten Sie, dass der Stromkreis aktiv sein *muss*, um Spannungsdifferenzen zu messen. Wenn der Strom abgeschaltet ist, sinkt die Spannungsdifferenz wahrscheinlich auf null. Verwenden Sie das gleiche Messverfahren, um den Spannungsabfall zwischen der linken und der rechten Seite des Widerstands zu ermitteln.

Auch wenn wir nicht über Dioden gesprochen haben, hindert Sie das nicht daran, die Spannungsdifferenz zwischen den Schenkeln der Diode in Ihrer Schaltung zu messen. Um den Spannungsabfall zu messen, gehen Sie genauso vor wie zuvor.

6.6 Strommessung mit einem Multimeter

Jetzt werden wir lernen, Strom zu messen, indem wir die gleiche Schaltung wie in Abb. 6-8 verwenden. Wie bei der Spannung ist es auch bei der Strommessung erforderlich, dass der Stromkreis eingeschaltet ist. Um Strom zu messen, verwenden Sie die Einstellungen für die Gleichstromstärke (manchmal auch Gleichstrom genannt) an Ihrem Multimeter.

Das Messen von Strom ist etwas anders als das Messen von Spannung in einer Schaltung. Anstatt die Messfühler einfach so auf dem Breadboard zu platzieren, wie sie sind, werden Sie Ihre Messfühler verwenden, um *einen Draht zu ersetzen*. Sie entfernen einen Draht und setzen dann Ihre Messfühler in die Löcher (Anschlusspunkte), wo der Draht war. Wenn Ihre Multimetersonden nicht in die Anschlusspunkte passen, können Sie auch wieder zwei Drähte, einen aus jedem Loch, vom Breadboard zu Ihren Multimetersonden führen.

Bei beiden Ansätzen verwendet die Schaltung Ihr Multimeter *als den Draht*, der entfernt wurde, und das Multimeter misst dann, wie viel Strom durch die Leitung fließt, und zeigt dies auf dem Bildschirm an. Um einen genauen Bericht zu erhalten, müssen Sie dieselbe Messmethode anwenden, die Sie zuvor bei den Spannungen verwendet haben.

Nehmen wir an, Sie möchten den Strom messen, der durch den Draht fließt, der den Widerstand mit der LED verbindet. Dazu *entfernen* wir zunächst diesen Draht und verbinden die rote Leitung mit der Stelle, an der sich der Draht auf der linken Seite befand (da er positiver ist), und die schwarze Leitung mit der Stelle, an der sich der Draht auf der rechten Seite befand (da er negativer ist). Das Multimeter sollte nun anzeigen, wie viel Strom der Stromkreis verbraucht. Dies kann aus verschiedenen Gründen variieren, sollte aber etwa 17 mA betragen.

Legen Sie nun den Draht zurück, entfernen Sie einen anderen Draht und messen Sie dort den Strom. Unabhängig davon, welchen Draht Sie wählen, sollten sie alle den gleichen Strom messen. Der Grund dafür ist, dass, da alle diese Bauteile in Reihe geschaltet sind (eine direkt hinter der anderen), durch sie alle die gleiche Menge an Strom fließen muss (wohin würde der Strom sonst fließen?).

6.7 Verwendung eines Leistungsreglers

Bislang haben wir mehrere Probleme bei der Verwendung von Batterien in Elektronikprojekten erörtert. Erstens wissen wir bei Batterien nicht genau, wie viel Spannung sie liefern werden. Eine 9-V-Batterie liefert eine Spannung zwischen 7 und 10 V und die tatsächliche Spannung schwankt während ihrer Lebensdauer. Außerdem haben die Anschlüsse von Batterien in der Regel keine massiven Überbrückungsdrähte, sodass es schwierig ist, sie an Breadboards anzuschließen.

Beide Probleme können mit einem Leistungsreglermodul gelöst werden. Ein Leistungsreglermodul nimmt Strom von anderen Quellen (z. B. einer Batterie) und reduziert die Spannung auf einen Wert, der zwar niedriger, aber konstant ist. Der Stromregler, den wir verwenden werden, ist das YwRobot-Breadboard-Netzteil.

Dieses preiswerte Gerät nimmt eine Eingangsspannung zwischen 6,5 und 12 V auf und liefert am Ausgang eine konstante Spannung von entweder 3,3 oder 5 V (wir verwenden die 5-V-Einstellung). Dieses Gerät kann mit einer geeigneten Batterieklemme an eine Batterie angeschlossen werden.[2] Die Abb. 6-13 zeigt, wie so etwas aussieht.

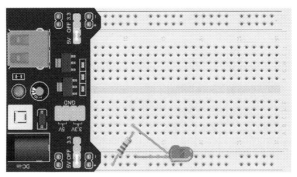

fritzing

Abb. 6-13. Breadboard mit einem Powermodul

Wie Sie sehen können, wird das Leistungsmodul auf die Stromschienen des Breadboards geklemmt. Das Wichtigste ist, darauf zu achten, dass das Powermodul richtig ausgerichtet ist, sodass die positiven und negativen Markierungen auf dem Powermodul mit den positiven und negativen Stromschienen übereinstimmen. Außerdem hat dieses Powermodul einen

---

[2] Sie können das Gerät auch mit einem entsprechenden Adapter an eine Steckdose oder über USB an Ihren Laptop anschließen. Für die Zwecke dieses Buches raten wir von diesen beiden Optionen ab, da sie ein zusätzliches Risiko darstellen, wenn etwas falsch verkabelt wird.

Shunt, der je nach Platzierung bestimmt, ob es 3,3 oder 5 V ausgibt oder ausgeschaltet ist. Sie müssen darauf achten, dass die Shunts auf beiden Seiten auf 5 V eingestellt sind.

Zum Schluss müssen Sie die Batterie einstecken. Eine 9-V-Batterie kann mit einem Batterieclip, der für CCTV-Kameras entwickelt wurde, in das Powermodul eingesteckt werden. Sie haben auf der einen Seite eine 9-V-Klemme und auf der anderen Seite einen Hohlstecker, der sich gut in das Powermodul einstecken lässt. In Abb. 6-14 ist ein solcher Clip zu sehen.

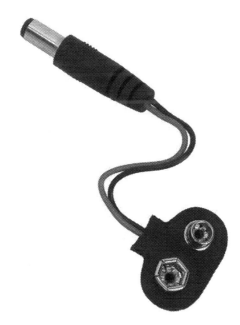

Abb. 6-14. 9-V-Batterieclip

Vergessen Sie nach dem Einrichten nicht, das Gerät einzuschalten! Das Powermodul hat eine LED, die aufleuchtet, wenn das Powermodul eingeschaltet ist. Das ist wirklich praktisch, weil Sie keinen Ein-/Ausschalter oder eine Einschaltleuchte in Ihr Projekt einbauen müssen, weil das Powermodul das für Sie übernimmt.

Wie taucht das Leistungsmodul im Schaltplan auf? Nun, eigentlich gar nicht direkt. Die Kombination aus Batterie und Leistungsmodul ergibt im Schaltplan einfach eine 5-V-Batterie. Wir stellen sie also einfach mit dem normalen Batteriesymbol dar, aber auf 5 V eingestellt.

Es gibt auch andere Stromversorgungsmodule, die im Grunde genommen alle auf die gleiche Weise funktionieren. Achten Sie nur darauf, dass die Spannung auf 5 V eingestellt ist.

6.8 Rückblick

In diesem Kapitel haben wir das Folgende gelernt:

1. Mit lötfreien Breadboards lassen sich schnell Schaltungen erstellen.

2. Lötfreie Breadboards ermöglichen den einfachen Auf- und Abbau von Schaltungen, sodass die Bauteile von einem Projekt zum nächsten wiederverwendet werden können.

3. Sowohl die Drähte als auch die Beine eines Bauteils werden an Anschlusspunkten auf dem Breadboard befestigt.

4. Die Anschlusspunkte in derselben Klemmleiste sind durch einen Draht hinter dem Breadboard verbunden.

5. Um zwei Bauteile miteinander zu verbinden, müssen Sie nur ihre Beine auf dieselbe Klemmleiste des Breadboards stecken.

6. Die Stromschienen auf einem Breadboard erstrecken sich entweder über die gesamte Länge der Platine oder werden manchmal in der Mitte geteilt.

7. Die Brücke eines Breadboards unterteilt und trennt verschiedene Gruppen von Klemmleisten. Auf diese Weise kann ein Chip über die Brücke gesetzt werden, sodass jeder seiner Pins eine eigene Klemmleiste erhält.

8. Die schematische Zeichnung einer Schaltung kann auf einem Breadboard zusammengesetzt werden, sodass eine konkrete Umsetzung der Zeichnung entsteht.

9. Es gibt mehrere Möglichkeiten, eine bestimmte Schaltungszeichnung auf einem Breadboard zu platzieren.

10. Die Bauteile auf einem Breadboard können mit Drähten verbunden werden oder sie können verbunden werden, indem man ihre Beine in dieselbe Klemmleiste steckt.

11. Es gibt viele verschiedene Arten, Bauteile auf Breadboards zu platzieren, wobei es Kompromisse gibt, wie einfach es ist, sie neu zu konfigurieren und wie sauber das Ergebnis ist.

12. Mit einem Multimeter können Sie mehrere wichtige Werte in einem Stromkreis messen, darunter Widerstand, Spannung und Strom.

13. Wenn Ihr Multimeter keine automatische Messbereichswahl hat, müssen Sie Ihren Wert mehrmals testen, indem Sie mit der höchsten Bereichseinstellung für den gesuchten Wert beginnen und ihn durch die Einstellungen verringern, bis Sie einen präzisen Wert finden. Bei Widerstandswerten ist dies umgekehrt – wir beginnen mit der niedrigsten Bereichseinstellung und bewegen uns nach oben.

14. Vergewissern Sie sich *vor* der Messung, dass Ihr Multimeter auf die richtige Einstellung eingestellt ist.

15. Schalten Sie Ihren Stromkreis immer aus, bevor Sie den Widerstand messen.

16. Ihr Stromkreis muss eingeschaltet sein, um Spannung oder Strom zu messen.

17. Die Spannung wird gemessen, indem Sie Ihr Multimeter an leere Anschlusspunkte in den Klemmleisten anschließen, die Sie messen möchten. Dies kann entweder dadurch geschehen, dass Sie die Leitungen Ihres Multimeters direkt in die entsprechenden Anschlusspunkte stecken oder indem Sie Drähte von diesen Anschlusspunkten zu den Leitungen Ihres Multimeters führen.

18. Der Strom wird gemessen, indem Sie mit Ihrem Multimeter einen Draht ersetzen, durch den Sie den Strom messen möchten.

19. Die Werte vieler Schaltkreise variieren viel stärker, als man denkt. Deshalb ist es gut, Schaltkreise so zu entwerfen, dass sie mit diesen Schwankungen umgehen können.

20. Leistungsmodule können konstante Spannungen liefern, auch wenn die Bauteile, die sie speisen (z. B. Batterien), erhebliche Schwankungen aufweisen können.

6.9   Anwenden, was Sie gelernt haben

Alle Messwerte sollten mit dem in diesem Kapitel beschriebenen Messverfahren gemessen werden:

1. Beginnen Sie mit der Schaltung, die Sie in Abb. 6-8 aufgebaut haben. Messen Sie den Spannungsabfall über dem Widerstand und dann den Spannungsabfall über der LED. Messen Sie nun den Spannungsabfall an beiden (legen Sie das rote Multimeterkabel an die linke Seite des Widerstands und das schwarze Multimeterkabel an die rechte Seite der LED). Notieren Sie Ihre Werte.

2. Ändern Sie mit derselben Schaltung die LED von Rot auf Blau. Messen Sie die Werte erneut und notieren Sie sie. Messen Sie den Strom, der durch den Stromkreis fließt, mit einem beliebigen Draht. Ist er gleich oder anders als vorher?

3. Fügen Sie eine weitere LED in Reihe zu der bereits vorhandenen LED hinzu. Messen Sie die Spannungsabfälle auf jeder Seite jedes Bauteils in der Schaltung. Messen Sie den Strom, der durch eine beliebige Leitung fließt. Schreiben Sie jeden Wert auf.

4. Nehmen Sie die neue Schaltung, die Sie in der vorherigen Aufgabe gebaut haben, und zeichnen Sie den Schaltplan für die Schaltung.

Analyse von Reihen- und Parallelschal- tungen

In Kap. 5 haben wir uns unsere allererste Schaltung angesehen und gelernt, wie man sie in einem Schaltplan zeichnet. In diesem Kapitel werden wir uns verschiedene Möglichkeiten ansehen, wie Bauteile miteinander verbunden werden können und was sie für Ihren Stromkreis bedeuten.

7.1 Reihenschaltungen

Die in Kap. 5 aufgebaute Schaltung ist eine **Reihenschaltung**, da alle Bauteile hintereinander geschaltet sind. In einer Reihenschaltung gibt es nur einen Weg, auf dem der Strom fließt, was die Analyse der Schaltung recht einfach macht.

© Der/die Autor(en), exklusiv lizenziert an APress Media, LLC, ein Teil von Springer Nature 2023
J. Bartlett, *Elektronik für Einsteiger*, https://doi.org/10.1007/978-3-662-66243-4_7

Es spielt keine Rolle, *wie viele* Bauteile miteinander verbunden sind – solange alle Bauteile hintereinander geschaltet sind, wird der Stromkreis als Reihenschaltung betrachtet. Die Abb. 7-1 zeigt eine Reihenschaltung mit mehreren Bauteile.

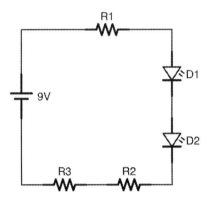

Abb. 7-1. Eine Reihenschaltung mit mehreren Bauteilen

Wenn alle Bauteile in Reihe geschaltet sind, kann man den Gesamtwiderstand des Stromkreises ermitteln, indem man einfach alle Widerstände addiert, auch wenn mehrere Widerstände im Stromkreis verstreut sind. Dies ist der sog. **Ersatzwiderstand** der Reihe.

Wenn in diesem Beispiel (Abb. 7-1) R1 100 Ω, R2 350 Ω und R3 225 Ω beträgt, dann ist der gesamte Serienwiderstand der Schaltung 100 Ω + 350 Ω + 225 Ω = 675 Ω.

Das bedeutet, dass auch der Strom leicht zu berechnen ist. Wenn wir die LEDs ignorieren (da wir noch nicht gelernt haben, mit ihnen zu rechnen), können wir den gesamten Reihenwiderstand verwenden, um den Strom auf dieselbe Weise zu berechnen, wie wir es mit dem Einzelwiderstand getan haben.

Da die Spannung 9 V beträgt, können wir das ohmsche Gesetz anwenden, um den Strom zu ermitteln, der durch das System fließt.

$$I = V/R = 9/675 = 0,013\,A.$$

Beachten Sie, dass A für Ampere steht und wir dies von nun an in unseren Berechnungen verwenden werden. Normalerweise messen wir jedoch in Milliampere (abgekürzt mA), also rechnen wir um:

$$0,013*1000 = 13\,mA.$$

Unsere Schaltung wird also etwa 13 mA Strom aufnehmen. Diese Strommenge ist die gleiche Menge, die durch alle Bauteile in der Reihe fließt.

7.2 Parallelschaltungen

Stromkreise werden **parallel geschaltet**, wenn eine oder mehrere ihrer Bauteile in mehreren Zweigen angeordnet sind.

Die Abb. 7-2 zeigt eine einfache Schaltung mit zwei parallel geschalteten Widerständen. In dieser Abbildung hat die Schaltung *zwei* Zweige. R1 befindet sich im ersten Zweig und R2 im zweiten Zweig. Die Stelle, an der die Verzweigung auftritt, wird als **Knotenpunkt** bezeichnet und in der Regel mit einem Punkt markiert, um anzuzeigen, dass alle Drähte dort verbunden sind.

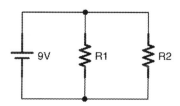

Abb. 7-2. Zwei parallel geschaltete Widerstände

In einer Parallelschaltung fließt der Strom durch beide Zweige gleichzeitig. Ein Teil des Stroms wird durch R1 und ein Teil durch R2 fließen. Das macht die Bestimmung der Gesamtstrommenge schwieriger, da wir mehr als einen Zweig berücksichtigen müssen.

Es gibt jedoch noch zwei weitere Gesetze, die uns dabei helfen können, nämlich die **kirchhoffschen Gesetze**. Der Name des Mannes ist schwer zu buchstabieren, aber seine Regeln sind eigentlich recht einfach zu verstehen.

7.2.1 Kirchhoffsches Gesetz

Das erste Gesetz ist als **1. kirchhoffsches Gesetz (Knotenregel)** bekannt. Das 1. kirchhoffsche Gesetz besagt, dass an einer beliebigen Verbindungsstelle die Gesamtstrommenge, die *in* eine Verbindungsstelle fließt, genau der Gesamtstrommenge entspricht, die aus einer Verbindungsstelle *herausfließt*. Das sollte für uns einleuchtend sein. Denken Sie an den Verkehr an einer Vier-Wege-Kreuzung. Die gleiche Anzahl von Autos, die in die Kreuzung einfahren, muss auch die gleiche Anzahl von Autos sein, die die Kreuzung verlassen. Wir können keine Autos aus dem Nichts erschaffen; daher muss jedes Auto, das die Kreuzung verlässt, auch hineingekommen sein. Autos verschwinden nicht auf magische Weise; daher muss jedes Auto, das einfährt, auch irgendwann wieder ausfahren. Das 1. kirchhoffsche Gesetz besagt also, dass die Summe aller einfahrenden Autos der Zahl der ausfahrenden Autos entspricht.

ERWEITERT: EINE ANDERE ART DER BETRACHTUNG

Man kann auch sagen, dass der Gesamtbetrag aller Ströme an einer Verbindungsstelle gleich null ist. Das heißt, wenn wir die Ströme, die in den Knotenpunkt einfließen, als positiv und die Ströme, die aus dem Knotenpunkt herausfließen, als negativ betrachten, dann ist ihre Summe gleich null, da die Größe der einfließenden Ströme der Größe der ausfließenden Ströme entsprechen muss.

Schauen wir uns also eine Verzweigung an. Die Abb. 7-3 zeigt eine Kreuzung, bei der ein Draht Strom hineinführt und sich mit zwei Drähten verzweigt, die Strom herausführen. In die erste Leitung fließt ein Strom von 0,75 A, in die zweite Leitung ein Strom von 0,34 A. Wie viel Strom fließt von links in die Verzweigung?

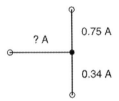

Abb. 7-3. Eine einfache Kreuzung

Da die Summe der Eingänge gleich der Summe der Ausgänge sein muss, bedeutet dies, dass die Summe der Eingänge gleich der Summe der Ausgänge sein muss.

$$0,75\,A + 0,34\,A = 1,09\,A.$$

Der gesamte Strom, der in den Stromkreis fließt, beträgt also 1,09 A.

Nehmen wir an, wir hätten eine Kreuzung von vier Drähten. Auf dem ersten Draht fließen 0,23 A Strom ein. Auf der zweiten Leitung fließen 0,15 A Strom ab. Auf der dritten Leitung fließen 0,20 A Strom ab. Was muss auf der vierten Leitung passieren? Fließt auf dieser Leitung Strom ein oder aus?

Um das herauszufinden, müssen wir uns die bisherigen Summen ansehen. Am Eingang haben wir den einen Draht mit 0,23 A. Beim Abgang haben wir die beiden Drähte mit insgesamt 0,15 A + 0,20 A = 0,35 A. Da nur 0,23 A ankommen, aber 0,35 A abgehen, bedeutet das, dass der vierte Draht Strom hereinbringen muss. Der Betrag, den diese vierte Leitung einspeisen muss, beträgt also 0,35 A − 0,23 A = 0,12 A.

7.2.2 Kirchhoffsches Gesetz

Das 1. kirchhoffsche Gesetz ist sehr sinnvoll, denn die Menge an „Stoffen", die hereinkommt, ist gleich der Menge an „Stoffen", die herausgeht. Das entspricht unserer Alltagserfahrung. Das 2. kirchhoffsche Gesetz (Maschenregel) ist jedoch etwas komplizierter. Das **2. kirchhoffsche Gesetz** besagt, dass die Spannungsdifferenz zwischen zwei bestimmten Punkten in einem Stromkreis zu einem bestimmten Zeitpunkt (der sog. **Spannungsabfall**) gleich ist, *egal welchen Weg man nimmt, um dorthin zu gelangen.*

Die Abb. 7-4 und 7-5 veranschaulichen diesen Punkt. Wenn wir den Spannungsabfall zwischen den beiden angegebenen Punkten (A und B) messen wollten, dann wäre dieser Spannungsabfall, zumindest zu einem bestimmten Zeitpunkt, gleich, egal, welchen Weg der Strom nimmt. Der direkte Weg zwischen den beiden Punkten hat den gleichen Spannungsabfall wie die gewundeneren Pfade, unabhängig von den Werten der Widerstände.

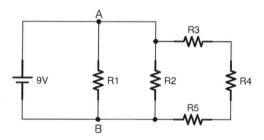

Abb. 7 - 4 . Eine Schaltung mit vielen parallelen Pfaden

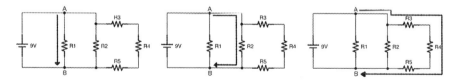

Abb. 7 - 5 . Alle Pfade zwischen zwei Punkten haben den gleichen Spannungsabfall

Wie lässt sich das mit dem ohmschen Gesetz vereinbaren?

Das ohmsche Gesetz bewirkt, dass sich alle *Ströme* in den einzelnen Teilen des Stromkreises anpassen, um sicherzustellen, dass die *Spannung* gleich bleibt.

Wie Sie sehen, *muss* der Spannungsabfall zwischen A und B 9 V betragen, da die Batterie eine 9-V-Batterie ist und sich zwischen den Batteriepolen und A und B keine Bauteile (nur Drähte) befinden. Da Batterien immer eine konstante Spannung zwischen ihren Polen haben, bedeutet dies, dass A und B dieselbe Spannung von 9 V haben.

Das bedeutet also, dass der Spannungsabfall an R1 9 V beträgt, weil er einer der Pfade zwischen A und B ist und alle Pfade die gleiche Spannung erhalten. Geben wir nun einige reale Werte für diese Widerstände ein und sehen wir, ob wir herausfinden können, wie viel Spannung und Strom in jedem Teil des Stromkreises fließt. Wir setzen R1 = 1000 Ω, R2 = 500 Ω, R3 = 300 Ω, R4 = 400 Ω und R5 = 800 Ω. Nun wollen wir herausfinden, wie unsere Schaltung aussieht.

Wie wir festgestellt haben, muss *jeder* Pfad den gleichen Spannungsabfall haben – 9 V. Beginnen wir also mit dem einfachsten Pfad, dem Strom über R1. Da wir einen Spannungsabfall von 9 V und 1000 Ω haben, können wir für den Strom einfach das ohmsche Gesetz anwenden:

$$I = V/R = 9 \, V/1,000 \, \Omega = 0,009 \, A.$$

Es fließen also 0,009 A über R1.

Was ist nun mit R2? R2 ist mit Punkt A einfach durch einen Draht verbunden. Wie wir in Kap. 5 erwähnt haben, kann man davon ausgehen, dass Drähte die Länge null haben. Daher ist R2 genauso direkt mit Punkt A verbunden wie R1. Daher beträgt der Spannungsabfall über R2 ebenfalls 9 V. Wiederum können wir mithilfe des ohmschen Gesetzes sehen, dass

$$I = V/R = 9 \, V/500 \, \Omega = 0,018 \, A.$$

Der Strom, der durch R2 fließt, beträgt also 0,018 A.

Was ist mit dem Strom, der durch R3, R4 und R5 fließt? Wie Sie sehen, sind diese Widerstände alle in Reihe geschaltet. Wir können sie also alle addieren und einfach den Gesamtwiderstand verwenden.

Der Gesamtwiderstand für diesen Teil des Stromkreises beträgt also

$$R3 + R4 + R5 = 300 \, \Omega + 400 \, \Omega + 800 \, \Omega = 1,500 \, \Omega.$$

Nach dem ohmschen Gesetz beträgt der Strom durch diesen Teil des Stromkreises also

$$I = V/R = 9 \, V/1,500 \, \Omega = 0,006 \, A.$$

Denken Sie daran, dass der Gesamtstrom, der in einen Knotenpunkt fließt, gleich dem Strom sein muss, der aus ihm herausfließt. Betrachten wir also die Verbindung zwischen R2 und R3. Wir haben berechnet, dass der Strom, der in R2 fließt, 0,018 A beträgt und der Strom, der in die Reihe, die mit R3 beginnt, fließt, 0,006 A. Es müssen also 0,018 A + 0,006 A = 0,024 A in diese Verbindung fließen.

Wie viel Strom fließt nun aus dem Knotenpunkt A? Nun, vorhin haben wir festgestellt, dass der Strom, der über R1 fließt, 0,009 A beträgt, und wir haben gerade berechnet, dass 0,024 A aus der Verbindung zwischen R2 und R3 fließen. Das bedeutet, dass insgesamt 0,033 A in den Knotenpunkt A fließen müssen.

Es gab zwar viele Schritte, um dies zu bestimmen, aber jeder einzelne Schritt war ziemlich einfach. Wir haben einfach das ohmsche Gesetz, das 2. kirchhoffsche Gesetz und das 1. kirchhoffsche Gesetz kombiniert, um jeden Schritt zu berechnen.

Ein wichtiger Punkt ist, dass durch die Teile des Stromkreises mit höherem Widerstand *weniger* Strom fließt als durch die Teile des Stromkreises mit geringerem Widerstand. Der elektrische Strom wird eher den Weg des geringsten Widerstands nehmen. Dies ist ein sehr wichtiger Punkt, der nicht übersehen werden sollte, da er sich in späteren Kapiteln als nützlich erweisen wird.

7.3 Äquivalenter Parallelwiderstand

Die Art der Berechnung, die wir im vorigen Abschnitt durchgeführt haben, wird schwieriger, wenn vor oder nach dem Parallelwiderstand ein Reihenwiderstand vorhanden ist. Die Abb. 7-6 zeigt ein entsprechendes Beispiel. Die Schaltung ist genauso aufgebaut wie die vorherige, nur dass ein einzelner Widerstand (R6) in Reihe mit der Batterie *vor* den parallelen Verzweigungen liegt. Dies verhindert, dass unsere einfachen Berechnungen funktionieren, da der Strom, der in den einzelnen Zweigen des Stromkreises fließt, addiert wird, um uns die Strommenge zu nennen, die durch R6 fließt. Der Spannungsabfall an R6 hängt jedoch von dem Strom ab, der durch ihn fließt. Wenn sich diese Spannung ändert, ändert sich auch die Ausgangsspannung für unsere Berechnungen, um die parallelen Zweige zu ermitteln.

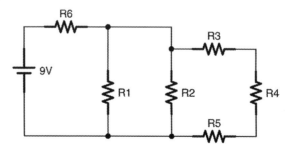

Abb. 7-6. 2. kirchhoffsches Gesetz mit Reihen- und Parallelkomponenten

Wir befinden uns also in einer Schleife: Um den Strom zu ermitteln, der durch die parallelen Zweige fließt, müssen wir ihre Anfangsspannung kennen. Um die Anfangsspannung herauszufinden, müssen wir wissen, wie stark die Spannung an R6 abfällt. Um zu wissen, wie stark die Spannung an R6 abfiel, müssen wir wissen, wie viel Strom durch ihn floss!

Das mag wie ein unmögliches Problem erscheinen, aber mit einfacher Algebra lässt es sich lösen, auch wenn die Details etwas hässlich sind. Stattdessen gibt es eine Gleichung, die wir für parallele Widerstände verwenden können und die uns einen **äquivalenten Widerstand** für eine Gruppe von parallelen Widerständen liefert. Das heißt, wir können eine Gruppe von parallelen Widerständen nehmen und den Gesamtwiderstand dieser Widerstände berechnen, als ob sie zusammen als ein Widerstand wirken würden. Mit anderen Worten, wir können herausfinden, welchen Wert wir für einen einzelnen Widerstand benötigen würden, um alle anderen Widerstände zu ersetzen.

Wenn Sie Widerstände parallel zueinander geschaltet haben (nennen wir sie R_1, R_2 und R_3) und den Widerstand ihrer *kombinierten* Wirkung (den wir als Gesamtwiderstand R_T bezeichnen) wissen möchten, dann würden Sie die folgende Gleichung verwenden:

$$R_T = \frac{1}{\dfrac{1}{R_1} + \dfrac{1}{R_2} + \dfrac{1}{R_3}}. \qquad (7.1)$$

Diese Gleichung funktioniert für eine beliebige Anzahl von Widerständen, die parallel geschaltet sind. Wir können sie einfach an das Ende der Liste anfügen:

$$R_T = \frac{1}{\dfrac{1}{R_1} + \dfrac{1}{R_2} + \ldots + \dfrac{1}{R_N}}. \qquad (7.2)$$

Betrachten wir also unsere Schaltung und sehen wir uns an, wie wir den Strom, der durch die einzelnen Widerstände fließt, herausfinden können. Für dieses Beispiel nehmen wir wieder an, dass R1 = 1000 Ω, R2 = 500 Ω, R3 = 300 Ω, R4 = 400 Ω und R5 = 800 Ω. Außerdem ist *R6* = 250 Ω.

Um dies zu berechnen, müssen wir zunächst herausfinden, *was* in Reihe und was parallel geschaltet ist. Beachten Sie die Schleife, die von R3, R4 und R5 gebildet wird. Diese sind alle miteinander verbunden, also in Reihe geschaltet. Da sie in Reihe geschaltet sind, erhalten wir ihren äquivalenten Widerstand, indem wir sie einfach addieren – 300 Ω + 400 Ω + 800 Ω = 1500 Ω. Daher können wir diese Widerstände durch einen einzigen 1500-Ω-Widerstand ersetzen. Wir werden diesen „kombinierten" Widerstand R7 nennen. Wenn Sie sich nun das neue Bild ansehen, in dem R7 die Schleife ersetzt, sehen Sie, dass R1, R2 und R7 parallel zueinander geschaltet sind.

Daher können wir ihren kombinierten Widerstand mithilfe von Gl. 7.2 ermitteln:

$$R_T = \frac{1}{\frac{1}{R1} + \frac{1}{R2} + \frac{1}{R7}}$$

$$R_T = \frac{1}{\frac{1}{1,000} + \frac{1}{500} + \frac{1}{1500}}$$

$$R_T = \frac{1}{0,001 + 0,002 + 0,00067}$$

$$R_T = \frac{1}{0,00367}$$

$$R_T = 272,5 \ \Omega.$$

Der äquivalente Widerstand aller parallelen Widerstände beträgt also etwa 272,5 Ω, was bedeutet, dass wir theoretisch alle diese Widerstände (R1, R2, R3, R4 und R5) durch einen einzigen Widerstand mit 272,5 Ω ersetzen könnten. Beachten Sie auch, dass dieser Widerstand tatsächlich *kleiner* ist als jeder einzelne Widerstand.

Um den Gesamtwiderstand des Stromkreises zu ermitteln, müssen wir feststellen, dass dieser Parallelwiderstand (272,5 Ω) in Reihe mit R6 liegt, der 250 Ω beträgt. Der Gesamtwiderstand dieses Stromkreises beträgt 250 Ω + 272,5 Ω = 522,5 Ω. Wir können nun das ohmsche Gesetz anwenden, um die Gesamtstromstärke zu ermitteln, die durch diesen Stromkreis fließt:

$$I = \frac{V}{R}$$

$$I = \frac{9}{522,5}$$

$$I = 0,0172 \ A.$$

Durch den gesamten Stromkreis fließt also ein Strom von 0,0172 A. Damit können wir nun zurückgehen und ermitteln, wie viel Strom und Spannung durch jedes einzelne Teil fließt.

Da die gesamten 0,0172 A durch den ersten Widerstand (R6) fließen, bedeutet dies, dass der Spannungsabfall des Widerstands R6 nach dem ohmschen Gesetz

$$V = I \cdot R$$
$$V = 0,0172 \cdot 250$$
$$V = 4.3 \text{ V}.$$

Das bedeutet, dass dieser Widerstand 4,3 V auffrisst. Nach dem Vorwiderstand verbleiben also 9 V − 4,3 V = 4,7 V.

Wir kennen jetzt die Anfangs- und Endspannungen jedes Zweigs der parallelen Widerstände − 4,7 V am Anfang (was wir gerade für die Spannung nach dem Vorwiderstand berechnet haben) und 0 V am Ende (weil er mit dem Minuspol der Batterie verbunden ist, den wir als 0-V-Referenz bezeichnet haben).

Daher können wir das ohmsche Gesetz anwenden, um die Stromstärke zu ermitteln, die durch jedes dieser Elemente fließt. Für R1:

$$I = \frac{V}{R}$$
$$I = \frac{4,7}{1,000}$$
$$I = 0,0047 \text{ A}.$$

Für R2:

$$I = \frac{V}{R}$$
$$I = \frac{4,7}{500}$$
$$I = 0,0094 \text{ A}.$$

Und schließlich für die Reihe, die sich in einer Schleife auf der rechten Seite befindet (R3, R4 und R5):

$$I = \frac{V}{R}$$
$$I = \frac{4,7}{1500}$$
$$I = 0,0031 \text{ A}.$$

Da die Schleife in Reihe geschaltet ist, bedeutet dies, dass durch alle Widerstände in dieser Reihe 0,0031 A fließen.

Wenn wir alle diese Ströme addieren, ergibt sich 0,0031 A + 0,0094 A + 0,0047 A = 0,0172 A, also die Stromstärke, die wir ursprünglich errechnet haben.

Wir haben gelernt, dass wir den gesamten Stromkreis durch einen einzigen Widerstandswert ersetzen können, um herauszufinden, wie sich der Stromkreis als Ganzes verhalten wird. Bei einer einfachen Schaltung wie dieser bringen all diese parallelen Zweige nicht viel, sodass es sinnlos erscheinen mag. In einem echten Stromkreis kann jedoch jeder dieser Zweige anstelle eines Widerstands ein komplizierteres Bauteil sein, das einen gewissen Widerstand aufweist. Wenn Sie den Widerstand kennen, können Sie auf die gleiche Weise berechnen, wie viel Strom durch ihn fließt.

Wir beginnen jedoch nur mit Widerständen, um die Probleme zu vereinfachen.

7.4 Drähte in einem Stromkreis

In komplizierten Schaltkreisen wird der Platz manchmal knapp und wir müssen Drähte übereinander zeichnen, obwohl sie nicht miteinander verbunden sind. In diesem Buch versuchen wir, durch einen Punkt an der Verbindungsstelle deutlich zu machen, welche Drähte verbunden sind. Eine andere Möglichkeit, dies zu zeigen, besteht darin, die Drähte zu kreuzen, wenn die Drähte verbunden sind, aber einen der Drähte als unterbrochen über dem Kreuzungspunkt darzustellen, wenn die Drähte nicht verbunden sind. Die Abb. 7-7 veranschaulicht den Unterschied. Die Drähte auf der linken Seite sind miteinander verbunden, wie durch den Punkt angezeigt. Die Drähte auf der rechten Seite sind in keiner Weise miteinander verbunden; sie mussten nur aus Platzgründen im Diagramm übereinander gezeichnet werden. In diesem Buch folgen wir der Konvention, Punkte zu verwenden, um verbundene Drähte anzuzeigen, aber wir unterbrechen keine Linien für nicht verbundene Drähte.

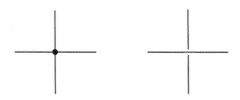

Abb. 7 - 7 . Einblenden verbundener Drähte (links) vs. Einblenden nicht verbundener Drähte (rechts)

Auch die Länge der Drähte, die wir zeichnen, ist irrelevant. In einfachen Schaltkreisen sollten wir davon ausgehen, dass alle Drähte die Länge null haben. Wenn die Spannung im Stromkreis nach einem Widerstand auf 5 V gesunken ist, können wir davon ausgehen, dass der *gesamte Draht* bis zum nächsten Stromkreis 5 V hat. Wenn sich ein Draht in mehrere Zweige verzweigt, haben alle Zweige des Drahtes die *gleiche Spannung*, bis sie ein anderes Bauteil erreichen, auch wenn in jedem Zweig eine andere *Strommenge* fließt.

In der Schaltung in Abb. 7-8 sind daher mehrere Punkte mit den Bezeichnungen A, B, C, D, E, F und G zu sehen. In dieser Schaltung haben A, B und C alle äquivalente Spannungen (aber keine äquivalenten Ströme), da zwischen ihnen nur Drähte (und keine Bauteile) liegen. Ebenso haben D, E, F und G alle äquivalente Spannungen, da es nur Drähte zwischen ihnen gibt. Da D, E, F und G alle mit dem Minuspol der Batterie (d. h. Masse) verbunden sind und sich keine Bauteile zwischen ihnen befinden, haben sie alle eine Spannung von 0 V. Da A, B und C alle direkt mit dem Pluspol der Batterie verbunden sind und keine Bauteile dazwischenliegen, liegen sie alle bei 9 V.

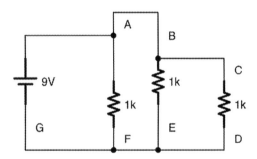

Abb. 7-8. Mehrere Punkte in einem Stromkreis

7.5 Verdrahtung paralleler Schaltungen auf einem Breadboard

Eine weitere Frage, die wir uns stellen müssen, ist, wie man parallele Schaltungen auf dem Breadboard verdrahtet. Das ist eigentlich sehr einfach. In diesem Abschnitt werden wir die Schaltung in Abb. 7-9 auf ein Breadboard übertragen.

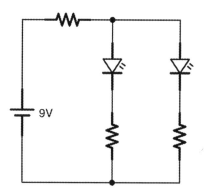

Abb. 7 - 9 . Eine Schaltung mit seriellen und parallelen Bauteilen

Beachten Sie, dass es in dieser Schaltung am Anfang einen Reihenwiderstand und dann zwei parallele Schaltungen gibt, die von ihm abzweigen. Der Wert der Widerstände spielt keine große Rolle, aber wir setzen sie auf 1000 Ω, wenn Sie einen bestimmten Wert benötigen (alles zwischen 200 und 2000 Ω sollte gut funktionieren).

Um die Schaltung auf das Breadboard zu bringen, denken Sie daran, dass alles, was auf einem Breadboard an dieselbe Klemmenleiste angeschlossen ist, zusammengeschlossen ist. Das bedeutet, dass wir bei einem parallelen Teilstromkreis alle Zweige des Teilstromkreises an dieselbe Klemmleiste anschließen. Die Abb. 7-10 zeigt, wie das aussieht.

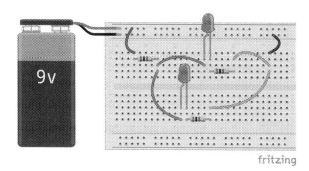

Abb. 7 - 1 0 . Eine Schaltung mit seriellen und parallelen Bauteilen auf dem Breadboard

Verfolgen wir den Weg des Stroms durch das Breadboard. Zunächst fließt der Strom vom Pluspol zur positiven Schiene auf dem Breadboard. Ein Draht zieht dann den positiven +9-V-Strom auf die Platine. Dieser Draht wird mit einem Widerstand verbunden, indem man ein Bein des Widerstands in dieselbe Klemmenleiste wie den Draht steckt. Am anderen Schenkel des Widerstands befinden sich *zwei* Drähte, die in derselben Klemmleiste liegen. Jeder dieser

Drähte führt zu einem anderen Teil des Schaltkreises. Wir haben eine LED mit einem Widerstand an der Oberseite und eine LED mit einem Widerstand an der Unterseite. Dies sind nur normal angeschlossene Bauteile.

Nach dem Widerstand werden die beiden Teilstromkreise jedoch wieder zu einer Klemmleiste auf der rechten Seite zusammengeführt. Dann führt ein Draht auf derselben Klemmleiste zurück zur Minusschiene auf dem Breadboard (die mit dem Minuspol der Batterie verbunden ist).

Man beachte, dass ich viel weniger Drähte hätte verwenden können, um denselben Stromkreis zu erreichen. Ich dachte jedoch, dass durch die Verwendung von mehr Drähten deutlicher würde, was an jeder Verbindung passiert, insbesondere wenn der Stromkreis in Zweige aufgeteilt wird oder wieder zusammenkommt.

Nehmen Sie sich einen Moment Zeit, um sowohl die Schaltplanzeichnung als auch das Breadboard-Bild zu betrachten, und vergewissern Sie sich, dass Sie den Ablauf des Schaltplans auf dem tatsächlichen Breadboard nach- vollziehen können.

7.6   Rückblick

In diesem Kapitel haben wir das Folgende gelernt:

1. In einer Reihenschaltung fließt der Strom in einer einzigen Leitung durch alle Bauteile.

2. In einer Parallelschaltung verzweigt sich der Strom und fließt in mehreren Zweigen.

3. Die meisten realen Schaltungen sind Kombinationen aus Reihen- und Parallelschaltungen.

4. Wenn Sie Widerstände in Reihe schalten, ist der Gesamtwiderstand aller Widerstände zusammen einfach die Summe ihrer Einzelwiderstände. $R_T = R_1 + R_2 + \ldots + R_N$.

5. In einer Parallelschaltung besagt das 1. kirchhoffsche Gesetz, dass der Gesamtstrom, der in einen Zweig/eine Abzweigung fließt, gleich dem Gesamtstrom ist, der den Zweig verlässt.

6. In einem parallelen Stromkreis besagt das 2. kirchhoffsche Gesetz, dass die Spannungsdifferenz zwischen zwei beliebigen Punkten eines Stromkreises zu einem bestimmten Zeitpunkt identisch ist, unabhängig davon, welchen Weg die Elektrizität nimmt, um dorthin zu gelangen.

7. Wenn Widerstände parallel geschaltet sind, ergibt sich der Gesamtwiderstand für die Parallelschaltung aus der Gleichung
$$R_T = \frac{1}{\dfrac{1}{R_1} + \dfrac{1}{R_2} + \ldots + \dfrac{1}{R_N}}.$$

8. Wenn wir diese Gesetze in Kombination anwenden, können wir vorhersagen, wie der Strom in jedem Teil unseres Stromkreises fließen wird.

9. Reihenschaltungen werden auf einem Breadboard platziert, indem man die verbundenen Beine von zwei angeschlossenen Bauteilen auf dieselbe Klemmleiste legt.

10. Parallelschaltungen werden auf einem Breadboard platziert, indem jeder Teilschaltkreiszweig an dieselbe Klemmleiste angeschlossen wird.

7.7 Anwenden, was Sie gelernt haben

1. In einem Stromkreis gibt es eine Kreuzung mit einem Draht, in den Strom fließt, und zwei Drähten, aus denen Strom fließt. Es fließt ein Strom von 1,25 A hinein und der erste Draht, der herausgeht, hat einen Strom von 0,15 A. Wie viel Strom fließt über die zweite Leitung ab?

2. In einem Stromkreis mit zwei Drähten, in die Strom fließt, und zwei Drähten, aus denen Strom fließt, gibt es eine Verbindung. Der erste Draht, in den Strom fließt, hat eine Stromstärke von 0,35 A, der erste Draht, aus dem Strom fließt, hat eine Stromstärke von 0,25 A und der zweite Draht, aus dem Strom fließt, hat eine Stromstärke von 0,42 A. Wie viel Strom fließt auf der zweiten ankommenden Leitung?

3. An einer Kreuzung von vier Drähten fließt in Draht 1 ein Strom von 0,1 A, in Draht 2 fließt ein Strom von 0,2 A und in Draht 3 fließt ein Strom von 0,4 A. Fließt der Strom in Leitung 4 ein oder aus? Wie viel Strom fließt durch ihn?

4. Wenn ich drei 100-Ω-Widerstände in Reihe geschaltet habe, wie hoch ist der Gesamtwiderstand der Reihe?

5. Wenn ich einen 10-Ω-Widerstand, einen 30-Ω-Widerstand und einen 65-Ω-Widerstand in Reihe geschaltet habe, wie hoch ist der Gesamtwiderstand der Reihe?

6. Wenn ich einen 5-Ω-Widerstand und einen 7-Ω-Widerstand in Reihe schalte, wie hoch ist der Gesamtwiderstand der Reihe?

7. Wie hoch ist der Gesamtwiderstand dieser Schaltung, wenn ich zwei Widerstände parallel schalte, einen 30-Ω-Widerstand und einen 40-Ω-Widerstand?

8. Wenn ich drei Widerstände parallel geschaltet habe – 25 Ω, 40 Ω und 75 Ω – wie hoch ist der Gesamtwiderstand dieser Schaltung?

9. Wenn ich vier Widerstände parallel geschaltet habe – 1000 Ω, 800 Ω, 2000 Ω und 5000 Ω – wie hoch ist der Gesamtwiderstand dieser Schaltung?

10. Wenn ich drei Widerstände parallel schalte – 100 Ω, 5000 Ω und 10.000 Ω – wie hoch ist der Gesamtwiderstand dieser Schaltung? Welchem der Widerstände ist der Gesamtwiderstand am ähnlichsten?

11. Schauen Sie sich den folgenden Schaltplan an. Wenn der Spannungsabfall zwischen B und C 2 V und der Spannungsabfall zwischen C und D 3 V beträgt, wie hoch ist dann der Spannungsabfall zwischen A und E? Wie hoch ist die Spannung an E? Wie hoch ist die Spannung an A?

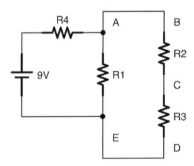

12. Wie hoch ist der Wert des Widerstands R4, wenn die obige Schaltung mit einem Gesamtstrom von 2 A betrieben wird?

13. Die folgende Schaltung ist eine Kombination aus Reihen- und Parallelwiderständen. Jeder Widerstand ist mit seinem Widerstandswert in Ohm beschriftet. Finden Sie heraus, wie viel Strom durch jeden Widerstand fließt und wie stark die Spannung jedes Widerstands abfällt.

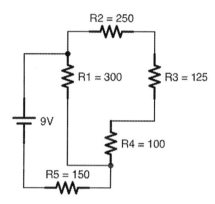

14. Bauen Sie die Schaltung in Abb. 7.10 auf Ihrem eigenen Breadboard auf. Messen Sie die Spannungsabfälle an jedem Bauteil und messen Sie die Stromstärke, die in den ersten Vorwiderstand fließt.

Dioden und ihre Verwendung

In diesem Kapitel wird die **Diode** vorgestellt. In den vorangegangenen Kapiteln haben wir Leuchtdioden (LEDs) verwendet, aber ihre Funktion außer der Lichtemission nicht wirklich besprochen. In diesem Kapitel werden wir uns normale Dioden, Leuchtdioden und Zener-Dioden ansehen, um ein Gefühl dafür zu bekommen, was diese Geräte sind und wie sie in Schaltungen für mehr als nur Licht verwendet werden können.

8.1 Grundlegendes Verhalten von Dioden

Im Gegensatz zu Widerständen haben Dioden sowohl eine positive als auch eine negative Seite. Bei jedem Bauteil mit positiven und negativen Schenkeln wird der positive Schenkel des Bauteils als **Anode** und der negative Schenkel als **Kathode** bezeichnet. Bei LEDs ist die Anode länger als die Kathode. Bei anderen Diodentypen ist die Kathode jedoch mit einem Strich gekennzeichnet. Sie können sich das merken, weil im Schaltplan einer Diode die Kathode die Sperrlinie hat.

Die Diode führt zwei grundlegende „Aktionen" mit elektrischem Strom aus. Die erste Aktion einer Diode besteht darin, die Spannung um einen im Wesentlichen festen Betrag zu senken, *ohne* den Strom zu beeinflussen oder zu begrenzen. Dieser **Spannungsabfall** wird als **Durchlassspannung**

J. Bartlett, *Elektronik für Einsteiger*, https://doi.org/10.1007/978-3-662-66243-4_8

bezeichnet und liegt bei den meisten Nicht-LED-Dioden bei etwa 0,6 V. Die Vorwärtsspannung wird oft mit VF abgekürzt. Bei den meisten LEDs hängt der Vorwärtsspannungsabfall von der Farbe der LED ab, wobei bei einer roten LED etwa 1,8 V und bei einer blauen LED etwa 3,3 V abfallen.

Zur Erinnerung: Wenn wir „Spannungsabfall" sagen, beziehen wir uns auf die Spannungsdifferenz zwischen dem positiven und dem negativen Schenkel der Diode. Unabhängig von der Spannung, die in die Diode einfließt, ist die Spannung, die aus der Diode herauskommt, diese Spannung minus dem Spannungsabfall.

Die zweite Aufgabe einer Diode besteht darin, die Stromrichtung auf eine einzige Richtung zu begrenzen. Von einigen Ausnahmen abgesehen, lässt die Diode den Strom nur in eine Richtung im Stromkreis fließen. Der „normale Fluss" eines Stroms durch die Diode fließt von der Anode zur Kathode. Betrachtet man das schematische Symbol, so fließt der Strom in die Richtung, in die der Pfeil zeigt, und der Strom wird daran gehindert, in die andere Richtung zu fließen (man kann sich die Linie als einen „Block" vorstellen, der den Rückstrom verhindert).

Dioden können jedoch nur eine begrenzte Menge an Rückstrom blockieren. Ab einem bestimmten Punkt erreichen Dioden ihre **Durchbruchspannung**. Die Durchbruchspannung ist die Spannung, bei der sie keine Spannung mehr blockieren. Bei normalen Dioden ist dies ein Ausfallmodus und man sollte sich nicht auf den genauen Wert verlassen (eine Ausnahme bilden Zener-Dioden). Normalerweise ist dieser Wert jedoch so hoch, dass man sich keine Sorgen machen muss (z. B. um die 100 V).

8.2 Berechnung von Schaltungen mit in Reihe geschalteten Dioden

Lassen Sie uns nun darüber sprechen, wie man das Verhalten von Schaltungen mit Dioden richtig berechnet. Zur Erinnerung: Der Schlüssel zu einer Diode ist, dass der Spannungsabfall über der Diode im Wesentlichen konstant ist, wenn Strom durch die Diode fließt. Bei einer normalen Diode, die keine LED ist, beträgt dieser Spannungsabfall fast immer 0,6 V. Dies ist so üblich, dass es in der Regel angenommen und nie in der Schaltung selbst angegeben wird.

Schauen Sie sich daher die Schaltung in Abb. 8-1 an. Da die Spannungsquelle 9 V beträgt, bedeutet dies, dass der gesamte Spannungsabfall zwischen dem Plus- und Minuspol 9 V beträgt. Die Diode nimmt 0,6 V der Spannung ab, begrenzt aber den Strom in keiner Weise. Da der Widerstand das einzige Bauteil ist, das noch übrig ist, verbraucht er den Rest der Spannung – 8,4 V. Daher können wir den Strom in der Schaltung mit dem ohmschen Gesetz berechnen:

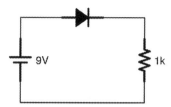

Abb. 8 - 1 . Eine Schaltung mit einer Diode und einem einzelnen Widerstand

$$I = V/R = 8,4/1000 = 0,0084 \ \text{A} = 8,4 \ \text{mA}.$$

Daher verbraucht unsere Schaltung 8,4 mA Strom. Wie Sie also sehen, sorgen die Dioden bei den Berechnungen lediglich für einen Spannungsabfall, sie begrenzen (oder beeinflussen) den Strom nicht.

Das gilt unabhängig davon, wie viele Dioden oder Widerstände ich in meiner Schaltung habe. Die Abb. 8-2 zeigt eine solche Schaltung. Um das Verhalten dieser Schaltung zu verstehen, muss man wissen, dass *jede* Diode einen Spannungsabfall von 0,6 V hat. Da die Schaltung drei Dioden hat, bedeutet das, dass die Dioden insgesamt 0,6 * 3 = 1,8 V abfallen.

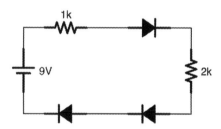

Abb. 8 - 2 . Eine Schaltung mit mehreren Dioden und Widerständen

Daher werden 1,8 V von Dioden verbraucht, die die Spannung senken, ohne den Strom zu begrenzen. Da wir eine 9-V-Quelle haben, verbleiben 9 − 1,8 = 7,2 V, die nicht von den Dioden aufgenommen werden. Diese Spannung wird an unsere beiden Widerstände geleitet. Diese Widerstände sind, obwohl sie durch Dioden getrennt sind, im Wesentlichen in Reihe zueinander geschaltet. Daher können wir sie als einen einzigen Widerstand in Reihe behandeln. Der Gesamtwiderstand der Schaltung beträgt also 1k + 2k = 3 kΩ.

Mithilfe des ohmschen Gesetzes können wir dann den Gesamtstrom durch den Stromkreis ermitteln:

$$I = V/R = 7,2 \ \text{V}/3,000 \ \Omega = 0,0024 \ \text{A} = 2,4 \ \text{mA}.$$

Es ist jedoch möglich, zu viele Dioden in Ihre Schaltung einzubauen. Da sie in ihrem Durchlassspannungsabfall jeweils 0,6 V verbrauchen, gibt es eine Grenze dafür, wie viele Dioden man von einer bestimmten Batterie in Reihe schalten kann. Wenn ich bei einer 9-V-Batterie versuche, 20 Dioden in Reihe zu schalten, verbrauche ich *mehr* als die gesamten 9 V, die mir zur Verfügung stehen. Daher wird kein Strom fließen. Bei 20 Dioden beträgt der Spannungsabfall 20 * 0,6 = 12 V. Da dies mehr Spannung ist, als die Batterie ausgeben kann, fließt kein Strom.

Wir haben also zwei Bedingungen gesehen, unter denen kein Strom durch eine Diode fließt – erstens, dass die Diode den Stromfluss in die falsche Richtung blockiert, und zweitens, dass die Diode nicht leitet, wenn die Spannungsquelle nicht genug Spannung liefern kann, um den Durchlass-spannungsabfall der Diode zu überbrücken.

8.3   Berechnung von Schaltungen mit parallel geschalteten Dioden

Die wahre Magie der Dioden entsteht, wenn man sie in Parallelschaltungen einsetzt. Erinnern Sie sich an die Regeln, die wir in Kap. 7 gelernt haben. Das kirchhoffsche Spannungsgesetz besagt, dass der Spannungsabfall zwischen zwei beliebigen Punkten gleich ist, *egal welchen Weg der Strom nimmt*. Da der Spannungsabfall über einer Diode *fest* ist, bedeutet dies, dass wir einen maximalen Spannungsabfall zwischen zwei Punkten in einem Stromkreis garantieren können, indem wir Dioden dazwischen schalten.

Die Abb. 8-3 zeigt, wie dies aussieht. Der Spannungsabfall von einer Seite der Diode zur anderen beträgt 0,6 V. Punkt. Ende der Geschichte (eigentlich könnte es weniger sein, was die Diode davon abhalten würde, überhaupt zu leiten, aber wir werden das im Moment nicht berücksichtigen).

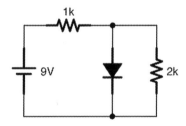

Abb. 8-3. Eine einzelne Diode in Parallelschaltung mit einem Widerstand

Das 2. kirchhoffsche Gesetz besagt, dass die Spannungsdifferenz zwischen diesen beiden Punkten gleich ist, *egal welcher Weg zurückgelegt wird*. Da der

2-kΩ-Widerstand an denselben beiden Punkten angeschlossen ist wie die Dioden, besagt das 2. kirchhoffsche Gesetz, dass die Spannung am Widerstand dieselbe sein *muss* wie die Spannung an der Diode. Die Spannung über dem Widerstand *muss* also 0,6 V betragen.

Mithilfe des ohmschen Gesetzes können wir die Stromstärke ableiten, die durch diesen Widerstand fließt:

$$I = V/R = 0,6/2.000 = 0,0003 \text{ A} = 0,3 \text{ mA}.$$

Wie viel Strom fließt also durch die Diode? Um das herauszufinden, müssen wir das 1. kirchhoffsche Gesetz anwenden. Die Menge, die in den Übergang zwischen der Diode und dem 2-Ωk-Widerstand fließt, ist die gleiche wie die Menge, die ihn verlässt. Wir wissen, dass 0,3 mA den Knotenpunkt verlassen und zum Widerstand fließen. Wenn wir also herausfinden könnten, wie viel Strom *in* den Übergang fließt, könnten wir auch herausfinden, wie viel durch die Diode fließt.

Um diesen Wert zu ermitteln, müssen wir wissen, wie viel Strom durch den 1-Ωk-Widerstand fließt. Um das herauszufinden, müssen wir den Spannungsabfall über dem Widerstand kennen. Dies lässt sich jedoch leicht herausfinden. Da das hintere Ende der Diode mit Masse (dem Minuspol) verbunden ist, bedeutet dies, dass nach der Diode 0 V anliegen. Da der Spannungsabfall der Diode 0,6 V beträgt, muss die Spannung vor der Diode 0,6 V betragen.

Da die Spannungsquelle 9 V beträgt, bedeutet dies, dass die Spannung für den gesamten Stromkreis von Plus nach Minus 9 V beträgt. Daher muss der Spannungsabfall über dem Widerstand 9 − 0,6 = 8,4 V betragen haben. Mit diesem Wert können wir den Strom, der durch den Widerstand fließt, mithilfe des ohmschen Gesetzes bestimmen:

$$I = V/R = 8,4/1.000 = 0,0084 \text{ A} = 8,4 \text{ mA}.$$

In dieser Schaltung fließen 8,4 mA durch den ersten Widerstand. Das bedeutet, dass 8,4 mA in die Verbindungsstelle fließen. Wir wissen, dass 0,3 mA durch den 2-Ωk-Widerstand aus der Sperrschicht herausfließen. Das bedeutet, dass der Rest des Stroms durch die Diode fließt. Daher können wir berechnen, dass der Strom, der durch die Diode fließt, 8,4 − 0,3 = 8,1 mA beträgt.

Dioden machen die Mathematik nicht schwieriger, aber sie zwingen einen dazu, ein wenig mehr darüber *nachzudenken*, wie man die Regeln anwendet.

Schauen wir uns ein etwas schwierigeres Beispiel an (Abb. 8-4). In dieser Schaltung haben wir zwei Dioden parallel zu zwei Widerständen. Diese

Parallelschaltung ist in Reihe mit einem Widerstand auf der Vorderseite und einer weiteren Diode am Ende.

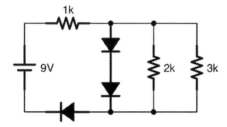

Abb. 8 - 4. Eine Schaltung mit mehreren Dioden

Es ist fast immer am einfachsten, Schaltungen ausgehend von den Dioden zu analysieren, da deren Spannungsabfälle feststehen. Bei dieser Schaltung hat die Diode am Ende des Stromkreises einen Spannungsabfall von 0,6 V.

Schauen wir uns nun den parallelen Teil der Schaltung an. Hier haben wir drei Pfade – einen durch zwei Dioden und zwei weitere Pfade durch Widerstände. Einer der Pfade enthält jedoch alle Dioden. Wir wissen, dass Dioden einen konstanten Spannungsabfall haben, und wir wissen, dass das kirchhoffsche Spannungsgesetz besagt, dass alle Pfade zwischen zwei Punkten den gleichen Spannungsabfall haben. Da wir zwei Dioden haben, beträgt der Spannungsabfall dieses parallelen Pfades 0,6 ∗ 2 = 1,2 V.

Jetzt müssen wir uns um die Parallelwiderstände kümmern. Wir können jedoch die Formel für den Parallelwiderstand (Gl. 7.2) verwenden, um den Gesamtwiderstand der Parallelwiderstände zu ermitteln.

$$R_T = \cfrac{1}{\cfrac{1}{R_1} + \cfrac{1}{R_2}} = \cfrac{1}{\cfrac{1}{2,000} + \cfrac{1}{3,000}} \approx \frac{1}{0,0005 + 0,0003333} = \frac{1}{0,0008333} \approx 1200\ \Omega.$$

Technisch gesehen brauchen wir diese Zahl jedoch gar nicht, denn da wir den Spannungsabfall über jedem Widerstand bereits kennen (er *muss* aufgrund des kirchhoffschen Spannungsgesetzes 1,2 V betragen), können wir einfach das ohmsche Gesetz auf jeden Widerstand anwenden.

Mithilfe des ohmschen Gesetzes können wir nun den Strom berechnen, der durch die Widerstände fließt. Für den 2-Ωk-Widerstand ergibt sich also

$$I = V/R = 1,2\ V/2,000\ \Omega = 0,0006\ A = 0,6\ mA.$$

Für den 3-Ωk-Widerstand ergibt sich

$$I = V/R = 1,2 \ V/3,000 \ \Omega = 0,0004 \ A = 0,4 \ mA.$$

Der Gesamtstrom, der durch beide Widerstände fließt, ist einfach die Summe der einzelnen Ströme, 0,4 + 0,6 = 1,0 mA. Es fließt also insgesamt 1 mA durch die beiden Widerstände. Um herauszufinden, wie viel Strom durch die Diode fließt, müssen wir wissen, wie viel Strom durch den ersten Widerstand in den Stromkreis fließt.

Wie viel Strom fließt also durch den ersten Widerstand? Nun, die Spannungsabfälle, die wir bisher berechnet haben, umfassen einen 0,6-V-Abfall am Ende und einen 1,2-V-Abfall in der Mitte. Das sind insgesamt 1,2 + 0,6 = 1,8 V. Da die Batterie eine Spannung von 9 V hat, bedeutet das, dass 9 − 1,8 = 7,2 V übrig bleiben, die von der Schaltung verbraucht werden. Das muss also der Spannungsabfall des ersten Widerstands sein. Mithilfe des ohmschen Gesetzes finden wir Folgendes heraus:

$$I = V/R = 7.2 \ V/1,000 \ \Omega = 0,0072 \ A = 7,2 \ mA.$$

Daher fließen 7,2 mA durch den ersten Widerstand. Wenn also 7,2 mA in die Parallelschaltung in der Mitte einfließen und 1 mA zu den Widerständen fließt, beträgt die Strommenge, die durch die Dioden in der Mitte fließt, 7,2 − 1 = 6,2 mA. Die Strommenge, die durch die letzte Diode fließt, entspricht den vollen 7,2 mA des Stroms in der Schaltung.

Auch hier gibt es viele Schritte, aber keiner der Schritte ist für sich genommen sehr schwierig. Man beginnt einfach mit den am leichtesten zu ermittelnden Werten (in diesem Fall die Spannungsabfälle der Dioden) und arbeitet sich von dort aus vor.

8.4 Diodenkurzschlüsse

Als Nächstes wollen wir uns einen sehr schlechten Entwurf mit einer Diode ansehen. Nehmen wir an, jemand wollte eine Diode verwenden, um die Spannung an einem Widerstand auf 0,6 V zu regeln. Deshalb hat er die in Abb. 8-5 gezeigte Schaltung gebaut. Können Sie herausfinden, wo das Problem hier liegt?

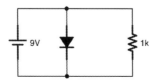

Abb. 8-5. Eine schlechte Diodenschaltung

Nun, der Spannungsabfall an der Diode beträgt 0,6 V. Die Batterie arbeitet jedoch mit 9 V. Das bedeutet, dass im Stromkreis 8,4 V verbleiben, wenn *der Widerstand null ist*. Nach dem ohmschen Gesetz ergibt sich daraus

$$I = V/R = 8,4/0 = \infty.$$

Eine Diode, die direkt vom Plus- zum Minuspol der Spannungsquelle führt, ist also im Grunde genommen dasselbe wie ein Kurzschluss. Deshalb ist die Schaltung schlecht! Um eine Diode zu verwenden, muss *immer* ein Widerstand in Reihe mit der Diode vorhanden sein, um den Strom aus der Überspannung abzuführen. Der Widerstand kann vor oder nach der Diode liegen, aber er muss da sein, um die zusätzliche Spannung zu absorbieren.

Außerdem ist es wichtig, dass die Stromstärke, die durch die Diode fließt, den Spezifikationen der verwendeten Diode entspricht. Die meisten LEDs sind z. B. nur für kleine Ströme bis zu etwa 30 mA ausgelegt.

8.5 Nicht leitende Dioden

Es gibt einen Fall, in dem Dioden keinen konstanten Spannungsabfall aufrechterhalten, nämlich dann, wenn die Spannung nicht ausreicht, um über sie zu gehen. Die Abb. 8-6 zeigt ein entsprechendes Beispiel.

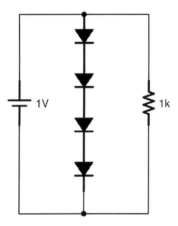

Abb. 8 - 6 . Nicht leitende Dioden

In dieser Abbildung beträgt der Spannungsabfall über der mittleren Diodenbrücke 0,6 + 0,6 + 0,6 + 0,6 = 2,4 V. Die Batteriequelle beträgt jedoch nur 1 V. Da der Spannungsabfall der Dioden größer ist als die verfügbare Spannung, ist dieser Teil der Schaltung im Grunde abgeschaltet. In Wirklichkeit gibt es einen kleinen, aber nicht zu vernachlässigenden Leckstrom (etwa 0,00000022 mA in diesem Fall, wenn Sie wirklich neugierig sind), aber wir können diesen Stromkreis als effektiv ausgeschaltet betrachten.

Behalten Sie das im Hinterkopf: Wenn Sie jemals einen größeren Durchlassspannungsabfall von einer Diode haben, als Sie an Spannung zur Verfügung haben, können Sie die Diode so behandeln, als wäre sie ein offener (d. h. nicht angeschlossener) Stromkreis, als wäre sie gar nicht vorhanden.

Daher würden wir Abb. 8-6 so analysieren, als wäre sie genau wie Abb. 8-7.

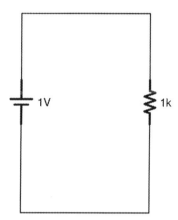

Abb. 8-7. Eine zu Abb. 8.6 äquivalente Schaltung aufgrund von nicht leitenden Dioden

8.6 Verwendung von Dioden

Dioden kann man sich als Schaltkreis-Verkehrspolizei vorstellen – sie regulieren den Stromfluss. Sie sorgen dafür, dass alles in einem Stromkreis auf kontrollierte Weise abläuft. Sie regeln den Stromkreis auf zwei verschiedene Arten – indem sie die Stromrichtung begrenzen und in Parallelschaltungen feste Spannungen zwischen zwei Punkten herstellen.

Die einfachste Verwendung einer Diode besteht darin, dass sie dafür sorgt, dass die Batterie in der richtigen Richtung eingesteckt wird. Wenn Sie ein Gerät haben, das beschädigt wird, wenn jemand die Batterie verkehrt herum einsteckt, sorgt eine einfache Diode dafür, dass der Strom nur in eine Richtung fließen kann.

Die Schaltung in Abb. 8-8 zeigt, wie dies aussieht. Beachten Sie, dass wir einen Widerstand mit der Bezeichnung „Last" haben. In vielen Schaltungen wird ein Lastwiderstand dargestellt, um zu zeigen, was in einem anderen Teil der Schaltung passiert. So zeigt diese Schaltung, dass die Diode den Rest der

Schaltung (was auch immer das ist) davor schützt, dass der Benutzer die Batterie verkehrt herum einlegt. Dies hat jedoch einen Preis: Die Diode verbraucht 0,6 V, um diesen Schutz zu gewährleisten.

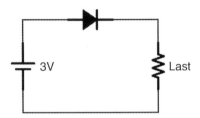

Abb. 8 - 8 . Eine einfache Diodenschutzschaltung

Ein weiteres Problem, das häufig mit Dioden gelöst wird, ist die Spannungsregelung. Da Dioden einen festen Spannungsabfall zwischen zwei Punkten erzeugen, können Sie Dioden verwenden, um eine feste Spannung für Geräte zu gewährleisten, die diese benötigen.

Als wir uns in Kap. 6 mit Batterien beschäftigt haben, haben wir festgestellt, dass ihre Spannung sehr unterschiedlich ist. Eine 9-V-Batterie kann eine Spannung zwischen 7 und 9,7 V liefern. Das gilt für jede Batterie, nicht nur für die 9-V-Batterie. In Kap. 6 haben wir gezeigt, wie man dies mit einem Spannungsregler erreichen kann, aber ein ähnlicher Effekt kann auch mit Dioden erzielt werden. Wenn Sie eine feste Spannung benötigen, können Sie Dioden verwenden, um diese auf Kosten eines zusätzlichen Stroms bereitzustellen.

Dies wird nicht für ein ganzes Projekt empfohlen (der überschüssige Strom kann viel Wärme erzeugen), ist aber manchmal unter bestimmten Umständen sinnvoll. Zur Veranschaulichung des Konzepts sollten wir uns jedoch ansehen, wie eine Spannungsregelung mit Dioden aussehen könnte.

Die Abb. 8-9 zeigt einen einfachen Spannungsregler mit Dioden. Ausgehend von einer 5-V-Batterie (eigentlich funktioniert eine Batterie jeder Größe, die deutlich über 3 V liegt) liefert diese Schaltung eine geregelte Spannung von 3 V an alles, was daran als Last angeschlossen ist (ein „Last"-Widerstand ist nur ein Ersatz für alles, was wir daran anschließen wollen).

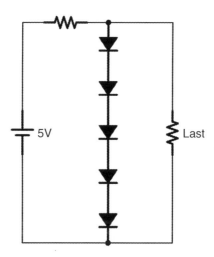

Abb. 8-9. Ein einfacher 3-V-Spannungsregler

Da die Dioden einen festen Spannungsabfall von jeweils 0,6 V haben, beträgt der Spannungsabfall in diesem Pfad für fünf Dioden insgesamt 5 * 0,6 = 3,0 V. Das 2. kirchhoffsche Gesetz besagt, dass zwischen zwei Punkten *jeder* Pfad den gleichen Spannungsabfall aufweist. Das bedeutet, dass die Last, da sie an diese beiden Punkte angeschlossen ist, den gleichen Spannungsabfall hat und somit die von der Last verwendete Spannung reguliert.

Aber was ist mit dem ersten Widerstand am Anfang der Schaltung? Denken Sie daran, dass wir einen Kurzschluss im System erzeugen, wenn wir einen Weg nur durch Dioden schaffen. Es muss ein Element geben (normalerweise ein Widerstand), das die verbleibende Spannung aufnimmt. Wenn wir also einen kleinen Widerstand vor den Diodenpfad setzen, kann die Schaltung die überschüssige Spannung nutzen und den Stromfluss begrenzen.

Die Größe des Widerstands hängt davon ab, wie viel Strom die Last benötigt und wie viel Strom Sie zu verschwenden bereit sind. Ein kleiner Widerstand vergeudet mehr Strom, ermöglicht aber eine höhere maximale Stromaufnahme durch die Last. Ein größerer Widerstand verschwendet weniger Strom, aber wenn die Last viel Strom benötigt, könnte er die Spannungsregelung beeinträchtigen.

Um zu sehen, wie das passieren kann, nehmen wir an, dass unsere Last 1000 Ω entspricht. Das bedeutet, dass die Stromstärke, die die Last zieht, mit dem ohmschen Gesetz berechnet werden kann:

$$I = V/R = 3 \text{ V}/1.000 \ \Omega = 0,003 \text{ A} = 3 \text{ mA}.$$

Die Last wird also 3 mA Strom verbrauchen. Das bedeutet, egal wie viel Strom durch unseren ersten Widerstand fließt, dass alles über 3 mA durch die

Dioden abgeleitet wird. Berechnen wir also, wie das bei einem winzigen 20-Ω-Widerstand aussieht. Die Spannung wird $5 - 3 = 2$ V betragen.

$$I = V/R = 2 \text{ V}/20 \text{ } \Omega = 0,1 \text{ A} = 100 \text{ mA}.$$

Wenn wir also nur einen 20-Ω-Widerstand verwenden, bedeutet das, dass die gesamte Schaltung 100 mA verbraucht, obwohl die Last nur 3 mA verbraucht! Deshalb brauchen wir einen größeren Widerstand, um den Stromverbrauch zu begrenzen. Versuchen wir es mit einem 500-Ω-Widerstand:

$$I = V/R = 2 \text{ V}/500 \text{ } \Omega = 0,004 \text{ A} = 4 \text{ mA}.$$

Das ist viel besser – wir verwenden in dieser Schaltung nur 4 mA, also verschwenden wir nur 1 mA. Für die Spannungsregelung muss *eine gewisse* Menge an Abfall vorhanden sein.

Nehmen wir an, dass unsere Batterie nach einer Weile nur noch 4 V Strom liefert. Was geschieht nun? Nun, mit dem Anfangswiderstand von 500 Ω bedeutet dies, dass nur noch 1 V abfließen kann, sodass für den Strom gilt:

$$I = V/R = 1\text{V}/500 \text{ } \Omega = 0,002 \text{ A} = 2 \text{ mA}.$$

Hier beträgt der Strom nur 2 mA, aber wir brauchen 3 mA, um die Schaltung zu versorgen! Wenn wir also einen 500-Ω-Widerstand verwenden, können wir es nicht verkraften, wenn die Versorgungsspannung auf 4 V abfällt.

Wie wäre es mit einem 20-Ω-Widerstand? In diesem Fall würde uns das ohmsche Gesetz Folgendes liefern:

$$I = V/R = 1\text{V}/20 \text{ } \Omega = 0,05 \text{ A} = 50 \text{ mA}.$$

In diesem Fall liefert der 20-Ω-Widerstand also immer noch reichlich Überschussstrom, damit unser Regler weiterarbeiten kann. Allerdings verbraucht er im Vergleich zu unserer Last immer noch eine außerordentliche Menge an Strom.

Wie wählt man also den richtigen Widerstand aus? In solchen Situationen muss man sich überlegen, für welche Fälle man maximal ausgelegt ist und dann die entsprechenden Berechnungen anstellen. Wenn ich also möchte, dass diese Schaltung funktioniert, wenn die Batterie auf 4 V absinkt, muss ich entscheiden, wie viel Überstrom ich bei diesem Wert in Kauf nehme. Nehmen wir an, ich entscheide, dass ich immer mindestens ein halbes Milliampere durch die Diode fließen lassen will (eine etwas willkürliche Zahl, aber wenn die Diode keinen Strom hat, liefert sie keine Regelung – das ist eine niedrige Zahl, die sich in der Schaltung immer noch „bemerkbar" macht). Das bedeutet, dass, da meine Last 3 mA verbraucht, der Gesamtstrom, der durch den

Anfangswiderstand fließt, 3,5 mA oder 0,0035 A beträgt. Daher berechne ich, wie groß der Widerstand bei 4 V sein muss, indem ich das ohmsche Gesetz anwende:

$$R = V/I = 1V/0,0035 \text{ A} \approx 286 \text{ } \Omega.$$

Daher sollte der Anfangswiderstand in dieser Situation 286 Ω betragen. Nun wollen wir herausfinden, wie viel Strom dadurch verloren geht, wenn die Batterie voll aufgeladen ist – 5 V (was bedeutet, dass an diesem Widerstand ein Spannungsabfall von 2 V auftritt):

$$I = V/R = 2 \text{ V}/286 \text{ } \Omega \approx 0,007 \text{ A} = 7 \text{ mA}.$$

Bei voller Ladung fließen also 7 mA durch diesen Widerstand, was bedeutet, dass wir 4 mA verschwenden. Ob das für Ihre Schaltung akzeptabel ist oder nicht, hängt davon ab, was Sie damit machen wollen!

Beachten Sie, dass es bessere Möglichkeiten gibt, die Batteriespannung für einen ganzen Stromkreis zu regeln, als Dioden zu verwenden. Oft braucht man jedoch eine geregelte Spannung irgendwo *innerhalb* einer komplexeren Schaltung. Dioden sind dafür hervorragend geeignet und es gelten die gleichen Berechnungen und Überlegungen.

Ein letzter Hinweis: Wie bereits erwähnt, denken wir zwar, dass Dioden eine feste Spannung liefern, aber sie variieren tatsächlich ein wenig mit der Menge des durch sie fließenden Stroms. In jedem Schaltkreis sollten Sie eine Abweichung von ±10 % beim Spannungsabfall einer Diode einkalkulieren.

8.7 Andere Arten von Schutzdioden

Dioden können auch andere Arten von Schutz für Stromkreise bieten. Als Einwegsteuerventile können sie zur Vermeidung einer Vielzahl von Überspannungszuständen eingesetzt werden. Oft sind sie so verdrahtet, dass sie normalerweise nicht leiten, aber unter bestimmten Bedingungen leiten sie, um die Überspannung auf sichere Weise umzuleiten.

Die Abb. 8-10 zeigt eine Beispielschaltung. In dieser Schaltung ist ein Gleichstrommotor an einen Schalter angeschlossen. Beachten Sie die Diode, die rückwärts verdrahtet ist. Normalerweise bewirkt diese Diode gar nichts, da der Strom in die andere Richtung und somit nur durch den Motor fließt. Gleichstrommotoren neigen jedoch dazu, im ausgeschalteten Zustand für kurze Zeit sehr hohe Spannungen zu erzeugen (weitere Informationen über Gleichstrommotoren und induktive Lasten finden Sie in den Kap. 20 und 23). Wenn der Motor ausgeschaltet ist, kann er daher eine sehr hohe Spannung erzeugen – in dieser Schaltung bis zu 50 V!

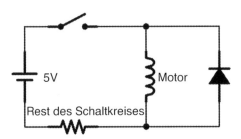

Abb. 8-10. Eine Diodenschutzschaltung

Um den Rest des Stromkreises vor diesem plötzlichen Spannungsanstieg zu schützen, bietet die Diode einen alternativen Weg zurück durch den Motor. Wenn sich also die Spannung nach dem Schließen des Schalters aufzubauen beginnt, bietet die Diode einen sicheren Weg zurück durch den Motor, sodass die aufgebaute Spannung langsam durch den Motor abgeleitet werden kann, anstatt einen Stromkreis, der 5 V erwartet, mit 50 V zu überlasten.

Wenn man sich Schaltpläne ansieht, findet man oft Dioden an seltsamen Stellen und in seltsamer Ausrichtung. Sie bieten dem Schaltkreis oft eine Art Schutz vor potenziellen Fehlern oder außergewöhnlichen Umständen. Viele Mikrochips beispielsweise verwenden Dioden, um überschüssige Spannungen durch statische Elektrizität abzuschirmen.

8.8 Zener-Dioden

Ein Problem bei der Verwendung von Dioden zur Spannungsregulierung ist, dass ihr Durchlassspannungsabfall ziemlich gering ist, sodass man ziemlich viele von ihnen haben muss, um größere Spannungen zu regulieren. Zener-Dioden können in solchen Situationen Abhilfe schaffen. Die Abb. 8-11 zeigt das Symbol für eine Zener-Diode.

Abb. 8-11. Schematisches Symbol der Zener-Diode

Denken Sie daran, dass die meisten Dioden eine Durchbruchspannung haben, wenn Sie versuchen, die Spannung in die falsche Richtung zu leiten. Bei den meisten Dioden ist dies jedoch ein Fehlermodus, der im besten Fall unvorhersehbar ist und im schlimmsten Fall die Diode beschädigt. Eine Zener-Diode ist jedoch so konstruiert, dass sie bei ihrer Durchbruchspannung einen sehr vorhersehbaren Betrieb aufweist. Bei ihrer Durchbruchspannung verhält sie sich nämlich wie eine normale Diode mit einem größeren Spannungsabfall.

Da Sie jedoch die Durchbruchspannung und nicht die Durchlassspannung verwenden, sind die Zener-Dioden in Ihrer Schaltung *rückwärts* verdrahtet. Die Abb. 8.12 zeigt, wie dies aussieht. In Abb. 8-12 sehen Sie links den gleichen geregelten 3-V-Stromkreis wie in Abb. 8-9. Auf der rechten Seite sehen Sie stattdessen eine Ersatzschaltung, die durch eine Zener-Diode geregelt wird. Da wir die Durchbruchspannung der Zener-Diode und nicht ihre Durchlass-spannung verwenden, muss sie rückwärts verdrahtet werden, damit sie funktioniert.

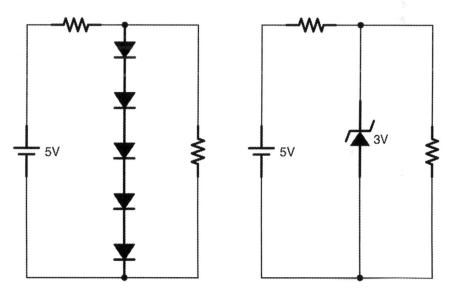

Abb. 8-12. Eine Schaltung, die durch normale Dioden und eine Zener-Diode geregelt wird

Darüber hinaus ist der Durchbruchspannungsabfall einer Zener-Diode über einen größeren Strombereich viel konstanter als der Durchlassspannungsabfall der meisten normalen Dioden. Aus diesem Grund werden Zener-Dioden viel häufiger zur Spannungsregelung eingesetzt als eine Reihe normaler Dioden.

Zener-Dioden gibt es mit verschiedenen Durchbruchspannungen. Bei jeder Übung in diesem Buch, die das Zeichnen eines Stromkreises mit einer Zener-Diode beinhaltet, können Sie davon ausgehen, dass die Zener-Diode mit dem von Ihnen gesuchten Spannungsabfall vorhanden ist. Wenn Sie eine Schaltung zeichnen, achten Sie darauf, dass Sie die Zener-Diode mit der benötigten Durchbruchspannung beschriften.

8.9 Schottky-Diode

Eine Schottky-Diode ist einer normalen Diode sehr ähnlich, wird aber nach einem anderen Verfahren hergestellt, was bedeutet, dass ihr Spannungsabfall deutlich geringer ist. Während der Durchlassspannungsabfall einer „normalen" Diode etwa 0,6 V beträgt, kann der Spannungsabfall einer Schottky-Diode bis zu 0,15 V betragen. Dies kann sehr nützlich sein, wenn eine Diode benötigt wird, um die Richtung des elektrischen Flusses zu regulieren, die Spannungsanforderungen aber so empfindlich sind, dass man sich die 0,6 V einer normalen Diode nicht leisten kann.

8.10 Diodenähnliches Verhalten in anderen Bauteilen

Ein weiterer wichtiger Grund, sich mit der Funktionsweise von Dioden vertraut zu machen, ist die Tatsache, dass auch andere Bauelemente Teile enthalten, die Dioden enthalten oder sich diodenähnlich verhalten. Bei der Besprechung von Bipolartransistoren (Bipolar Junction Transistors, BJTs; siehe Kap. 24) werden wir sehen, dass diese Bauteile teilweise ein diodenähnliches Verhalten aufweisen.

8.11 Rückblick

In diesem Kapitel haben wir das Folgende gelernt:

1. Dioden lassen den Strom nur in eine Richtung fließen.

2. Dioden haben einen festen Durchlassspannungsabfall über der Diode – 0,6 V für normale Dioden und einen Bereich von etwa 1,8 bis – 3,3 V für LEDs.

3. Verschiedenfarbige LEDs haben unterschiedliche Spannungsabfälle.

4. Dioden haben auch eine Durchbruchspannung, d. h. eine Spannung, bei der die Diode den Strom nicht mehr sperrt, wenn sie in umgekehrter Richtung angelegt wird.

5. Bei der Analyse von Schaltkreisen mit Dioden ist es oft einfacher, zuerst die Dioden zu analysieren, da der Spannungsabfall fest ist.

6. Aufgrund des 2. kirchhoffschen Gesetzes hat alles, was mit Dioden parallel geschaltet ist, den gleichen Spannungsabfall wie die Dioden (oder möglicherweise weniger).

7. Wenn der Durchlassspannungsabfall an einer Diode größer ist als die verfügbare Spannung im Stromkreis, leitet die Diode nicht und kann als offener Stromkreis betrachtet werden.

8. Wenn Dioden an den Plus- und Minuspol einer Spannungsquelle (z. B. einer Batterie) angeschlossen werden, ohne dass ein Widerstand in Reihe geschaltet ist, entsteht ein Kurzschluss, der dazu führt, dass extrem große Strommengen durch die Dioden fließen.

9. Dioden werden häufig als Steuerventile verwendet, um die Richtung des Stromflusses in einem Stromkreis zu regulieren.

10. Dioden werden häufig verwendet, um die Spannung zwischen zwei Punkten in einem Stromkreis zu regulieren.

11. Der mit den spannungsregulierenden Dioden verwendete Vorwiderstand bestimmt sowohl, wie viel Strom verschwendet wird, als auch wie viel Strom die Last aufnehmen kann – Widerstände mit niedrigerem Wert verschwenden mehr Strom, erlauben aber der Last, mehr Strom aufzunehmen, und Widerstände mit höherem Wert verschwenden weniger Strom, lassen aber nicht so viel potenziellen Strom zu Ihrer Last durch.

12. Bei der Entwicklung von Schaltkreisen ist es oft sinnvoll, die extremsten möglichen Variationen zu berücksichtigen. Dies ermöglicht eine größere Flexibilität der Schaltung.

13. Dioden können Schaltkreise auch vor seltsamen Fehlerzuständen wie Spannungsspitzen und statischer Elektrizität schützen. Dioden an merkwürdigen Stellen in Schaltplänen sind oft dazu da, den Stromkreis vor bestimmten Arten von Fehlern oder Ereignissen zu schützen.

14. Zener-Dioden sind so gebaut, dass sie bei ihrer Durchbruchspannung sehr zuverlässig arbeiten.

15. Wenn man eine Zener-Diode rückwärts schaltet, erhält man das Äquivalent mehrerer Vorwärtsdioden in Reihe und kann sie für eine einfache Spannungsregelung verwenden.

16. Die Durchbruchspannung einer Zener-Diode ist viel konstanter als die Durchlassspannung einer normalen Diode und eignet sich daher noch besser zur Spannungsregelung.

17. Zener-Dioden gibt es in einer Vielzahl von Durchbruchspannungen und sind in der Regel auf der Schaltung mit der erforderlichen Durchbruchspannung beschriftet.

18. Schottky-Dioden sind wie gewöhnliche Dioden, nur dass sie eine viel geringere Durchlassspannung haben.

19. Das Verständnis des Diodenverhaltens ist wichtig, da eine Reihe von Bauteilen Dioden enthalten oder ein diodenähnliches Verhalten aufweisen.

8.12 Anwenden, was Sie gelernt haben

1. Wenn Sie eine 9-V-Spannungsquelle, eine blaue LED und einen 500-Ω-Widerstand in Reihe geschaltet haben, wie viel Strom fließt dann durch die LED?

2. Wenn Sie eine Spannungsquelle von 3 V und eine rote LED haben, wie groß muss der Widerstand sein, den Sie in Reihe mit der LED schalten müssen, damit sie 3 mA Strom verbraucht?

3. Wenn Sie eine 10-V-Spannungsquelle, eine blaue LED, eine rote LED und einen 200-Ω-Widerstand in Reihe geschaltet haben, wie viel Strom fließt dann durch die LEDs?

4. Wenn ich eine 12-V-Spannungsquelle, eine blaue LED und eine rote LED habe und die LEDs einen maximalen Strom von 30 mA haben, bevor sie kaputtgehen, und einen minimalen Strom von 1 mA, bevor sie sich einschalten, welchen Bereich von Widerständen kann ich dann in Reihe mit den LEDs schalten, damit sie aufleuchten, ohne kaputtzugehen?

5. Berechnen Sie in der folgenden Schaltung, wie viel Strom durch jedes Bauteil fließt und wie hoch der Spannungsabfall jedes Bauteils ist, wenn R1 500 Ω beträgt (beachten Sie, dass die Diode nur eine normale Diode ist, keine LED).

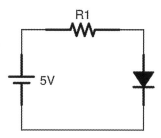

6. Nehmen wir an, die Diode ist keine gewöhnliche Diode, sondern eine blaue LED. Berechnen Sie den Strom, der durch jedes Bauteil fließt, und die Spannungsabfälle für jedes Bauteil neu.

7. Berechnen Sie in der folgenden Schaltung, wie viel Strom durch jedes Bauteil fließt und welchen Spannungsabfall jedes Bauteil hat, wenn R1 300 Ω, R2 400 Ω und R3 500 Ω ist.

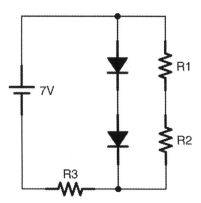

8. Zeichnen Sie eine Schaltung, die eine geregelte 6-V-Stromversorgung für die Last des Schaltkreises aus einer 9-V-Batterie unter Verwendung normaler Dioden bereitstellt. Wählen Sie einen Widerstand, der bei einer Last von 500 Ω effizient arbeitet und mit einer Batteriespannung von 7 bis 9,6 V arbeitet. Wie hoch ist

der Strom im niedrigsten und höchsten Bereich der Batterie? Wie viel wird von der Last im Stromkreis verbraucht und wie viel geht in jeder Konfiguration durch die Dioden verloren?

9. Zeichnen Sie ein Ersatzschaltbild zur vorhergehenden Frage unter Verwendung einer Zener-Diode anstelle von normalen Dioden.

Grundlegende Muster für Widerstands-schaltungen

Wenn die meisten Menschen eine schematische Zeichnung betrachten, sehen sie nur ein Meer von miteinander verbundenen Bauteilen, die ohne Sinn und Verstand miteinander verbunden sind. Die meisten Schaltungen sind jedoch eine Sammlung von **Schaltungsmustern**. Ein Schaltungsmuster ist eine übliche Art und Weise, Bauteile anzuordnen, um eine elektronische Aufgabe zu erfüllen. Erfahrene Schaltungsentwickler können sich eine Schaltung ansehen und die verwendeten Muster erkennen. Anstelle einer Masse unzusammenhängender Bauteile sieht ein Schaltungsentwickler auf einem Schaltplan einige grundlegende Muster, die auf kohärente Weise implementiert werden.

© Der/die Autor(en), exklusiv lizenziert an APress Media, LLC, ein Teil von
Springer Nature 2023
J. Bartlett, *Elektronik für Einsteiger*, https://doi.org/10.1007/978-3-662-66243-4_9

In diesem Kapitel lernen wir drei grundlegende Widerstandsmuster kennen und lernen auch, mit Schaltern zu arbeiten.

9.1 Schalter und Tasten

Schalter und Taster sind sehr einfache Geräte, aber trotzdem müssen wir sie wahrscheinlich kurz erklären. Ein Schalter funktioniert durch Verbinden oder Trennen eines Stromkreises. Ein Schalter in der „Aus"-Stellung unterbricht im Grunde die Verbindung zwischen den Drähten, sodass der Stromkreis nicht geschlossen werden kann. Ein Schalter in der Stellung „Ein" verbindet die Drähte.

Es gibt verschiedene Arten von Schaltern, je nach ihrer Funktionsweise. Die Schalter, mit denen wir uns befassen, werden Single Pole Single Throw (SPST, einpoliger Einschalter) genannt, was bedeutet, dass sie nur einen Stromkreis steuern (einpolig) und das Einzige, was sie tun, ist, diesen ein- oder auszuschalten (Single Throw).

Die Abb. 9-1 zeigt, wie die schematischen Symbole für einen SPST-Schalter und einen SPST-Tastschalter (d. h. einen Taster) aussehen. Wie die Zeichnung zeigt, wird der Stromkreis bei geöffnetem Schalter unterbrochen. Wenn der Schalter geschlossen ist, wird der Stromkreis geschlossen. Während der Schalter seine Position stabil hält (jemand muss ihn manuell hin und her schalten), schaltet der Taster den Stromkreis nur ein, *solange er gedrückt wird*. Während der Knopf gedrückt wird, ist der Stromkreis verbunden, aber sobald jemand aufhört, den Knopf zu drücken, wird der Stromkreis wieder geöffnet.

Abb. 9-1. Schematische Symbole für einen SPST-Schalter (links) und einen SPST-Taster (rechts)

Die Abb. 9-2 zeigt, wie eine einfache Schaltung mit einem Schalter aussieht. Sie ist genau wie eine normale LED-Schaltung, aber mit einem Schalter, der steuert, ob Strom fließen kann oder nicht. Beachten Sie, dass der Schalter auf der anderen Seite des Stromkreises genauso wirksam ist. Wenn der Schalter der letzte Teil des Stromkreises wäre, wäre er genauso effektiv. Denken Sie daran: Damit Strom fließen kann, muss der Stromkreis vom Pluspol zum Minuspol geschlossen sein.

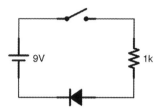

Abb. 9-2. Ein einfacher Schaltkreis

Schalter können auch dazu verwendet werden, einzelne Teile eines Stromkreises ein- oder auszuschalten, d. h. den Stromkreis bei laufendem Betrieb zu rekonfigurieren. In der Schaltung in Abb. 9-3 schaltet ein Hauptschalter (S1) die gesamte Schaltung ein oder aus, und zwei Einzelschalter (S2 und S3) schalten parallele Zweige der Schaltung ein und aus.

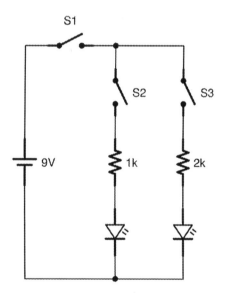

Abb. 9-3. Ein Stromkreis mit mehreren Schaltern

Um einen Stromkreis mit Schaltern zu analysieren, muss man das Verhalten des Stromkreises bei jeder Konfiguration von Schaltern untersuchen. In diesem Fall fließt natürlich überhaupt kein Strom, wenn S1 offen ist. Der Stromkreis verbraucht jedoch unterschiedliche Mengen an Strom, wenn S2 geschlossen ist, wenn S3 geschlossen ist und wenn S2 und S3 beide geschlossen sind. Um das Verhalten des Stromkreises richtig einschätzen zu können, müssen Sie daher den Stromverbrauch in jeder dieser Situationen berechnen.

9.2 Muster des Strombegrenzungswiderstandes

Das erste Widerstandsmuster, das wir lernen werden, ist eines, das wir bereits kennen – das Muster des strombegrenzenden Widerstands. Die Idee hinter diesem Muster ist, dass ein Widerstand hinzugefügt wird, um die Strommenge zu begrenzen, die durch ein Gerät fließen kann. Die Größe des benötigten Widerstands hängt von der Größe der Spannungsquelle, der Funktion des Geräts selbst und der maximal zulässigen Strommenge ab. Die benötigte Widerstandsgröße kann dann mithilfe des ohmschen Gesetzes berechnet werden.

Viele Widerstände werden in Schaltungen eingebaut, um den Stromfluss zu begrenzen. Zu Beginn haben wir Widerstände verwendet, um sicherzustellen, dass wir unsere LEDs nicht zerstören. In Kap. 8 haben wir einen Widerstand verwendet, um die Strommenge zu begrenzen, die durch unseren Spannungsregelkreis fließt.

In vielen verschiedenen Schaltkreisen werden Widerstände zur Strombegrenzung benötigt, und zwar aus zwei verschiedenen Gründen: um Geräte nicht zu beschädigen und um die Lebensdauer der Batterie zu verlängern. Oftmals wählen wir Widerstandswerte, um beide Aufgaben zu erfüllen.

Wenn eine LED bei 20 mA kaputtgeht, dann brauchen wir einen Widerstand, der groß genug ist, um den Strom so niedrig zu halten. Wenn das LED-Licht jedoch mit 1 mA ausreichend sichtbar ist, sollten wir einen größeren Widerstand verwenden, um die Batterie zu schonen. Die Batteriekapazität wird oft in Milliamperestunden (mAh) gemessen, wobei eine typische 9-V-Batterie 400 mAh fasst. Bei einer solchen Batterie entlädt eine LED-Schaltung mit 10 mA die Batterie in 40 h (400 mAh/10 mA = 40 h), aber dieselbe LED-Schaltung mit einem größeren Widerstand, der den Strom auf 1 mA begrenzt, braucht ganze 400 h (400 mAh/1 mA = 400 h), um dieselbe Batterie zu entladen! Das spart Ihnen auf lange Sicht eine Menge Geld.

9.3 Spannungsteilermuster

Ein **Spannungsteiler** liegt immer dann vor, wenn zwei Widerstände mit einem dazwischenliegenden Teilstromkreis verbunden sind. Normalerweise sind sie an eine feste positive Spannung auf der einen Seite des ersten Widerstands und an die Masse auf der anderen Seite des zweiten Widerstands angeschlossen, aber das ist nicht unbedingt erforderlich. Ein einfaches Schaltbild eines Spannungsteilers ist in Abb. 9-4 dargestellt. Beachten Sie, dass sich zwischen der Spannungsquelle und der Masse zwei Widerstände befinden (ein 1 kΩ oben und ein 2 kΩ unten) und ein Teilstromkreis (durch den

Lastwiderstand gekennzeichnet) dazwischen abzweigt. Unter bestimmten Umständen (auf die wir gleich noch eingehen werden) können wir den Parallelwiderstand des Teilkreises im Grunde ignorieren und einfach die Spannungen an jedem Punkt des Hauptspannungsteilerschaltung betrachten.

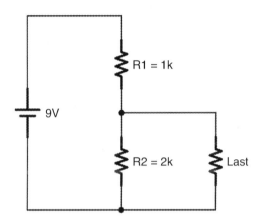

Abb. 9 - 4. Eine einfache Spannungsteilerschaltung

9.3.1 Berechnung der Spannungen

Wir sehen, dass die Spannung am oberen Ende des Spannungsteilers 9 V beträgt (weil er mit dem positiven Anschluss verbunden ist) und am unteren Ende des Spannungsteilers 0 V (weil er mit dem negativen Anschluss verbunden ist). Daher muss der gesamte Spannungsabfall an beiden Widerständen 9 V betragen. Da die Widerstände in Reihe geschaltet sind (zur Erinnerung: Wir ignorieren die Last!), können wir den Gesamtwiderstand in der Schaltung ermitteln, indem wir einfach ihre Widerstände addieren. Also 1000 Ω + 2000 Ω = 3000 Ω. Da der Strom in einer Reihe für die gesamte Reihe gleich ist, können wir nun das ohmsche Gesetz zur Berechnung des Stromflusses verwenden:

$$I = \frac{V}{R} = \frac{9\text{ V}}{3,000\ \Omega} = 0.003\text{ A} = 3\text{ mA}.$$

Es fließen also 0,003 A (3 mA) in diesem Stromkreis. Das bedeutet, dass *jeder* Widerstand in der Reihe von dieser Strommenge durchflossen wird. Daher können wir den Spannungsabfall über jedem Widerstand berechnen. Schauen wir uns den 1-kΩ-Widerstand an:

$$V = I * R = 0.003 \text{ A} * 1,000 \text{ } \Omega = 3 \text{ V}.$$

Der Spannungsabfall über dem ersten Widerstand beträgt also 3 V. Da die Batterie mit 9 V gestartet ist, beträgt die Spannung am Ende des Widerstands gegenüber der Masse 6 V. Wir können den Spannungsabfall am zweiten Widerstand entweder wieder mit dem ohmschen Gesetz berechnen oder indem wir einfach die Tatsache berücksichtigen, dass die Spannung von 6 auf 0 V fallen *muss*, da das andere Ende des Widerstands mit Masse verbunden ist.

Die Abb. 9-5 zeigt die Spannungen an jedem Punkt (relativ zur Masse). Wie Sie sehen können, hat die Leitung in der Mitte des Spannungsteilers eine neue Spannung, die von der Last verwendet werden kann. Dafür sind Spannungsteiler normalerweise da – sie bieten eine einfache Möglichkeit, einem anderen Teil der Schaltung eine reduzierte Spannung zuzuführen.

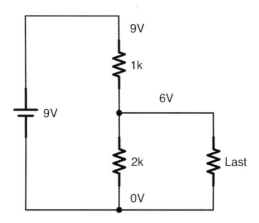

Abb. 9-5. Spannungsteiler mit beschrifteten Spannungen

9.3.2   Ermittlung von Widerstandsverhältnissen

Aber wie wählt man die Werte der Widerstände?

Dabei ist zu beachten, dass der zweite Widerstand genau doppelt so viel Spannung verbraucht wie der erste Widerstand. Außerdem war der zweite Widerstand genau doppelt so groß wie der erste Widerstand. Generell gilt also, dass die relativen Größen der Widerstände die relativen Mengen an Spannung bestimmen, die sie verbrauchen. Wenn wir also eine Ausgangsspannung von 4,5 V benötigen – das ist die Hälfte der Eingangsspannung –, müssen beide Widerstände gleich groß sein.

Dies lässt sich am besten mit einer Gleichung ausdrücken. Bei einer Ausgangsspannung V_{IN}, die an den ersten Widerstand R_1 angeschlossen ist, und einem zweiten Widerstand (R_2), der mit Masse verbunden ist, ergibt sich die Ausgangsspannung (V_{OUT}), die zwischen den Widerständen anliegt, aus der Gleichung

$$V_{OUT} = V_{IN} * \frac{R_2}{R_1 + R_2}. \qquad (9.1)$$

Beachten Sie, dass die spezifischen Widerstandswerte noch keine Rolle spielen – es ist das *Verhältnis*, um das wir uns bisher kümmern. Um 4,5 V zu erhalten, können wir zwei 1-kΩ-Widerstände, zwei 200-Ω-Widerstände oder zwei 100-kΩ-Widerstände verwenden. Solange die Werte gleich sind, teilen wir die Spannung in zwei Hälften.

Wenn wir einen 8-V-Ausgang haben wollten, würden wir eine ähnliche Berechnung durchführen. Da wir mit 9 V beginnen, müssen wir $\frac{1}{9}$ der Spannung im ersten Widerstand und $\frac{8}{9}$ der Spannung im zweiten Widerstand verbrauchen. Daher müssen unsere Widerstände in einem ähnlichen Verhältnis stehen. Wir könnten einen 100-Ω-Widerstand für den ersten Widerstand und einen 800-Ω-Widerstand für den zweiten Widerstand verwenden. Alternativ könnten wir auch einen 10-Ω-Widerstand für den ersten Widerstand und einen 80-Ω-Widerstand für den zweiten Widerstand verwenden. Es ist das Verhältnis, das am wichtigsten ist.

9.3.3 Ermittlung der Widerstandswerte

Wie bestimmen Sie nun genau, welchen Wert Sie verwenden sollen? An dieser Stelle müssen wir erneut über die Last nachdenken. Wir haben den Spannungsteiler als Reihenschaltung behandelt, aber in Wirklichkeit haben wir einen Widerstand in Reihe und dann eine Parallelschaltung mit dem anderen Spannungsteilerwiderstand parallel zur Last. Unser vereinfachtes Modell (bei dem wir den Parallelwiderstand ignorieren) funktioniert, *solange der Lastwiderstand den gesamten Parallelwiderstand nicht wesentlich beeinflusst.* Sehen wir uns also an, wie sich der Lastwiderstand auf den Parallelwiderstand auswirkt.

Unter Verwendung von Gl. 7.2 können wir also eine Formel für den Gesamtwiderstand dieser beiden schreiben, wobei R_2 unser zweiter Spannungsteilerwiderstand und R_L unser Lastwiderstand ist:

$$R_T = \frac{1}{\frac{1}{R_2} + \frac{1}{R_L}}.$$

Betrachten wir noch einmal die Schaltung in Abb. 9.5. Nehmen wir an, dass der Widerstand der Last (R_L) 400 Ω beträgt, was viel weniger ist als der Widerstand des Spannungsteilers (R_2, der 2000 Ω beträgt). Wie hoch ist also der Gesamtwiderstand?

$$R_T = \frac{1}{\dfrac{1}{R_2} + \dfrac{1}{R_L}} = \frac{1}{\dfrac{1}{2,000} + \dfrac{1}{400}} = \frac{1}{0.0005 + 0.0025} = \frac{1}{0.003} \approx 333 \ \Omega.$$

Das ist ein erheblicher Unterschied zu unserem vereinfachten Modell, bei dem der Lastwiderstand nicht berücksichtigt wurde und das 2000 Ω ergab.

Stellen wir uns nun einen größeren Lastwiderstand vor, sodass er gleich dem Widerstand R_2 (2000 Ω) ist, und berechnen wir neu:

$$R_T = \frac{1}{\dfrac{1}{R_2} + \dfrac{1}{R_L}} = \frac{1}{\dfrac{1}{2,000} + \dfrac{1}{2,000}} = \frac{1}{0.0005 + 0.0005} = \frac{1}{0.001} \approx 1,000 \ \Omega.$$

Die Abweichung ist immer noch beträchtlich, aber sie ist viel näher. Schauen wir uns nun an, was passiert, wenn der Lastwiderstand das Doppelte von R_2 beträgt, also 4000 Ω:

$$R_T = \frac{1}{\dfrac{1}{R_2} + \dfrac{1}{R_L}} = \frac{1}{\dfrac{1}{2,000} + \dfrac{1}{4,000}} = \frac{1}{0.0005 + 0.00025} = \frac{1}{0.00075} \approx 1,333 \ \Omega.$$

Hier kommen wir unserem ursprünglichen Wert schon viel näher. Nehmen wir nun an, dass die Last das Zehnfache des Widerstands R_2 beträgt, also 20.000 Ω. Daraus ergibt sich Folgendes:

$$R_T = \frac{1}{\dfrac{1}{R_2} + \dfrac{1}{R_L}} = \frac{1}{\dfrac{1}{2,000} + \dfrac{1}{20,000}} = \frac{1}{0.0005 + 0.00005} = \frac{1}{0.00055} \approx 1,818 \ \Omega.$$

Dies ist sehr nahe am Widerstand von R_2 selbst. Wir können also sagen, dass unsere Spannungsteilerschaltung den Widerstand der Last ignorieren kann, *wenn der Widerstand der Last deutlich größer ist als der Widerstand des Spannungsteilers.* Dies lässt sich folgendermaßen ausdrücken: $R_L \gg R_2$. Was „deutlich" bedeutet, hängt davon ab, wie empfindlich Ihre Schaltung auf

Spannungsänderungen reagiert, aber im Allgemeinen (und für die Zwecke der Übungen) würde ich sagen, dass „deutlich mehr" mindestens das Zehnfache bedeuten sollte.

9.3.4 Allgemeine Überlegungen

Bei niederohmigen Lasten funktioniert ein Spannungsteiler also nicht gut, da er einen zu geringen Widerstand zwischen der Spannungsquelle und der Masse setzt. In Kap. 11 werden wir jedoch sehen, dass viele Schaltungen Lasten mit annähernd unendlichem Widerstand haben, sodass Spannungsteiler in diesen Fällen wirklich gut funktionieren.

Im Allgemeinen ist ein Spannungsteiler mit kleineren Widerständen „steifer", weil er sich bei Laständerungen weniger verändert, aber er verbraucht auch mehr Strom. Ein Spannungsteiler mit größeren Widerständen funktioniert nicht mit niederohmigen Lasten, aber er verbraucht auch viel weniger Strom.

Wenn Sie die vollständigen Gleichungen zur Berechnung der Spannungsteilerwiderstände benötigen, finden Sie diese in den Gl. 9.2 und 9.3. In diesen Gleichungen ist V_{IN} die Spannung, die in den Spannungsteiler eingeht, V_{OUT} ist die Spannung, die aus dem Teiler in die Last geht, und R_L ist der Lastwiderstand. R_1 ist der Widerstand, der an die positive Spannungsversorgung angeschlossen ist, und R_2 ist der Widerstand, der an die Masse angeschlossen ist. Wenn Sie gut in Algebra sind, können Sie versuchen, diese Formeln selbst aus den Informationen in diesem Abschnitt abzuleiten:

$$R_2 = \frac{R_L}{10}. \tag{9.2}$$

$$R_1 = \frac{R_2 * \left(V_{IN} - V_{OUT} \right)}{V_{OUT}}. \tag{9.3}$$

9.4 Der Pull-up-Widerstand

Der Pull-up-Widerstand ist eine seltsame Schaltung, aber wir werden sehr gute Anwendungen dafür finden, sobald wir uns in Kap. 11 mit ICs beschäftigen. Es ist wahrscheinlich am einfachsten, ihn zu beschreiben, indem wir Ihnen einfach eine Schaltung zeigen und dann beschreiben, wie sie funktioniert.

Die Abb. 9-6 zeigt den Schaltplan für eine einfache Pull-up-Widerstandsschaltung. Normalerweise denken wir, dass eine LED durch Drücken des Tasters zum Leuchten gebracht wird. In diesem Fall führt das Drücken des Tasters jedoch dazu, dass der Strom an der LED vorbeigeleitet wird, wodurch diese ausgeschaltet wird.

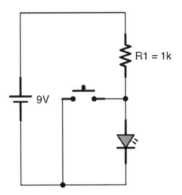

Abb. 9-6. Einfacher Pull-up-Widerstand

Wenn man sich den Pfad ansieht, von dem aus sich der Stromkreis verzweigt, kann der Strom nur in eine Richtung fließen – durch die LED, wenn der Knopf nicht gedrückt wird. Wenn der Knopf jedoch gedrückt wird, hat der Strom zwei Möglichkeiten – er kann entweder durch die LED oder direkt durch den Knopf zur Masse fließen. Da der Strom lieber direkt zur Masse fließt als über einen Zwischenkreis, fließt der *gesamte* Strom durch die geschlossene Taste und nichts davon durch die LED.

Da der Verzweigungspunkt direkt mit Masse verbunden ist, wenn der Knopf gedrückt wird, bedeutet dies, dass die Spannung *am Verzweigungspunkt* ebenfalls null ist. Das 2. kirchhoffsche Gesetz besagt, dass der Spannungsabfall immer gleich ist, egal welcher Weg genommen wird. Eine LED erzeugt jedoch einen Spannungsabfall, aber die Spannungen auf beiden Seiten der LED sind null. Daher kann kein Strom durch die LED fließen.

Was ist die Funktion des Widerstands? Der Widerstand verbindet den Schalter und die LED mit der positiven Spannungsquelle und sorgt für eine Begrenzung des Stroms, der durch ihn fließt. Der Widerstand muss *vor* dem Verzweigungspunkt liegen, damit er funktioniert.

Überlegen Sie, was passiert, wenn der Widerstand nicht vorhanden ist oder wenn der Widerstand hinter dem Verzweigungspunkt liegt. Die Elektrizität hat einen direkten Weg von der positiven Spannungsquelle zur Masse, ohne Widerstand – mit anderen Worten, ein Kurzschluss. Dadurch wird eine enorme Menge an Strom abgezogen. Die Abb. 9-7 zeigt, wie dies aussehen würde. Beachten Sie, dass Sie beim Drücken des Knopfes einen Weg von der positiven Spannungsquelle zur Masse ohne Zwischenwiderstand verfolgen können.

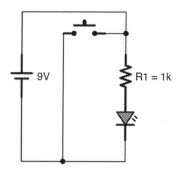

Abb. 9 - 7. Falsche Verdrahtung des Stromkreises

Der Widerstand wird als Pull-up-Widerstand bezeichnet, weil er an die positive Spannungsquelle angeschlossen ist und dazu dient, die Spannung im Schaltkreis auf einen positiven Wert zu erhöhen, wenn der Schalter geöffnet ist, und gleichzeitig Sicherheit zu bieten (durch Begrenzung des Stroms), wenn der Schalter geschlossen ist.

Kurz gesagt, ein Pull-up-Widerstand wird in der Regel verwendet, um eine positive Spannung an eine Schaltung zu liefern, die durch Umleitung der Spannung auf Masse abgeschaltet werden könnte. Der Widerstand bietet sowohl die elektrische Verbindung zur positiven Quelle als auch eine Begrenzung der Strommenge, die fließt, wenn der Stromfluss dann zur Masse geleitet wird (normalerweise durch eine Art Schaltmechanismus).

9.5 Pull-down-Widerstände

Eine weitere grundlegende Widerstandsschaltung, die häufig verwendet wird, ist der Pull-down-Widerstand. Während der Pull-up-Widerstand mit der positiven Stromschiene verbunden ist, ist der Pull-down-Widerstand stattdessen mit Masse verbunden. Wenn also bei einem Pull-up-Widerstand ein Teil der Schaltung unterbrochen wird, steigt die Spannung an. Bei einem Pull-down-Widerstand wird die Spannung niedrig, wenn ein Teil der Schaltung unterbrochen wird. Wir haben jedoch noch nicht genug Hintergrundwissen, um zu verstehen, wie sie hier verwendet werden. Sie werden in Kap. 12 ausführlicher behandelt. Sie werden hier lediglich erwähnt, weil sie zu den grundlegenden Widerstandsschaltungen gehören, die überall in der Elektronik zu finden sind.

9.6 Rückblick

In diesem Kapitel haben wir das Folgende gelernt:

1. Mit Tastern und Schaltern können Stromkreise im laufenden Betrieb verändert werden, indem man Stromkreise verbindet (den Stromfluss ermöglicht) oder unterbricht (den Stromfluss sperrt).

2. Die meisten Schaltungen sind eine Kombination gängiger, gut verstandener Schaltungsmuster.

3. Je mehr Erfahrung Sie mit den grundlegenden Schaltungsmustern haben, desto einfacher ist es, diese Schaltungsmuster zu erkennen, wenn Sie sich eine schematische Zeichnung ansehen.

4. Ein Strombegrenzungswiderstand ist ein Widerstand, der zur Begrenzung des maximalen Stromflusses in einem Stromkreis verwendet wird, entweder zum Schutz anderer Bauteile oder zur Begrenzung des Gesamtstromverbrauchs.

5. Ein Spannungsteiler ist ein Paar von zwei Widerständen, die in Reihe geschaltet sind (in der Regel mit einer positiven Spannung auf der einen Seite und der Masse auf der anderen Seite verbunden), wobei jedoch ein weiterer Draht dazwischenliegt, der eine andere Schaltung (die sog. *Last*) mit Spannung versorgt.

6. Bei einem Spannungsteiler wird davon ausgegangen, dass der Widerstand der Last deutlich größer ist als der Widerstand der zweiten Hälfte des Spannungsteilers (d. h. größer als das Zehnfache), da die Last dann bei der Berechnung der Spannungsabfälle im Grunde vernachlässigt werden kann.

7. Bei einem Spannungsteiler ist das Verhältnis der von den einzelnen Widerständen aufgenommenen Spannungen gleich dem Verhältnis ihrer Widerstände. Die Ausgangsspannung, die am ersten Widerstand anliegt, ist die Spannung, die an die Last geliefert wird.

8. Eine andere Möglichkeit, die Ausgangsspannung anzugeben, ist $V_{OUT} = V_{IN} * \dfrac{R_2}{R_1 + R_2}$, wobei R_1 der Widerstand ist, der an die positive Spannung angeschlossen ist, und R_2 der Widerstand, der an Masse angeschlossen ist.

9. Spannungsteiler mit kleineren Widerständen sind „steifer" – sie werden weniger durch den Widerstand der Last beeinflusst. Spannungsteiler mit größeren Widerständen sind nicht so steif, verschwenden aber viel weniger Strom.

10. Eine Pull-up-Widerstandsschaltung ist eine Schaltung, in der eine positive Spannung, die an einem bestimmten Punkt auf Masse geschaltet werden kann, über einen Widerstand bereitgestellt wird.

11. Der Pull-up-Widerstand verbindet (a) den Schaltkreis mit der positiven Spannung, um einen positiven Strom zu liefern, wenn der Schaltkreis nicht auf Masse geschaltet ist, und (b) begrenzt den Strom, der in Richtung der Masse fließt (d. h. verhindert einen Kurzschluss), wenn der Ausgang auf Masse geschaltet ist.

12. Er wird als Pull-up-Widerstand bezeichnet, weil er die Spannung nach oben zieht, wenn der Stromkreis nicht auf Masse geschaltet ist.

9.7 Anwenden, was Sie gelernt haben

1. Berechnen Sie die Stromstärke, die der gesamte Stromkreis, der in Abb. 9-3 dargestellt ist, für jede Konfiguration der Schalter S2 und S3 verbraucht, wenn S1 geschlossen ist. Sie können davon ausgehen, dass es sich bei den LEDs um rote LEDs handelt.

2. Bauen Sie die in Abb. 9-3 gezeigte Schaltung auf (Sie können die Widerstände mit anderen, aber ähnlichen Werten austauschen – alles von 300 Ω bis etwa 5 kΩ sollte funktionieren).

3. Wie groß müsste ein Widerstand sein, um bei einer Versorgungsspannung von 15 V sicherzustellen, dass ein Stromkreis nie mehr als 18 mA verbraucht?

4. Entwerfen Sie bei einer 9-V-Batteriequelle einen Spannungsteiler, der 7 V an eine Last mit einem Widerstand von 10 kΩ ausgibt.

5. Entwerfen Sie bei einer 3-V-Batteriequelle einen Spannungsteiler, der 1,5 V an eine Last mit einem Widerstand von 1 kΩ ausgibt.

6. Wie viel Strom fließt in Abb. 9-6 durch den Stromkreis, wenn der Schalter geöffnet ist? Wie viel, wenn er geschlossen ist? Sie können davon ausgehen, dass die LED eine rote LED ist.

7. Wie würden Sie die Schaltung in Abb. 9-6 verändern, um den maximalen Strom in der Schaltung unter 2 mA zu halten? Zeichnen Sie die gesamte Schaltung selbst.

8. Bauen Sie die Schaltung auf, die Sie in der vorherigen Frage entworfen haben. Wenn Sie nicht die richtigen Widerstandswerte haben, verwenden Sie die nächstliegenden Werte.

Leistung verstehen

Bisher haben wir uns mit den Grundbegriffen Spannung, Strom und Widerstand beschäftigt. Das ist gut, um LEDs zum Leuchten zu bringen, aber für die Arbeit in der realen Welt braucht man v. a. **Leistung**. Dieses Kapitel allein trägt nur wenig zu Ihren Fähigkeiten als Schaltungsentwickler bei, aber es ist eine absolut wichtige Hintergrundinformation für die folgenden Kapitel. Außerdem enthält dieses Kapitel Informationen, die für den sicheren Umgang mit Elektronik entscheidend sind. Das Wissen über Leistung, Leistungsumwandlung und Verlustleistung wird entscheidend sein, wenn Sie Ihre elektronischen Fähigkeiten in der realen Welt einsetzen wollen.

10.1 Wichtige Begriffe im Zusammenhang mit Leistung

Um zu verstehen, was Energie ist, müssen wir ein paar Begriffe aus der Physik durchgehen (keine Sorge – es sind alles einfache Begriffe):

1. **Arbeit** entsteht, wenn man etwas bewegt.

2. Arbeit wird in **Joule** gemessen: 1 Joule (J) ist die Arbeit, die verrichtet wird, wenn ein 1 Kilogramm (kg) schwerer Gegenstand 1 Meter (m) bewegt wird.

© Der/die Autor(en), exklusiv lizenziert an APress Media, LLC, ein Teil von Springer Nature 2023
J. Bartlett, *Elektronik für Einsteiger*, https://doi.org/10.1007/978-3-662-66243-4_10

3. Die Fähigkeit, Arbeit zu verrichten, wird als **Energie** bezeichnet. Energie wird auch in Joule gemessen.

4. **Leistung** ist die dauerhafte Bereitstellung von Energie für einen Prozess.

5. Die Leistung wird in **Watt** (abgekürzt W) gemessen. Watt ist die Anzahl der pro Sekunde verbrauchten oder erzeugten Joule.

6. Ein weiteres Maß für die Leistung ist die Pferdestärke (abgekürzt PS). Eine Pferdestärke ist gleichbedeutend mit 746 W. Die Pferdestärke ist für die Elektronik nicht wichtig, aber ich wollte sie erwähnen, weil Sie den Begriff Pferdestärke wahrscheinlich schon einmal gehört haben, und ich wollte, dass Sie seine Bedeutung mit den Ideen in diesem Kapitel in Verbindung bringen können.

Das Interessante an den Begriffen Arbeit, Energie und Leistung ist, dass sie eine Reihe von Formen annehmen können, die im Grunde alle gleichwertig sind. Wir können z. B. mechanische Energie, chemische Energie und elektrische Energie (und andere) haben. Wir können auch mechanische Arbeit, chemische Arbeit und elektrische Arbeit verrichten. Alle diese Arten von Energie und Arbeit können ineinander umgewandelt werden. Sie werden auch alle in Joule gemessen. Daher haben wir eine gemeinsame Energieeinheit für jede Art von Aufgabe, die wir bewältigen wollen.

Wenn wir nun tatsächlich Energie einsetzen, um Arbeit zu verrichten, erhalten wir keine 100 %ige Umwandlungsrate. Mit anderen Worten: Wenn wir 100 J Arbeit verrichten wollen, benötigen wir wahrscheinlich mehr als 100 J Energie, um die Aufgabe zu erfüllen. Das liegt daran, dass der Prozess der Umwandlung von Energie in Arbeit (sowie die Umwandlung zwischen verschiedenen Arten von Energie und Arbeit) **ineffizient** ist – **nicht** die gesamte Energie wird der Aufgabe zugeführt, die wir ausführen wollen. Es gibt keinen perfekt effizienten Prozess der Umwandlung von Energie in Arbeit. Außerdem gibt es keine Möglichkeit, Energie aus dem Nichts zu erzeugen – jedes Mal, wenn Sie zusätzliche Energie benötigen, brauchen Sie eine Quelle dafür.

Bei der Umwandlung von Energie in Arbeit wird die *gesamte* Energie in etwas umgewandelt, auch wenn es sich nicht um die Arbeit an der gewünschten Aufgabe handelt. Normalerweise werden die ineffizienten Teile in **Wärme** umgewandelt. Wenn ich also einen Prozess habe, der nur zu 10 % effizient ist, und ich gebe diesem Prozess 80 J Energie, dann wird dieser Prozess nur 8 J Arbeit verrichten, wobei 72 J Energie übrig bleiben, die in Wärme umgewandelt werden.

Arbeit und Energie sind normalerweise die Größen, um die wir uns bei Systemen kümmern, die eine feste Aufgabe erfüllen (d. h. eine feste

Energiemenge benötigen). In der Elektronik bauen wir jedoch in der Regel Systeme, die über einen längeren Zeitraum hinweg in Betrieb bleiben. Daher messen wir nicht die Energie, sondern die Leistung, d. h. die kontinuierliche Abgabe von Energie (oder den kontinuierlichen Einsatz von Energie zur Verrichtung von Arbeit).

Wie bereits erwähnt, wird die Leistung in Watt gemessen, wobei 1 W 1 J pro Sekunde entspricht. Wenn Sie also eine 100-W-Glühbirne haben, verbraucht diese Birne 100 J Energie pro Sekunde. Es stimmt, dass 100-W-Glühbirnen sehr ineffizient sind, weshalb sie so heiß werden – die Energie, die nicht in Licht umgewandelt wird, wird stattdessen in Wärme umgewandelt. Heutzutage werden Glühbirnen aus diesem Grund nur noch selten verwendet. LED-Glühbirnen, die als 100-W-Äquivalent gekennzeichnet sind, verbrauchen im Allgemeinen etwa 11 W, sind aber genauso hell wie die alten 100-W-Glühbirnen. Das bedeutet, dass bei einer Glühlampe weniger als 11 W Energie für die eigentliche Lichtabgabe aufgewendet wurden und der Rest als Wärme verschwendet wurde, weshalb sie auch so heiß wurden.[1]

10.2 Leistung in der Elektronik

Wir haben also eine grundlegende Vorstellung davon, was Leistung im Allgemeinen ist. In der Elektronik gibt es einige gleichwertige Methoden zur Berechnung der Leistung.

Die erste Methode besteht darin, die Anzahl der verbrauchten Volt mit der Anzahl der durch ein Gerät fließenden Ampere zu multiplizieren:

$$P = V * I. \tag{10.1}$$

Dabei steht P für die in Watt gemessene Leistung, V für Volt und I für den in Ampere gemessenen Strom. Wenn mein Schaltkreis also an eine 9-V-Batterie angeschlossen ist und ich messe, dass die Batterie 20 mA an den Schaltkreis abgibt, kann ich die Leistung berechnen, die mein Schaltkreis verbraucht (vergessen Sie nicht, zuerst Milliampere in Ampere umzurechnen!):

$$P = V * I$$
$$= 9V * 20 \ mA$$
$$= 9V * 0.02 \ A$$
$$= 0.18 \ W.$$

---

[1] Tatsächlich sind es viel weniger als 11 W, da auch LEDs nicht perfekt effizient sind. Da beide dieselbe Lichtmenge ausstrahlen (d. h. dieselbe Lichtenergie erzeugen), geht der Unterschied in der verbrauchten Wattzahl wahrscheinlich in Form von Wärme verloren.

Unsere Schaltung verbraucht also 0,18 W.

Sie können auch die Strommenge messen, die einzelne Bauteile verbrauchen. Nehmen wir z. B. an, ein Widerstand hat einen Spannungsabfall von 3 V und wird von 12 mA durchflossen. Der Widerstand verbraucht also 3 * 0,012 = 0,036 W Leistung.

Die zweite Möglichkeit zur Berechnung der Leistung ergibt sich aus der Anwendung des ohmschen Gesetzes. Das ohmsche Gesetz besagt

$$V = I * R. \tag{10.2}$$

Wenn wir also die Gleichung $P = V * I$ haben, erlaubt uns das ohmsche Gesetz, V durch $I * R$ *zu ersetzen*:

$$P = (I * R) * I. \tag{10.3}$$

Oder wir können es weiter vereinfachen und sagen, dass

$$P = I^2 * R. \tag{10.4}$$

Wir können auch $I = V/R$ einsetzen und erhalten so eine dritte Gleichung für die Leistung:

$$P = \frac{V^2}{R}. \tag{10.5}$$

Wenn also 15 mA durch einen 200-Ω-Widerstand fließen, können wir die verbrauchte Leistung mit Gl. 10.4 berechnen:

$$P = I^2 * R$$
$$= (15\,\text{mA})^2 * 200\,\Omega$$
$$= (0.015\,\text{A})^2 * 200\,\Omega$$
$$= 0.000225 * 200$$
$$= 0.045\,\text{W}.$$

10.3   Leistungsbegrenzungen der Bauteile

Wenn Sie darüber nachdenken, *tut* der Widerstand im vorherigen Beispiel eigentlich gar nichts. Er sitzt einfach nur da. Da wir also keine *Arbeit* verrichten, indem wir den Widerstand durchlaufen, wird die Energie in Wärme umgewandelt. Elektronische Bauteile werden in der Regel danach bemessen, wie viel Energie sie **ableiten** oder leicht abtransportieren können. Die meisten gebräuchlichen Widerstände haben beispielsweise eine Nennleistung zwischen 1/16 W und 1/2 W (die meisten, die ich zum Verkauf gesehen habe, haben 1/4 W). Das bedeutet, dass sie so lange funktionieren, wie ihre Leistungsaufnahme unter ihrem Grenzwert bleibt. Wenn die Leistungsaufnahme zu hoch wird, können sie die erhöhte Wärme nicht mehr bewältigen und gehen kaputt (und fangen möglicherweise Feuer!).

Bislang haben unsere Projekte mit einer so geringen Leistung gearbeitet, dass dies kein Problem darstellt. Bei der Verwendung von 9-V-Batterien ist es schwer, mehr als 1/4 W Leistung zu erzeugen – der *gesamte* Stromkreis müsste einen Widerstand von weniger als 350 Ω haben und der gesamte Spannungsabfall müsste am Widerstand auftreten.

In jedem Fall sollten Sie beim Aufbau von Schaltungen darauf achten, wie viel Strom das Bauteil aufnehmen kann und wie viel Strom es tatsächlich verbraucht. Sie können eine der hier aufgeführten Gleichungen zur Berechnung des Stromverbrauchs verwenden. Das Bauteil selbst sollte Informationen über seine maximale Leistungsaufnahme und Verlustleistung enthalten.

10.4 Handhabung der Verlustleistung mit Kühlkörpern

Wie bereits erwähnt, wird Energie, die verloren geht, ohne dass Arbeit verrichtet wird, in Wärme umgewandelt. Einige Geräte müssen bei regelmäßiger Arbeitsbelastung große Mengen an Wärme abführen. Ein gängiges Gerät, das häufig Wärme abführen muss, ist der Spannungsregler, wie der 7805-Regler, den wir in Kap. 12 kennenlernen werden.

Die Art und Weise, wie dieser Regler seine Aufgabe erfüllt, besteht im Wesentlichen darin, dass er Energie ableitet, bis die Spannung die richtige Höhe erreicht hat. Wenn er mit einer großen Strommenge verwendet wird, kann er tatsächlich sehr, sehr heiß werden. Aus diesem Grund befindet sich auf der Rückseite eine Metallplatte, die zur Wärmeableitung dient. Außerdem gibt es eine Metalllasche mit einem Loch, an dem ein **Kühlkörper** befestigt werden kann.

Ein Kühlkörper ist eine Metallstruktur mit einer großen Oberfläche, die einem elektronischen Bauteil hilft, Wärme abzuleiten. Da er aus Metall besteht, leitet er die Wärme schnell in sich selbst ab. Durch seine große Oberfläche kann er die Wärme an die Luft abgeben, wo sie sich dann in der Umgebung verteilt.

Die Abb. 10-1 zeigt einen 7805-Chip neben seinem Kühlkörper. Um den Kühlkörper zu befestigen, schrauben Sie ihn einfach in den 7805-Chip. Bei den Reglern der Serie 7800 ist die Lasche elektrisch mit Masse verbunden, sodass sie keine Spannung erzeugen sollte. Bei anderen Chiptypen im gleichen TO-220-Gehäuse kann jedoch tatsächlich eine Spannung an der Lasche anliegen. In einem solchen Fall wäre es ratsam, ein Isolationskit zu kaufen, um den Chip elektrisch vom Kühlkörper zu isolieren; andernfalls könnte ein zufälliger Kontakt mit dem Kühlkörper einen Kurzschluss verursachen. Das Isolationskit lässt nur Wärme, aber keinen Strom in den Kühlkörper fließen.

Abb. 10-1. Ein 7805-Spannungsregler und sein Kühlkörper

10.5 Energie umwandeln

Wie wir bereits erörtert haben, kann Energie (und damit Leistung) in verschiedene Formen umgewandelt werden – mechanisch, elektrisch, chemisch usw. In jedem Fall sollte man sich immer vor Augen halten, dass Energie nur reduziert oder verloren geht, aber niemals gewonnen wird.

Das Wesen der Energieumwandlung ist der Kern dessen, was Batterien funktionieren lässt. In einer Batterie ist Energie in chemischer Form gespeichert. Chemische Reaktionen in der Batterie ermöglichen die Bewegung von Elektronen. Indem die Elektronen durch einen bestimmten Weg gezogen werden (vom negativen in den positiven Bereich), erzeugt diese Reaktion elektrische Energie. Es handelt sich also um eine Umwandlung von chemischer Energie (die Reaktion der Chemikalien in der Batterie) in elektrische Energie (das Ziehen der Elektronen durch den Stromkreis).

Dies kann auch in die andere Richtung gehen. Elektrische Energie kann genutzt werden, um chemische Reaktionen anzuregen. Eine gängige Reaktion ist die Aufspaltung von Wasser in Wasserstoff und Sauerstoff.

Die gleiche Umwandlung kann auch mit mechanischer Energie erfolgen. In einem Elektromotor wird die elektrische Energie im Motor in mechanische Energie umgewandelt. Aber auch der umgekehrte Fall ist möglich. Ein

Stromgenerator wird durch die Umwandlung von mechanischer Energie in elektrische Energie hergestellt.

Wir werden nicht im Detail darauf eingehen, wie jede dieser Umwandlungen funktioniert (dazu müssten Sie Kurse in Chemie, Mechanik usw. belegen), aber die wesentlichen Ideen sind:

1. Energie und Leistung können in eine Vielzahl von Formen umgewandelt werden.

2. Diese Energieformen können alle mit demselben Maßstab (in Joule) gemessen werden.

3. Bei jeder Energieumwandlung geht durch Ineffizienzen ein gewisser Anteil an Energie verloren (Energie wird niemals gewonnen).

Leistung und Energie werden als **Erhaltungsgrößen** bezeichnet, da sie zwar umgewandelt werden, aber weder entstehen noch verloren gehen. Wenn wir von Leistungsverlusten aufgrund von Ineffizienzen sprechen, geht die Leistung nicht insgesamt verloren, sondern wird lediglich in Wärme umgewandelt. Man kann sich Wärme als Leistung vorstellen, die in eine unspezifische Richtung angewendet wird. Energie geht bei der Umwandlung nicht verloren, weil sie verschwindet, sondern weil alle Prozesse, die eine Energieform in eine andere umwandeln, unvollkommen sind.

In Abschn. 10.2 „Leistung in der Elektronik" haben wir festgestellt, dass in der Elektronik die Leistung (gemessen in Watt) *sowohl* durch die Spannung als auch durch den Strom bestimmt wird – indem man sie miteinander multipliziert. Daher bleiben in der Elektronik nicht die Spannung oder der Strom einzeln erhalten, sondern ihr Produkt. Das bedeutet, dass wir, zumindest theoretisch, die Spannung erhöhen können, ohne eine Leistungssteigerung zu benötigen, allerdings auf Kosten des Stroms. Ebenso können wir, zumindest theoretisch, den Strom erhöhen, ohne eine Leistungsverstärkung zu benötigen, was jedoch auf Kosten der Spannung geht. In beiden Fällen handelt es sich nicht um eine Umwandlung von elektrischer Energie in eine andere Form von Energie, sondern um eine Umwandlung in eine andere Konfiguration von elektrischer Energie.

Geräte, die elektrische Leistung zwischen verschiedenen Spannungs-/Stromkonfigurationen umwandeln, werden als **Transformatoren** bezeichnet. Ein Aufwärtstransformator wandelt eine niedrige Spannung in eine höhere Spannung um (auf Kosten des Stroms), während ein Abwärtstransformator eine hohe Spannung in eine niedrigere Spannung umwandelt (aber zusätzlichen Strom liefern kann).

Technisch gesehen handelt es sich bei Gleichstromkreisen in der Regel um **Gleichstrom-Gleichstrom-Wandler** oder **Aufwärtswandler** und nicht um Transformatoren, aber es gelten dieselben Regeln: Die Gesamtwattzahl der abgegebenen Leistung kann nicht erhöht werden, aber die Spannung kann auf Kosten des Stroms bzw. auf dessen Kosten nach oben oder unten gewandelt werden.[2]

Wenn ich also eine Quelle mit 12 V und 2 A hätte, dann hätte ich 12 * 2 = 24 W. Es wäre also möglich, dies in 24 V umzuwandeln, aber ich würde nur 1 A Strom erhalten (24 * 1 = 24 W). Ich könnte jedoch die Spannung verringern, um mehr Strom zu erhalten. Wenn ich 4 A bräuchte, könnte ich die Spannung auf 6 V verringern.

Denken Sie auch daran, dass bei diesen Umwandlungen immer auch ein gewisser Leistungsverlust entsteht, aber diese Berechnungen geben Ihnen Aufschluss über die maximalen Möglichkeiten. Die tatsächlichen Mechanismen, die diese Geräte zur Leistungsumwandlung verwenden, liegen außerhalb des Rahmens dieses Buches.

10.6 Verstärkung von Signalen mit geringer Leistung

Viele Geräte, insbesondere integrierte Schaltungen, können nur Signale mit geringem Stromverbrauch verarbeiten und erzeugen. Mikrocontroller (wie der ATmega328/P) haben Grenzen, wie viel Strom sie senden oder empfangen können. Der ATmega328/P kann nur bis zu 40 mA pro Pin und nur etwa 200 mA insgesamt über alle Pins gleichzeitig liefern. Bei 5 V würden 40 mA ein Maximum von 0,2 W ergeben. Wenn Sie also ein Gerät einschalten wollen, das mehr Leistung benötigt, müssen Sie Ihr Signal **verstärken**.

Wie wir bereits besprochen haben, können Sie nicht einfach mehr Leistung aus dem Nichts erschaffen. Statt zu versuchen, Leistung zu *erzeugen*, können Sie Leistung *kontrollieren*. Wir werden ab Kap. 24 mehrere spezifische Techniken dazu besprechen, aber der Grundgedanke ist, dass man ein Signal verstärken kann, indem man ein kleines Signal verwendet, um ein größeres zu steuern.

Denken Sie an Ihr Auto. Sie steuern Ihr Auto, indem Sie ein Signal mit geringer Leistung, z. B. das Gaspedal, verwenden, um ein Signal mit hoher Leistung, z. B. den Motor, zu steuern. Mein Fuß treibt das Auto nicht direkt an. Mein Fuß nutzt lediglich die Pedale, um einer anderen Energiequelle – dem Motor – mitzuteilen, wie viel Energie er bewegen soll. Mein Fuß interagiert eigentlich gar nicht direkt mit dem Motor, sondern dient nur als Ventil, um die im Benzintank und im Motor verfügbare Energie freizusetzen oder nicht freizusetzen.

---

[2] Nebenbei bemerkt: Wenn Sie versuchen würden, einen normalen Wechselstromtransformator an ein Gleichstromnetzteil anzuschließen, würde dieser überhaupt keinen Strom liefern – Gleichstromwandler funktionieren nach ganz anderen Prinzipien als Wechselstromtransformatoren.

Da die Ausgangssignale der Mikrocontroller wenig Strom verbrauchen, werden wir diese Signale nicht direkt verwenden, sondern zur Steuerung größerer Stromquellen einsetzen. Zu den Geräten, die dies tun können, gehören Relais, Optokoppler, Transistoren, Operationsverstärker und Darlington-Arrays. Mehr zum Thema Verstärkung erfahren Sie ab Kap. 24.

10.7 Rückblick

In diesem Kapitel haben wir das Folgende gelernt:

1. Arbeit ist das, was passiert, wenn man etwas bewegt, und wird in Joule gemessen.

2. Energie ist die Fähigkeit, Arbeit zu verrichten, und wird ebenfalls in Joule gemessen.

3. Leistung ist die anhaltende Abgabe von Energie und wird in Joule pro Sekunde, auch Watt genannt, gemessen.

4. Leistung kann in verschiedene Formen umgewandelt werden.

5. Die Umwandlung von Energie in eine andere Form oder die Verwendung von Energie zur Verrichtung von Arbeit ist immer mit Ineffizienzen verbunden und diese Ineffizienzen führen zu Energieverlusten in Form von Wärme.

6. In der Elektronik wird die Leistung (in Watt) durch Multiplikation der Spannung mit dem Strom berechnet ($P = V * I$). Sie kann auch als $P = I2 * R$ oder $P = V2/R$ berechnet werden.

7. Um den Stromverbrauch eines einzelnen Bauteils zu berechnen, verwenden Sie den Spannungsabfall *dieses Bauteils* und multiplizieren ihn mit dem Strom, der durch sie fließt (gemessen in Ampere, nicht in Milliampere).

8. Die meisten Bauteile haben eine Höchstleistung, die sie gefahrlos verbrauchen oder ableiten können. Stellen Sie sicher, dass Sie Ihre Schaltkreise so gestalten, dass Ihre Bauteile unter diesem Grenzwert bleiben.

9. Einige Bauteile können zusätzliche Verlustleistung aufnehmen, indem sie einen Kühlkörper hinzufügen, der die überschüssige Wärme effektiver an die Luft ableitet.

10. Energie kann in andere Arten von Energie (mechanisch, chemisch usw.) umgewandelt werden, kann aber nie über die ursprüngliche Energiemenge hinausgehen.

11. Elektrische Leistung kann auch in verschiedene Kombinationen von Spannung und Stromstärke umgewandelt werden, solange die Gesamtleistung gleich bleibt.

12. Bauteile, die diese Umwandlung vornehmen, werden bei Wechselstrom als Transformatoren und bei Gleichstrom als DC-DC-Wandler bezeichnet.

13. Da Energie nicht erzeugt werden kann, werden Signale verstärkt, indem ein kleines Energiesignal zur Steuerung einer größeren Energiequelle verwendet wird.

10.8 Anwenden, was Sie gelernt haben

1. Wenn ich 50 J Energie habe, was ist die maximale Arbeit, die ich mit dieser Energiemenge verrichten kann?

2. Wenn ich jede Sekunde 10 J Energie verbrauche, wie viele Watt verbrauche ich dann?

3. Wenn ich 30 W mechanische Leistung mit einem Wirkungsgrad von 50 % in elektrische Leistung umwandle, wie viele Watt elektrische Leistung werden dann geliefert?

4. Wenn ich einen Stromkreis habe, der von einer 9-V-Batterie gespeist wird und 0,125 A verbraucht, wie viel Watt verbraucht dieser Stromkreis dann?

5. Wenn ein Widerstand einen Spannungsabfall von 2 V bei einem Strom von 0,03 A hat, wie viel Leistung wird dann vom Widerstand abgeleitet?

6. Wenn ein Widerstand einen Spannungsabfall von 3 V bei einem Strom von 12 mA hat, wie viel Energie wird dann von dem Widerstand abgeleitet?

7. Wenn ein 700-Ω-Widerstand einen Spannungsabfall von 5 V hat, wie viel Leistung wird dann von dem Widerstand abgeleitet?

8. Wenn ein 500-Ω-Widerstand von 20 mA durchflossen wird, wie viel Leistung wird dann vom Widerstand abgeleitet? Wenn der Widerstand für 1/8 W ausgelegt ist, liegt er dann innerhalb der Nennleistung?

9. Berechnen Sie in der folgenden Schaltung den Spannungsabfall, den Strom und die Verlustleistung aller Bauteile (außer der Batterie). Wenn die Widerstände alle für 1/8 W ausgelegt sind, ist dann einer der Widerstände außerhalb der Spezifikation?

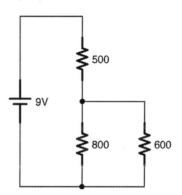

Integrierte Schaltungen und Wider- standssensoren

Bisher haben wir uns mit einfachen, grundlegenden Bauteilen beschäftigt – Batterien, Widerstände, Dioden usw. In diesem Kapitel werden wir uns mit **integrierten Schaltkreisen**, auch **Chips**, **Mikrochips** oder **ICs** genannt, befassen. Ein IC ist ein miniaturisierter Schaltkreis auf Siliziumbasis. Es handelt sich um eine ganze Sammlung von Teilen, die auf eine bestimmte Funktion ausgerichtet sind. Diese Funktionen können klein sein, wie der Vergleich von Spannungen oder die Verstärkung von Spannungen, oder sie können komplex sein, wie die Verarbeitung von Videos oder sogar kompletten Computern. Ein einziger Chip kann nur einige wenige Bauteile enthalten, aber auch Milliarden von ihnen.

Miniaturisierte Schaltkreise haben mehrere Vorteile: Sie sind billiger in der Massenproduktion, verbrauchen weniger Strom und nehmen weniger Platz im gesamten Schaltkreis ein, weil sie eine kleinere Fläche haben und weniger Materialien verwenden. Diese miniaturisierten Schaltkreise haben die Computerrevolution des letzten Jahrhunderts erst möglich gemacht.

11.1   Die Teile einer integrierten Schaltung

Wie wir bereits festgestellt haben, handelt es sich bei integrierten Schaltkreisen im Grunde um miniaturisierte Schaltkreise, die auf einer Siliziumplatte, dem sog. Chip, untergebracht sind. Dieser Chip ist der Ort, an dem alle Funktionen der integrierten Schaltung ablaufen.

Der Chip wird dann in ein **Gehäuse** eingesetzt, das den Schaltungsentwicklern Anschlusspunkte für die Verbindung mit dem IC bietet. Diese Anschlusspunkte werden oft als **Pins** oder **Pads** bezeichnet. Jeder Pin auf einem IC ist nummeriert, beginnend mit Pin 1 (wir werden Ihnen in Kürze zeigen, wie Sie Pin 1 finden können). Es ist wichtig zu wissen, welcher Pin welcher ist, denn die meisten Pins auf einem Chip haben ihren eigenen Zweck. Wenn Sie also einen Draht an den falschen Pin anschließen, funktioniert Ihre Schaltung nicht oder Sie zerstören den Chip. Die meisten Verpackungen sind mit dem Hersteller und der Teilenummer des Chips gekennzeichnet. Wäre dies nicht der Fall, wäre es fast unmöglich, einen Chip von einem anderen zu unterscheiden.

Es gibt viele verschiedene Arten von Verpackungen, aber es gibt zwei allgemeine Arten, die häufig anzutreffen sind:

- Through-Hole: Bei dieser Verpackungsart sind die Anschlusspunkte lange Stifte, die auf einem Breadboard verwendet werden können. Diese Verpackungsart ist am einfachsten für die Verwendung durch Laien.

- Oberflächenmontage: Bei dieser Gehäuseart sind die Anschlusspunkte kleine Pads, die auf eine Leiterplatte gelötet werden sollen. Diese Gehäuse sind viel kleiner (und daher preiswerter) und können leichter von automatisierten Systemen zum Aufbau fertiger Schaltungen verwendet werden. Sie werden auch als SMDs (Surface Mount Devices) oder SMT (Surface Mount Technology) bezeichnet.

Da wir in diesem Buch nur mit Breadboards arbeiten und keine Lötarbeiten durchführen, werden wir uns nur mit Durchsteckgehäusen beschäftigen.

Durchsteckgehäuse gibt es jedoch in verschiedenen Ausführungen. Die Hauptvariante, mit der wir uns beschäftigen werden, ist das sog. **Dual In-Line Package**, kurz **DIP**. Die Abb. 11-1 zeigt denselben Chip in SMD- und DIP-Konfigurationen.

Abb. 11-1. Vergleich desselben IC in SMD- (links) und DIP-Gehäusen (rechts). (Bildnachweis: Shutterstock/Youra Pechkin)

Ein integrierter Schaltkreis in einem DIP-Gehäuse hat zwei Reihen von Stiften, die aus dem Gehäuse herausragen. Bei den meisten Chips ist die Oberseite des Chips entweder mit einer Kerbe oder einer Vertiefung gekennzeichnet (wobei Pin 1 unmittelbar gegen den Uhrzeigersinn der Kerbe liegt) oder Pin 1 ist mit einer Vertiefung oder beidem gekennzeichnet. Die Abb. 11-2 zeigt, wie man die Kerbe benutzt, um Pin 1 zu finden. Die restlichen Pins sind gegen den Uhrzeigersinn um den Chip herum nummeriert.

Abb. 11-2. Pin 1 liegt unmittelbar gegen den Uhrzeigersinn der Kerbe. (Bildnachweis: Shutterstock/Cristian Storto)

Das Schöne an einem IC im DIP-Gehäuse ist, dass er perfekt auf die meisten Breadboards passt. Die Abb. 11-3 zeigt, wie Sie Ihren IC über die Brücke des Breadboards platzieren können und jeder Pin des Chips hat seine eigene Klemmleiste, an die er angeschlossen werden kann.

Abb. I I - 3 . Ein DIP-IC, das in ein Breadboard eingesetzt wird

Seien Sie jedoch vorsichtig beim Einsetzen von ICs in Breadboards. Die Abstände der Stifte eines ICs sind oft etwas breiter oder kürzer als die Brücke des Breadboards und die Stifte müssen vorsichtig eingesetzt werden. Wenn Sie den IC einfach in das Breadboard stecken, werden Sie wahrscheinlich versehentlich einen oder mehrere Stifte quetschen, die nicht genau auf die Bohrung ausgerichtet sind. Vergleichen Sie stattdessen die Abstände der Stifte mit den Brückenabständen auf Ihrem Breadboard. Wenn sie nicht übereinstimmen, biegen Sie die Stifte *vorsichtig* mit den Fingern oder einer Zange, damit sie übereinstimmen. Normalerweise handelt es sich nur um einen sehr kleinen Betrag, aber wenn Sie nicht aufpassen, können Sie Ihr IC leicht beschädigen.

Normalerweise sind die ICs, die ich kaufe, nur wenig breit und ich drücke die Stifte auf jeder Seite leicht zwischen Daumen und Finger zusammen, bis sie nahe genug beieinanderliegen. Wie auch immer Sie die Stifte einstellen, stellen Sie sicher, dass sie auf einer Linie liegen, bevor Sie sie in ihre Anschlusspunkte auf dem Breadboard drücken. Bei größeren ICs müssen Sie möglicherweise auch den IC leicht hin- und her bewegen, während Sie ihn vorsichtig auf das Breadboard setzen.

I I.2   Der Spannungskomparator LM393

Es gibt Tausende und Abertausende von Chips, die eine schwindelerregende Vielzahl von Funktionen erfüllen. In diesem Kapitel werden wir uns auf einen sehr einfachen Chip konzentrieren – den Spannungskomparator LM393. Dieser Chip erfüllt eine einfache Aufgabe. Der LM393 vergleicht zwei Eingangsspannungen und gibt dann entweder ein Hochspannungssignal oder ein Niederspannungssignal aus, je nachdem, welche Eingangsspannung größer ist. Der LM393 ist eigentlich ein Doppelspannungskomparator, was bedeutet, dass er zwei separate Vergleiche auf demselben Chip durchführt. Wie die meisten Chips ist auch der LM393 ein *aktiver* Baustein, was bedeutet, dass er zusätzlich eine Spannungsquelle und eine Masseverbindung benötigt, um den Baustein mit Strom zu versorgen.

Die Abb. 11-4 zeigt die Anschlussbelegung (auch **Pinout** genannt) des LM393. Das erste, was man bei jeder Pinbelegung beachten sollte, ist, wo sich die Spannungs- und Masseanschlüsse befinden. In diesem Fall ist die Spannung als VCC und die Masse als GND gekennzeichnet. Obwohl der LM393 *zwei* Spannungskomparatoren auf dem Chip hat, teilen sich beide die Anschlüsse für Spannung (VCC) und Masse (GND). Die linke Seite des Chipdiagramms zeigt die Ein- und Ausgänge für den ersten Spannungskomparator (1IN+, 1IN- und 1OUT) und die Ein- und Ausgänge für den zweiten Spannungskomparator befinden sich auf der rechten Seite (2IN+, 2IN- und 2OUT). In Ihren Projekten können Sie denjenigen verwenden, der für Sie bequemer ist, oder sogar beide gleichzeitig, wenn Sie mehr als eine Spannungsvergleichsaufgabe haben.

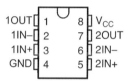

Abb. 11-4. Die Pinkonfiguration eines LM393

An den 1IN+-Pin (Pin 3) und den 1IN--Pin werden also die beiden Spannungen angelegt, die vom ersten Komparator verglichen werden. 1OUT ist der Pin, an dem die Ausgabe erfolgt. Wenn die Spannung an 1IN+ kleiner ist als die Spannung an 1IN-, liegt am Ausgangspin eine niedrige Spannung an (d. h. nahe null/Masse). Wenn die Spannung an 1IN+ größer ist als die Spannung an 1IN-, *leitet* der Ausgangsstift *überhaupt nicht*, aber dies wird als „hoher" (positiver) Spannungszustand betrachtet. Das hört sich kontraintuitiv an, aber wie wir sehen werden, können wir so unsere eigene Ausgangsspannung nach Belieben einstellen, ohne zu viel Komplexität zu verursachen. Diese Konfiguration, bei der die Hochspannungsausgänge nicht leiten, wird als Open-Collector-Konfiguration bezeichnet. Machen Sie sich keine Sorgen, wenn dies etwas verwirrend ist, wir werden es später in diesem Kapitel noch genauer besprechen.

SPANNUNGSQUELLEN AUF INTEGRIERTEN SCHALTUNGEN

Beachten Sie, dass die Spannungspins auf integrierten Schaltungen auf unterschiedliche Weise gekennzeichnet sein können. Die positive Spannungsquelle wird oft als *VCC*, *VDD* oder *V+* bezeichnet. Der Masseanschluss wird oft als *GND*, *VEE*, *VSS* oder *V-* bezeichnet. Es gibt noch weitere Bezeichnungen für diese Anschlüsse. Die Suche nach den positiven und geerdeten Anschlüssen eines ICs sollte immer das Erste sein, was Sie mit ihm tun.

11.3   Die Bedeutung und die Probleme von Datenblättern

Zu jedem IC (und in der Regel auch zu jedem anderen Bauteil) gibt es ein **Datenblatt** des Herstellers, in dem Sie wichtige Informationen darüber finden, wie Sie den Chip in Ihrer Schaltung verwenden sollten. Das Lesen von Datenblättern ist meiner Meinung nach einer der schlimmsten Aspekte der Elektronik. Für mich enthalten die Datenblätter selten die Informationen, die ich eigentlich suche, in einer leicht zu findenden Form.

In den meisten Datenblättern wird davon ausgegangen, dass Sie bereits wissen, wie das Gerät zu verwenden ist, und die Datenblätter dienen lediglich dazu, zusätzliche Details über die Einschränkungen des Geräts zu liefern. Wenn man sich z. B. das Datenblatt des LM393 von Texas Instruments ansieht, wird die tatsächliche Funktionsweise des Geräts erst auf Seite 11 aufgeführt, und dort ist sie in einem Unterabschnitt fast wie eine Randnotiz versteckt.

Diese Datenblätter werden *von* Leuten geschrieben, die viel Zeit damit verbracht haben, Elektroingenieure zu sein, und sie werden *für* Leute geschrieben, die viel Zeit damit verbracht haben, Elektroingenieure zu sein, sodass für die Normalsterblichen, die die Datenblätter lesen, die wichtigen Teile oft in unverständliches Kauderwelsch gehüllt sind. Zum Beispiel wird die Tatsache, dass der „große" Ausgangszustand des Geräts nicht leitet, nirgendwo im Datenblatt ausdrücklich erwähnt. Stattdessen wird es durch die Konfiguration impliziert.

Der Grund dafür ist, dass die Datenblätter in der Regel von Fachleuten gelesen werden, die mit dem Gerätetyp vertraut sind und nur die elektrischen Details kennen müssen, damit sie das Gerät nicht versehentlich über die Sollbruchstelle hinaus verbiegen. Daher verbringen die Datenblätter oft mehr Zeit damit, das Layout der Schaltung auf dem Chip und die Diagramme der verschiedenen Chipeigenschaften zu zeigen und zu beschreiben, und dann bleibt es Ihnen überlassen, zu interpretieren, was das für Ihre Schaltung bedeutet. Für fortgeschrittene Schaltungsentwickler ist das großartig. Für Studenten und Bastler ist dies jedoch oft eher frustrierend als hilfreich.

Allerdings enthalten die Datenblätter oft einige grundlegende Informationen, die für jeden hilfreich sind. Sie sagen Ihnen oft

- was jeder Stift bewirkt,

- wie hoch der Energiebedarf ist,

- was die äußeren Grenzen der Funktionsweise des Chips sind und

- eine Beispielschaltung, die Sie mit dem Gerät aufbauen können.

Aus all diesen Gründen enthält Anhang E vereinfachte Datenblätter für eine Reihe gängiger Geräte, die leichter zu lesen sind als die Standarddatenblätter.

Für den LM393 sind die folgenden Punkte wichtig:

1. Die Eingangsspannung an V_{CC} kann zwischen 2 und 36 V liegen.

2. Bei der Spannungsmessung zieht der LM393 keinen (oder zumindest nur wenig) Strom, sodass es keine parallelen Widerstände gibt, um die wir uns kümmern müssen.

3. Der Ausgang ist groß, wenn IN+ größer als IN- ist, und niedrig (d. h. nahe der Masse), wenn IN+ kleiner als IN- ist, mit einem Fehlerbereich von etwa 2 mV.

4. Wenn der Ausgang niedrig ist, bedeutet dies, dass der Ausgangsstift Strom in sich selbst leitet (da er auf Masse liegt, fließt natürlich positive Ladung in ihn hinein), aber wenn mehr als 6 mA in ihn fließen, wird er zerstört, also muss man sicher sein, dass man die maximale Strommenge kennt, die durch den Stift fließen kann, wenn er auf Masse liegt.

5. Wenn der Ausgang hoch ist, bedeutet dies, dass der Ausgang keinen Strom leitet, sondern sich so verhält, als wäre er abgeschaltet. Wie wir sehen werden, können wir auf diese Weise unseren eigenen „hohen" Spannungspegel liefern.

Das soll nicht heißen, dass die Datenblätter nicht wichtig sind, aber für einen Anfänger sind die Datenblätter in der Regel nicht das, was man braucht, um loszulegen.

11.4 Eine einfache Schaltung mit dem LM393

In diesem Abschnitt werde ich eine einfache Schaltung mit dem LM393-Chip zeigen. Dabei werden wir einige der Widerstandsschaltungen verwenden, die wir in Kap. 9 gelernt haben.

Die Schaltung, die wir besprechen, ist in Abb. 11-5 dargestellt. Können Sie die Muster der Widerstandsschaltungen erkennen? Nehmen Sie sich eine Minute Zeit und schauen Sie, ob Sie welche finden können. Beachten Sie, dass der Draht, der aus 1IN- kommt, zwei Drähte kreuzt, mit denen er *nicht* verbunden ist.

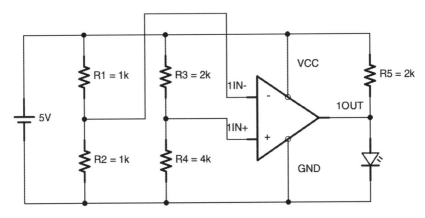

Abb. 11-5. Eine einfache Komparatorschaltung

Als Erstes fällt auf, dass wir *zwei* Spannungsteiler haben. Der erste Spannungsteiler befindet sich zwischen R1 und R2. Da R1 und R2 den gleichen Widerstand haben und sowohl an 5 V als auch an 0 V angeschlossen sind, bedeutet dies, dass sie die Spannung halbieren, was einen Ausgang von 2,5 V ergibt. Der zweite Spannungsteiler befindet sich zwischen R3 und R4. Da R3 die Hälfte des Widerstands von R4 ist, verbraucht er nur halb so viel Spannung wie R4. Da R3 also 1,7 V und R4 3,3 V verbraucht, liegen an der Leitung, die aus der Mitte kommt, 3,3 V an.

Auf der rechten Seite der Schaltung sehen Sie, dass wir einen Strombegrenzungswiderstand vor der LED haben. Das ist aber nicht seine einzige Funktion. Er fungiert auch, wie wir gleich sehen werden, als Pull-up-Widerstand.

Was ist also das große Dreieck? Komparatoren (und einige andere Schaltungen, die üblicherweise auf ICs platziert sind) werden im Schaltplan als Dreiecke dargestellt (wir hätten auch den Chip selbst dort platzieren können). Jeder der Anschlüsse ist mit der gleichen Beschriftung versehen wie im Anschlussplan in Abb. 11-4, damit sie leicht zu finden sind.

Die Funktionsweise der Schaltung ist sehr einfach. Die an 1IN+ ankommende Spannung beträgt 3,3 V und die an 1IN- ankommende Spannung beträgt 2,5 V. Da 1IN+ größer ist als 1IN-, wird 1OUT auf groß (positive Spannung) geschaltet. Es sei jedoch daran erinnert, dass wir gesagt haben, dass 1OUT *nicht leitet*, wenn es groß ist. Er verhält sich wie ein offener Schalter. Daher wirkt R5 wie ein Pull-up-Widerstand und liefert die positive Spannung für unsere LED, um sie einzuschalten.

Nehmen wir nun an, die Eingangsspannungen wären vertauscht. Was würde dann passieren? Wenn 1IN- größer ist als 1IN+, dann geht 1OUT auf niedrig (0 V) und leitet ebenfalls. Es verhält sich dann wie ein geschlossener Schalter, der auf Masse geht.

Daher wird der Strom den einfachsten Weg nehmen – er wird durch 1OUT (direkt zur Masse) anstatt durch die LED (1,8 V oder mehr) fließen, wodurch die LED nicht mit Strom versorgt und ausgeschaltet wird. Dies funktioniert genau wie der Schalter in der Schaltung in Kap. 9, Abschn. 9.4. Wenn 1OUT niedrig ist, verhält er sich wie ein geschlossener Schalter gegen Masse und wirkt als Senke für den gesamten Strom an diesem Punkt der Schaltung. Wenn 1OUT groß ist, wirkt er wie ein offener Schalter, und jede Spannung/Stromstärke, die Sie an diesem Punkt bereitstellen, darf weiterfließen.

Der Widerstand R5 erfüllt mehrere Aufgaben. Die erste Aufgabe besteht darin, als Pull-up-Widerstand zu fungieren, wie wir gerade beschrieben haben. Denken Sie daran, dass ein Pull-up-Widerstand verhindert, dass die Last gegen Masse zu hoch wird, wenn der Schalter geschlossen ist. Ohne den Pull-up-Widerstand hätten wir bei geschlossenem Schalter (1OUT geht auf Low) einen Kurzschluss zwischen der Spannungsquelle und Masse. Dies würde nicht nur eine große Menge Strom verschwenden, sondern auch den LM393 zerstören, da er nur maximal 6 mA Strom aufnehmen kann. Mit einem 2-kΩ-Widerstand begrenzen wir den Strom für den geschlossenen Schalter auf $I = V/R = $ 5 V/2000 Ω = 0,0025 A = 2,5 mA.

Wenn der Schalter geöffnet ist, fließt der Strom durch den Widerstand zur LED, und der Widerstand wirkt dann als Strombegrenzungswiderstand für die LED. Die Strommenge zur LED wird berechnet als $I = V/R = $ (5 – 1,8) V/2000 Ω = 3,2 Ω/2000 Ω = 0,0016 A = 1,6 mA.

11.5 Resistive Sensoren und Spannungen

Eine der praktischeren Anwendungen der Spannungskomparatorschaltung ist die Messung der Werte von Sensoren, die als variable Widerstände fungieren. Viele verschiedene Materialien in der Welt fungieren als Widerstände. Das Interessante daran ist, dass viele dieser Materialien *ihren Widerstand in Abhängigkeit von äußeren Faktoren ändern*. Einige von ihnen ändern ihren Widerstand in Abhängigkeit von Temperatur, Druck, Licht, Feuchtigkeit und einer Reihe anderer Umweltfaktoren.

Die Änderung des Widerstands allein sagt uns nicht viel. Wenn wir einen Widerstand zwischen eine Spannungsquelle und Masse setzen, wird er diese Spannungsquelle immer aufzehren. Wenn man ihn jedoch zusammen mit einem festen Widerstand verwendet, um einen Spannungsteiler zu bilden, kann man die Ausgangsspannung in Abhängigkeit von den Widerstandsänderungen variieren.

Die Abb. 11-6 veranschaulicht dieses Prinzip. Es handelt sich um einen einfachen Spannungsteiler, bei dem der obere Widerstand ein Fotowiderstand ist (ein Widerstand, der sich je nach Lichteinfall ändert) und der untere Widerstand einen festen Widerstand hat. Wenn sich also das Licht ändert,

ändert sich auch der obere Widerstand. Dadurch ändert sich das Verhältnis zwischen dem oberen und dem unteren Widerstand, was sich auf die Ausgangsspannung auswirkt.

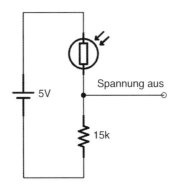

Abb. I I - 6 . Eine einfache Widerstandssensorschaltung

Um diese Schaltung zu verwenden, müssen Sie die Widerstände Ihres Fotowiderstands unter den verschiedenen Bedingungen kennen, an denen Sie interessiert sind. Ich verwende in der Regel den GL5528, der von 10 kΩ bei hellem Licht bis I MΩ bei völliger Dunkelheit reicht. Je nach Ihrem spezifischen Fotowiderstand und den Lichtverhältnissen, die Sie als „hell" und „dunkel" bezeichnen, werden die für Sie relevanten Widerstandswerte für hell und dunkel unterschiedlich sein. Unabhängig davon, welchen Fotowiderstand Sie verwenden, lohnt es sich also, den Widerstand mit Ihrem Multimeter unter den verschiedenen Bedingungen zu messen, die Sie als hell und dunkel betrachten.

11.6   Erkennen und Reagieren auf Dunkelheit

Bislang haben wir uns in diesem Buch ausschließlich auf Beispielschaltungen konzentriert, die nicht wirklich etwas taten. Sie leuchteten, sie hatten Spannung und Strom, aber es gab nicht viel Interessantes, was sie taten. Aber jetzt haben wir endlich genug Wissen, um Schaltungen zu bauen, die etwas *tun*.

Wir haben

1. eine Möglichkeit, eine feste Spannung zu erzeugen (unter Verwendung eines Spannungsteilers),

2. eine Möglichkeit zur Erzeugung von Widerständen aus realen Ereignissen (Fotowiderstände und andere Widerstandssensoren),

3. eine Möglichkeit, Widerstandsänderungen in Spannungsänderungen umzuwandeln (unter Verwendung eines
   Spannungsteilers mit einem Festwiderstand),

4. eine Möglichkeit, unsere schwankende Spannung mit
   unserer festen Spannung zu vergleichen (unter Verwendung des LM393-Komparators),

5. eine Möglichkeit, das Ausgangssignal des LM393 für die
   Arbeit zu nutzen (unter Verwendung des Pull-up-Wider-
   stands und der LED).

Es gibt eine Menge Teile, um diese einfache Schaltung zusammenzusetzen,
weshalb es so lange gedauert hat, etwas Sinnvolles zu tun. Wenn Sie jedoch
alles aufmerksam verfolgt haben, sollten Sie jetzt, wo Sie an dieser Stelle sind,
in der Lage sein zu sehen, wie das alles zusammenpasst.

Wir nehmen die in Abb. 11-5 gezeigte Schaltung und ändern R4 so ab, dass er
unser Fotowiderstand ist und R3 ein Festwiderstand. Bei meinen eigenen
Tests habe ich festgestellt, dass der Hell-Dunkel-Umschaltpunkt für meinen
Fotowiderstand bei etwa 15 kΩ liegt. Daher werde ich einen 15-kΩ-
Widerstand als Festwiderstand für R3 verwenden. Je nachdem, wie Sie mit
Ihrem Fotowiderstand experimentieren, müssen Sie möglicherweise andere
Werte wählen.

Wenn es im Raum hell ist, hat der Fotowiderstand einen geringeren
Widerstand als 15 kΩ, wodurch der Festwiderstand R3 einen größeren Teil
der Spannung verbraucht. Die Spannung am Teiler wird also weniger als 2,5 V
betragen, wodurch 1OUT auf niedrig geschaltet wird (wodurch der Schalter
geschlossen wird und am Ausgang ein Pfad zur Masse entsteht, bevor er die
LED erreicht, und die LED wird ausgeschaltet).

Bei schlechten Lichtverhältnissen springt der Widerstand weit über den
Widerstand des Festwiderstandes hinaus. Wenn der obere Festwiderstand
einen geringeren Widerstand als der untere Widerstand hat, ist die Spannung
am Teiler größer als 2,5 V, wodurch der Komparator aktiviert wird und 1OUT
auf groß geschaltet wird (d. h., der Schalter wird geöffnet und Strom fließt
durch die LED).

Die endgültige Schaltung ist in Abb. 11-7 dargestellt. In Abb. 11-8 sehen Sie
eine Möglichkeit, die Schaltung auf dem Breadboard anzuordnen.

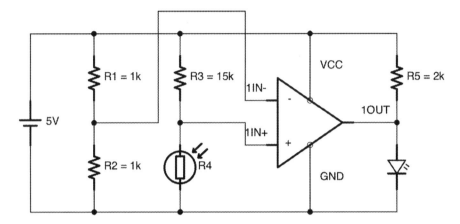

Abb. I I - 7. Schema des Dunkelheitssensors

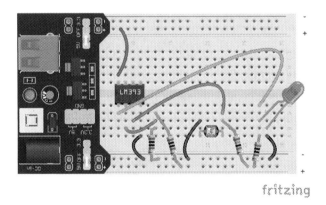

Abb. I I - 8. Dunkelheitssensor-Breadboard-Layout

11.7 Quellen und Senken

Zwei Begriffe, die im Zusammenhang mit Schaltkreisen häufig auftauchen, sind die Konzepte einer **Stromquelle** und einer **Stromsenke**. Eine Stromquelle ist eine Bauteil, dessen Pins Strom an andere Teile des Schaltkreises liefern können. Eine Senke ist eine Bauteil, deren Pins Strom von anderen Teilen der Schaltung abziehen können.

Die Eingangsstifte des LM393 sind weder Stromquellen noch Stromsenken (zumindest keine nennenswerte Menge). Die Eingangsstifte erfassen mehr oder weniger nur die Spannung, ohne einen messbaren Strom zu ziehen. Daher sind sie weder Stromquellen noch Stromsenken. Technisch gesehen sinken sie wahrscheinlich ein paar Nanoampere (Milliardstel eines Ampere), aber nicht annähernd genug, um unsere Schaltungsanalyse zu beeinflussen.

Der Ausgangsstift, auch wenn er als *Ausgang* bezeichnet wird, ist keine Stromquelle. Stattdessen fungiert er entweder als Senke (wenn er niedrig ist) oder als unterbrochener Stromkreis (wenn er hoch ist). Dies ist ein sog. Open-Collector-Ausgang.

Wenn ein IC Stromquellen oder -senken hat, sollten Sie unbedingt in den Datenblättern nachlesen, wie hoch die maximale Stromstärke ist, die er liefern oder senken kann. In der Regel handelt es sich dabei um Größen, die *Sie* begrenzen müssen – sie geben lediglich an, an welchem Punkt der Stromkreis physisch zusammenbrechen wird. Daher müssen Sie die Ströme mit Widerständen begrenzen, um sicherzustellen, dass sie innerhalb der Grenzwerte liegen.

Beachten Sie jedoch, dass viele (aber beileibe nicht alle) ICs keinen Strom liefern, sondern offene Kollektoren für ihre Ausgangsoperationen verwenden. Dies hat den Nachteil, dass Sie eine eigene Spannung und einen eigenen Pull-up-Widerstand an den Ausgangspin anlegen müssen, hat aber auch den Vorteil, dass der Ausgang auf den *von Ihnen gewählten Spannungspegel* eingestellt ist. Mit anderen Worten: Sie brauchen keinen neuen Komparator-IC zu wählen, um eine andere Ausgangsspannung zu erhalten.

11.8 Rückblick

In diesem Kapitel haben wir das Folgende gelernt:

1. Integrierte Schaltungen (auch ICs oder Chips genannt) sind miniaturisierte Schaltungen, die in einem einzigen Chip verpackt sind und zu anderen Schaltungen hinzugefügt werden können.

2. ICs können je nach Funktion einige wenige oder mehrere Milliarden Bauteile enthalten.

3. Für ICs gibt es verschiedene Arten von Gehäusen, z. B. für die Durchsteckmontage (optimiert für Breadboards) und die Oberflächenmontage (optimiert für das Löten und die maschinelle Bestückung).

4. Dual-In-Line-Packages (DIPs) sind der am häufigsten verwendete Durchsteckgehäusetyp für Studenten, Bastler und Prototypenbauer.

5. DIP-Chips sollten so auf dem Breadboard platziert werden, dass die Brücke überbrückt wird und dass jeder IC-Pin an eine eigene Klemmleiste angeschlossen ist.

6. Bei den meisten Chips befindet sich Pin I direkt gegen den Uhrzeigersinn der Kerbe im Chip und die übrigen Pins sind gegen den Uhrzeigersinn nummeriert.

7. Die meisten ICs sind aktive Bauelemente, d. h., sie haben zusätzlich zu ihren normalen Eingangs- und Ausgangsstiften eine direkte Verbindung zu einer Stromversorgung und Masse.

8. Ein IC-Datenblatt ist ein Dokument, das über die elektrischen Eigenschaften eines ICs informiert. Die meisten von ihnen sind jedoch schwer zu lesen und setzen voraus, dass Sie mit dem Bauteil bereits vertraut sind. Sie sind jedoch sehr nützlich, um eine Pinbelegung für den Chip zu erhalten und die maximalen Nennwerte für Spannungen und Ströme anzugeben.

9. Der LM393 ist ein Doppelspannungskomparator-IC – er vergleicht zwei Spannungen und ändert seinen Ausgang, je nachdem, welche Spannung größer ist.

10. Die Eingänge des LM393 verbrauchen bei der Erfassung der Eingangsspannungen keinen nennenswerten Strom.

11. Die Ausgänge des LM393 sind offene Kollektoren, was bedeutet, dass sie wie ein Schalter gegen Masse wirken. Wenn der Ausgang „niedrig" ist, wirkt der Stift wie ein geschlossener Schalter gegen Masse. Wenn der Ausgang „groß" ist, wirkt der Stift wie ein unterbrochener Stromkreis.

12. Da der LM393 im großen Zustand wie ein unterbrochener Stromkreis funktioniert, ist eine Pull-up-Widerstandsschaltung erforderlich, um eine Ausgangsspannung zu erhalten.

13. Viele Sensoren basieren auf der Tatsache, dass sich der Widerstand vieler Materialien in Abhängigkeit von Umgebungsfaktoren ändert. Der Sensor fungiert also als variabler Widerstand, wobei der Widerstand Aufschluss über die Umgebung gibt.

14. Ein Widerstandssensor kann mit einem Festwiderstand verwendet werden, um einen variablen Spannungsteiler zu bilden, der im Wesentlichen den Widerstand in eine Spannung umwandelt, die dann erfasst werden kann.

15. Indem wir den sensorgestützten ohmschen Spannungsteiler mit einer festen Referenz vergleichen, können wir den Komparator LM393 verwenden, um einen Ausgang auszulösen, wenn der Sensor einen bestimmten Widerstandsschwellenwert überschreitet.

11.9 Anwenden, was Sie gelernt haben

1. Berechnen Sie die Stromstärke, die durch jedes Element der Schaltung in Abb. 11-5 fließt. Sie können davon ausgehen, dass der LM393 etwa 1 mA für seinen eigenen (internen) Betrieb verbraucht und dass die LED eine rote, 1,8 V starke LED ist. Wie hoch ist der Gesamtstrom, der durch die Schaltung fließt?

2. Nehmen Sie die Schaltung in Abb. 11-5 und vertauschen Sie den Spannungsteiler, der an 1IN+ und 1IN- angeschlossen ist. Berechnen Sie nun den Gesamtstrom, der von dieser Schaltung verbraucht wird.

3. Der Spectra-Flex-Sensor ist ein resistiver Sensor, der seinen Widerstand ändert, wenn er gebogen wird. Wenn er gerade ist, hat er einen Widerstand von 10 kΩ. Wenn er gebogen ist, hat er Widerstände von 60 kΩ und mehr. Zeichnen Sie eine Schaltung, die eine LED einschaltet, wenn der Widerstand gebogen wird. Verwenden Sie ein Widerstandssymbol für den Flexsensor, aber bezeichnen Sie ihn als FLEX.

4. Bauen Sie die Schaltungen in den Abb. 11-7 und 11-8 auf.

5. Wenn Sie warten wollten, bis der Raum noch dunkler ist, bevor die LED aufleuchtet, wie würden Sie die Schaltung ändern?

Digitale Elektronik und Mikrocontroller

Verwendung von Logik-ICs

In Kap. 11 haben wir mit unserer ersten integrierten Schaltung, dem Spannungskomparator LM393, gearbeitet. In diesem Kapitel werden wir uns andere ICs ansehen und mehr darüber erfahren, wie sie benannt und in der Elektronik verwendet werden.

12.1 Logik-ICs

Eine der am einfachsten zu verwendenden Klassen von ICs sind die Logik-ICs. Ein Logik-IC ist ein Chip, der eine Grundfunktion der **digitalen Logik** implementiert. In der digitalen Logik wird elektrischen Spannungen die Bedeutung „wahr" oder „falsch" zugewiesen, wobei „falsch" normalerweise eine Spannung nahe null und „wahr" eine positive Spannung (oft zwischen 3 und 5 V) ist. Diese Werte werden auch mit einer Reihe von anderen Bezeichnungen bezeichnet – 1 (für wahr) und 0 (für falsch) oder HIGH (für

J. Bartlett, *Elektronik für Einsteiger*, https://doi.org/10.1007/978-3-662-66243-4_12

wahr) und LOW (für falsch).[1] Dann implementieren die digitalen Logik-ICs Logikfunktionen, die verschiedene Signale (in der Regel mit A und B bezeichnet) kombinieren und ein Ausgangssignal (in der Regel mit Y oder Q bezeichnet) erzeugen.

Zum Beispiel gibt die AND-Funktion einen „wahren" Wert (positive Spannung) aus, wenn beide Eingänge wahr sind, und andernfalls einen „falschen" Wert (Spannung nahe null). Mit anderen Worten: Wenn A *und* B wahr sind, ist Y wahr. Ein weiteres Beispiel: Die OR-Funktion gibt einen „wahren" Wert aus, wenn einer ihrer Eingänge wahr ist. Mit anderen Worten: Wenn A *oder* B wahr ist, ist Y wahr. Die Abb. 12-1 zeigt die gebräuchlichsten Arten von logischen Operationen und wie sie funktionieren.

---

[1] Sehr selten kehren einige ICs die Bedeutung der positiven und der Nullspannung um.

Betrieb	A	B	Y (Ausgang)
AND	falsch	falsch	falsch
AND	falsch	wahr	falsch
AND	wahr	falsch	falsch
AND	wahr	wahr	wahr
OR	falsch	falsch	falsch
OR	falsch	wahr	wahr
OR	wahr	falsch	wahr
OR	wahr	wahr	wahr
XOR	falsch	falsch	falsch
XOR	falsch	wahr	wahr
XOR	wahr	falsch	wahr
XOR	wahr	wahr	falsch
NOR	falsch	falsch	wahr
NOR	falsch	wahr	falsch
NOR	wahr	falsch	falsch
NOR	wahr	wahr	falsch
NAND	falsch	falsch	wahr
NAND	falsch	wahr	wahr
NAND	wahr	falsch	wahr
NAND	wahr	wahr	falsch
NOT	falsch	K.A.	wahr
NOT	wahr	K.A.	falsch

Abb. 12-1. Allgemeine logische Operationen

Wie wir gesehen haben, ergibt AND ein wahres Ergebnis, wenn sowohl A als auch B wahr sind, und OR ergibt ein wahres Ergebnis, wenn entweder A oder B wahr ist. Was sind nun die anderen? **XOR** ist eine *exklusive OR-Verknüpfung*, was bedeutet, dass sie genau wie OR funktioniert, aber ebenfalls falsch ist, wenn beide Eingaben wahr sind. **NOR** ist *nicht OR*, d. h. das genaue Gegenteil von OR. Ebenso ist **NAND** *nicht AND*, was bedeutet, dass es das genaue Gegenteil von AND ist. **NOT** schließlich hat nur einen Eingang und kehrt dessen Wert einfach um.

Jede digitale Logikfunktion, die in der Elektronik implementiert ist, wird als **Gatter** bezeichnet. Das Schöne am Aufbau von Schaltkreisen mit Logikgattern ist, dass man keine Mathematik verwenden muss, sondern Schaltkreise auf der Grundlage der normalen Sprache aufbauen kann.

Wenn Sie sagen: „Ich möchte, dass meine Schaltung ein Signal ausgibt, wenn sowohl die Taste 1 *als auch die* Taste 2 gedrückt werden", dann ist es offensichtlich, dass Sie ein AND-Gatter verwenden würden, um dies zu erreichen.

INVERTIERTE DER EIN- UND AUSGÄNGE

Manchmal wird ein Eingang oder ein Ausgang auf einem Chip mit einer Linie über dem Eingangs- oder Ausgangsnamen beschriftet. Das bedeutet, dass das Ergebnis (oder die Anforderung) das *Gegenteil* von dem ist, was Sie sonst erwarten würden. Wenn der Ausgang beispielsweise Y ist, dann bezieht sich $\overline{Y}$ auf den entgegengesetzten Wert von Y. Wenn also Y wahr ist, dann ist $\overline{Y}$ falsch.

Das Gleiche kann auch bei den Eingängen passieren. Einige Chips haben z. B. einen Reset-Pin, der den Chip zurücksetzt. Normalerweise würde man jedoch davon ausgehen, dass das „Signalisieren" eines Pins bedeutet, ihm eine Spannung zuzuführen. Manchmal würden die Chips es vorziehen, dass Sie den Reset signalisieren, indem Sie die Spannung auf einen niedrigen statt auf einen hohen Wert bringen. In diesen Fällen wird dies in der Regel durch einen Balken über dem Namen des Eingangsstifts gekennzeichnet, sodass der Reset-Stift mit $\overline{\text{RESET}}$ bezeichnet wird, um dieses Verhalten anzuzeigen.

Diese werden als **invertierte** Ein- und Ausgänge bezeichnet.

Die meisten Logikgatter sind in Chips implementiert, die mehrere (oft vier) Implementierungen desselben Gatters enthalten. Der CD4081-Chip ist z. B. ein Quad-NAND-Gatter-Chip. Die Pinbelegung für diesen Chip ist in Abb. 12-2 dargestellt. Man beachte, dass er einen Versorgungsspannungspin (Pin 14) sowie einen Massepin (Pin 7) hat, um alle Gatter auf dem Chip mit Strom zu versorgen. Jedes Logikgatter ist mit 1–4 nummeriert, und die Eingänge sind mit A und B und der Ausgang mit Y bezeichnet.

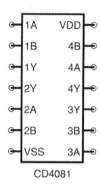

CD4081

Abb. 12-2. Die Pinbelegung eines CD4081-Chips

Um den Chip zu verwenden, wählt man eines der vier Gatter aus, die man verwenden will (es ist eigentlich egal, welches). Wenn wir Gatter 1 verwenden wollen, legen wir unsere Eingänge auf 1A und 1B und unser Ausgangssignal geht an 1Y. Beachten Sie, dass dieses Logikgatter im Gegensatz zu dem IC aus Kap. 11 einen stromversorgten Ausgang hat – es liefert tatsächlich Spannung und Strom, um ein (kleines) Ausgangssignal zu steuern.

Logikgatter sind so verdrahtet, dass sie relativ feste, vordefinierte Spannungen an ihren Eingängen erwarten und dieselben Spannungspegel ausgeben. Sie benötigen keine Strombegrenzungswiderstände für ihre Eingänge, da die Eingänge selbst in der Regel hochohmig sind (d. h. 1.000.000–10.000.000 Ω). Aufgrund des hohen Widerstandes an den Eingängen bedeutet dies auch, dass selbst ein Widerstand am Eingang die Eingangsspannung nicht wesentlich beeinflusst. Das bedeutet auch, dass der Strom, der in das Gatter fließt, im Wesentlichen ignoriert werden kann:

$$I = \frac{V}{R} = \frac{5}{10,000,000} = 0.0005 \text{ mA}.$$

Bei einigen Logikchips wird eine Eingangsspannung von etwa 3,3 oder 5 V erwartet, während sie bei anderen von der Versorgungsspannung abhängt. Bei fast allen ICs ist jedoch die Stromstärke begrenzt, die sie abgeben können, bevor sie durchbrennen. Je nach Chip liegt dieser Wert in der Regel zwischen 8 und 20 mA. Wenn Sie ein Logikgatter verwenden, um ein Gerät (z. B. eine LED) direkt mit Strom zu versorgen, benötigen Sie daher wahrscheinlich einen Strombegrenzungswiderstand, um den Ausgangsstrom unter diesen Grenzen zu halten.

Es gibt Logikchips mit Open-Collector-Ausgängen (wie der LM393 aus Kap. 11), aber sie sind seltener, weil sie schwieriger zu verwenden sind.

Nehmen wir an, wir wollen eine Schaltung bauen, die eine LED einschaltet, wenn zwei Tasten gleichzeitig gedrückt werden. Die Abb. 12-3 zeigt eine Schaltung, die dies bewerkstelligt. Sie hat zwei Taster, von denen einer mit 1A (Pin 1) und einer mit 1B (Pin 2) verbunden ist. Der Ausgang 1Y (Pin 3) geht dann an eine LED mit einem Strombegrenzungswiderstand. Sie fragen sich vielleicht, was die an den Tasten angebrachten Widerstände bewirken. Diese werden in Abschn. 12-3 „Pull-down-Widerstände" erklärt.

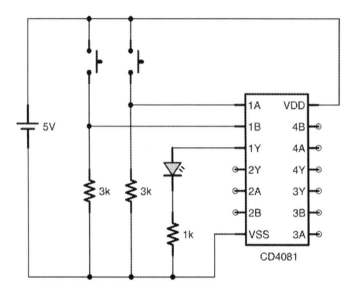

Abb. 1 2 - 3 . Beispiel für eine Schaltung mit einem AND-Gatter

Bei den meisten Logikchips empfehlen die Hersteller, dass nicht verwendete Eingänge (aber nicht Ausgänge!) mit Masse verbunden werden. Das macht den Chip effizienter im Stromverbrauch, aber für einfache Projekte wie dieses ist es nicht wirklich notwendig. Wenn Sie die ungenutzten Eingänge mit Masse verbinden möchten, ist dies ein besseres Schaltungsdesign.

Beachten Sie, dass die Schaltung eine 5-V-Quelle anzeigt. Der CD4081 ist zwar tolerant gegenüber einer Vielzahl von Eingangsspannungen und würde auch bei 9 V gut funktionieren, aber viele digitale Logikchips sind es nicht. Viele digitale Logikchips arbeiten mit vorgegebenen Spannungen, in der Regel entweder mit 5 oder 3,3 V. Daher werden wir uns einen Moment Zeit nehmen und uns ansehen, wie wir eine Eingangsquelle für eine bestimmte Spannung erhalten können.

12.2 Nutzung einer 5-V-Quelle

Bisher haben wir in diesem Buch einen eigenen Stromregler verwendet, um die Spannung auf der Platine zu regulieren. Glücklicherweise ist diese Spannung wählbar – mit den Jumpern auf der Platine können Sie zwischen 5 und 3,3 V wählen, also genau den Spannungen, die normalerweise benötigt werden.

Wenn wir jedoch nicht über solche ausgefallenen Regler verfügen, wie würden wir dann eine 5-V-Quelle erreichen? Hierfür gibt es mehrere Möglichkeiten, die alle von Ihren Anforderungen und/oder den Ihnen zur Verfügung stehenden Netzteilen abhängen.

Eine Möglichkeit ist der Bau einer einfachen 5-V-Spannungsversorgung mit dem Wissen, das Sie bereits haben. In Kap. 9 haben wir gezeigt, wie man einen Spannungsteiler baut, um die Spannung von einer größeren Spannungsquelle auf eine niedrigere herabzusetzen. Obwohl dies nicht ideal ist, kann es für einfache Testschaltungen gut funktionieren. Eine bessere Möglichkeit wäre der Bau des in Kap. 8 gezeigten Zener-Dioden-Spannungsreglers, wenn Sie eine 5-V-Zener-Diode zur Hand haben (allerdings müssen Sie bei der Berechnung der Ausgangsleistung vorsichtig sein, da diese Dioden sehr viel Strom verbrauchen können).

Eine bessere Möglichkeit ist die Verwendung eines Spannungsregler-ICs. Der LM7805 ist ein einfacher Spannungsregler, mit dem Sie eine Spannungsquelle im Bereich von 7 bis 24 V in eine 5-V-Spannungsquelle umwandeln können, und zwar mit einem relativ geringen Stromverlust. Er ist selbst ein IC, wenn auch in einem anderen Gehäuse als dem bisher bekannten, dem **TO-220-Gehäuse**. Wie das aussieht, sehen Sie in Abb. 12-4. Wenn Sie die Beschriftung auf dem Gehäuse lesen, befindet sich bei diesen Gehäusen Pin 1 (Eingangsspannung) auf der linken Seite, Pin 2 (Masse) in der Mitte und Pin 3 (Ausgangsspannung) auf der rechten Seite. Die Abb. 12-5 zeigt, wie dies in einem Schaltplan aussieht.

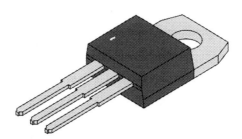

Abb. 12-4. Ein 7805-Spannungsregler in einem TO-220-Gehäuse

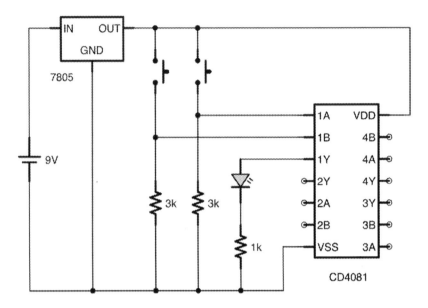

Abb. 12-5. Logikgatterschaltung mit einem Spannungsregler

Die Abb. 12-6 zeigt, wie Sie den LM7805-Regler auf Ihrem Breadboard befestigen. Stecken Sie den Regler zunächst so auf Ihr Breadboard, dass sich jeder Pin auf einer eigenen Klemmleiste befindet. Als Nächstes schließen Sie das Pluskabel der Batterie an die Klemmenleiste mit dem Pin 1 des Spannungsreglers und das Minuskabel der Batterie an die Minus-/Masse-stromschiene auf dem Breadboard an. Verbinden Sie dann den Pin 2 (Masse) des Spannungsreglers mit der Minus-/Massestromschiene. Verbinden Sie schließlich den Pin 3 (Ausgangsspannung) des Spannungsreglers mit der positiven Stromschiene.

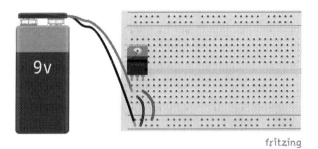

Abb. 12-6. Einfaches Befestigen des LM7805 auf dem Breadboard

Damit erhalten Sie eine 5-V-Versorgung ohne die gesamte Schaltung unseres früheren Leistungsreglers. Dies ist besonders hilfreich, wenn Sie einen ungewöhnlichen Strombedarf haben oder für Ihre Leistungsregelung nur ein Minimum an Platz benötigen.

Beachten Sie, dass einige LM7805 zu große Pins für Breadboards haben. Das ist bedauerlich, aber sie sind ziemlich selten. Solange Sie bei Firmen kaufen, die sich an Hobbybastler richten, werden Sie wahrscheinlich ein Bauteil erhalten, das gut mit Breadboards funktioniert.

Wir werden auf jeden Fall weiterhin unsere Leistungsregler verwenden, aber ich wollte darauf hinweisen, dass es andere Möglichkeiten gibt, Chips mit der richtigen Menge an Strom zu versorgen, die weniger Bauteile erfordern.

12.3 Pull-down-Widerstände

In Abb. 12-3 haben wir uns den Schaltplan für ein einfaches AND-Gatter angesehen. Wir haben festgestellt, dass jede Taste einen Widerstand hat, der sie mit Masse verbindet, aber wir haben nicht erwähnt, warum. In digitalen Logikschaltungen unterbrechen Knöpfe und einpolige Schalter, wenn sie offen sind, im Wesentlichen den Stromkreis. Da es sich bei den Eingängen um hochohmige Eingänge handelt (d. h., sie verbrauchen nur sehr wenig Strom), reicht eine einfache Unterbrechung der Eingangsschaltungen nicht immer aus, um sie abzuschalten! Stellen Sie sich das so vor: Wenn Sie den Stromkreis durch Drücken des Knopfes verbinden, wird der gesamte Draht positiv. Wenn Sie den Knopf loslassen, hat sich der Zustand des Drahtes nicht geändert. Irgendwann wird die positive Ladung durch das Gatter abfließen, aber da der Eingang so wenig Strom verbraucht, kann es eine Weile dauern, bis das passiert. Daher müssen wir einen anderen Weg für den Strom vorsehen, wenn der Knopf nicht gedrückt wird. Diese Widerstände werden Pull-down-Widerstände genannt, weil sie die Spannung gegen null ziehen, wenn der Schaltkreis nicht angeschlossen ist.

Der Widerstand ist sehr wichtig, denn er hält die Spannung hoch, wenn der Knopf angeschlossen ist, und begrenzt die Strommenge, die über den Widerstand abfließt. Wenn man den Taster ohne den Widerstand direkt an der Masse anschließen würde, dann würde das Drücken des Tasters die Spannung nicht erhöhen, da er immer noch direkt mit der Masse verbunden ist und daher bei 0 V bleiben würde. Der Widerstand sorgt dafür, dass die Spannung an den Eingängen hoch bleibt, wenn die Taste gedrückt wird, und abfließt, wenn die Taste losgelassen wird.

Kurz gesagt, ohne einen Pfad zur Masse könnte der Eingang hoch bleiben, wenn man die Taste loslässt. Außerdem würde ohne den Widerstand das

Drücken der Taste einen Kurzschluss verursachen. Daher ermöglicht ein Pull-down-Widerstand ein schnelles Abfließen der Spannung, wenn die Taste nicht gedrückt wird, verhindert aber auch Katastrophen und Stromverschwendung, wenn die Taste gedrückt wird.

Außerdem kann die statische Elektrizität in der Luft dazu führen, dass die tatsächliche Spannung am Gatter schwankt, wenn es nicht angeschlossen ist. Durch die physische Verbindung des Gatters mit der Masse über einen Widerstand wird sichergestellt, dass immer *ein* vollständiger Stromkreis vorhanden ist, der einen deterministischen Wert für die Spannung am Gatter liefert.

Der Wert eines Pull-down-Widerstands liegt normalerweise zwischen 1 und 10 kΩ. Bei mehr als 10 kΩ kann die eigentliche Funktion des Herunterziehens der Spannung auf null verlangsamt werden. Darüber hinaus ist es sogar möglich, dass bei einem Wert von mehr als 4 kΩ die eigentliche logische Funktion des Chips beeinträchtigt wird. Ein Widerstand unter 1 kΩ bedeutet jedoch, dass man nur Strom verschwendet.

Für jeden Tasteneingang einer digitalen Logikschaltung (bei der die Schaltung *physisch getrennt* ist, wenn der Eingang ausgeschaltet ist) ist ein Pull-down-Widerstand erforderlich, um sicherzustellen, dass der Eingang *tatsächlich auf* niedrig geht, wenn die Taste nicht mehr gedrückt wird oder der Schalter ausgeschaltet wird.

12.4   Kombinieren von Logikschaltungen

Logikchips, die mit der gleichen Spannung arbeiten, lassen sich sehr leicht miteinander kombinieren. Nehmen wir an, Sie hätten drei Tasten, die Sie überwachen wollten, und Sie wollten, dass das Licht angeht, wenn jemand entweder die Tasten 1 *und* 2 zusammen *oder die* Taste 3 (oder alle) drückt. Dazu bräuchten Sie ein AND-Gatter und ein OR-Gatter. Die Tasten 1 und 2 würden mit dem AND-Gatter verdrahtet und die Taste 3 würde über ein OR-Gatter mit dem Ausgang des AND-Gatters kombiniert werden.

Die Abb. 12-7 zeigt, wie dies aussieht. Da es so viele Spannungs-/Masseanschlüsse gibt, ist in der Abb. 12-7 keine explizite Batterie eingezeichnet; stattdessen zeigt sie einfach +5 V dort, wo sie mit der Spannungsquelle verbunden werden sollte, und ein Massesymbol dort, wo sie mit dem Minuspol der Batterie verbunden werden sollte. Wie Sie hier sehen können, gibt es zwei Logik-ICs – den CD4081 mit dem AND-Gatter und den CD4071 mit dem OR-Gatter. Der Ausgang des ersten AND-Gatters ist mit einem der Eingänge des OR-Gatters verdrahtet.

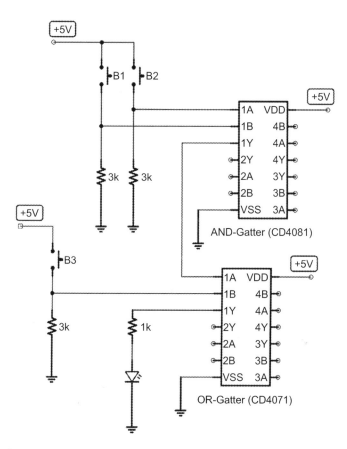

Abb. 12-7. Mehrere Logikgatter in einer Schaltung kombiniert

Dies funktioniert, weil diese Logikgatter im Gegensatz zum LM393 (siehe Kap. 11) tatsächlich auch Ausgangsspannung und -strom liefern. Da die Eingänge der Logikgatter hochohmig sind (sie verhalten sich so, als ob ein extrem großer Widerstand an den Eingang angeschlossen wäre), ist bei dieser Art der Kombination von Gattern kein Strombegrenzungswiderstand erforderlich.

Es ist in Ordnung, logische Schaltungen so zu zeichnen, wie wir es in Abb. 12-7 getan haben. Wenn die Logik jedoch komplexer wird, wird das Zeichnen aller Verbindungen zu Spannung und Masse ermüdend und der Versuch, alle Drähte an die richtige Stelle auf dem Chip zu bringen, kann auch unübersichtlich werden. Aus diesem Grund haben Ingenieure eine einfachere Methode zur Beschreibung von Logikgattern und Logikschaltungen in Schaltplänen entwickelt.

Anstatt den gesamten Chip auf einem Schaltplan darzustellen, werden die Ingenieure nur die Logikgatter selbst darstellen.

Da der gesamte Chip (und nicht die einzelnen Gatter) mit Strom versorgt wird, werden in einer solchen Zeichnung die Stromanschlüsse für die Gatter nicht dargestellt. Jede Art von Gatter wird standardisiert mit einer bestimmten Form dargestellt. Die Abb. 12-8 zeigt, wie diese Schaltungszeichnung aussieht, wenn sie mit geformten Gattern anstelle von IC-Pins gezeichnet wird. Die tatsächliche physikalische Schaltung ist dieselbe; dies dient lediglich der Vereinfachung der Schaltpläne, damit sie leichter zu verstehen und nachzuvollziehen sind.

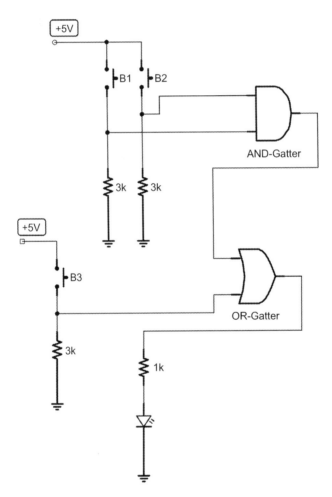

Abb. 12-8. Logikgatter, die als Formen anstelle von IC-Pins dargestellt werden

Die Abb. 12-9 zeigt, wie diese Gatterzeichnungen aussehen. Das AND-Gatter hat eine flache Rückwand und eine einfache, abgerundete Vorderseite. Das OR-Gatter sieht ein wenig wie ein Spaceshuttle aus, wobei sowohl die Rückseite als auch die Vorderseite abgewinkelt sind. Das NOT-Gatter ist ein Dreieck mit einem Kreis an der Spitze. Dieser Kreis kann auch zu anderen Gattern hinzugefügt werden, um zu zeigen, dass es sich um das entgegengesetzte Gatter handelt. Ein NAND-Gatter wird z. B. gezeichnet, indem man zuerst ein AND-Gatter zeichnet und dann einen Kreis an der Vorderseite hinzufügt, um anzuzeigen, dass sich das Gatter wie ein AND-Gatter mit einem NOT-Gatter davor verhält. In ähnlicher Weise ist das NOR-Gatter ein OR-Gatter mit einem vorangestellten Kreis. Das XOR-Gatter ähnelt dem OR-Gatter, hat aber eine zusätzliche Linie, die über die Eingänge verläuft.

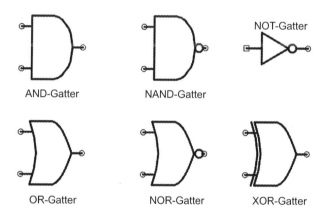

Abb. 12-9. Übliche Gatter in schematischen Darstellungen

Oft werden die internen Schaltpläne eines Chips mit Gattersymbolen dargestellt, damit Sie die Funktionsweise des Chips und die Funktion der Pins besser verstehen. Die Abb. 12-10 zeigt z. B., wie der CD4081-Chip intern verdrahtet ist. Man sieht, wie die Eingänge durch das Logikgatter gehen und zum Ausgang führen. Das sind zwar keine neuen Informationen, die Sie nicht schon wussten, aber es kann Ihnen helfen zu verstehen, warum die Pins so angeordnet sind, wie sie sind.

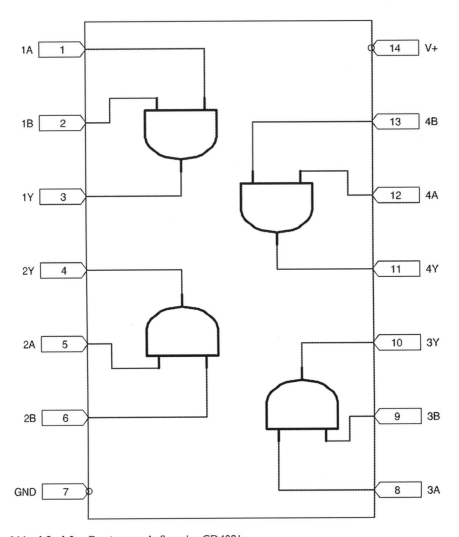

Abb. 12-10. Der interne Aufbau des CD4081

Eine interessante Nebenbemerkung: Jede logische Funktion kann aus NAND-Gattern aufgebaut werden, auch wenn man sie auf seltsame Weise verdrahten muss. Man kann einen Computer fast vollständig aus NAND-Gattern aufbauen, wenn man das möchte. Es ist nicht besonders wichtig, aber Abb. 12-11 zeigt, wie man jede Art von Logikgatter aus NAND-Gattern aufbauen kann. Gehen Sie die Wahrheitstabellen in Abb. 12-1 durch und schauen Sie, ob Sie nachvollziehen können, wie jede Reihe von Werten zum Ergebnis wird.

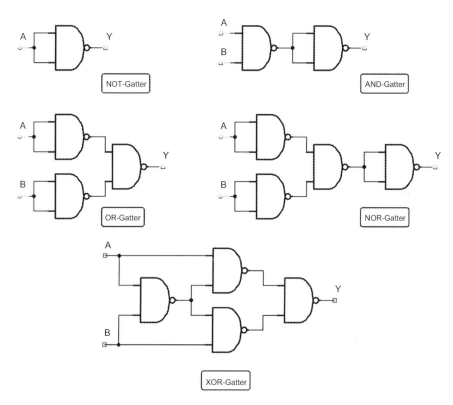

Abb. 12-11. Wie jedes Gatter aus NAND-Gattern aufgebaut werden kann

12.5 Chipnamen verstehen

Eines der größten Probleme, wenn man lernt, elektronische Geräte zu bauen, ist die verwirrende Vielfalt an Chips, die alle irgendeinen seltsamen Namen haben. „Oh, dafür brauchen Sie einen NE555P", oder „Sie könnten einen SN74HC00P oder einen CD4011BE für diese Aufgabe verwenden." Welche Sprache sprechen diese Leute?

Es gibt eine riesige Auswahl an Chips und das Erlernen ihrer Namen ist eine entmutigende Aufgabe. Anhang C versucht, dem Wahnsinn ein wenig auf die Sprünge zu helfen, aber letzten Endes sind Chipnamen wie die Namen von Menschen – man lernt sie kennen, indem man sie benutzt. Niemand kennt den Namen von jedem, aber für die Art von Projekten, an denen Sie gerne arbeiten (was auch immer das sein mag), wird es Standardchips geben, deren Namen Sie irgendwann kennenlernen werden.

Nach der Lektüre dieses Buches sollten Sie über ein ausreichendes Hintergrundwissen verfügen, um nach den benötigten Chips zu suchen, die

Bauteilbezeichnungen zu verstehen und die Chips zu finden, die Sie für Ihre Projekte benötigen. Wenn Sie die Chips bei einem Verkäufer kaufen, der sich an Amateure und Bastler richtet, wird dieser wahrscheinlich auch Anleitungen und zusätzliche Informationen in einem leichter verständlichen Format als nur Datenblätter anbieten.

12.6 Rückblick

In diesem Kapitel haben wir das Folgende gelernt:

1. Ein Logik-IC implementiert grundlegende digitale Logik-funktionen wie AND, OR, NOT usw.

2. Diese logischen Funktionen haben im Wesentlichen dieselbe Bedeutung, wie in der gewöhnlichen Sprache, und bedeuten genau das in der formalen Logik.

3. Logik-ICs verwenden unterschiedliche Spannungspegel für wahr und falsch, wobei wahr normalerweise nahe der Versorgungsspannung und falsch nahe der Nullspannung liegt.

4. Wahr wird manchmal als HIGH oder 1 bezeichnet. Falsch wird manchmal als LOW oder 0 bezeichnet.

5. Die Eingänge einer Logikfunktion werden in der Regel mit A und B bezeichnet, der Ausgang wird in der Regel mit Y oder Q bezeichnet.

6. Wenn ein Eingabe- oder Ausgabename mit einem Strich/Balken versehen ist, bedeutet dies, dass der Wert das logische *Gegenteil* dessen ist, was man erwarten würde. Wenn also Y der Ausgabewert ist, dann wäre $\overline{Y}$ das Gegenteil des Ausgabewerts.

7. Eine einzelne digitale Logikfunktion wird als Gatter bezeichnet. Die meisten Logik-ICs haben mehr als ein Gatter auf einem einzigen Chip.

8. Logik-ICs benötigen eine Versorgungsspannung und eine Masseverbindung zur Stromversorgung der Logik.

9. Die meisten Logik-ICs bieten stromversorgte Logik-ausgänge, sodass ein „echter" Wert sowohl Spannung als auch eine geringe Stromstärke an seinem Ausgang liefert. In der Regel ist jedoch ein Strombegrenzungswiderstand erforderlich.

10. Wenn ein Eingang eines Logik-ICs für seinen „falschen" Zustand abgeschaltet werden kann (wie es bei Tasteneingängen üblich ist), ist ein Pull-down-Widerstand erforderlich, um ihn mit der Masse zu verbinden, wenn die Taste nicht gedrückt wird.

11. Logik-ICs können in der Regel kombiniert werden, indem der Ausgang eines ICs mit dem Eingang eines anderen verbunden wird, um komplexere logische Bedingungen zu schaffen.

12. Logikgatter werden in Schaltplänen oft mit einfachen Formen gezeichnet, um ihren Betrieb anzuzeigen, und nicht als Verbindungen zu Chips. In diesen Fällen werden die Stromanschlüsse nicht in Schaltplänen dargestellt.

13. Jedes logische Gatter kann eigentlich aus miteinander verdrahteten NAND-Gattern aufgebaut werden.

14. IC-Namen sind sehr verwirrend und man braucht Zeit und Erfahrung, um sie gut kennenzulernen.

15. Viele ICs benötigen zum Betrieb bestimmte Spannungen, oft 5 oder 3,3 V.

16. Für die Erzeugung spezifischer Spannungen stehen zahlreiche Lösungen zur Verfügung, darunter Spannungsteiler, Zener-Dioden, Spannungsregler und Breadboard-Zusatznetzteile.

17. Der LM7805 ist ein sehr gängiger 5-V-Spannungsregler.

12.7 Anwenden, was Sie gelernt haben

1. Zeichnen Sie selbst die Schaltung in Abb. 12-3. Bestimmen Sie die Funktion der einzelnen Widerstände.

2. Bauen Sie die Schaltung in Abb. 12-3 auf. (Vergessen Sie nicht, dass Sie eine 5-V-Stromquelle verwenden sollten.)

3. Wenn man davon ausgeht, dass ein vernachlässigbarer Strom durch die Eingänge des AND-Gatters fließt und dass der Ausgang als 5-V-Spannungsquelle fungiert (und die LED rot leuchtet), wie viel Strom fließt dann durch jeden Widerstand, wenn alle Tasten gedrückt werden? Wie hoch ist dann der Gesamtstrom, der durch die Schaltung fließt, wenn man das Logikgatter außer Acht lässt?

4. Messen Sie den Strom, der durch die einzelnen Widerstände fließt. Wenn Sie Schwierigkeiten haben, die Knöpfe zu drücken, während Sie den Strom messen, ersetzen Sie die Knöpfe für diesen Test einfach durch Drähte.

5. Messen Sie den Strom, der vom AND-Gatter selbst verbraucht wird. Sie können dies tun, indem Sie den Versorgungsstrom des AND-Gatters messen. Messen Sie ihn, wenn der Ausgang wahr und falsch ist.

6. Zeichnen Sie einen Schaltplan für eine Schaltung mit zwei Tasten (B1 und B2), die eine LED aufleuchten lassen, wenn eine der beiden Tasten gedrückt wird. Verwenden Sie die Formen der logischen Gatter für den Schaltplan.

7. Zeichnen Sie den Schaltplan einer Schaltung mit zwei Tasten (B1 und B2), die eine LED aufleuchten lassen, wenn keine der beiden Tasten gedrückt wird. Verwenden Sie die Formen der logischen Gatter für den Schaltplan.

8. Zeichnen Sie den Schaltplan einer Schaltung mit vier Tasten (B1–B4), die entweder beim Drücken von B1 und B2 oder beim Drücken von B3 und B4 eine LED aufleuchten lassen. Verwenden Sie die Formen der logischen Gatter für den Schaltplan.

9. Betrachten Sie die Konstruktion der verschiedenen Gatter aus NAND-Gattern in Abb. 12-11. Kopieren Sie die Konstruktion des OR-Gatters viermal und zeichnen Sie nach, wie der Ausgang für jeden möglichen Satz von Eingängen (wahr/wahr, wahr/falsch, falsch/wahr, falsch/falsch) erzeugt wird. Zeigen Sie die Eingänge und Ausgänge für jedes NAND-Gatter. Vergleichen Sie die Ausgänge mit der Wahrheitstabelle für die OR-Funktion in Abb. 12-1.

10. Nehmen Sie die Schaltung in Abb. 12-3 und zeichnen Sie einen Schaltplan, um Pull-up-Widerstände anstatt Pull-down-Widerstände an den Eingängen zu verwenden. Wie wird sich das Verhalten der Schaltung dadurch ändern?

11. Nehmen wir an, wir wollen einen Türsummer entwickeln, damit jemand vor einer Tür einen Knopf drücken kann, um eingelassen zu werden. Die Person drinnen möchte aber auch einen Schalter haben, um den Summer zu deaktivieren. Man kann sich den Summer als ein einfaches Gerät vorstellen, das summt, wenn eine positive Spannung angelegt wird. Zeichnen Sie einen Schaltplan für diesen Aufbau mit logischen Gattern. Der Summer kann als Widerstand mit der Bezeichnung „Summer" gezeichnet werden (vergessen Sie nicht, die andere Seite mit der Masse zu verbinden!).

Einführung in Mikrocontroller

In Kap. 12 haben wir die Grundlagen der digitalen Logik gelernt. Ich denke jedoch, wir sind uns alle einig, dass diese Chips viel Platz auf unseren Breadboards beanspruchen. Wenn wir viele komplizierte Aufgaben lösen wollten, brauchten wir viele Chips und immer mehr Breadboards, auf denen wir sie unterbringen konnten, und unser Projekt würde sehr schnell unhandlich werden. Außerdem würde es mit zunehmender Anzahl der Chips sehr teuer werden, solche Projekte zu bauen.

Wenn die gesamte Logik eines Schaltkreises über Logikchips fest mit dem Schaltkreis verdrahtet ist, ist es außerdem sehr schwierig, sie zu ändern. Wenn Sie die Logik ändern müssen (ein UND-Gatter in ein ODER-Gatter umwandeln oder etwas anderes tun), müssen Sie sich durch Massen von Schaltkreisen wühlen, um die gewünschte Änderung vorzunehmen. Wenn Sie die Schaltung dann in Massenproduktion herstellen wollen, müssen Sie sich erneut auf die Massenproduktion einstellen.

Um all diese Probleme (und mehr) zu lösen, wurde der Mikrocontroller eingeführt. Ein Mikrocontroller ist im Wesentlichen ein stromsparender Ein-Chip-Computer. Ein „echter" Computerchip ist in der Regel auf eine ganze Reihe anderer Chips angewiesen (Speicherchips, Eingabe-/Ausgabechips usw.), um zu funktionieren. Ein Mikrocontroller enthält alle diese Bauteile (wenn auch meist in kleinerem Maßstab) in einem einzigen Chip, der in ein Elektronikprojekt eingebaut werden kann.

J. Bartlett, *Elektronik für Einsteiger*, https://doi.org/10.1007/978-3-662-66243-4_13

Im Gegensatz zu einem typischen Computer können die meisten Mikrocontroller nicht an eine Maus, eine Tastatur oder andere typische Eingänge und nicht an einen Monitor, ein Laufwerk oder andere typische Ausgänge angeschlossen werden. Stattdessen kommunizieren Mikrocontroller in der Regel ausschließlich über digitale (wahr/falsch) elektrische Signale an ihren Pins.

Anstatt also komplexe Logik auf ihre Platinen zu verdrahten, entscheiden sich viele dafür, den Großteil der digitalen Logik von Mikrocontrollern übernehmen zu lassen. Eine zusätzliche Komplikation besteht jedoch darin, dass der Mikrocontroller im Grunde ein Computer ist und daher wie ein Computer programmiert werden muss. Das bedeutet, dass die Schaltungsentwickler nicht nur mit Elektronik vertraut sein müssen, sondern auch mit der Computerprogrammierung.

13.1 Der ATmega328/P-Chip

Der Mikrocontroller, auf den wir uns konzentrieren werden, ist der ATmega328/P. Eigentlich konzentrieren wir uns weniger auf diesen speziellen Chip als auf die gesamte Umgebung, die ihn umgibt und die als Arduino bekannt ist (wir werden in Abschn. 13.2 „Die Arduino-Umgebung" mehr darüber erfahren, was das bedeutet).

Obwohl die Arduino-Umgebung versucht, so wenig wie möglich über die Hardware selbst zu wissen, ist es gut, eine kurze Einführung in diesen Chip und seine Funktionsweise zu haben.

Der ATmega328/P gehört zu einer Familie von Mikrocontrollern, die von Atmel entwickelt wurden und als AVR-Familie bekannt sind. Der AVR wurde populär, weil er einer der ersten Chips war, der Flashspeicher zum Speichern seiner Programme verwendete, wodurch die Onboard-Programme leichter geändert werden konnten.

Die Abb. 13-1 zeigt eine vereinfachte Pinkonfiguration des Chips, die sich darauf konzentriert, wie er in der Arduino-Umgebung verwendet wird. Der VCC-Pin und die GND-Pins sind die primären Stromanschlüsse. Der Chip kann mit einer Reihe von Spannungen betrieben werden, aber 5 V ist eine sehr gängige und sichere Einstellung. AVCC und AGND versorgen die Analog-Digital-Wandlereinheit des Chips.

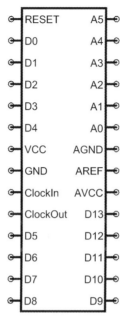

ATmega328P

Abb. 13-1. Eine vereinfachte Pinbelegung des ATmega328/P

Alle mit „D" gekennzeichneten Stifte sind digitale Ein-/Ausgangsstifte. Sie können als Eingänge für Tasten oder andere Signale oder als Ausgänge für die Ansteuerung von LEDs oder anderen Ausgabegeräten konfiguriert werden. Die mit „A" gekennzeichneten Stifte sind analoge Eingangsstifte (deren Verwendung wir in Kap. 15 behandeln werden). Während die digitalen Eingangsstifte nur lesen können, dass ein Wert wahr/falsch ist, können die analogen Stifte Spannungen lesen und sie in Zahlen umwandeln. AREF ist eine „Referenzspannung", die zur Einstellung der maximalen Spannung für Analogeingänge verwendet wird, aber normalerweise nicht angeschlossen ist (sie sollte auch nicht höher als AVCC sein).

Mikrocontroller, wie die meisten Prozessoren, steuern ihren Betrieb mithilfe einer „Uhr". Dabei handelt es sich nicht um eine Uhr, wie man sie sich normalerweise vorstellt – sie zeigt nicht die Zeit an. Anstatt an eine Uhr zu denken, kann man sich die „Uhr" besser als Herzschlag vorstellen. Im Grunde gibt es ein kontinuierliches Signal von Impulsen, die durch die Uhr bereitgestellt werden, und die Impulse ermöglichen es dem Chip, alle seine Aktivitäten zu synchronisieren. Der ATmega328/P verfügt über eine interne Uhr, aber er kann auch effizienter betrieben werden, indem man eine externe Uhr anschließt (Quarze z. B. liefern einen *sehr* gleichmäßigen Puls für diesen Zweck).

Wie wir bereits festgestellt haben, verfügt der Chip über eine Reihe von Eingangs- und Ausgangsstiften. Sie fragen sich vielleicht, was der Chip mit seinen Eingangs- und Ausgangsstiften *macht?* Das ist ganz Ihnen überlassen. Er tut *das, was Sie ihm einprogrammieren.* Der ATmega328/P hat einen **Flashspeicher** auf dem Chip, in dem ein Computerprogramm gespeichert werden kann (Flashspeicher bedeutet, dass er sich das Programm auch nach dem Ausschalten der Stromversorgung merkt). Sie müssen Ihr Programm auf den Chip laden, und danach macht er mit seinen Ein- und Ausgängen, was Sie wollen. Die Pins D0 und D1 bieten nicht nur Ein- und Ausgänge, sondern können auch zum Umprogrammieren des Chips verwendet werden. Wie man den Chip programmiert, erfahren Sie in Abschn. 13.4 „Programmieren des Arduino".

13.2 Die Arduino-Umgebung

Der Chip selbst ist nur ein Teil des Puzzles. Um den Chip nutzen zu können, müssen Sie ihn programmieren können. Die Programmierung erfordert den Einsatz von Programmierwerkzeugen auf Ihrem Hauptcomputer. Außerdem brauchen Sie eine Möglichkeit, das Programm, das Sie auf Ihrem Computer erstellt haben, auf den Chip zu laden. Dazu braucht man sowohl Software als auch Hardware.

Sobald sich das Programm auf dem Chip befindet, müssen Sie eine Schaltung zur ordnungsgemäßen Stromversorgung des Chips erstellen. Dies erfordert eine Spannungsregelung für den VCC-Pin und verschiedene andere Empfehlungen des Herstellers, wie die anderen Pins zu konfigurieren sind. Damit der Chip optimal läuft, sollte man ihn auch mit einem externen Taktgeber versorgen. All dies kann ziemlich viel Arbeit bedeuten und es müssen viele Teile zusammengebracht werden.

Zum Glück gibt es für die meisten Chips ein sog. **Entwicklungsboard**, das man kaufen kann. Eine Entwicklungsplatine ist eine vorgefertigte Schaltung, auf der ein Mikrocontrollerchip bereits in der empfohlenen Weise angeschlossen ist. Er soll die Arbeit bei der Entwicklung von Schaltungen vereinfachen. Ebenso haben die meisten Chips auch eine empfohlene **Programmierumgebung**. Eine Programmierumgebung ist eine Reihe von Tools für Ihren Computer, mit denen Sie Programme für Ihren Mikrocontroller erstellen können. Außerdem verbindet ein sog. **In-System-Programmiergerät** (ISP) Ihren Computer mit Ihrem Chip oder Ihrer Entwicklungsplatine und überträgt das Programm von Ihrem Computer auf den Chip.

Im Jahr 2005 wurde ein komplettes, vereinfachtes System für all diese Aufgaben namens **Arduino** entwickelt, das auf einem früheren System namens Wiring basiert. Arduino besteht aus

a) einer vereinfachten Entwicklungsumgebung für Ihren Computer, um Software für Mikrocontroller zu schreiben,

b) einer vereinfachten Entwicklungsplatine, die das Erstellen von Elektronikprojekten sehr einfach macht, und

c) der Integration des systeminternen Programmiergeräts in die Entwicklungsplatine, sodass zur Übertragung des Programms auf den Mikrocontroller nur ein USB-Kabel erforderlich ist.

Die Arduino-Umgebung unterstützt eine Reihe von verschiedenen Mikrocontrollerchips. Da es sich um eine vereinfachte Umgebung handelt, werden viele der besonderen Merkmale der einzelnen Chips nicht direkt unterstützt. Für den Einstieg und die Durchführung grundlegender Projekte ist die Arduino-Umgebung jedoch hervorragend geeignet.

Obwohl hinter Arduino ein Unternehmen steht, gibt es viele Arduino-kompatible Boards von anderen Herstellern. Diese Boards verwenden denselben ATmega328/P-Mikrocontroller und haben oft sehr ähnliche Entwicklungsboards und Funktionen. Am wichtigsten ist, dass sie mit den Programmierwerkzeugen der Arduino-Umgebung kompatibel sind.[1]

13.3 Der Arduino Uno

Dieses Buch konzentriert sich auf das Entwicklungsboard des Arduino Uno. Die Abb. 13-2 zeigt, wie das Board aussieht und gibt einen Überblick darüber, was die verschiedenen Bereiche des Boards leisten. Der Uno ist sehr gut, weil der USB-Anschluss eine ganze Reihe von Funktionen ermöglicht – er kann nicht nur verwendet werden, um Programme für den Chip zu empfangen, sondern man kann das Board auch über den USB-Anschluss mit Strom versorgen und Daten zum Computer zurück und weiter senden. Für den Fall, dass kein USB-Anschluss vorhanden ist, gibt es einen separaten Netzstecker, der an die Steckdose oder an eine 9-V-Batterie angeschlossen werden kann.

---

[1] Ein wichtiger Unterschied zwischen „offiziellen" Arduino-Boards und den meisten Arduino-kompatiblen Boards ist der USB-Controller-Chip. Offizielle Arduino-Boards verwenden dafür einen Chip von FTDI, da die Treiber dafür auf jedem Betriebssystem vorinstalliert sind. Um Kosten zu sparen, verwenden viele Arduino-kompatible Boards einen preiswerteren Chip für diese Funktion (oft den CH340). Dies hat in der Regel nur den Nachteil, dass auf manchen Betriebssystemen ein zusätzlicher Treiber benötigt wird, um mit diesen Chips zu kommunizieren.

Abb. 13-2. Die wichtigsten Bauteile des Arduino Uno

Der Arduino Uno bietet Chips für die Stromregelung, die USB-Kommunikation sowie den ATmega328/P-Mikrocontroller selbst. Es liefert auch einen externen Taktgeber für den Mikrocontroller. Schließlich bietet es **Header** (Stellen auf der Platine, an denen Drähte eingesteckt werden können) für die wichtigsten Pins des Mikrocontrollers. Alles, was Sie für die Nutzung des Chips benötigen, ist also auf dieser Entwicklungsplatine vorhanden. Verbinden Sie einfach die Eingangs- und Ausgangspins mit Ihrem eigenen Breadboard und schon haben Sie ein funktionierendes Projekt, das Sie programmieren können.

13.4   Programmieren des Arduino

Nachdem wir nun die Bestandteile der Arduino-Umgebung kennengelernt haben, wollen wir uns nun mit der Programmierung des Arduino beschäftigen. Dieses Buch ist kein Buch über Programmierung, daher werden wir nur die absoluten Grundlagen behandeln.

Das Programmiertool für den Arduino wird **Arduino IDE** genannt. IDE steht für Integrated Development Environment (integrierte Entwicklungs-umgebung) – mit anderen Worten, das Programm, mit dem Sie entwickeln. Arduino IDE ist für so ziemlich jeden Computer verfügbar – Mac, Windows oder Linux – und kann von http://arduino.cc/ heruntergeladen werden.

Je nachdem, ob Sie einen „offiziellen" Arduino oder einen Klon gekauft haben, müssen Sie möglicherweise auch einen zusätzlichen Treiber für die USB-Schnittstelle herunterladen. Wenn Sie einen Arduino-kompatiblen Klon haben, können Sie den Treiber von http://bplearning.net/drivers herunterladen. Sobald Sie Arduino IDE und den USB-Treiber installiert haben, können Sie loslegen!

Wir beginnen mit einem Beispielprogramm (in der Arduino-Terminologie „Sketch" genannt), das mit dem Arduino geliefert wird. Schließen Sie zunächst Ihren Arduino über ein USB-Kabel an Ihren Computer an. Öffnen Sie die Arduino IDE, klicken Sie auf „Datei", dann auf „Beispiele", dann auf „01.

Basics" und schließlich auf „Blink". Dadurch wird ein vorgefertigtes Programm für Ihren Arduino geladen. Dieses Programm schaltet einfach den D13-Pin ein und aus. Bei einem Arduino ist der D13-Pin bereits mit einer LED verbunden, sodass Sie keine weiteren Bauteile hinzufügen müssen!

Nachdem Sie das Programm geladen haben, klicken Sie auf die Schaltfläche mit dem Häkchensymbol. Damit wird überprüft, ob das Programm so geschrieben ist, dass der Computer es verstehen kann. Wenn es Fehler enthält, werden diese in der schwarzen Leiste am unteren Rand angezeigt.

Nun müssen Sie sicherstellen, dass die integrierte Entwicklungsumgebung auf Ihr Board ausgerichtet ist. Gehen Sie zu „Tools" und dann „Board" und stellen Sie sicher, dass „Arduino/Genuino Uno" ausgewählt ist. Klicken Sie dann auf „Tools" und dann auf „Port" und vergewissern Sie sich, dass Ihr Arduino erkannt wurde und dass es ausgewählt ist. Wenn Ihr Arduino hier nicht aufgeführt ist, müssen Sie möglicherweise die Installation des USB-Treibers überprüfen.[2]

Sobald Ihre Konfiguration überprüft wurde, klicken Sie auf die Schaltfläche mit dem Pfeilsymbol, um sie auf den Arduino hochzuladen. Es sollte etwa 2–5 s dauern und dann sollte die LED auf Ihrem Arduino anfangen zu blinken. Falls Fehler auftreten, werden diese in dem schwarzen Statusbereich unten angezeigt. Beachten Sie, dass bei einigen Arduinos dieses Programm bereits vorinstalliert ist. Wenn dies der Fall ist, hat Ihr Arduino möglicherweise nicht viel an seiner Funktionsweise geändert. Sie können überprüfen, ob alles funktioniert, indem Sie das Programm leicht verändern. Wenn Sie alle Zahlen, die 1000 sagen, in 500 ändern, sollte es doppelt so schnell blinken. Denken Sie jedoch daran, dass Sie das Programm überprüfen (klicken Sie auf die Schaltfläche mit dem Häkchen) und hochladen (klicken Sie auf die Schaltfläche mit dem Pfeil) müssen, um Ihren neuen Code auf das Board zu übertragen.

Schauen wir uns nun den Code und seine Funktionsweise an. Der erste Teil des Codes sollte ausgegraut sein. Das liegt daran, dass es sich um einen **Kommentar** handelt, also um eine Notiz, die etwas über das Programm aussagt. Er wird vom Computer überhaupt nicht gelesen. Kommentare beginnen mit den Zeichen /* und werden bis zu den Zeichen */fortgesetzt (dies kann sich auch über mehrere Zeilen erstrecken). Kürzere Kommentare werden manchmal mit den Zeichen//eingeleitet. Diese Kommentare werden nur bis zum Ende der Zeile fortgesetzt.

Nach den Kommentaren sind zwei **Funktionen** definiert – setup() und loop(). Eine Funktion ist einfach ein Stück Code, das benannt ist. In der Arduino-Umgebung sind die Funktionen setup und loop etwas Besonderes.

---

[2] Sie können die folgenden Anweisungen mit einem dort aufgeführten Gerät ausprobieren, auch wenn Sie es nicht als Ihren Arduino erkennen, falls Ihr Computer Schwierigkeiten hat, den Gerätetyp zu erkennen.

Die Setup-Funktion wird genau einmal ausgeführt, wenn der Chip zum ersten Mal eingeschaltet oder zurückgesetzt wird oder wenn ein neues Programm geladen wird. Sie wird z. B. verwendet, um dem Chip mitzuteilen, welche Pins für die Eingabe und welche für die Ausgabe verwendet werden sollen, und um andere einrichtungsbezogene Aufgaben auszuführen. Nachdem die Setup-Funktion abgeschlossen ist, läuft die Schleifenfunktion immer wieder, solange der Chip eingeschaltet ist.

Wenn Sie sich den Code ansehen, enthält die Setup-Funktion einen Befehl:

```
pinMode(13, OUTPUT);
```

Dies teilt dem Mikrocontroller mit, dass der digitale Ausgang 13 (D13) für die Ausgabe verwendet werden soll. Beachten Sie, dass sich dies auf den Pin D13 in Abb. 13.1 bezieht (auf dem Arduino Uno normalerweise einfach mit 13 beschriftet), nicht auf Pin 13 des Chips selbst (das wäre D7). Beim Arduino Uno müssen wir uns eigentlich keine Gedanken über die Pinbelegung des ATmega328/P machen, wir müssen nur die Namen der Pins neben den Stiftleisten lesen.

Die Schleifenfunktion ist der wichtigste Teil des Codes. Sie sieht wie folgt aus:

```
digitalWrite(13, HIGH);
delay(1000);
digitalWrite(13, LOW);
delay(1000);
```

Die erste Zeile digitalWrite(13, HIGH); besagt, dass D13 auf HIGH gesetzt werden soll, was etwa 5 V entspricht. Dadurch wird die an D13 angeschlossene LED mit Strom versorgt. Dieser Pin bleibt so lange auf HIGH, bis wir ihm eine andere Funktion zuweisen.

Die nächste Zeile delay(1000); weist den Chip an, 1000 ms zu warten (das entspricht 1 s). Während dieser Zeit passiert nichts – der Chip wartet einfach. Wenn Sie diese Zahl ändern, ändert sich die Zeitspanne, die der Chip warten soll. Wenn Sie die Zahl auf 500 erhöhen, wartet der Chip eine 0,5 s und wenn Sie die Zahl auf 2000 erhöhen (beachten Sie, dass in der Zahl keine Kommas stehen!), wartet er 2 s lang.

Die nächste Zeile schaltet D13 auf LOW/false/off/0 V. Damit wird die LED ausgeschaltet, da sie nicht mehr mit Spannung versorgt wird. D13 bleibt in diesem Zustand, bis man ihm etwas anderes sagt. Die nächste Zeile wartet dann 1 s lang. Nach Beendigung dieser Funktion führt der Chip die Schleifenfunktion einfach wieder von vorne aus.

In Kap. 14 werden wir uns ansehen, wie man mit dem Arduino Projekte baut, die zusätzliche Bauteile verwenden.

13.5 Rückblick

In diesem Kapitel haben wir das Folgende gelernt:

1. Ein Mikrocontroller ist ein kleiner Computer auf einem einzigen Mikrochip, der eine anpassbare Logik für die Verarbeitung digitaler Signale bietet.

2. Eine Entwicklungsplatine ist eine Leiterplatte, die den Aufbau von Schaltungen mit einem Mikrochip vereinfacht, indem sie die meisten Standardanschlüsse für Sie bereitstellt, sodass Sie sich auf die Dinge konzentrieren können, die Ihr Projekt unverwechselbar machen.

3. Um einen Mikrocontroller verwenden zu können, muss er von einem Computer aus programmiert werden.

4. Die Arduino-Umgebung ist eine Kombination aus Software und Hardware, die das Erstellen von Mikrocontrollerprojekten erleichtern soll.

5. Der Arduino Uno ist eine Entwicklungsplatine für die Arduino-Umgebung, die einen Mikrocontroller, einen USB-Anschluss, eine Stromversorgungsregelung und Stiftleisten für den Anschluss der Eingangs-/Ausgangsstifte des Mikrocontrollers an andere Schaltungen umfasst.

6. Der ATmega328/P ist der Mikrocontroller, der im Arduino Uno verwendet wird.

7. Ein Arduino-Programm (Sketch genannt) hat zwei Standardfunktionen: setup (wird einmal beim Einschalten des Chips ausgeführt) und loop (wird immer wieder ausgeführt, solange der Chip eingeschaltet ist).

8. Sobald ein Programm auf den Arduino Uno hochgeladen wurde, wird es auf dem Gerät gespeichert, bis ein anderes Programm geladen wird.

13.6 Anwenden, was Sie gelernt haben

1. Üben Sie das Ändern und Hochladen des Blink-Programms auf den Arduino Uno. Ändern Sie die Zahlen, die für die Verzögerung angegeben wurden, auf verschiedene Werte und sehen Sie, wie sich dies auf den Betrieb des Programms auswirkt.

2. Der ATmega328/P ist nur einer von vielen verschiedenen Mikrocontrollern aus der AVR-Familie. Recherchieren Sie im Internet nach ein oder zwei anderen AVR-Chips und deren unterschiedlichen Funktionen.

3. Die AVR-Familie ist nur eine von vielen Mikrocontrollerfamilien. Recherchieren Sie ein oder zwei andere Mikrocontrollerfamilien und sehen Sie sich an, welche Funktionen für jede Familie angegeben sind. Beispiele für andere Mikrocontrollerfamilien sind PIC, STM32, MSP432 und der Intel Quark.

4. Gehen Sie auf die Website arduino.cc und schauen Sie sich die verschiedenen Arten von Arduinos an, die verfügbar sind. Wodurch unterscheiden sie sich? Warum könnte man einen für ein Projekt einem anderen vorziehen?

Projekte mit einem Arduino bauen

In Kap. 13 wurden die Grundlagen der Mikrocontroller, der Arduino-Umgebung und des Ladens eines Programms auf ein Arduino-Board behandelt. In diesem Kapitel gehen wir näher darauf ein, wie man einen Arduino Uno in ein Projekt einbindet.

14.1 Stromversorgung des Breadboards über einen Arduino Uno

Das Erste, was man über den Arduino Uno wissen muss, ist, dass eine seiner Hauptaufgaben die Stromregelung ist. Wie wir in Kap. 13 gesehen haben, kann der Arduino eine Vielzahl von Stromquellen nutzen – USB, Batterie oder Steckdose. Außerdem gibt es einen Anschluss an den Headern des Uno, über den Sie eine andere Stromquelle nutzen können.

J. Bartlett, *Elektronik für Einsteiger*, https://doi.org/10.1007/978-3-662-66243-4_14

Wenn Sie eine Stromquelle haben, aus der nur Drähte herauskommen – wie eine 9-V-Batterie mit einem einfachen Drahtanschluss –, hat der Uno eine Stelle, an der Sie sie anschließen können. Der Pin mit der Bezeichnung *VIN* wird für die Versorgung des Uno mit einer ungeregelten Spannung (7–12 V) verwendet (verwenden Sie *nicht* den Pin mit der Bezeichnung 5 V – er ist für die *Ausgabe* von Strom vorgesehen). Wenn Sie also den positiven Draht an *VIN* und den negativen Draht an einen der GND-Pins anschließen (egal an welchen), wird der Uno zum Leben erweckt.

Auf der anderen Seite können Sie den Rest Ihres Projekts über den Uno mit Strom versorgen und die Vorteile seiner Spannungsregelung sowie seiner zahlreichen Methoden zur Stromversorgung nutzen. Nehmen Sie dazu einfach ein Kabel vom 5-V-Anschluss des Uno und verbinden Sie es mit der positiven Schiene auf Ihrem Breadboard. Dann nehmen Sie ein anderes Kabel von einem der GND-Anschlüsse des Uno und verbinden es mit der Masseschiene auf dem Breadboard. Voilà! Eine sehr flexible 5-V-Stromversorgung für Ihr Breadboard. Die Abb. 14-1 zeigt, wie man damit eine einfache LED-Schaltung zum Leuchten bringt.

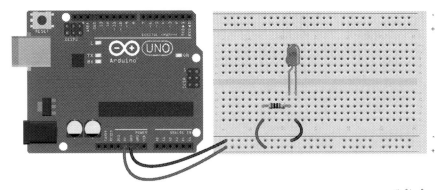

fritzing

Abb. 14-1. Stromversorgung für ein einfaches Projekt über einen Arduino Uno

Beachten Sie auch, dass es einen 3,3-V-Anschluss gibt, falls Sie diesen benötigen, da viele Kleingeräte mit diesem Spannungspegel betrieben werden.

14.2   Verdrahtung von Eingängen und Ausgängen mit einem Arduino Uno

Da wir nun wissen, wie man ein Breadboard über einen Arduino Uno mit Strom versorgt, können wir nun sehen, wie man Ein- und Ausgänge mit dem Uno verbindet.

Die Verdrahtung von Eingängen und Ausgängen mit einem Uno ist eigentlich sehr einfach. Die Ausgänge des Uno können als einfache Spannungsquellen betrachtet werden, wie eine Batterie, die entweder mit 5 V (wenn auf HIGH gesetzt) oder 0 V (wenn auf LOW gesetzt) arbeiten. Denken Sie daran, dass jeder der digitalen E/A-Pins in Ihrem Arduino-Programm mit dem pinMode-Befehl als Eingangs- oder Ausgangspin festgelegt werden kann.

Aber auch wenn ein Ausgangsstift als Spannungsquelle fungieren kann, muss der Strom begrenzt werden, um Schäden am Arduino zu vermeiden. Jeder Ausgangspin sollte nur einen Strom von bis zu 20 mA liefern und die Gesamtmenge des Ausgangs aller Pins zusammen sollte 100 mA nicht überschreiten. Wenn Sie also z. B. einen LED-Ausgang haben, müssen Sie einen Widerstand hinzufügen, um die Stromstärke zu begrenzen. Mikrocontroller können Hochleistungsgeräte wie Motoren im Allgemeinen nicht direkt ansteuern und müssen sich auf eine Methode zur Verstärkung des Signals verlassen, nachdem es sie verlassen hat (wir werden die Verstärkung in Teil IV des Buches behandeln).

Die Eingänge eines Arduino sind im Wesentlichen Spannungssensoren. Sie erkennen ein HIGH- (ca. 5 V) oder LOW-Signal (nahe 0 V) an dem Pin. Man kann sich vorstellen, dass sie mit einem sehr großen Widerstand verbunden sind (etwa 100 MΩ bis 100 Mio. Ω), sodass sie eigentlich keine große Strommenge verbrauchen (mit anderen Worten, man muss keinen strombegrenzenden Widerstand vorsehen, da er bereits eingebaut ist). Da sie jedoch so wenig Strom verbrauchen, bedeutet dies, dass sie, genau wie unsere Eingänge in Kap. 12, nicht getrennt werden dürfen, da sonst die Ergebnisse durch statische Elektrizität in der Luft zufällig sein könnten. Daher sollten Sie bei Eingängen immer einen Pull-up- oder einen Pull-down-Widerstand (normalerweise einen Pull-down-Widerstand) an den Eingang anschließen, um sicherzustellen, dass der Eingang *immer* in einem bekannten, gültigen Zustand in die Schaltung eingebunden ist.

14.3 Ein einfaches Arduino-Projekt mit LEDs

In diesem Abschnitt werden wir uns ein einfaches Arduino-Projekt mit zwei Tasten ansehen, die jeweils eine von zwei LEDs steuern. Eigentlich wäre es einfacher, dieses Projekt ohne den Arduino zu verdrahten, aber das Ziel ist es, einen kleinen Schritt zu machen, um zu verstehen, wie Arduino-Projekte funktionieren. Später können wir kompliziertere Dinge tun, aber im Moment werden wir nur sehen, wie wir ein Eingangssignal zum Arduino bekommen und ein Ausgangssignal zurückschicken.

Bei diesem Projekt werden die Taster mit dem digitalen Pin 2 und dem digitalen Pin 3 des Arduino und die LEDs mit dem digitalen Pin 4 und dem digitalen Pin 5 verdrahtet. Überlegen wir uns, wie diese aussehen müssen. Die LEDs benötigen jeweils einen Strombegrenzungswiderstand und die Tasten benötigen jeweils einen Pull-down-Widerstand.

Die Abb. 14-2 zeigt, wie dies verdrahtet werden sollte. Das Breadboard wird über die 5-V- und GND-Anschlüsse des Arduino mit Strom versorgt. Die Drähte auf der rechten Seite stellen sicher, dass die Stromversorgung an beide Seiten des Breadboards angeschlossen ist. Auf der Unterseite sind die Tasten mit Pull-down-Widerständen verdrahtet und mit den digitalen Pins 2 und 3 des Arduino verbunden. Oben sind die LEDs mit den digitalen Pins 4 und 5 verbunden, wobei Strombegrenzungswiderstände dafür sorgen, dass sie nicht zu viel Strom ziehen.

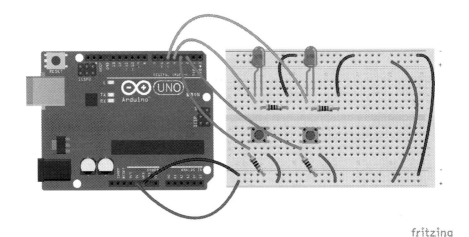

fritzing

Abb. 14-2. Verdrahtung eines einfachen tastenbasierten Arduino-Projekts

Für einen Arduino ist das natürlich nicht genug. Der Arduino braucht auch ein Programm, um ihn zu steuern! Die Abb. 14-3 zeigt das Programm, das Sie zur Steuerung der LEDs eingeben müssen.

```
void setup() {
    pinMode(2, INPUT);
    pinMode(3, INPUT);
    pinMode(4, OUTPUT);
    pinMode(5, OUTPUT);
}

void loop () {
    // Pin 4 ein-/ausschalten je nach
    // die Eingabe von Pin 2
    wenn ( digitalRead (2) == HIGH) {
        digitalWrite(4, HIGH);
    } sonst {
        digitalWrite(4, LOW);
    }

    // Pin 5 ein-/ausschalten je nach
    // die Eingabe von Pin 3
    wenn ( digitalRead (3) == HIGH) {
        digitalWrite(5, HIGH);
    } sonst {
        digitalWrite(5, LOW);
    }
}
```

Abb. 14-3. Ein Arduino-Programm zur Steuerung von zwei Tastern und zwei LEDs

Beachten Sie, dass das Projekt wie üblich in zwei Teile unterteilt ist: setup(), das nur einmal beim Einschalten des Chips ausgeführt wird, und loop(), das immer wieder abläuft, bis der Chip ausgeschaltet oder zurückgesetzt wird:

setup() teilt einfach mit, welche Pins in welchem Modus sein sollen. Beachten Sie, dass die Funktion loop() buchstäblich Tausende von Malen pro Sekunde (oder mehr) ausgeführt wird, es sei denn, sie enthält die Aufrufe der Funktion delay(). Der Arduino Uno kann etwa 16 Mio. Befehle pro Sekunde ausführen. Jede Codezeile entspricht also vielen Anweisungen, aber trotzdem geht es *sehr schnell*. Behalten Sie dies einfach im Hinterkopf, wenn Sie Programme schreiben.

Innerhalb der Funktion loop() haben wir eine neue Arduino-Funktion – digitalRead(). Die Funktion digitalRead nimmt die Nummer eines Pins und gibt zurück, ob dieser Pin HIGH oder LOW ist. Wir haben dies in eine Bedingung gepackt – wenn der Wert des Tastenpins HIGH ist, wird der entsprechende LED-Pin auf HIGH gesetzt. Alternativ (d. h. *else*) wird der entsprechende LED-Pin auf LOW geschaltet, wenn der Wert des Tastenpins nicht HIGH ist (d. h. LOW). Beachten Sie, dass bei dem Vergleich *zwei* Gleichheitszeichen verwendet werden. In vielen Programmiersprachen verwendet man zwei Gleichheitszeichen, um dem Computer mitzuteilen, dass er Werte vergleichen soll. Ein einzelnes Gleichheitszeichen bedeutet oft, dass Sie einen Wert *setzen* (nicht vergleichen).

Dieses Buch ist kein Buch über Computerprogrammierung, daher werden wir nicht auf alle Details eingehen. Aus diesem Grund werden Ihnen die meisten Programme vorgegeben und Sie müssen nur kleine Änderungen vornehmen. Wenn Sie jedoch daran interessiert sind, mehr zu lernen, sollten Sie wissen, dass die Programmiersprache, die in der Arduino-Umgebung verwendet wird, C++ ist und der Arduino konzentriert sich auf die leichter zu verstehenden Teile davon. Das Buch *Beginning Arduino Programming* von Brian Evans ist ein guter Startpunkt. Wenn Sie mehr über das Programmieren im Allgemeinen erfahren möchten (ohne Bezug zu Arduino), können Sie sich mein eigenes Buch *New Programmers Start Here* ansehen. Wenn Sie besser verstehen wollen, wie das Programmieren aus der Perspektive des Computers funktioniert, können Sie sich mein Buch *Programming from the Ground Up* ansehen.

14.4   Ändern der Funktionalität ohne Neuverkabelung

Jetzt werden Sie vielleicht denken: *Wäre es nicht viel einfacher, wenn wir die Tasten direkt an die LEDs anschließen würden, um sie aus- und einzuschalten?* In der Tat, das wäre es. Da jedoch alle Ein- und Ausgänge mit dem Arduino verdrahtet sind, können wir die Funktionalität des Projekts tatsächlich *ändern*, *ohne* auch nur ein einziges Mal umverdrahten zu müssen! Wenn wir z. B. die linke Taste zur Steuerung der rechten LED und die rechte Taste zur Steuerung der linken LED verwenden wollen, müssen wir nur alle 2en mit 3en im Programm vertauschen und umgekehrt.

Stellen Sie sich nun vor, wir hätten viel Zeit in die Entwicklung eines solchen Geräts investiert und es sogar an den Hersteller geschickt, aber später beschlossen, dass wir die Funktionsweise ändern wollten. Wenn die gesamte Logik des Geräts durch Hardware implementiert ist, bedeutet das, dass Sie Ihr gesamtes altes Inventar wegwerfen müssen, um Ihre Funktionsweise zu ändern. Wenn Sie stattdessen Software verwenden, um Ihre Bauteile zu verbinden, können Sie Ihr Gerät oft einfach durch ein Software-Update aktualisieren.

Weitere denkbare Modifikationen dieses einfachen Geräts könnten die Folgenden sein:

1. Die LEDs schalten sich aus, wenn die Tasten gedrückt werden.

2. Blinken der LEDs beim Drücken der Tasten.

3. Änderung der Tasten in einfache Kippschalter, sodass man die Tasten nicht mehr gedrückt halten muss, damit die LED leuchtet.

4. Die Tasten müssen in einer bestimmten Reihenfolge gedrückt werden, um die LED einzuschalten.

5. Beide Tasten müssen gedrückt werden, um die LEDs einzuschalten.

Diese Liste ließe sich beliebig fortsetzen. Indem Sie die gesamte Steuerungsverarbeitung über Ihren Mikrocontroller leiten, machen Sie Ihre Geräte viel flexibler. Außerdem werden sie dadurch irgendwann auch billiger. In der Massenproduktion sind Mikrocontrollerchips wie der ATmega328/P schon für etwas mehr als 1 US-Dollar zu haben. Einige Chips kosten in großen Mengen sogar weniger als 50 Cent! Wenn also ein Mikrocontroller eine komplexe Abfolge von Logikgattern und anderen Steuerfunktionen ersetzt, kann die Verlagerung der gesamten Steuerlogik auf einen Mikrocontroller tatsächlich viel billiger sein als eine Festverdrahtung und als Nebeneffekt erhält man zusätzliche Flexibilität.

14.5 Rückblick

In diesem Kapitel haben wir das Folgende gelernt:

1. Sie können Ihre Breadboards über die 5-V- und GND-Pins des Arduino mit Strom versorgen, um die Stromregelung in Ihren Projekten zu vereinfachen.

2. Die Eingangspins des Arduino sind hochohmige Eingänge (sie verhalten sich so, als ob sie mit einem sehr großen Widerstand verbunden wären, sodass sie nicht viel Strom verbrauchen).

3. Da die Eingangsstifte so wenig Strom verbrauchen, müssen die Tasten mit einem Pull-up- oder Pull-down-Widerstand versehen sein, um sicherzustellen, dass der Eingang immer reale Spannungswerte erfasst und nicht statische Elektrizität in der Luft.

4. Bei der Verwendung von Ausgangsstiften muss darauf geachtet werden, dass der Strom nie zu hoch für den Chip ist.

5. Die Verwendung eines Mikrocontrollers ermöglicht es Ihnen, die Logik des Projekts neu zu schreiben, ohne die Verdrahtung zu ändern.

14.6 Anwenden, was Sie gelernt haben

1. Welchen Arduino-Pin verwenden Sie, wenn Sie eine ungeregelte Spannung einspeisen (d. h. eine Spannung über den 5 V, mit denen der Arduino arbeitet)?

2. Welche Arduino-Pins würden Sie verwenden, um Strom aus einem Arduino zu extrahieren, der an eine Spannungsversorgung angeschlossen ist?

3. Wie hoch ist die Spannung an einem auf HIGH gesetzten Ausgangsstift?

4. Wie hoch ist der maximale Strom, der von einem bestimmten Arduino-Pin geliefert werden sollte?

5. Wenn Sie eine rote LED an einen Arduino-Ausgangspin angeschlossen haben, wie groß muss der Widerstand mindestens sein, den Sie benötigen?

6. Wenn ein Arduino-Eingangspin vollständig von einem Schaltkreis getrennt ist, als welchen Zustand liest der Arduino ihn dann?

7. Wie viel Strom verbraucht ein Arduino-Eingang?

8. Wie verdrahtet man am besten einen Knopf mit einem Arduino?

9. Welchen Vorteil hat es, ein Programm in einem Mikrocontroller zu speichern, auch wenn die Logik direkt in die Hardware eingebaut werden könnte?

Analoge Eingabe und Ausgabe auf einem Arduino

In Kap. 14 haben wir gelernt, wie man grundlegende digitale Ein- und Ausgaben mit einem Arduino unter Verwendung seiner E/A-Pins durchführt. In diesem Kapitel werden wir uns damit beschäftigen, wie man analoge Ein- und Ausgaben macht.

15.1 Lesen von Analogeingängen

Bisher haben wir uns auf die digitalen Ein- und Ausgänge – HIGH und LOW – konzentriert. Der Arduino Uno unterstützt auch ein gewisses Maß an analogem Eingang (über seine analogen Pins) und eine Art „gefälschtem" analogem Ausgang (über seine Pulsweitenmodulations[PWM]-Pins, die im nächsten Abschnitt behandelt werden).

© Der/die Autor(en), exklusiv lizenziert an APress Media, LLC, ein Teil von Springer Nature 2023
J. Bartlett, *Elektronik für Einsteiger*, https://doi.org/10.1007/978-3-662-66243-4_15

Beim Arduino Uno sind die analogen Eingangsstifte in einem Abschnitt mit der Bezeichnung „Analog In" zusammengefasst. Bei diesen Pins handelt es sich um Spannungssensoren, die den digitalen E/A-Pins ähnlich sind, aber sie können einen Wertebereich zwischen 0 und 5 V erfassen (Sie sollten an keinem Arduino-Pin 5 V überschreiten). Die Funktion analogRead() ähnelt der Funktion digitalRead() insofern, als sie eine Pinnummer annimmt und einen Ausgangswert zurückgibt. Der Unterschied besteht darin, dass die Pinnummer, die an analogRead() übergeben wird, einer analogen Eingangspinnummer entspricht, nicht einer digitalen Pinnummer, und die Ausgabe ist nicht LOW oder HIGH, sondern eine Zahl von 0 bis 1023 (10 Bit Auflösung). Bei 0 V erhalten Sie eine 0, bei 5 V eine 1023. Bei Werten dazwischen erhalten Sie ein Zwischenergebnis.

Aus diesem Grund können wir den Dunkelheitssensor, den wir in Kap. 11 entwickelt haben, für die Verwendung des Arduino überarbeiten. Da der Fotowiderstand nur ein Widerstand ist, *müssen* wir ihn *immer noch* zum Teil eines Spannungsteilers machen, um den Widerstandswert in eine Spannung umzuwandeln. Allerdings brauchen wir den Spannungskomparator nicht mehr, um ihn zum Laufen zu bringen – wir können ihn einfach direkt an einen analogen Port des Arduino anschließen!

Die Abb. 15-1 zeigt den Dunkelheitssensor, der für den Arduino umgebaut wurde. Beachten Sie, dass wir sehr viel weniger benutzerdefinierte Bauteile haben, da die Steuerung von der Hardware zur Arduino-Software verlagert wurde. Wir brauchen weder eine Referenzspannung noch einen Spannungskomparator. Wir haben nur einen Spannungsteiler, um den Widerstand des Fotowiderstands in eine Spannung umzuwandeln (mit einem Draht, der zum analogen Eingangspin 1 des Arduino führt), und eine LED mit einem Strombegrenzungswiderstand für den Ausgang (gespeist vom digitalen Pin 2). Alles andere kommt von der Software.

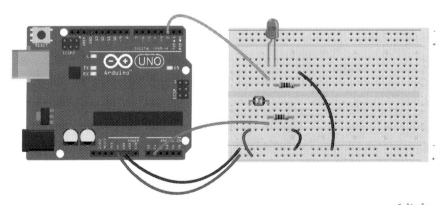

fritzing

Abb. 15-1. Der für einen Arduino umgebaute Dunkelheitssensor

Die Abb. 15-2 zeigt den Code, mit dem der Sensor betrieben wird. Beachten Sie, dass wir in der Funktion loop() jetzt analogRead() und nicht digitalRead() verwenden. Anstatt HIGH oder LOW zurückzugeben, wird nun eine Zahl zurückgegeben. Diese Zahl können wir dann mit einer Basiszahl vergleichen, um festzustellen, ob wir die LED ein- oder ausschalten sollten.

```
void setup() {
    pinMode(2, OUTPUT);
}

void loop () {
    wenn ( analogRead (1) < 450) {
        digitalWrite (2, HIGH);
    } sonst {
        digitalWrite(2, LOW);
    }
}
```

Abb. 15-2. Code für den Arduino-Dunkelheitssensor

Nun werden Sie sich vielleicht fragen, woher ich den Vergleichswert (d. h. 450) habe. Ich habe den Sensor unter verschiedenen Bedingungen getestet, um zu sehen, welcher Wert das Licht ausschaltet, wenn ich es will!

Vielleicht fragen Sie sich jedoch, welche Werte das Gerät genau anzeigt. Glücklicherweise bietet die Arduino-Umgebung eine Möglichkeit, Rückmeldungen vom Gerät zu erhalten, während es läuft, wenn es mit dem Computer verbunden ist. Dazu verwenden wir die sog. **serielle** Schnittstelle zum Arduino. Diese Schnittstelle kommuniziert über USB, sodass wir unserem Computer mitteilen können, wie die Dinge im Programm laufen.

Um die serielle USB-Schnittstelle zu verwenden, fügen Sie in Ihrer Setup-Funktion die folgende Zeile hinzu:

```
Serial.begin(9600);
```

Dies weist den Chip an, seine serielle Schnittstelle mit 9600 Baud zu initialisieren (**Baud** ist ein alter Begriff, der „Bits pro Sekunde" bedeutet), was uns erlaubt, mit dem Computer zu kommunizieren. Es ist jedoch wichtig zu beachten, dass Sie bei Verwendung der seriellen Funktionen nichts an den digitalen Pin 0 oder Pin 1 des Arduino anschließen sollten.

In Ihrem Programm können Sie nun mit Serial.println() jeden beliebigen Wert ausgeben. Wir machen

```
Serial.println(analogRead(1));,
```

um uns mitzuteilen, welchen Wert der analoge Eingang gerade anzeigt. Das neue Programm mit der zusätzlichen Rückmeldung ist in Abb. 15-3 dargestellt. Nachdem Sie diesen Code in den Arduino hochgeladen haben, klicken Sie auf die Lupe oben rechts auf dem Bildschirm, um Ihre Ausgabe zu sehen. Sie können auch in das Menü „Werkzeuge" gehen und „Serieller Monitor" wählen. In beiden Fällen gelangen Sie auf denselben Bildschirm. Wenn der Code ausgeführt wird, sollte er seitenweise Zahlen ausspucken. Jede dieser Zahlen ist der aktuelle Wert von analogRead(), wenn er im Code vorkommt, was Hunderte oder Tausende Male pro Sekunde geschieht (durch die USB-Kommunikation wird er etwas verlangsamt und Sie könnten ihn noch weiter verlangsamen, indem Sie am Ende der Schleifenfunktion Verzögerungsbefehle hinzufügen). Dieses Ausgeben von Daten, um besser zu sehen, was in Ihrem Programm passiert, wird als **Debugging** bezeichnet und ist nützlich, um Probleme in Ihrem Code aufzuspüren.

```
void setup() {
    pinMode (2, OUTPUT);
    Seriell . beginnen (9600) ;
}

void loop () {
    Serial.println(analogRead(1));
    if(analogRead(1) < 450) {
        digitalWrite (2, HIGH);
    } sonst {
        digitalWrite(2, LOW);
    }
}
```

Abb. 15-3. Dunkelheitssensor mit serieller Rückmeldung

15.2 Analoger Ausgang mit PWM

Wir haben also über den analogen *Eingang* gesprochen, aber was ist mit dem analogen *Ausgang*? Um ehrlich zu sein, unterstützt der Arduino keine analoge Ausgabe als solche. Allerdings wird die analoge Ausgabe auf einem Arduino mit einer Technik *vorgetäuscht, die* als **Pulsweitenmodulation**, kurz **PWM**, bekannt ist. Der Arduino gibt nur 5 V an seinen Ausgangspins aus. Aber nehmen wir an, wir wollten ein 2,5-V-Signal vortäuschen. Was könnten wir tun? Nun, wenn wir den Pin schnell ein- und ausschalten, sodass er nur die Hälfte der Zeit eingeschaltet ist, würde uns das ungefähr die gleiche Menge an elektrischer Energie liefern wie eine kontinuierliche

Ausgabe von 2,5 V. Genau das macht die PWM: Sie täuscht eine niedrigere Spannung vor, indem sie die Stromzufuhr zum Pin sehr schnell ein- und ausschaltet, sodass es wie eine niedrigere Spannung „aussieht". In Kap. 22 werden wir sehen, wie man dies tatsächlich in eine „echte" Spannung umwandelt.

Arduino-Programme verwenden die Funktion analogWrite(), um einen Pin für PWM zu verwenden. Diese Funktion ist etwas verwirrend benannt, weil (a) sie digitale statt analoge Pins verwendet und (b) der Wert zwischen 0 und 255 liegt, nicht zwischen 0 und 1023 wie analogRead(). Ansonsten tut sie im Grunde das, was man erwarten könnte. analogWrite(3, 0); schaltet den digitalen Pin 3 aus, analogWrite(3, 255); schaltet ihn ganz ein, analogWrite(3, 127); schaltet ihn ziemlich gleichmäßig ein und aus und analogWrite(3, 25); hält den digitalen Pin 3 nur eine kurze Zeit an – relativ dazu, wie lange der Pin aus bleibt.

Um ein Gefühl für PWM zu bekommen, werden wir ein sehr einfaches PWM-Projekt durchführen – eine gedimmte LED. Die Abb. 15-4 zeigt, wie die Verbindung aussehen wird – nur eine LED mit einem strombegrenzenden Widerstand, der an den digitalen Pin 3 angeschlossen ist (der mit einem ~ markiert ist, um anzuzeigen, dass er PWM-fähig ist). Die Abb. 15-5 zeigt den Code zum Dimmen des Ausgangs.

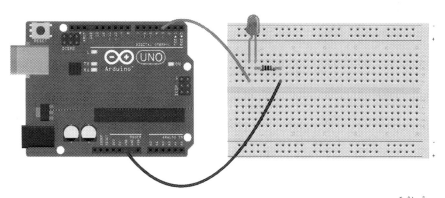

fritzing

Abb. 15-4. Ein einfacher analoger Dimmer

```
void setup() {
    pinMode(3, OUTPUT);
}

void loop() {
    // Drehen Sie die LED langsam bis zum Anschlag auf
    int i = 0;
    while(i < 255) {
        analogWrite(3, i);
        delay(10);
        i = i + 1;
    }

    // Drehen Sie die LED langsam wieder ganz herunter.
    while (i >= 0) {
        analogWrite(3, i);
        delay(10);
        i = i – 1;
    }
}
```

Abb. 15-5. Code für den analogen Dimmer

Dieser Code ist ein wenig komplizierter. Es ist in Ordnung, wenn Sie ihn nicht ganz verstehen, denn dies ist kein Programmierbuch. Aber ich denke, wenn Sie lange genug darüber nachdenken, können Sie ihn verstehen.

Kurz gesagt, es wird eine **Variable** erstellt, die ein benannter temporärer Speicherplatz für einen Wert ist (wir nennen sie i, um einen kurzen Namen zu haben). Sie wird als int deklariert, was bedeutet, dass sie eine ganze Zahl enthält, und wir setzen sie mit einem Anfangswert von null.

Der while-Befehl bedeutet, dass dieser Vorgang wiederholt (oder in einer **Schleife**) ausgeführt wird, wobei alles innerhalb des Codeblocks zwischen { und } immer wieder ausgeführt wird, solange i kleiner als 255 ist. Innerhalb dieses Blocks schreiben wir den Wert von i an Pin 3 mit analogWrite(). Dann verzögern wir für 10 ms, um sicherzustellen, dass die Änderung sichtbar ist (Sie können diesen Wert an die Geschwindigkeit anpassen, mit der Sie die Helligkeit ändern möchten). Dann erhöhen wir i um eins, um zum nächsten Wert zu gelangen.

Die nächste while-Schleife macht das Gleiche, aber in umgekehrter Richtung. Sie beginnt bei 255 und geht bis 0. Wenn sie dann ganz auf null steht, wird die Funktion loop() beendet. Dann führt der Arduino die Schleifenfunktion noch einmal aus.

Obwohl der Arduino „analog" ausgibt, indem er den Pin mit unterschiedlichen Raten ein- und ausschaltet, *sieht* es so aus, *als* würde die LED ein- und ausdimmen. Sie flackert so schnell, dass wir sie lediglich als ein Licht mit geringerer Energie wahrnehmen als ein pulsierendes Licht. Wenn sie auf etwa 180 (etwa 70 % an und 30 % aus) kommt, ist der Unterschied zur vollen Helligkeit nicht mehr groß.

15.3 Rückblick

In diesem Kapitel haben wir das Folgende gelernt:

1. Der Arduino kann mit der Funktion analogRead() Spannungswerte zwischen 0 und 5 V über die analogen Eingangspins lesen.

2. Die von den Stiften des analogen Eingangs ausgegebenen Werte sind ganze Zahlen zwischen 0 und 1023, wobei 0 für 0 V, 1023 für 5 V und die Zahlen dazwischen für Zwischenspannungen stehen.

3. Bei der Verwendung von Widerstandssensoren müssen Sie die Widerstandssensoren immer noch in eine Spannungsteilerschaltung einbinden, um den variierenden Widerstand in eine variierende Spannung umzuwandeln.

4. Wir können Debugging-Informationen über die serielle USB-Schnittstelle an die integrierte Entwicklungsumgebung des Arduino zurücksenden, indem wir das Serial-Objekt und die damit verbundenen Befehle verwenden.

5. Die analoge Ausgabe auf dem Arduino erfolgt über die *digitalen* Pins des Arduino (nicht über die analogen Pins), aber nur über die mit einer Tilde (~) gekennzeichneten Pins, unter Verwendung der Funktion analogWrite().

6. Die analoge Ausgabe auf dem Arduino erfolgt durch Pulsweitenmodulation (PWM), die den Ausgangspin sehr schnell ein- und ausschaltet, um eine Teilspannung zu simulieren.

7. Der Spannungspegel des analogen Ausgangs am Arduino wird durch eine Zahl zwischen 0 und 255 festgelegt, wobei 0 bedeutet, dass keine Spannung anliegt, 255 bedeutet, dass der Pin die ganze Zeit auf 5 V gehalten wird und die Zahlen dazwischen bewirken, dass der Pin schnell hin und her schaltet, um eine Spannung zwischen den beiden Werten zu emulieren.

8. In der Computerprogrammierung ist eine Variable ein temporärer Speicherplatz für einen Wert.

9. In der Computerprogrammierung wiederholt eine while-Schleife das Innere der while-Schleife immer und immer wieder, bis die Bedingung nicht mehr gültig ist.

15.4 Anwenden, was Sie gelernt haben

1. Was müssen Sie an einem Widerstandssensor tun, um den Wert des Sensors am analogen Eingang ablesen zu können?

2. Wie würden wir in dem Code, der das Licht dimmt, den Dimmvorgang verlangsamen?

3. Ändern Sie die Schaltung und den Code des Dunkelheitssensors so, dass er einen gedimmten (analogen) Wert an die LED ausgibt.

4. Ändern Sie die Schaltung des Dunkelheitssensors weiter, sodass die LED bei verschiedenen Dunkelheitsgraden unterschiedlich hell leuchtet.

5. Überlegen Sie sich, wie Sie die Schaltungen in diesem Kapitel verändern können. Überlegen Sie sich eine neue Art, die gelernten Teile so zusammenzusetzen, dass sie in gewissem Maße modifiziert funktionieren. Implementieren Sie diesen neuen Entwurf.

Kondensatoren und Induktoren

Kondensatoren

In diesem Kapitel werden wir uns zunächst mit dem **Kondensator** beschäftigen.

16.1 Was ist ein Kondensator?

Bevor wir mit der Besprechung des Kondensators beginnen, müssen wir kurz die Konzepte aus Kap. 3 über die Beziehung zwischen Ladung, Strom und Spannung wiederholen. Es könnte sogar hilfreich sein, dieses Kapitel noch einmal zu lesen, wenn Sie feststellen, dass Sie vergessen haben, wie diese Begriffe miteinander zusammenhängen.

Zur Überprüfung

- Die Ladung ist im Wesentlichen die Menge an elektrischem „Material" (positiv oder negativ), die etwas enthält, gemessen in Coulomb.

- Strom ist die *Bewegung* von Ladung, gemessen in Coulomb pro Sekunde, auch bekannt als Ampere.

- Die Spannung ist der Betrag der Kraft, die jedes Coulomb erzeugt. Man kann sie sich als die Menge an elektrischer Energie vorstellen, die jedes Coulomb erzeugen kann, oder als die Menge an Leistung, die jedes Ampere Strom erzeugt.

© Der/die Autor(en), exklusiv lizenziert an APress Media, LLC, ein Teil von Springer Nature 2023
J. Bartlett, *Elektronik für Einsteiger*, https://doi.org/10.1007/978-3-662-66243-4_16

Ein Kondensator ist ein Speichergerät, das elektrische Energie speichert, indem es zwei entgegengesetzte Ladungen (d. h. positive und negative) hält. Die Ladungsmengen, die die Kondensatoren, mit denen wir arbeiten werden, speichern können, sind sehr gering, aber einige Kondensatoren können sehr große Ladungsmengen speichern. Man kann sich einen Kondensator wie eine sehr, sehr, sehr kleine wiederaufladbare Batterie vorstellen. Im Gegensatz zu Batterien speichert ein Kondensator jedoch nicht eine feste Spannung, sondern entgegengesetzte Ladungen. Im Gegensatz zu einer Batterie hängt die tatsächliche Spannung, die ein Kondensator beim Entladen abgibt, sowohl von der Größe des Kondensators als auch von der Menge der gespeicherten Ladung ab und die Spannung nimmt ab, wenn die Ladung verringert wird.

Die Größe eines Kondensators wird als seine **Kapazität** bezeichnet und in **Farad** (abgekürzt mit dem Buchstaben F) gemessen, benannt nach dem einflussreichen Wissenschaftler Michael Faraday. Eine Kapazität von 1 F bedeutet, dass ein Kondensator, der eine Ladung von 1 C speichert, mit einer Kraft von 1 V entladen wird. Die meisten Kondensatoren haben jedoch eine viel geringere Kapazität als 1 F. Kondensatoren werden in der Regel in Mikrofarad (1 Millionstel Farad, abgekürzt als µF oder uF), Nanofarad (1 Milliardstel Farad, abgekürzt als nF) oder Picofarad (1 Billionstel Farad, abgekürzt als pF) gemessen. Kondensatoren werden selten in Millifarad (1 Tausendstel Farad) angegeben.

Um also Mikrofarad in Farad umzurechnen, multiplizieren Sie die Kapazität mit 0,000001. Um von Farad zu Mikrofarad zurückzukehren, multiplizieren Sie die Kapazität mit 1.000.000. Um Picofarad in Farad umzurechnen, multiplizieren Sie die Kapazität mit 0,000000000001. Um von Farad zu Picofarad zurückzugehen, multiplizieren Sie die Kapazität mit 1.000.000.000.000.

16.2   Wie Kondensatoren funktionieren

Das Symbol für einen Kondensator in einer Schaltung ist in Abb. 16-1 dargestellt. Dieses Symbol bietet eine visuelle Referenz für die Funktionsweise eines Kondensators. Kondensatoren bestehen in der Regel aus zwei leitenden Platten oder Oberflächen, die durch eine Art nicht leitendes Material voneinander getrennt sind. Da die beiden Platten *nahe* beieinander liegen, zieht eine Ladung in einer der Platten aufgrund des **elektrischen Feldes** Ladung in die andere Platte. Ein elektrisches Feld wird immer dann erzeugt, wenn sich eine Ladung ansammelt. Im Wesentlichen zieht ein elektrisches Feld eine entgegengesetzte Ladung näher heran.

Abb. 16-1.   Das Symbol für einen Kondensator

Elektrische Felder beeinflussen Ladungen in der Nähe, auch wenn sie sich nicht direkt berühren. Das Feld zieht entgegengesetzte Ladungen näher an sich heran. Daher wird eine Ladung in einer Platte die entgegengesetzte Ladung in der anderen Platte anziehen. Da sich die Platten jedoch nicht wirklich berühren, können die Elektronen nicht über den Spalt springen. Daher sammelt der Kondensator eine bestimmte Menge an Ladung an und speichert sie in seinen Platten.

Um dies besser zu verstehen, stellen Sie sich vor, dass Sie eine positive Ladung sind. Sie bewegen sich durch den Stromkreis, aber warum? Worauf bewegen Sie sich zu? Als positive Ladung versuchen Sie, sich in Richtung der negativen Ladung zu bewegen. Wenn Sie sich also weiterbewegen, sehen Sie dieses große Schwimmbecken (d. h. einen Kondensator). Am Boden des Schwimmbeckens ist die Barriere so dünn, dass Sie auf die andere Seite sehen können. Und was sehen Sie dort? Es sind die negativen Ladungen – genau dort, am Boden des Schwimmbeckens! Die negativen Ladungen haben ihr eigenes Schwimmbecken, das so groß ist wie Ihr eigenes, getrennt durch eine so dünne Barriere, dass Sie sich gegenseitig sehen können.

Weil Sie sie sehen können, gehen Sie hinunter in den Swimmingpool, um zu sehen, ob Sie interagieren können. Eine Menge anderer positiver Ladungen sehen das auch und gehen hinunter, um zu sehen, was los ist. Aber wenn man dort ankommt, stellt man fest, dass man, egal wie sehr man sich anstrengt, nicht an die negative Ladung herankommt, die man sehen kann. Da immer mehr Ladung das Schwimmbad füllt, wird es im Schwimmbad immer voller. Dadurch entsteht ein *Druck* im Schwimmbad, der auch als *Spannung* bezeichnet wird. Da das Schwimmbecken immer voller wird, ist es immer schwieriger, neue Ladung hineinzubekommen, sodass die Füllrate sinkt und die Spannung (der Druck, der die Ladung aus dem Becken drückt) steigt. Das Gleiche geschieht mit dem negativ geladenen Schwimmbecken auf der anderen Seite.

Wenn der Druck (die Spannung), mit dem die Ladung aus dem Schwimmbad herausgedrückt wird, dem Druck (der Spannung) der zum Schwimmbad führenden Leitung (des Kondensators) entspricht, ist der Kondensator voll. Wenn die Spannung an der Leitung abfällt (d. h. die Batterie wird abgeschaltet), drückt der Druck der Ladungen im Kondensator diese zurück in die Leitung und entlädt den Kondensator.

Wenn also ein Pol des Kondensators mit dem Pluspol einer Batterie und der andere Pol mit dem Minuspol einer Batterie verbunden ist, fließt die Ladung schnell in den Kondensator, wie in unserem Beispiel mit dem Schwimmbad geschehen. Die Abb. 16-2 zeigt diesen Schaltungsaufbau. Die genaue Ladungsmenge, die hineinfließt, hängt von der Spannung der Batterie und der Kapazität des Kondensators ab (d. h. von der Größe des Schwimmbads). Beachten Sie, dass es sich nicht um einen Kurzschluss handelt, da die beiden Platten des Kondensators *nicht wirklich verbunden* sind. Sie sind nur nahe genug beieinander, um die entgegengesetzte Ladung auf die gegenüberliegende Platte zu ziehen.

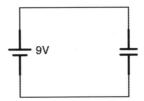

Abb. 16-2. Eine einfache Schaltung zum Aufladen eines Kondensators

In einem Aufbau wie in Abb. 16-2 gibt es eine Gleichung, die die Ladungsmenge angibt, die in einem Kondensator bei einer bestimmten Spannung gespeichert werden kann:

$$Q = C \cdot V. \qquad (16.1)$$

In dieser Gleichung steht V für die angelegte Spannung, C für die Kapazität (in Farad) und Q für die in den Kondensatorplatten gespeicherte Ladung (in Coulomb).

> **Beispiel 16.7** Wenn ich einen 66-μF-Kondensator an eine 9-V-Quelle anschließe, wie viel Ladung wird auf dem Kondensator gespeichert?
>
> Nun, zunächst müssen wir die Kapazität von Mikrofarad in Farad umrechnen. 66 μF sind 66 Millionstel eines Farads, also 0,000066 F. Jetzt müssen wir die Zahlen nur noch in die Gleichung einsetzen:
>
> $$Q = C \cdot V$$
> $$= 0.000066 \cdot 9$$
> $$= 0.000594 \text{ C}.$$

Wenn ich also einen 66-μF-Kondensator an eine 9-V-Quelle anschließe, würde der Kondensator 0,000594 C Ladung speichern.

Nachdem mein Kondensator aufgeladen ist, kann ich ihn als sehr kleine Batterie verwenden. Das heißt, ich könnte ihn von der Schaltung in Abb. 16-2 trennen und ihn als Batterie für eine andere Schaltung wieder anschließen. Wie ich bereits erwähnt habe, wird dies jedoch eine sehr, sehr kleine Batterie sein. Wenn die Ladung den Kondensator verlässt, sinkt auch die Spannung der Batterie.

Wenn wir den Kondensator als Batterie verwenden und wissen, wie viel Ladung im Kondensator gespeichert ist, können wir die Gl. 16.1 leicht umstellen, um herauszufinden, wie viel Spannung er liefert, wenn er sich zu entladen beginnt:

$$V = \frac{Q}{C}.$$

(16.2)

Wenn sich der Kondensator nun entlädt, nimmt die von ihm gespeicherte Ladung ab und damit auch die Spannung, die er abgibt. Wenn wir wissen, wie viel Ladung zu einem bestimmten Zeitpunkt übrig ist, können wir die aktuelle Spannung berechnen.

> **Beispiel 16.8** Wenn ich eine Ladung von 0,0023 C in einem 33-µF-Kondensator gespeichert habe und den Kondensator entlade, bei welcher Spannung beginnt er sich zu entladen?

Als Erstes müssen wir die Kapazität in Farad umrechnen. Ein Mikrofarad ist 1 Millionstel eines Farads, also 33 µF = 0,000033 F. Jetzt können wir einfach Zahlen in die Gleichung einsetzen:

$$V = \frac{Q}{C}$$

$$= \frac{0.0023}{0.000033}$$

$$\approx 69.7 \ V.$$

Wenn sich der Kondensator entlädt, entlädt er sich daher mit 69,7 V.

Innerhalb eines Stromkreises werden Kondensatoren in der Regel dort eingesetzt, wo die Spannungen variieren. Bis die Spannung im Kondensator gleich der Spannung im Stromkreis ist, zieht der Kondensator Ladung aus dem Stromkreis ab. Wenn die Spannung im Kondensator die Spannung im Stromkreis übersteigt, gibt der Kondensator Ladung in den Stromkreis zurück. Diese Dynamik ist das Grundprinzip bei der Entwicklung von Schaltungen mit Kondensatoren.

16.3 Arten von Kondensatoren

Es gibt zahlreiche Arten von Kondensatoren, die sich in der Art der verwendeten Materialien, der inneren Geometrie und der Verpackung unterscheiden. Die Abb. 16-3 zeigt viele verschiedene Arten von Kondensatoren, die erhältlich sind.

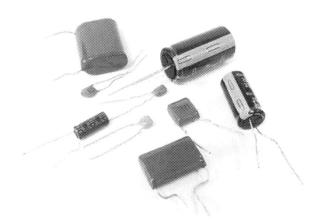

Abb. 16-3. Verschiedene Arten von Kondensatoren. (Shutterstock/Muhammad Anuar bin Jamal)

Das wichtigste Merkmal von Kondensatoren neben ihrer Kapazität ist jedoch, ob sie **gepolt** oder **nicht gepolt** sind. Bei einem *nicht gepolten Kondensator* spielt es keine Rolle, wie Sie die Anschlüsse anbringen. Jede Seite kann die positivere oder negativere Seite sein. Der gebräuchlichste Typ eines nicht gepolten Kondensators ist der kreisförmige Keramik-Scheibenkondensator. Keramik-Scheibenkondensatoren sind zwar einfach zu verwenden, haben aber eine begrenzte Kapazität.

Bei einem *gepolten Kondensator muss* jedoch eine Leitung positiver bleiben als die andere, sonst besteht die Gefahr, dass der Kondensator beschädigt wird. Der gebräuchlichste Typ eines gepolten Kondensators ist der Elektrolytkondensator. Elektrolytkondensatoren sehen aus wie kleine Fässer, aus denen Leitungen herausragen. Sie haben in der Regel viel höhere Kapazitäten als Keramikkondensatoren, aber man muss darauf achten, dass die Polarität richtig ist und niemals die Richtung wechselt.

Bei gepolten Kondensatoren ist es wichtig zu wissen, welcher Anschluss positiv und welcher negativ ist. Es gibt verschiedene Möglichkeiten, wie ein Hersteller dies angeben kann:

1. Eine oder beide Leitungen können mit ihrer jeweiligen Polarität (+ oder −) gekennzeichnet sein.

2. Die Minusleitung kann mit einem breiten Streifen markiert werden.

3. Das Pluskabel kann länger sein als das Minuskabel.

Viele Hersteller bieten alle drei Möglichkeiten an.

Wenn in einem Schaltplan ein gepolter Kondensator erforderlich ist, wird ein spezielles Kondensatorsymbol verwendet, wie in Abb. 16-4 dargestellt. Der einzige Unterschied besteht darin, dass eine Seite gekrümmt ist. Bei einem gepolten Kondensator ist die gerade Seite die positive Seite und die gekrümmte Seite die negative Seite. Manchmal werden gepolte Kondensatoren mit Plus- (+) und Minussymbolen (−) anstelle von (oder zusätzlich zu) einer geraden und einer gebogenen Seite gekennzeichnet.

Abb. 16-4. Symbol eines gepolten Kondensators

Bei jedem Kondensator ist es wichtig, dass Sie die Kapazität des betreffenden Kondensators kennen. Bei größeren Kondensatoren (insbesondere bei Elektrolytkondensatoren) können die Hersteller die gesamte Kapazität einschließlich der Einheiten direkt auf die Kondensatoren drucken. Viele Kondensatoren sind jedoch extrem klein und können nicht mit so vielen Informationen versehen werden.

Bei kleineren Kondensatoren wird die Kapazität durch drei Ziffern und einen optionalen Buchstaben beschrieben. Die dritte Ziffer gibt an, wie viele Nullen an das Ende der beiden anderen Ziffern angehängt werden müssen, und die ganze Zahl ist die Kapazität in Picofarad. Wenn die Zahl 234 lautet, ist die Kapazität 230.000 pF (23 gefolgt von vier Nullen). Wenn die Zahl 230 ist, dann ist die Kapazität 23 pF.

Der Buchstabe am Ende gibt die *Toleranz* des Kondensators an, d. h. die Wahrscheinlichkeit, dass die Kapazität von den Markierungen abweicht. Übliche Buchstaben sind J (±5 %), K (±10 %) und M (±20 %).

16.4 Aufladen und Entladen eines Kondensators

Um einen Kondensator fast augenblicklich auf eine bestimmte Spannung aufzuladen, kann man (wie wir es auch schon früher in diesem Kapitel getan haben) den Plus- und Minuspol der Batterie direkt an die Anschlüsse des Kondensators anschließen. Sobald er aufgeladen ist, können Sie den Kondensator als eine sehr kleine Batterie für ein Projekt verwenden.

In Abb. 16-5 sehen wir zwei einfache Schaltungen und einen Elektrolytkondensator. Damit diese Schaltung wirklich funktioniert, ist es hilfreich, einen Elektrolytkondensator mit mindestens 100 µF und einen Widerstand mit mindestens 10 kΩ zu haben. Bauen Sie also zunächst die LED-Schaltung auf der rechten Seite von Abb. 16-5 auf einem Breadboard auf. Schließen Sie jedoch keinen Strom an die Stromschienen an. Als Nächstes nehmen Sie den Kondensator und legen den Pluspol des Kondensators an den Pluspol der 9-V-Batterie und den Minuspol des Kondensators an den Minuspol der 9-V-Batterie. Achten *Sie darauf, dass sich die Anschlüsse des Kondensators nicht gegenseitig berühren.* Halten Sie den Kondensator 1 oder 2 s lang, damit er sich vollständig aufladen kann. Legen Sie nun den Kondensator so an, dass der Pluspol an den Pluspol und der Minuspol an den Minuspol des Breadboards angeschlossen ist, *ohne die Anschlüsse des Kondensators zu berühren.* Wenn Sie dies tun, wird der Kondensator Ihr LED-Projekt für einige Sekunden mit Strom versorgen.

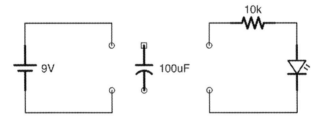

Abb. 16-5. Verwendung eines Kondensators als Batterie

Nun werden Sie feststellen, dass die LED immer dunkler wird, bevor sie erlischt. Warum passiert das?

Denken Sie daran, dass die Spannung, die der Kondensator liefert, von der Ladung abhängt, die in ihm vorhanden ist. Aus Gl. 16.2 geht hervor, dass die Spannung von der Ladung im Kondensator abhängt. Wenn der Kondensator angeschlossen wird, beginnt er mit einer Entladung von 9 V, da die Batterie in der Lage war, diesen Wert in den Kondensator zu übertragen. Der Kondensator verbraucht jedoch seine Ladung, um das Projekt zu betreiben. Das bedeutet, dass die Spannung sinkt, sobald die Ladung abfließt, da die Spannung davon abhängt, wie viel Ladung sich im Kondensator befindet.

> **Beispiel 16.9** Wenn wir die in Abb. 16.5 aufgeführten Bauteile verwenden, wie viel Ladung speichert die Batterie zunächst im Kondensator?
>
> Wir können Gl. 16.1 verwenden, um dies zu bestimmen:
>
> $$Q = C \cdot V$$
> $$= 100 \ \mu F . 9 \ V$$
> $$= 0.000100 \ F . 9V$$
> $$= 0.0009 \ C.$$

Beispiel 16.10 Mit welcher Spannung entlädt sich der Kondensator, nachdem 0,0003 C Ladung entladen worden sind?

Um dies herauszufinden, müssen wir zunächst herausfinden, wie viel Ladung im Kondensator *verbleibt*. Um das herauszufinden, subtrahieren wir einfach die entladene Ladung von der Ausgangsladung. Das ergibt 0,0009 C − 0,0003 C = 0,0006 C.

Mit Gl. 16.2 können wir nun herausfinden, mit welcher Spannung sich der Kondensator entlädt:

$$V = \frac{Q}{C}$$

$$= \frac{0.0006}{0.000100}$$

$$= 6 \text{ V}.$$

Der Kondensator entlädt sich also mit 6 V.

16.5 Kondensatoren in Reihe- und parallel geschaltet

Genau wie Widerstände können Kondensatoren entweder in Reihe oder parallel geschaltet werden. Für Kondensatoren gelten dieselben Gleichungen wie für in Reihe und parallel geschaltete Widerstände. Es gibt jedoch *einen großen Unterschied*. Die Versionen der Gleichungen für Parallel- und Reihenschaltungen sind bei Kondensatoren *umgekehrt*.

Wenn wir den Widerstand in einer Schaltung verdoppeln wollen, fügen wir einfach einen weiteren Widerstand der gleichen Größe in Reihe hinzu. Wenn ich meine Kapazität verdoppeln möchte, kann ich einen weiteren Kondensator der gleichen Größe hinzufügen. Für den Kondensator würden wir jedoch den Kondensator *parallel* hinzufügen. Im Folgenden finden Sie die Formel für die Parallelschaltung von Kondensatoren:

$$C_T = C_1 + C_2 + \dots \tag{16.3}$$

Wenn wir Kondensatoren in Reihe schalten wollen, würden wir eine Formel verwenden, die genau der Formel für Widerstände in Parallelschaltung entspricht:

$$C_T = \cfrac{1}{\cfrac{1}{C_1} + \cfrac{1}{C_2} + \ldots}.$$ (16.4)

Beispiel 16.11 Wenn ich einen 100-μF-Kondensator mit einem 200-μF-Kondensator in Reihe schalte, wie viel Gesamtkapazität habe ich dann?

Dazu verwenden wir Gl. 16.4. Am besten ist es, wenn wir unsere Kapazitäten zuerst in Farad umrechnen. Es spielt keine Rolle, solange die Einheiten gleich sind, aber es ist eine gute Übung, in Farad umzurechnen, damit man es nicht vergisst, wenn man anfängt, Kapazitäten in verschiedenen Einheiten zu berechnen. 100 μF entsprechen 0,0001 F und 200 μF entsprechen 0,0002 μF.

Nun setzen wir diese Werte in die Gleichung ein:

$$C_T = \cfrac{1}{\cfrac{1}{C_1} + \cfrac{1}{C_2}}$$

$$= \cfrac{1}{\cfrac{1}{0.0001 \text{ F}} + \cfrac{1}{0.0002 \text{ F}}}$$

$$= \cfrac{1}{10000 + 5000}$$

$$= \cfrac{1}{15000}$$

$$= 0.0000666 \text{ F}$$

$$= 66.6 \ \mu F.$$

Beispiel 16.12 Genau wie bei den Widerständen können wir eine Vielzahl von Kondensatoren in Parallel- und Reihenschaltung zu einem einzigen Kapazitätswert kombinieren. Nehmen wir zum Beispiel die Schaltung in Abb. 16-6. Wie hoch ist die Gesamtkapazität dieser Schaltung?

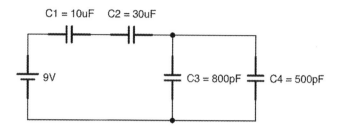

Abb. 16-6. Kondensatoren in Reihe und parallel geschaltet

Zunächst können wir damit beginnen, alle Kapazitäten in Farad umzurechnen. Dies wird die spätere Kombination erleichtern. In diesem Fall ist $C_1 = 0,00001$ F, $C_2 = 0,00003$ F, $C_3 = 0,0000000008$ F und $C_4 = 0,0000000005$ F. C3 und C4 sind parallel geschaltet, sodass wir sie mit der Parallelformel (Gl. 16.3) kombinieren können:

$$C_T = C_3 + C_4$$
$$= 0.000000000 \text{ F} + 0.0000000005 \text{ F}$$
$$= 0.0000000013 \text{ F}.$$

Wenn wir nun diese Kapazität für C3 und C4 einsetzen, können wir die Serienformel (Gl. 16.4) verwenden, um die Gesamtkapazität der Schaltung zu ermitteln:

$$C_T = \cfrac{1}{\cfrac{1}{C_1} + \cfrac{1}{C_2} + \cfrac{1}{C_{3\&4}}}$$

$$= \cfrac{1}{\cfrac{1}{0.00001} + \cfrac{1}{0.00003} + \cfrac{1}{0.0000000013}}$$

$$= \cfrac{1}{100000 + 33333.33 + 769230769.23}$$

$$= \cfrac{1}{769364102.56}$$

$$= 0.0000000013 \text{ F}$$

$$= 1.3 \text{ nF}.$$

Die Gesamtkapazität der Schaltung beträgt also 1,3 nF.

16.6   Kondensatoren und AC und DC

Eine wichtige Eigenschaft eines Kondensators ist, dass er den Fluss von Wechselstrom (AC) *zulässt*, aber den Fluss von Gleichstrom (DC) blockiert. Um zu verstehen, warum das so ist, sollten wir uns überlegen, wie Kondensatoren funktionieren.

Kondensatoren wirken beim Aufladen im Wesentlichen wie Kurzschlüsse. Während an einem Anschluss positive Ladung in den Kondensator fließt, fließt auf der anderen Seite negative Ladung hinein. Ein *Zufluss* von negativer Ladung auf dieser Seite bedeutet, dass auf dieser Seite ein *Nettoabfluss* von positiver Ladung stattfindet. *Auch wenn die physikalischen Elektronen die Grenze zwischen den Platten nicht überschreiten, bewegt sich* die Gesamtladung von einer Seite zur anderen.

Diese Situation ist jedoch nur *vorübergehend*, da mit zunehmender Ladung des Kondensators die Wahrscheinlichkeit sinkt, dass neue Ladung eintritt. Sobald der Kondensator vollständig aufgeladen ist (basierend auf der Spannung), kann keine neue Ladung mehr in die eine Seite fließen, um die Ladung auf die andere Seite zu übertragen.

Sobald der Kondensator aufgeladen ist, *fließt kein Strom mehr durch ihn. Ändert* sich der Spannungspegel an einer der Leitungen, so fließt so lange Ladung, bis die Änderung durch das Auf- oder Entladen des Kondensators ausgeglichen wird.

Da zwischen den beiden Seiten eines Kondensators eine Barriere besteht, fließt der Strom nur dann *durch* einen Kondensator, wenn sich die Spannung *ändert*. Bleibt die Spannung gleich, dann fließt keine Ladung mehr durch den Kondensator, sobald er die Kapazität für diese Spannung erreicht.

Aus diesem Grund sagen wir, dass Kondensatoren Wechselstrom *zulassen*, aber Gleichstrom *blockieren*. Diese Faustregel wird uns später helfen, Kondensatoren in einer Vielzahl von Schaltungen zu verwenden.

16.7   Verwendung von Kondensatoren in einer Schaltung

In diesem Abschnitt werden wir die Verwendung von Kondensatoren in einer Schaltung besprechen. Wir haben noch nicht genug diskutiert, um Kondensatoren tatsächlich auf diese Weise zu verwenden, aber ich dachte, es wäre hilfreich zu sehen, warum Kondensatoren verwendet werden, sodass Sie sehen können, warum Sie sich mit diesen Dingen beschäftigen sollten.

Kondensatoren werden in erster Linie zum Filtern von Störsignalen verwendet, insbesondere in Stromquellen. Stellen Sie sich vor, Sie hätten eine Stromquelle, die keine konstante Spannung liefert, sondern die Spannung schwankt ein wenig. Wenn Sie einen Kondensator parallel zu dieser Schaltung schalten, würde die Stromquelle den Kondensator aufladen. Fällt die Stromquelle dann etwas ab, entlädt sich der Kondensator, um dies auszugleichen. Ebenso würde der Kondensator bei einem Anstieg der Stromquelle einen Teil dieses Anstiegs absorbieren, indem er die Ladung speichert.

Durch die vorübergehende Speicherung zusätzlicher Ladung kann der Kondensator also Wellen in einem Signal glätten, wie in Abb. 16-7 zu sehen ist. Diese Art der Verwendung wird als Filterkondensator bezeichnet, weil er Rauschen herausfiltert.

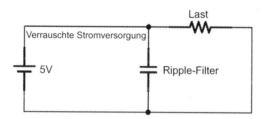

Abb. 16-7. Ein Kondensator, der eine verrauschte Stromversorgung filtert

Dies kann als eine weitere Umsetzung unserer Regel angesehen werden, dass Kondensatoren Wechselstrom durchlassen, aber Gleichstrom blockieren. Wenn die Quellenspannung eine Welligkeit aufweist, wird die *Welligkeit selbst* durch den Kondensator gegen Masse abgeleitet. Bei normalem Betrieb kann der Gleichstromanteil des Stroms jedoch nicht durch den Kondensator fließen und wird einfach an die Last weitergeleitet.

Bei vielen ICs mit schwankendem Strombedarf werden in den technischen Datenblättern ein oder mehrere Kondensatoren an der Stromversorgung oder anderen Pins empfohlen, um das Rauschen herauszufiltern.

Eine weitere Möglichkeit der Verwendung von Kondensatoren ist die Verwendung als **Koppelkondensator**. Ein Koppelkondensator wird verwendet, wenn *sowohl* ein Wechselstromsignal als auch ein Gleichstromsignal kombiniert wird. Das kommt häufig vor, wenn wir über Verstärkung sprechen. Wir haben dann ein verstärktes Signal, wollen aber *nur* den Wechselstromanteil des Signals. Das kann man erreichen, indem man einen Kondensator hinzufügt, der den Teil der Schaltung, der sowohl Wechsel- als auch Gleichstrom-komponenten hat, mit dem Teil der Schaltung verbindet, der nur die Wechselstromkomponente benötigt. Durch den Kondensator werden nur die Spannungsschwankungen, nicht aber die Basisspannung, übertragen.

Eine weitere Möglichkeit, Kondensatoren zu verwenden, ist die Filterung bestimmter Frequenzen. Signale mit höheren Frequenzen können leicht durch einen Kondensator übertragen werden, aber Signale mit niedrigen Frequenzen werden im Wesentlichen blockiert, als ob sie Gleichstrom wären. Welche

Frequenzen zulässig sind, hängt von der Kapazität ab. Wenn Sie einen Kondensator in Reihe mit dem Signalweg schalten, werden nur höhere Frequenzen zugelassen. Wenn Sie einen Kondensator parallel zum Signalpfad schalten, sind nur niedrige Frequenzen möglich (die höheren Frequenzen werden gegen Masse geschaltet).

SICHERHEIT VON KONDENSATOREN

Wenn Sie einen Kondensator in einem Gerät sehen, berühren Sie ihn nicht, auch nicht bei ausgeschaltetem Gerät. Da Kondensatoren Ladung speichern, können sie die Ladung auch nach dem Ausschalten des Geräts beibehalten. Wenn Sie einen Kondensator aus irgendeinem Grund berühren müssen, verwenden Sie einen Widerstand, um ihn zu entladen. Wenn Sie einen großen Widerstand (Megaohm) einige Sekunden lang zwischen die Anschlüsse eines Kondensators schalten (ohne die Anschlüsse selbst zu berühren!), sollten die meisten Kondensatoren entladen werden. Sie können auch ein Multimeter verwenden, um festzustellen, dass der Kondensator entladen ist (0 V).

16.8 Rückblick

In diesem Kapitel haben wir das Folgende gelernt:

1. Ein elektrisches Feld entsteht überall dort, wo sich eine Ladung ansammelt.

2. Ein Kondensator ist ein Gerät, das elektrische Energie speichert, indem es zwei entgegengesetzte Ladungen hält.

3. Die Größe von Kondensatoren wird durch ihre Kapazität bestimmt, die in Farad gemessen wird.

4. Da ein Farad so groß ist, werden Kondensatoren normalerweise in Mikrofarad, Nanofarad oder Picofarad gemessen.

5. Gepolte Kondensatoren (in der Regel Elektrolytkondensatoren) haben eindeutige positive und negative Anschlüsse, während nicht gepolte Kondensatoren (in der Regel Keramikkondensatoren) in beide Richtungen gehen können.

6. Wenn eine Batterie an einen Kondensator angeschlossen ist, speichert sie eine Ladung auf dem Kondensator.

7. Die Gleichung für die Ladung (Q), die in einem Kondensator gespeichert wird, wenn eine Batterie angeschlossen ist, lautet $Q = C \cdot V$, wobei C die Kapazität in Farad, V die Spannung und Q die Ladung in Coulomb ist.

8. Wenn man die Gleichung umstellt, kann man für eine bestimmte Ladungsmenge bestimmen, wie viel Spannung ein Kondensator entlädt, wenn man ihn lässt: $V = \dfrac{Q}{C}$.

9. Wenn der Kondensator seine Ladung über den Draht entlädt, um Strom zu erzeugen, sinkt die verbleibende Ladung und damit auch die Spannung, die er abgibt.

10. Kondensatoren mit kleinen Gehäusen sind oft mit einem dreistelligen Code gekennzeichnet, wobei die dritte Ziffer die Anzahl der Nullen ist, die zu den anderen beiden Ziffern hinzuzufügen sind und die letzte Zahl in Picofarad angegeben wird.

11. Wenn mehrere Kondensatoren zusammen verwendet werden, können ihre Kapazitäten ähnlich wie bei Widerständen kombiniert werden, wobei jedoch die Gleichungen für die Reihen- und Parallelschaltungen vertauscht werden.

12. Die Gleichung für die Kondensatoren in Reihenschaltung lautet wie folgt:

$$C_T = \frac{1}{\dfrac{1}{C_1} + \dfrac{1}{C_2} + \dots}.$$

13. Die Gleichung für die Parallelkapazität lautet wie folgt: $CT = C_1 + C_2 + \dots$

14. Kondensatoren lassen Wechselstrom durch sich hindurchfließen, blockieren aber den Gleichstrom.

15. Kondensatoren können verwendet werden, um Wechselstrom- (Hochfrequenz-) und Gleichstromanteile (Niederfrequenz-) eines Signals zu trennen. Der Wechselstromanteil fließt durch den Kondensator, während der Gleichstromanteil an einer Klemmenseite verbleibt.

16.   Kondensatoren können zum Filtern von Audiofrequenzen, zum Filtern von Stromversorgungsschwankungen, zur Spannungserhöhung und zur Kopplung eines kombinierten AC/DC-Schaltkreises mit einem reinen AC-Schaltkreis verwendet werden.

16.9   Anwenden, was Sie gelernt haben

1.   Rechnen Sie 23 F in Mikrofarad um.

2.   Rechnen Sie 15 µF in Farad um.

3.   Rechnen Sie 35 pF in Farad um.

4.   Rechnen Sie 0,0002 F in Mikrofarad um.

5.   Rechnen Sie 0,0030 µF in Farad um.

6.   Wenn eine Spannung von 6 V an einen 55-µF-Kondensator angelegt wird, wie viel Ladung würde er speichern?

7.   Wenn eine Spannung von 2 V an einen 13-pF-Kondensator angelegt wird, wie viel Ladung würde er speichern?

8.   Wenn ein 132-µF-Kondensator eine Ladung von 0,02 C enthält, wie viel Volt erzeugt er dann, wenn er sich zu entladen beginnt?

9.   Wenn ein 600-pF-Kondensator eine Ladung von 0,03 C enthält, wie viel Volt erzeugt er dann, wenn er sich zu entladen beginnt?

10.   Ein 121-µF-Kondensator ist an eine Batterie angeschlossen. Nach einer gewissen Fluktuation hat der Kondensator eine gespeicherte Ladung von 0,00089 C und die Batterie zeigt 8,9 V. Wird der Kondensator zu diesem Zeitpunkt geladen oder entladen?

Kondensatoren als Timer

In diesem Kapitel werden wir lernen, wie man die Zeit misst, die ein Kondensator zum Aufladen braucht. Wenn wir das gelernt haben, können wir Kondensatoren als Timer verwenden – sowohl zur Verzögerung eines Signals als auch zur Erstellung eines Schwingkreises.

17.1 Zeitkonstanten

Wie wir in Kap. 16 gelernt haben, speichert ein Kondensator Energie, wenn eine Spannung an ihn angelegt wird, indem er eine Ladung auf seinen Platten speichert, wobei die Menge der Ladung von der angelegten Spannung und der Kapazität des Kondensators abhängt (siehe Gl. 16.1).

In den Fällen, die wir in Kap. 16 untersucht haben, war die Batterie im Allgemeinen direkt an den Kondensator angeschlossen. In solchen Fällen lädt sich der Kondensator fast sofort an der Quellenspannung auf. Wenn ein Kondensator jedoch über einen Widerstand aufgeladen wird (anstatt direkt an die Batterie angeschlossen zu sein), dauert es viel länger, die Kapazität des Kondensators zu laden, als wenn er direkt an die Batterie angeschlossen wäre. Tatsächlich erreicht der Kondensator nie seine *volle* Kapazität, obwohl er nahe genug herankommt, dass wir sagen, dass er sie erreicht.

© Der/die Autor(en), exklusiv lizenziert an APress Media, LLC, ein Teil von Springer Nature 2023
J. Bartlett, *Elektronik für Einsteiger*, https://doi.org/10.1007/978-3-662-66243-4_17

Ein Widerstand in Reihe mit einem Kondensator ist eine Konfiguration, die als **RC (Widerstand-Kondensator)-Schaltung** (Resistor-Capacitator, RC) bekannt ist. Die Zeit, die ein Kondensator zum Aufladen benötigt, hängt sowohl vom Widerstand des Widerstands als auch von der Kapazität des Kondensators ab. Die eigentliche Gleichung dafür ist ziemlich kompliziert, aber es gibt einen einfachen Trick, der für fast alle Situationen ausreicht und als RC-Zeitkonstante bekannt ist.

Die RC-Zeitkonstante ist lediglich das Produkt aus dem Widerstand (in Ohm) multipliziert mit der Kapazität (in Farad), was die RC-Zeitkonstante in Sekunden ergibt. Die RC-Zeitkonstante kann verwendet werden, um zu bestimmen, wie lange es dauert, einen Kondensator auf ein bestimmtes Niveau aufzuladen (wir werden gleich darüber sprechen, was dieses Niveau ist). Wenn ich z. B. einen 100-μF-Kondensator und einen 500-Ω-Widerstand habe, beträgt die RC-Zeitkonstante 0,0001 F ∗ 500 Ω = 0,05 s.

Diese Konstante kann dann mithilfe der Tabelle in Abb. 17-1 verwendet werden, um zu bestimmen, wie lange es dauert, einen Kondensator auf einen bestimmten Wert aufzuladen.[1]

Anzahl der Zeitkonstanten	% der Spannung	% des Stroms
0.5	39.3 %	60.7 %
0.7	50.3 %	49.7 %
1	63.2 %	36.8 %
2	86.5 %	13.5 %
3	95.0 %	5.0 %
4	98.2 %	1.8 %
5	99.3 %	0.7 %

Abb. 17-1. RC-Zeitkonstanten

Wenn ich z. B. 2 Zeitkonstanten warte (in diesem Fall 0,05 s ∗ 2 = 0,1 s), wird mein Kondensator auf 86,5 % der Versorgungsspannung aufgeladen. Der Strom, der durch den Kondensator fließt, beträgt 13,5 % des Stroms, der fließen würde, wenn statt eines Kondensators nur ein gerader Draht vorhanden wäre.

---

[1] Für diejenigen, die wissen möchten, wie diese Zahlen berechnet werden, siehe Anhang D, Abschn. „Zeitkonstanten".

Ein Kondensator ist zwar nie wirklich „voll geladen" (weil er nie 100 % erreicht), aber in diesem Buch werden wir 5 Zeitkonstanten verwenden, um einen Kondensator als vollgeladen zu betrachten.

> **Beispiel 17.13** Ich habe eine Spannungsversorgung von 7 V und einen Kondensator von 100 µF. Ich möchte, dass es 9 s dauert, meinen Kondensator zu laden. Wie groß ist der Widerstand, den ich dafür verwenden muss?
>
> Um dieses Problem zu lösen, müssen wir rückwärts arbeiten. Erinnern Sie sich daran, dass wir 5 Zeitkonstanten als vollaufgeladen betrachten. Die Zeitkonstante, die wir zu erreichen hoffen, ist also 9/5 = 1,8 s. Die Kapazität beträgt 100 µF, was 0,0001 F entspricht. Da die Zeitkonstante lediglich das Produkt aus Kapazität und Widerstand ist, können wir dies wie folgt lösen:
>
> $$RC \text{ Zeitkonstante} = \text{Kapaziät} \cdot \text{Widerstand,}$$
> $$1.8 = 0.0001 \cdot R,$$
> $$0.0001 \cdot R = 1.8,$$
> $$R = \frac{1.8}{0.0001},$$
> $$R = 18000.$$

Damit es 9 s dauert, den Kondensator aufzuladen, müssen wir einen 18-kΩ-Widerstand verwenden.

Wenn wir den Kondensator über den Widerstand an Masse statt an die Spannungsversorgung anschließen, entlädt sich der Kondensator auf dieselbe Weise, wie er sich aufgeladen hat. Er wird sich zunächst stark entladen, aber dann, wenn er sich dem Nullpunkt nähert, wird die Entladungsmenge abnehmen. Anhand von Abb. 17-1 können Sie dann ablesen, wie viel Prozent der Spannung/des Stroms der Kondensator *entladen* hat.

> **Beispiel 17.14** Angenommen, ein 100-µF-Kondensator wurde auf 7 V aufgeladen und dann von der Stromversorgung getrennt, aber die Masseverbindung bleibt bestehen. Wir schließen dann den Pluspol des Kondensators an einen 5-kΩ-Widerstand an, der mit Masse verbunden ist. Wie viel Spannung ist nach 2 s noch im Kondensator vorhanden?

Um dies herauszufinden, müssen wir zunächst die RC-Zeitkonstante der Schaltung ermitteln.

$$T = 5k\,\Omega^* 100\,\mu F$$
$$= 5,000\,\Omega^* 0.0001 F$$
$$= 0.5\,s.$$

Die RC-Zeitkonstante beträgt also 0,5 s.

Nach 2 s haben wir also 4 RC-Zeitkonstanten durchgeführt. Aus Abb. 17-1 geht hervor, dass wir 98,2 % der Spannung des Kondensators entladen haben. Das bedeutet, dass die *verlorene* Spannung 0,982 * 7 V = 6,874 V betragen sollte. Wenn wir so viel Spannung verloren haben, sollten wir sie abziehen, die verbleibende Spannung beträgt 7 V – 6,874 V = 0,126 V.

Nach 2 s beträgt die Spannung also 0,125 V.

17.2   Aufbau einer einfachen Timerschaltung

Nehmen wir an, wir wollen eine Schaltung, die, wenn sie eingeschaltet wird, eine bestimmte Zeit lang *wartet* und dann etwas tut. Wie könnten wir das machen?

Stellen Sie es sich so vor: Wir können die Aufladung von Kondensatoren nutzen, um eine Zeitverzögerung zu erreichen. Wir brauchen jedoch etwas, das „merkt", wenn die Zeitverzögerung abgelaufen ist. Mit anderen Worten, wir brauchen eine Möglichkeit, etwas auszulösen, wenn ein bestimmter Schwellenwert überschritten wird.

Was passiert mit dem Kondensator, wenn er sich auflädt? Die Spannung an seinen Anschlüssen ändert sich. Wenn er zum ersten Mal an den Stromkreis angeschlossen wird, ist die Spannung an seinen Anschlüssen gleich null. Während des Ladevorgangs steigt die Spannung an den Anschlüssen des Kondensators immer weiter an, bis sie der Versorgungsspannung entspricht. Daher wissen wir, wann wir unsere Zielzeit erreicht haben, wenn die Spannung einen bestimmten Wert erreicht hat. Aber woher wissen wir, wann wir die richtige Spannung erreicht haben? Haben wir bisher eine Schaltung gebaut, die Spannungen erkennt? Welches Bauteil haben wir verwendet?

Wenn Sie sich an Kap. 11 erinnern, haben wir den LM393 verwendet, um Spannungen zu vergleichen. Wir versorgten den LM393 mit einer Referenzspannung und er löste aus, wenn unsere andere Spannung über diese Spannung stieg. Wir können hier das Gleiche tun.

Wir werden eine Schaltung konstruieren, die 5 s lang wartet und dann eine LED einschaltet. Dazu müssen wir folgende Komponenten auswählen:

a)   eine Referenzspannung,

b)   eine Widerstands-Kondensator-Kombination, die die Referenzspannung nach einer bestimmten Zeit übersteigt, und

c)   eine Ausgangsschaltung, die die LED zum Leuchten bringt.

Es gibt praktisch unendlich viele Kombinationen für die Referenzspannung, den Widerstand und die Kapazität, aus denen wir wählen können. Tatsächlich spielt die Versorgungsspannung keine so große Rolle, da es sich um *Prozentsätze* der Versorgungsspannung handelt, die unabhängig von der tatsächlichen Spannung gleich sind.

In diesem Beispiel verwenden wir eine Basisversorgung von 5 V und legen die Referenzspannung auf die Hälfte der Versorgungsspannung fest. So können wir zwei beliebige äquivalente Widerstände für einen Spannungsteiler verwenden, um unsere Referenzspannung zu erhalten.

Da die Referenzspannung die Hälfte unserer Versorgungsspannung beträgt, verwenden wir die Tabelle in Abb. 17-1, um zu bestimmen, wie viele Zeitkonstanten erforderlich sind. Die Tabelle besagt, dass für 50 % der Spannung 0,7 Zeitkonstanten erforderlich sind (eigentlich sind es 50,3 %, aber wir wollen es nicht so genau nehmen).

Die Gleichung für unseren Widerstand und Kondensator lautet also

$$T = 5 \text{ s}$$

$$5 \text{ s} = 0.7 \cdot R \cdot C$$

$$\frac{5}{0.7} = R \cdot C$$

$$7.14 = R \cdot C.$$

Wir können also einen beliebigen Widerstand und Kondensator verwenden, wenn die Ohmzahl mit den Farad multipliziert gleich 7,14 ist. Für größere Zeiträume wie diesen verwende ich in der Regel 100-µF-Kondensatoren, weil sie größer sind und weil sie mit genau 0,0001 F leichter zu berechnen sind. Daher können wir sehr einfach den benötigten Widerstand für diesen Kondensator berechnen:

$$7.14 = R \cdot C$$

$$7.14 = R \cdot 0.0001$$

$$\frac{7.14}{0.0001} = R$$

$$71400 = R.$$

Daher brauchen wir einen Widerstand, der etwa 71.400 Ω beträgt. Wir könnten eine Kombination von Widerständen wählen, die genau diesen Wert erreicht, aber für unsere Zwecke müssen wir nur in die Nähe kommen. In meinem Fall ist der nächstgelegene Widerstand, den ich habe, 68.000 Ω (d. h. 68 kΩ). Das ist nahe genug (obwohl ich noch näher herankommen könnte, indem ich einen 3-kΩ-Widerstand in Reihe schalte).

Die Abb. 17-2 zeigt die vollständige Schaltung. Vergessen Sie beim Aufbau dieser Schaltung nicht, dass der Komparator auch mit der Versorgungsspannung und der Masse verbunden werden muss! Wie Sie sehen können, bilden R2 und R3 den Spannungsteiler, der die Referenzspannung für den Komparator mit der halben Versorgungsspannung bereitstellt. Die Werte für R2 und R3 sind willkürlich gewählt, aber sie müssen gleich sein, um die Referenzspannung zu erhalten. Ich habe für diese Widerstände mittelhohe Werte gewählt, um keinen Strom mit dem Spannungsteiler zu verschwenden. Der Schaltkreis, der durch R1 und C1 gebildet wird, ist der Zeitschaltkreis. Wenn die Schaltung zum ersten Mal eingesteckt wird, befindet sich C1 auf der Spannungsebene 0 und fungiert im Wesentlichen als Kurzschluss, während er anfängt, Ladung zu speichern. Bei 0 V ist dies natürlich weniger als unsere Referenzspannung. Wenn sich der Kondensator jedoch auflädt, kann immer weniger Strom in C1 fließen. Seine Spannung steigt nach den Regeln der RC-Zeitkonstante. Nach 0,7 Zeitkonstanten liegt die Spannung über dem durch die Referenzspannung festgelegten Spannungspegel und unser Spannungskomparator schaltet sich ein.

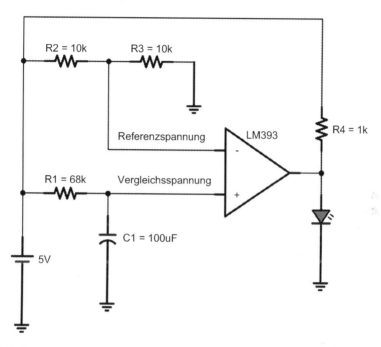

Abb. 17-2. Ein einfacher Timer für eine LED

Erinnern Sie sich an Kap. 11, dass der LM393 mit einem Pull-up-Widerstand arbeitet. Das heißt, der Komparator ist nie eine Stromquelle. Er senkt den Strom (Spannungspegel 0, wenn der Pluseingang kleiner als der Minuseingang ist) oder trennt die Verbindung (wenn der Pluseingang größer als der Minuseingang ist). Daher stellt R4 einen Pull-up-Widerstand bereit, um die LED mit Strom zu versorgen, wenn der LM393 die Verbindung unterbricht.

Die Abb. 17-3 zeigt diese Schaltung auf dem Breadboard. Wir verwenden den zweiten Spannungskomparator des LM393, weil es etwas einfacher war, die Verdrahtung dafür zu zeigen. Wenn Sie die Pinbelegung des LM393 noch einmal sehen wollen, finden Sie sie in Abb. 11-4.

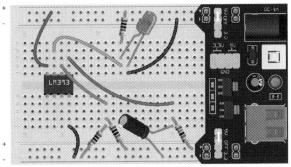

Abb. 1 7 - 3 . Die Kondensator-Timer-Schaltung auf einem Breadboard

Beachten Sie, dass unsere Grundschaltungen aus Kap. 9 auf dem Breadboard deutlich zu sehen sind. Oben befindet sich ein kombinierter Pull-up-Widerstand, der auch als Strombegrenzungswiderstand fungiert (wie es oft der Fall ist). Unten links haben wir einen Spannungsteiler.

Unten rechts sehen wir unsere neue Zeitschaltung, die einem Spannungsteiler sehr ähnlich sieht. Tatsächlich verhält er sich auch so, denn die Spannung variiert mit der Zeit! Wenn man sich vorstellt, was der Kondensator macht, wenn wir zum ersten Mal eine Spannung anlegen, verhält er sich wie ein Kurzschluss – mit anderen Worten, er hat keinen Widerstand. Das bedeutet, dass am Kondensator eine Spannung von 0 V anliegt und der Widerstand die gesamte Spannung aufnimmt. Wenn sich der Kondensator jedoch füllt, erhöht sich die Spannung, die er sich mit dem Widerstand *teilt*! Genau wie zuvor, als wir einen Sensor hatten, der einen sensorbasierten variablen Spannungsteiler erzeugte, haben wir hier im Wesentlichen einen zeitbasierten variablen Spannungsteiler.

17.3   Zurücksetzen unseres Timers

Die Zeitschaltuhr ist großartig, bis auf eine Sache: Wie schaltet man sie aus? Sie haben vielleicht bemerkt, dass die Zeitschaltuhr, auch wenn Sie die Stromzufuhr zum Schaltkreis unterbrechen, nicht mehr funktioniert, wenn Sie sie wieder einschalten! Denken Sie daran, dass der Kondensator Ladung speichert. Wenn Sie den Stromkreis abschalten, speichert er die Ladung *immer noch*.

Nun kann man die Ladung ganz einfach loswerden, indem man einen Draht zwischen die Schenkel des Kondensators legt. Bei größeren Kondensatoren muss man dies jedoch mit einem Widerstand statt mit einem Draht tun, damit kein gefährlicher Funke entsteht (der Widerstand begrenzt den Strom, wodurch die Entladung langsamer erfolgt). Aber wie macht man das mit einer Schaltung?

Wir können einen Taster oder Schalter hinzufügen, der dasselbe tut, wie wenn wir einen Draht oder Widerstand über die Schenkel des Kondensators legen. Die Abb. 17-4 zeigt, wie man das macht.

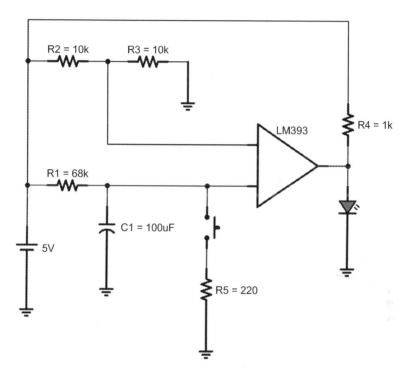

Abb. 17-4. Hinzufügen eines Reset zum Kondensator

Schauen wir uns nun an, wie diese Schaltung funktioniert. Zunächst einmal haben wir zwei Komponenten hinzugefügt: den Schalter und den damit verbundenen Widerstand R5. Um zu verstehen, wie das funktioniert, tun Sie einen Moment lang so, als ob der Widerstand nicht da wäre. Was passiert, wenn wir den Schalter drücken? Das würde eine direkte Verbindung von der positiven Seite des Kondensators zur Masse herstellen. Da die negative Seite des Kondensators ebenfalls mit der Masse verbunden ist, bedeutet dies, dass diese beiden Punkte direkt miteinander verbunden sind. Sie würden also *dieselbe* Spannung aufweisen. Dies wird dadurch erreicht, dass die Ladung plötzlich von einer Seite zur anderen eilt, um sich auszugleichen.

Wäre der Kondensator größer oder die Spannungen höher, könnte dies gefährlich sein. Man hätte für kurze Zeit einen hohen Strom und eine hohe Spannung (was zu einer hohen Wattzahl führen würde), wodurch etwas durchbrennen könnte. Daher ist es ratsam, einen kleinen Widerstand zwischen der Taste und der Masse zu verwenden. Der Widerstand sollte *viel* kleiner sein als der Widerstand, der zum Laden des Kondensators verwendet wird. Die genaue Größe spielt keine große Rolle – er muss klein genug sein, um den Kondensator schnell zu entladen, und groß genug, um einen Funken zu verhindern, wenn Sie den Knopf drücken. Sie können für die Entladung des Kondensators dieselben Zeitkonstanten verwenden wie für die Aufladung. Beachten Sie jedoch, dass der Ladekreis noch in Betrieb ist! Deshalb muss der Widerstand klein sein – er muss den Kondensator entladen, *während* der andere Widerstand versucht, ihn zu laden.

Beachten Sie auch R1 und R5. Was geschieht mit ihnen, wenn der Knopf gedrückt wird? Erinnern Sie sich an unsere grundlegenden Wider-standsschaltungen. Wenn wir zwei Widerstände haben, aus deren Mitte ein Draht herauskommt, was ist das dann? Es ist ein Spannungsteiler! R5 ist also nicht nur ein strombegrenzender Widerstand für die Taste, sondern wirkt auch als Spannungsteiler zusammen mit R1.

Das bedeutet, dass sich der Kondensator nur bis zu der Spannung entlädt, die zwischen den beiden Widerständen liegt. Das ist in Ordnung, solange es niedrig genug ist. Sie werden feststellen, dass in der Elektronik oft „nahe genug" zählt. Der Trick besteht darin, zu wissen, wie nah „nah genug" ist und wie „nah genug" noch zu weit ist.

Normalerweise können wir jedoch einige grundlegende Berechnungen durchführen, um dies herauszufinden. Da R1 68 kΩ und R5 200 Ω sind, wie hoch ist die Spannung an der Teilungsstelle? Wenn wir eine Versorgungsspannung von 9 V verwenden und die Formel aus Gl. 9.1 anwenden, können wir feststellen, dass

$$V_{OUT} = V_{IN} \cdot \frac{R_5}{R_1 + R_5}$$

$$= 9 \cdot \frac{220}{68000 + 220}$$

$$= 9 \cdot \frac{220}{68220}$$

$$\approx 9 \cdot 0.00322$$

$$\approx 0.029 \text{ V}.$$

Wie Sie sehen können, ist die Endspannung des Kondensators bei Betätigung des Knopfes zwar nicht *absolut* 0 V, aber verdammt nahe dran.

Beachten Sie auch, dass wir die Wirkung dieser Schaltung umkehren können, wenn wir wollen. Indem wir die beiden Eingänge des Spannungskomparators vertauschen, können wir die Schaltung für 5 s ein- und dann wieder ausschalten.

17.4 Rückblick

In diesem Kapitel haben wir das Folgende gelernt:

1. Wenn ein Widerstand und ein Kondensator in Reihe geschaltet sind, spricht man von einer RC-Schaltung.

2. In einem RC-Kreis hängt die Zeit, die ein Kondensator benötigt, um sich auf die Versorgungsspannung aufzuladen, von der Kapazität des Kondensators und vom Wert des Widerstandes ab.

3. Die *RC-Zeitkonstante* ist eine praktische Methode, um sich vorzustellen, wie lange es dauert, bis ein Kondensator in RC-Schaltungen aufgeladen ist.

4. Die RC-Zeitkonstante wird berechnet, indem der Widerstand (in Ohm) mit der Kapazität (in Farad) multipliziert wird; das Ergebnis ist die Anzahl der Sekunden in 1 RC-Zeitkonstante.

5. Die Tabelle in Abb. 17-1 zeigt, wie lange es dauert, einen Kondensator auf verschiedene Prozentsätze der Versorgungsspannung zu laden, und zwar als Vielfaches der RC-Zeitkonstanten.

6. Das Diagramm der RC-Zeitkonstante kann auch verwendet werden, um die Zeit zu berechnen, die ein Kondensator benötigt, um sich gegen die Masse zu entladen, wenn er von seiner Quelle getrennt und über einen Widerstand mit der Masse verbunden ist. In diesem Fall wird Abb. 17-1 verwendet, um festzustellen, wie viel Prozent der Spannung *entladen* sind.

7. Ein Timer kann mithilfe eines Komparators und eines RC-Glieds zusammen mit einer Referenzspannung, die von einem Spannungsteiler bereitgestellt wird, aufgebaut werden. Durch Veränderung des RC-Stromkreises kann der Zeitablauf geändert werden.

8. Nach dem Aufladen eines Kondensators muss eine Möglichkeit vorgesehen werden, ihn auch wieder zu entladen, z. B. ein Knopf, der zur Masse führt.

9. Solche Entladungsmethoden müssen einen Widerstand haben, um Funkenbildung und andere Störungen zu verhindern, aber nicht zu viel Widerstand, da sie versehentlich Spannungsteiler mit anderen Widerständen im Stromkreis bilden und eine vollständige Entladung verhindern können.

10. Auch wenn unsere Schaltungen immer fortschrittlicher werden, dominieren die grundlegenden Schaltungen, die wir in Kap. 9 gefunden haben, immer noch unsere Schaltungsentwürfe.

17.5 Anwenden, was Sie gelernt haben

1. Wie groß ist die RC-Zeitkonstante eines RC-Stromkreises mit einem Widerstand von 10 Ω und einem Kondensator von 2 F, wenn ich einen solchen Stromkreis habe?

2. Wie viele Sekunden dauert es, bis mein Kondensator auf etwa 50 % der Versorgungsspannung aufgeladen ist?

3. Wie groß ist die RC-Zeitkonstante einer RC-Schaltung mit einem Widerstand von 30.000 Ω und einem Kondensator von 0,001 F?

4. Wie viel Prozent der Spannung des Kondensators aus der vorherigen Frage ist nach 60 s aufgeladen?

5. Wie groß ist die RC-Zeitkonstante eines RC-Stromkreises mit einem Widerstand von 25 kΩ und einem Kondensator von 20 µF, wenn ich einen solchen Stromkreis habe?

6. Nennen Sie eine Widerstands- und Kondensatorkombination, die eine RC-Zeitkonstante von 0,25 s ergibt.

7. Rekonfigurieren Sie die Schaltung in Abb. 17-2 so, dass sie 3 s lang wartet. Zeichnen Sie die gesamte Schaltung.

8. Zeichnen Sie die vorherige Schaltung noch einmal und kreisen Sie jedes Grundmuster der Widerstandsschaltung ein und beschriften Sie es.

Einführung in Oszillatorschaltungen

In Kap. 17 haben wir gelernt, wie man RC-Schaltungen (Widerstand-Kondensator-Schaltungen) verwendet, um Timer zu erstellen. In diesem Kapitel werden wir unser Konzept der Zeitschaltungen nutzen, um von einmaligen Zeitschaltungen zu *oszillierenden* Schaltungen überzugehen.

18.1 Grundlagen der Oszillation

Bisher waren die meisten Schaltkreise, die wir gebaut haben, ziemlich geradlinig. Man führt eine Aktion aus (z. B. einen Knopf drücken) und dann passiert etwas, aber danach bleibt die Schaltung einfach in einem stabilen Zustand. In Kap. 17 haben wir zumindest eine Verzögerung eingebaut, die es der Schaltung ermöglicht, *später* etwas zu tun.

Wenn Sie jedoch wollen, dass Aktionen in die Zukunft fortgesetzt werden, müssen Sie nicht nur Verzögerungen, sondern auch *Oszillationen* haben. **Oszillation** bedeutet, hin und her zu gehen. Ein Oszillator ist ein Schaltkreis, der ständig zwischen zwei Zuständen hin und her wechselt – in der Regel zwischen Nullspannung und einer positiven Spannung. Stellen Sie sich blinkende Lichter zu Weihnachten vor. Diese Lichter gehen von einem Zustand mit Nullspannung (aus) zu einem Zustand mit positiver Spannung (an). Und sie wechseln immer wieder zwischen diesen Zuständen hin und her, solange Strom im Stromkreis vorhanden ist. Das sind oszillierende Schaltkreise.

Ein Oszillator wird normalerweise entweder durch seine **Periode** oder seine **Frequenz** beschrieben. Die Periode eines Oszillators gibt an, wie viele Sekunden er braucht, um einen kompletten Zyklus zu durchlaufen. Wenn ich also Lichter hätte, die 1 s lang blinken und dann 2 s lang aus sind (und sich auf diese Weise wiederholen), würde die Periode 3 s betragen.

Die Frequenz einer Schwingung ist die Anzahl der Zyklen, die das System pro Sekunde durchläuft, also der Kehrwert der Periode (d. h. eins geteilt durch die Periode). Da die Periode in diesem Beispiel also 3 s beträgt, ist die Frequenz $\frac{1}{3}$ Zyklen pro Sekunde. Die Einheit der Frequenz „Zyklen pro Sekunde" hat auch einen speziellen Namen – Hertz (oft als Hz abgekürzt). Wir würden also sagen, dass unsere blinkenden Lichter mit einer Frequenz von $\frac{1}{3}$ Hz blinken.

> **Beispiel 18.15** Nehmen wir an, wir haben einen Oszillator, der ein Licht 4 s lang an- und dann 4 s lang ausschaltet und dies ständig wiederholt. Was ist die Periode und die Frequenz dieses Oszillators?
>
> Die Periode ist lediglich die Gesamtzeit, die benötigt wird, um einen kompletten Zyklus zu durchlaufen. Daher

$$\text{period} = 4 \text{ s ein} + 4 \text{ s aus}$$
$$= 8 \text{ s.}$$

Wie lautet also die Frequenz dieses Oszillators? Ganz einfach: Nehmen Sie den Kehrwert der Periode. Das ergibt die Frequenz $\frac{1}{8}$ Hz.

> **Beispiel 18.16** Auf einem Klavier spielt die mittlere Taste C einen Ton mit einer Frequenz von 261,6 Hz. Was ist die Periode dieses Tons?
>
> Da die Frequenz der Kehrwert der Periode ist, funktioniert es auch andersherum – die Periode ist der Kehrwert der Frequenz. Daher ist die Periode einfach $\frac{1}{261.6}$ s. In Dezimalzahlen ausgedrückt ist dies 0,00382 s.

Es gibt noch viele andere Faktoren, die für die verschiedenen Arten von Oszillationen wichtig sind, z. B. die Geschwindigkeit des Übergangs zwischen den Zuständen, der prozentuale Anteil der Zeit, in der jeder Zustand erreicht wird usw. Die Periode/Frequenz ist jedoch eine gute Möglichkeit, das Verhalten eines Oszillators in einer einzigen Zahl zusammenzufassen.

18.2 Die Bedeutung von Oszillatoren

Oszillatoren sind in der Elektronik aus einer Reihe von Gründen wichtig. Der erste Grund sind blinkende Lichter. Wer beschäftigt sich schon mit Elektronik, ohne von blinkenden Lichtern fasziniert zu sein? Aber noch wichtiger ist, dass alle Punkte der folgenden Aufzählung Anwendungen von Oszillatoren in Schaltkreisen sind:

- Tonerzeugung: Geräusche und Töne werden erzeugt, indem ein Lautsprecher hin und her bewegt wird, der durch Strom, der zwischen verschiedenen Spannungen schwingt, hin und her bewegt wird.

- Zeituhren: Jede Uhr auf der Erde arbeitet mit einem Oszillator. Die Uhr zählt einfach die Anzahl der aufgetretenen Schwingungen, um zu wissen, ob sie einen weiteren Zeitschritt (Sekunde, Minute usw.) machen muss oder nicht.

- Hardwarekoordinationsuhren: In Computern und anderer fortschrittlicher Hardware werden Systemereignisse auf der Grundlage von Signalen aus einem Oszillator aufeinander abgestimmt. Wenn die Uhr ihren Zustand von Aus auf Ein (oder umgekehrt) ändert, führt der Schaltkreis den nächsten Schritt im Prozess aus. Die Uhr hält die verschiedenen Schaltkreise synchron und verhindert, dass sie sich gegenseitig beeinflussen.

- Funkübertragungen: Oszillatoren werden in Radios verwendet, um Signale auf „Trägerwellen" zu codieren, bei denen es sich lediglich um oszillierende Signale handelt, die auf einer bestimmten Frequenz laufen.

- Servomotoren: Ein Servomotor ist ein Motor, der einen Arm in einem bestimmten Winkel bewegt (z. B. das Lenkrad eines Autos). Servomotoren werden in der Regel mit Frequenzen betrieben, wobei jede Frequenz einen anderen Bewegungswinkel angibt.

Schauen wir uns genauer an, wie Schall durch Schwingungen erzeugt wird. Sie hören Schall über Ihr Trommelfell, das die von ihm wahrgenommenen

Schwingungen an Ihr Gehirn weiterleitet, das es als Schall interpretiert. Jeder Ton, den Sie hören, ist also lediglich die Schwingung Ihres Trommelfells. Mit anderen Worten: Ihr Trommelfell *schwingt* hin und her, was Sie als Klang interpretieren.

Warum bewegt sich Ihr Trommelfell hin und her? Die Antwort sind Schwingungen in der Luft. Wodurch entstehen diese Schwingungen? Schwingungen im Lautsprecher. Wenn sich der Lautsprecher hin und her bewegt, bewegt er die Luft, die den Ton erzeugt, den Sie hören.

Aber was bewegt den Lautsprecher hin und her? Schwingungen der Spannung und des Stroms, die dem Lautsprecher zugeführt werden. Am Lautsprecher ist ein Magnet angebracht, der auf Änderungen der Spannung im Kabel reagiert. Wenn die Spannung in der Leitung steigt, bewegt sich der Lautsprecher in eine Richtung. Wenn die Spannung sinkt, bewegt sich der Lautsprecher in die andere Richtung. Auf diese Weise werden die Spannungsschwankungen schließlich als Klang für Ihre Ohren hörbar.

18.3   Bau eines Oszillators

Denken wir einen Moment darüber nach, was man braucht, um einen Oszillator zu bauen. Ein Oszillator hat (mindestens) zwei verschiedene Zustände – Ein und Aus.[1] Dann gibt es eine Zeitspanne, in der man von einem Zustand in den anderen wechselt.

Welche Art von Schaltkreis haben wir uns angesehen, der einen Zeitraum angibt?

Wie wir in Kap. 17 gesehen haben, können uns RC-Schaltungen (Widerstand-Kondensator-Schaltungen) Zeitverzögerungen liefern. Diese Zeitverzögerungen können wir dann als Zeiträume zwischen den Schwingungszuständen verwenden. Wir brauchen einen Schaltkreis, der einen Zustand (wir nennen ihn S1) für eine Zeitspanne (wir nennen ihn T1) ausgibt und dann in einen anderen Zustand (wir nennen ihn S2) übergeht und dort für eine weitere Zeitspanne (wir nennen ihn T2) bleibt. Nachdem T2 beendet ist, kehrt die Schaltung in den Zustand S1 zurück und beginnt von Neuem.

Nun ist es möglich, dass wir eine solche Schaltung mit mehreren RC-Timern mit mehreren Komparatoren bauen können. Das ist machbar, aber es ist schwieriger, als es klingt. Glücklicherweise gibt es einen integrierten Schaltkreis, der für die Herstellung solcher Timer gebaut wurde – den NE555, der oft einfach als „555 Timer" oder „555" bezeichnet wird. Der NE555 ist ein sehr flexibles Bauteil und Ingenieure finden ständig neue Möglichkeiten, es zu nutzen. Wir werden uns jedoch auf die Verwendung als Basisoszillator beschränken.

---

[1] Sie können einen Oszillator mit mehr als zwei Zuständen bauen, aber wir werden uns in diesem Buch nicht mit diesen Schaltungen befassen, obwohl der Aufbau ähnlich ist.

Es ist am einfachsten, die Funktionsweise einer 555 zu beschreiben, wenn wir zunächst eine einfache Schaltung mit ihm zeigen. Die Schaltung in Abb. 18-2 schaltet eine LED ein und aus.

Die Anordnung der Pins auf dem eigentlichen 555-Chip ist etwas verwirrend (siehe Abb. 18-1). Um das Verständnis der Schaltung in Abb. 18-2 zu erleichtern, habe ich einfach Markierungen für jeden Pin in das Diagramm eingefügt, damit Sie sehen können, wohin sie *funktionell* gehören.

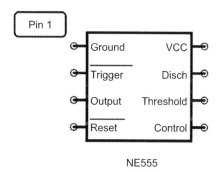

Abb. 18-1. Das 555- Pinout-Diagramm

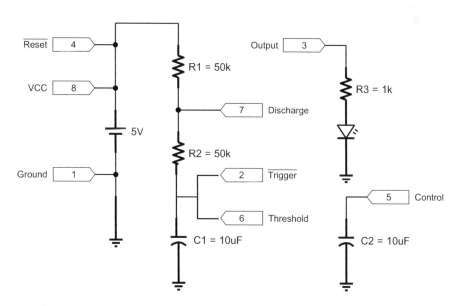

Abb. 18-2. Schematische Darstellung eines einfachen 555-Oszillators

Schauen wir uns zunächst die Pins auf der linken Seite von Abb. 18-1 an, die direkt mit den Stromschienen verbunden sind. Pin 1 (Masse) und Pin 8 (VCC) sind einfach genug – sie sind mit der Masse bzw. mit positiver Spannung verbunden. Pin 4 (Reset) wird ebenfalls mit der Spannungsquelle verbunden. Dies ist ein Reset-Pin, der aktiviert wird, wenn der Pin ein Niederspannungssignal erhält. Pins, die durch Niederspannungssignale aktiviert werden, sind oft mit einer Linie über ihnen dargestellt.[2] In unserem Fall wollen wir den Chip niemals zurücksetzen, also verbinden wir den Reset-Pin einfach mit einer positiven Spannung, was ein versehentliches Zurücksetzen aufgrund von Spannungsänderungen in der Umgebung verhindert.

Auf der rechten Seite oben sehen Sie nun die LED, die an Pin 3 (Output) angeschlossen ist. Pin 3 ist einfach der Ausgangspin. Er ist ein aktiver Ausgang, d. h., er liefert von sich aus Strom an den Ausgang. Wir brauchen keinen Pull-up-Widerstand, wie wir ihn beim LM393 verwendet haben. Stattdessen brauchen wir nur einen Strombegrenzungswiderstand für die LED. Der reguläre NE555-Ausgang liefert eine Spannung, die etwa 1,7 V unter der Versorgungsspannung liegt und bis zu 200 mA liefert, bevor er durchbricht.

Beachten Sie, dass es andere stromsparende Versionen des 555-Timers gibt, die andere Ausgangseigenschaften haben. Der LMC555 hat z. B. eine Ausgangsspannung, die der Eingangsspannung entspricht, kann aber nur etwa 100 mA liefern. Für unsere Zwecke würde beides funktionieren, da wir mit unserem Ausgang nichts Genaues machen und auch keinen sehr hohen Strom benötigen. Bei allen Berechnungen gehen wir jedoch von einem typischen NE555-Bauteil aus.

Unten rechts ist Pin 5 (Control) über einen 10-µF-Kondensator mit der Masse verbunden. Dies ist einfach ein Standardteil der Verwendung des Chips. Man kann in integrierten Schaltungen keine Kondensatoren unterbringen, die größer als ein paar Picofarad sind, daher schreiben viele Chips vor, dass bestimmte Kondensatoren an bestimmte Pins angeschlossen werden. Der NE555 verwendet einen 10-µF-Kondensator an Pin 5, um die Spannungsstabilität zu gewährleisten. In Kap. 16 haben wir gelernt, dass Kondensatoren im Wesentlichen wie kleine Batterien funktionieren. Dieser Kondensator tut genau das. Er sorgt für eine kurzfristige Ladung, falls sich der Strombedarf im Chip plötzlich ändert. Wenn z. B. der Ausgang aktiv wird, kann ein plötzlicher Ladebedarf entstehen. Dieser Kondensator versorgt den Chip mit einem schnell verfügbaren Ladungsreservoir, sodass plötzliche Änderungen des Strombedarfs keine Auswirkungen auf andere Chipeigenschaften haben.[3]

In der Mitte des Schaltplans findet die gesamte Aktion statt. Damit wird die Oszillation gesteuert. Es handelt sich im Wesentlichen um einen RC-Kreis mit

---

[2] Da die meisten Pins durch eine höhere Spannung aktiviert werden, erhalten Pins, die mit einer niedrigeren Spannung aktiviert werden, die spezielle Kennzeichnung.
[3] Für die meisten unserer Verwendungszwecke des NE555 können Sie Pin 5 tatsächlich unverbunden lassen – unsere Verwendung des Chips ist nicht so präzise oder stromhungrig, als dass dies Auswirkungen hätte. Nichtsdestotrotz zeige ich ihn angeschlossen, damit Sie sehen können, wie er angeschlossen werden *sollte*.

(a) einem zusätzlichen Widerstand und (b) ein paar Verbindungen zum Chip. Wie wir gleich sehen werden, wird der Kondensator abwechselnd geladen und entladen. Der Kondensator selbst ist mit zwei Spannungssensoren auf dem Chip verbunden. Der erste Sensor, Trigger , überwacht die Spannung am Kondensator und wird aktiviert, wenn die Spannung unter $\frac{1}{3}$ der Versorgungsspannung fällt (die Linie über dem Namen des Pins zeigt an, dass er bei einem niedrigen Wert aktiviert wird). Der zweite Sensor, Threshold, überwacht die Spannung und wird aktiviert, wenn die Spannung über $\frac{2}{3}$ der Versorgungsspannung liegt.

Der Oszillator arbeitet, indem er die Spannung des Kondensators zwischen $\frac{1}{3}$ und $\frac{2}{3}$ der Versorgungsspannung hin und her bewegt. Es ist ziemlich offensichtlich, wie sich der Kondensator auflädt – es handelt sich um einen einfachen RC-Kreis mit den beiden Widerständen R1 und R2. Wie also entlädt sich der Kondensator? Der Kondensator entlädt sich durch die Wirkung des Entladepins, Pin 7. Wenn der 555 startet, verhält sich Pin 7 im Wesentlichen so, als ob er mit nichts verbunden wäre, sodass man ihn im Grunde ignorieren kann. Wenn der Kondensator die Versorgungsspannung von $\frac{2}{3}$ überschreitet und den Threshold-Pin auslöst, verbindet der 555 den Pin 7 mit der Masse.

Überlegen Sie, was passiert, wenn Pin 7 an der Masse angeschlossen wird. Wird sich der Kondensator aufladen? Nein, der Strom, der durch R1 fließt, geht sofort zur Masse, weil das der einfachste Weg ist. Wenn der Kondensator aufgeladen ist, befindet er sich dann über oder unter der Masse? Er befindet sich offensichtlich über der Masse. Daher fließt der Strom *aus* dem Kondensator *heraus*, durch R2 und zur Masse. Der Kondensator entlädt sich, aber mit einer *anderen* Geschwindigkeit, als er sich aufgeladen hat. Die RC-Schaltung für das Aufladen des Kondensators verwendet sowohl R1 als auch R2 als Widerstand. Bei der Entladung des Kondensators wird jedoch nur R2 verwendet. Daher erfolgt die Entladung von der Spannung $\frac{2}{3}$ auf die Spannung $\frac{1}{3}$ schneller als die Aufladung.

Sobald sich der Kondensator auf $\frac{1}{3}$ der Versorgungsspannung entlädt, erkennt Pin 2 (Trigger) dieses Ereignis und schaltet Pin 7 aus, damit sich der Kondensator wieder aufladen kann. Der Kondensator lädt und entlädt sich also kontinuierlich von $\frac{1}{3}$ bis $\frac{2}{3}$ der Versorgungsspannung, während der 555 den Pin 7 (mit der Masse verbunden) ein- und ausschaltet. Das ist auch der Grund, warum es so wichtig ist, zwei Widerstände zu haben. Ohne R1 würde Pin 7, wenn er mit der Masse verbunden ist, einen Kurzschluss zwischen der Versorgungsspannung und der Masse bilden.

Die Abb. 18-3 zeigt die verschiedenen Stromflüsse in diesem Teil des Stromkreises während der Lade- und Entladephasen.

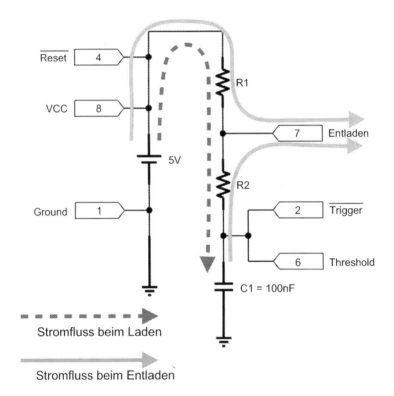

Abb. 18-3. Stromfluss während der Lade- und Entladephasen

Sie fragen sich vielleicht, warum zwei Detektoren an den Kondensator angeschlossen sind und nicht nur einer. Der Grund dafür ist, dass zwei verschiedene Detektoren eine große Flexibilität bei der Verdrahtung des 555 ermöglichen. Wie bereits erwähnt, gibt es eine Vielzahl von Verwendungsmöglichkeiten für den 555 und bei einigen Anwendungen werden Trigger und Threshold an verschiedene Teile der Schaltung angeschlossen. Für unsere Zwecke werden die beiden immer zusammmen verwendet.

Wie wirkt sich nun dieses Auf- und Entladen des Kondensators auf den Ausgang aus? Ganz einfach: Wenn der Kondensator *aufgeladen* ist, ist der Ausgang *eingeschaltet*. Wenn sich der Kondensator *entlädt*, ist der Ausgang *ausgeschaltet.* Beachten Sie, dass beim ersten Einschalten der 555 der Ausgang etwas länger eingeschaltet ist als in der restlichen Zeit. Das liegt einfach daran, dass die Schaltung beim ersten Einschalten von 0 V anstelle von $\frac{1}{3}$ der Versorgungsspannung geladen wird.

In Abb. 18-4 sehen Sie die fertige 555er-Schaltung auf einem Breadboard. Damit sollte das Licht für etwa zwei Drittel einer Sekunde ein- und für etwa ein Drittel einer Sekunde ausgeschaltet werden. Das ergibt eine Gesamtperiode von etwa 1 s und eine Frequenz von etwa 1 Hz. Im nächsten Abschnitt werden wir sehen, wie wir RC-Zeitkonstanten verwenden können, um unsere eigenen Ein- und Ausschaltzeiten zu berechnen.

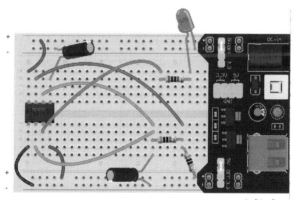

Abb. 18-4. Die 555-Oszillatorschaltung auf einem Breadboard

18.4 Berechnung der Ein- und Ausschaltzeiten mit dem 555er

Denken Sie daran, dass der Kondensator durch einen RC-Kreis geladen und entladen wird. Daher können wir das, was wir über RC-Schaltungen wissen, verwenden, um zu bestimmen, wie lange der Ausgangskreis hoch und niedrig sein wird.

Wenn der Kondensator *aufgeladen* wird, wird der Kondensator *sowohl* durch R1 als auch durch R2 aufgeladen. Wie groß ist in diesem Fall die RC-Zeitkonstante? Zunächst müssen wir den Widerstand kennen. Da der Widerstand hier ein Reihenwiderstand ist, können wir sie einfach addieren:

$$R_T = R_1 + R_2$$
$$= 50,000 + 50,000$$
$$= 100,000.$$

Der Widerstand beträgt also 100.000 Ω, und wir verwenden einen 10-µF-Kondensator (was 0,00001 F entspricht). Daher ist (basierend auf Kap. 17) die RC-Zeitkonstante 100.000 ∗ 0,00001 = 1. Unsere RC-Zeitkonstante ist also 1 s. Allerdings laden/entladen wir den Kondensator auf eine seltsame Weise. Wir beginnen nicht bei null (außer beim ersten Mal), sondern normalerweise bei $\frac{1}{3}$ der Versorgungsspannung.

Gehen Sie zurück zu Kap. 17 und sehen Sie sich Abb. 17.1 an. Wir haben zwar keine Zeitkonstante für *genau* $\frac{1}{3}$ der Versorgungsspannung, aber wir haben eine für 39,3 %, was ziemlich nahe dran ist. In der Tabelle in Abb. 17.1 wird dies als 0,5 Zeitkonstante angegeben. In diesem Fall ist das unser Startwert.

Unser Endwert ist, wenn der Kondensator geladen ist $\frac{2}{3}$. Das ist sehr nahe an 63,2 %, was einer Zeitkonstante von 1 entspricht. Die *Differenz* zwischen den Punkten, an denen $\frac{1}{3}$ und $\frac{2}{3}$ geladen sind, beträgt also 1 − 0,5 = 0,5 Zeitkonstanten.

Da wir ungefähre Werte aus der Tabelle verwendet haben, ist dies nur ein Näherungswert, um zu sehen, wie diese Idee funktioniert. Die Strecke von $\frac{1}{3}$ bis $\frac{2}{3}$ der Versorgungsspannung dauert tatsächlich 0,693 Zeitkonstanten.

Dies ist eine wichtige Zahl, die Sie sich merken sollten, wenn Sie den NE555 verwenden, da sie für alle Ihre Zeitberechnungen verwendet wird. Da unsere Zeitkonstante 1 s beträgt, ist die Berechnung sehr einfach: 1 ∗ 0,693 = 0,693 s.

Bei der Entladung ist zu beachten, dass der Punkt, an dem sich der Kondensator entlädt, Pin 7 ist. Dieser liegt *zwischen* R1 und R2. Das bedeutet, dass *nur* R2 zum Entladen verwendet wird, sodass die RC-Zeitkonstante nur auf R2 und dem Kondensator basiert. Die RC-Zeitkonstante beträgt also 50.000 ∗ 0,00001 = 0,5 s. Da die Lade-/Entladezeit zwischen $\frac{1}{3}$ und $\frac{2}{3}$ 0,693 Zeitkonstanten beträgt, ergibt sich für die Entladung von $\frac{2}{3}$ bis $\frac{1}{3}$ eine Zeit von 0,693 ∗ 0,5 = 0,347 s.

Die Gesamtdauer ist die Gesamtzeit für einen Zyklus. Sie setzt sich zusammen aus der Ladezeit (0,693 s) und der Entladezeit (0,347 s), was eine Gesamtzeit von 1,04 s ergibt.

Der Wert 0,693 sieht wie eine seltsame Zahl aus, aber das ist *immer* der Wert, der für die Anzahl der Zeitkonstanten für das Laden/Entladen zwischen $\frac{1}{3}$ und $\frac{2}{3}$ der Versorgungsspannung verwendet wird. Wenn Sie den 555-Timer verwenden wollen, ist es am besten, wenn Sie ihn einfach auswendig lernen.

Beachten Sie auch, dass die Ladezeit (bei eingeschaltetem Ausgang) *immer* länger ist als die Entladezeit (bei ausgeschaltetem Ausgang), da die Aufladung über *beide* Widerstände erfolgt, während die Entladung nur über *einen* Widerstand erfolgt.

> **Beispiel 18.17** Nehmen wir an, wir haben die in Abb. 18-2 gezeigte Oszillatorgrundschaltung, aber mit einem 2000-Ω-Widerstand für R1, einem 6000-Ω-Widerstand für R2 und einem 10-μF-Kondensator für C1. Wie lang sind die Ladezeit, die Entladezeit, die Periode und die Frequenz unseres Oszillators?
>
> Um dies herauszufinden, ist es am einfachsten, zunächst die Lade- und Entladezeiten getrennt zu berechnen und diese dann zur Ermittlung von Periode und Frequenz zu verwenden. Die Ladezeit wird auf der Grundlage der *beiden* Widerstände in unserem RC-Kreis berechnet. Der Widerstand beträgt also 2000 Ω + 6000 Ω = 8000 Ω. Die Kapazität beträgt 10 μF = 0,00001 F. Das bedeutet, dass die RC-Zeitkonstante 8000 Ω * 0,00001 F = 0,08 s beträgt.
>
> Die Anzahl der Zeitkonstanten, die benötigt werden, um von $\frac{1}{3}$ auf $\frac{2}{3}$ zu laden, beträgt 0,693. Das bedeutet, dass die Ladezeit 0,08 s * 0,693 = 0,0554 s beträgt.
>
> Die Entladung erfolgt nur über R2. Das bedeutet, dass die RC-Zeitkonstante 6000 Ω * 0,00001 F = 0,06 s beträgt. Da wir 0,693 Zeitkonstanten verwenden, beträgt die Gesamtzeit für die Entladung von $\frac{2}{3}$ bis $\frac{1}{3}$
>
> 0,693 * 0,06 s = 0,0416 s.

Da wir nun die Lade- und Entladezeiten haben, können wir die Periode ermitteln, indem wir sie einfach zusammenzählen. Dies bedeutet, dass die Periode 0,0554 s + 0,0416 s = 0,097 s beträgt.

Die Frequenz ist lediglich der Kehrwert dieser Zahl,

also $\dfrac{1}{0.097}$, was 10,3 Hz ergibt.

Beispiel 18.18 Nehmen wir nun an, wir wollen einen Oszillator bauen, bei dem die LED 3 s lang leuchtet und dann 2 s lang erlischt. Angenommen, wir behalten unseren 10-μF-Kondensator bei, welche Werte sollten wir für die einzelnen Widerstände verwenden?

Dazu müssen wir zuerst R2 lösen, da dies viel einfacher ist. Die Entladung wird 2 s betragen, was 0,693 Zeitkonstanten entspricht. Daher können wir dies als Gleichung formulieren:

$$2\ s = R \cdot C \cdot 0.693,$$
$$2\ s = R \cdot 0.00001 \cdot 0.69,$$
$$2\ s = R \cdot 0.0000069,$$
$$\frac{2\ s}{0.0000069} = R,$$
$$289,855\ \Omega \approx R.$$

Der Widerstand R2 muss also 289.555 Ω betragen.

Die Zeit zum Aufladen des Kondensators muss jedoch 3 s betragen. Das bedeutet, dass der Widerstand (der *sowohl* R1 *als auch* R2 sein wird) auch dafür berechnet werden muss. Daher werden wir eine ähnliche Gleichung verwenden:

$$3\ s = R \cdot C \cdot 0.693,$$
$$3\ s = R \cdot 0.00001\ F \cdot 0.693,$$
$$3\ s = R \cdot 0.00000693,$$
$$\frac{3\ s}{0.00000693} = R,$$
$$434,783\ \Omega = R.$$

Der Widerstand zum Aufladen des Kondensators muss also 434.783 Ω betragen. Dies ist jedoch der *kombinierte* Widerstand für R1 und R2. Glücklicherweise wissen wir aber bereits, was wir für R2 brauchen – 289,855 Ω. Daher können wir diese Werte in eine Gleichung einsetzen und für R1 lösen:

$$R_1 + R_2 = 434,783 \ \Omega,$$
$$R_1 + 289,855 \ \Omega = 434,783 \ \Omega,$$
$$R_1 = 434,783 \ \Omega - 289,855 \ \Omega,$$
$$R_1 = 144,928 \ \Omega.$$

Jetzt kennen wir also unsere Werte für R1 und R2 – 44.928 Ω und 289.855 Ω. Je nach Anwendung würden wir wahrscheinlich einfach Widerstände wählen, die nahe an diesem Wert liegen (z. B. 150 und 300 kΩ), anstatt zu versuchen, eine Kombination von Widerständen zu finden, die genau diesen Widerstand erreicht. Zum Lösen von Gleichungen ist es jedoch am besten, genaue Werte zu verwenden.

18.5 Auswahl des Kondensators

Letztlich gibt es keine festen Regeln für die Auswahl von Kondensatoren. Solange die RC-Zeitkonstante den richtigen Wert ergibt, kann man so ziemlich jede Kondensatorgröße mit der richtigen Widerstandsgröße kompensieren. Manchmal ist es jedoch hilfreich, eine kleine Orientierungshilfe zu haben und es gibt ein paar Situationen, auf die man achten muss.

Zunächst einmal wirkt sich die Größe des Kondensators auf die Größe des Widerstands aus, den Sie für eine bestimmte Zeitkonstante benötigen. Wenn Sie nur kleinere Widerstände haben, sollten Sie wahrscheinlich einen größeren Kondensator verwenden, um dies auszugleichen.

Die Verwendung eines kleineren Kondensators mit größeren Widerständen bringt jedoch einen sehr großen Vorteil in Bezug auf die Stromverschwendung. Wenn Sie kleinere Widerstände verwenden, dann besagt das ohmsche Gesetz, dass wir bei einer bestimmten Spannung größere Ströme haben werden. Da $V = I \cdot R$ ist, erhöht sich bei einem niedrigeren R der I-Wert. Ein höherer Widerstand bedeutet also, dass Ihr RC-Kreis viel weniger Strom verbraucht.

Denken Sie daran, dass wir den Strom nicht wirklich für irgendetwas anderes als *für die Zeitmessung verwenden*. Der Strom in unserer RC-Schaltung wird nicht für die Stromversorgung der LED verwendet (das macht die 555 über die Stromquelle) und er wird auch für nichts anderes verwendet; er dient nur dazu, die Zeit zu halten. Daher ist so gut wie der gesamte Strom, der von den

RC-Schaltungen verbraucht wird, verschwendet. Wir müssen ihn verwenden, aber wenn wir mit kleineren Strömen auskommen können, sollten wir das tun!

Dies wird noch deutlicher, wenn sich der Kondensator entlädt. Wenn Pin 7 (Entladen) auf Masse schaltet, wird nicht nur der Kondensator entladen, sondern es entsteht auch eine nutzlose Stromverschwendung, die von der Spannungsquelle durch R1 geht. In unserer Oszillatorkonfiguration lässt sich dies nicht vermeiden, aber größere Widerstände verringern die Abfallmenge.

Kurz gesagt, wenn Sie höherwertige Widerstände zur Kompensation haben, wird Ihre Schaltung durch die Verwendung kleinerer Kondensatoren viel weniger Strom verschwenden.

18.6 Rückblick

In diesem Kapitel haben wir das Folgende gelernt:

1. Da dieses Materie so stark auf RC-Schaltungen basiert, sollten Sie sich die Materie in Kap. 17 ansehen.

2. Wenn etwas schwingt, bewegt es sich zwischen einer Reihe von Werten hin und her.

3. In der Elektronik bezieht sich der Begriff Oszillator in der Regel auf Schaltungen, deren Ausgangsspannungen zwischen zwei verschiedenen Werten hin und her wechseln.

4. Oszillationen werden in der Regel durch ihre Periode oder Frequenz beschrieben.

5. Die Periode einer Schwingung ist die Zeit, die sie benötigt, um einen ganzen Zyklus zu durchlaufen (normalerweise in Sekunden).

6. Die Frequenz einer Schwingung ist die Anzahl der Schwingungen pro Sekunde, die einfach der Kehrwert der Periode ist (d. h. $\frac{1}{period}$), mit der Einheit Hertz (Zyklen pro Sekunde).

7. Oszillatoren werden in einer Reihe von Schaltkreisen eingesetzt, z. B. zur Tonerzeugung, Zeitmessung, Koordinierung von Aktivitäten, Funkübertragung und Motorsteuerung.

8. Oszillatoren werden häufig mit RC-Zeitschaltungen aufgebaut, die die Zeiträume der Schwingungen steuern.

9. Der NE555 (oft auch als 555-Timer oder einfach nur 555 bezeichnet) ist ein integrierter Schaltkreis, der verschiedene Zeitsteuerungsanwendungen ermöglicht, einschließlich der Herstellung von Oszillatoren.

10. Der NE555 wird, wenn er als Oszillator eingerichtet ist, durch zwei Widerstände und einen Kondensator gesteuert.

11. Der NE555 kann so eingestellt werden, dass er die Ladung des Kondensators überwacht. Er verfügt über zwei Pins zur Überwachung der Spannung, $\overline{\text{Trigger}}$ (der prüft, ob der Kondensator unter $\frac{1}{3}$ der Versorgungsspannung fällt) und Threshold (der prüft, ob der Kondensator über $\frac{2}{3}$ der Versorgungsspannung geladen ist).

12. Der NE555 wechselt zyklisch zwischen dem Laden und Entladen des Kondensators von $\frac{1}{3}$ der Versorgungsspannung auf $\frac{2}{3}$ der Versorgungsspannung und zurück (mit $\overline{\text{Trigger}}$ und Threshold zur Überprüfung der Spannungshöhe).

13. Der Entladepin des NE555 verhält sich so, als wäre er beim Aufladen des Kondensators abgeschaltet und ist mit der Masse verbunden, um dem Kondensator im Entladeteil des Zyklus einen Weg zur Entladung zu ermöglichen.

14. Der Ausgangspin des NE555 ist eingeschaltet (höherer Spannungspegel), wenn der Kondensator geladen wird, und ausgeschaltet (niedriger Spannungspegel), wenn der Kondensator entladen wird.

15. Der Ausgang des NE555 arbeitet im eingeschalteten Zustand mit einer Spannung, die etwa 1,7 V unter der Quellenspannung liegt, und kann maximal 200 mA an den Ausgangskreis abgeben.

16. Der Pin- Reset kann mit einer niedrigen Spannung belegt werden, um das gesamte Gerät zurückzusetzen. Wenn er nicht benutzt wird, sollte er einfach mit einer positiven Spannungsleitung verbunden werden.

17. Der Control-Pin ist mit einem Kondensator verbunden, um den Betrieb der Schaltung zu regulieren und zu stabilisieren.

18. Der RC-Stromkreis benötigt 0,693 Zeitkonstanten, um sich von der Spannung $\frac{1}{3}$ auf die Spannung $\frac{2}{3}$ aufzuladen oder in die andere Richtung zu entladen. Wenn Sie also die RC-Zeitkonstante haben, multiplizieren Sie sie mit 0,693, um die tatsächliche Zeit zu ermitteln, die er benötigt.

19. Der RC-Kreis verwendet beim Laden *beide* Widerstände, beim Entladen jedoch nur *einen* Widerstand. Das bedeutet, dass das Laden und Entladen jeweils ihre eigenen RC-Zeitkonstanten haben.

20. Da der Ladeschaltkreis zwei Widerstände verwendet, während der Entladeschaltkreis nur einen verwendet, wird der Ladeteil der Schwingungsperiode immer etwas länger sein als der Entladeteil.

21. Die Schwingungsdauer ist die Kombination aus der Ladezeit und der Entladezeit.

22. Bei der Berechnung der Widerstände für eine RC-Zeitschaltung ist es am besten, zuerst den Entladewiderstand zu berechnen, da hierfür nur ein Widerstand (R2) benötigt wird. Dann können Sie den kombinierten Widerstand für den Ladestromkreis berechnen, woraus Sie ableiten können, wie groß der Widerstand R1 sein sollte.

23. Bei der Auswahl der Komponenten für eine bestimmte RC-Zeitkonstante können Sie verschiedene Kombinationen von Kondensator-/Widerstandswerten wählen, um das gleiche Ergebnis zu erzielen. Die Wahl eines kleineren Kondensators und eines größeren Widerstands spart Strom in der Schaltung.

24. Eine Gleichung zur Bestimmung der Frequenz einer 555-Oszillatorschaltung finden Sie in Anhang D, Abschn. „555-Timer-Oszillator-Frequenzgleichung ".

18.7 Anwenden, was Sie gelernt haben

Die Abb. 18-2 wird als Grundlage für die Aufgaben in diesem Abschnitt verwendet:

1. Kopieren Sie Abb. 18-2 auf ein Blatt Papier, das die Stromflüsse beim Laden und Entladen enthält.

2. Warum ist R1 wichtig? Was würde passieren, wenn wir ihn einfach durch einen Draht ersetzen würden?

3. Warum sind auf dem NE555 zwei verschiedene Pins mit dem Kondensator verbunden? Mit welcher Art von Schaltung (die wir in diesem Buch besprochen haben) sind sie Ihrer Meinung nach im Inneren des Chips verbunden?

4. Warum ist die Ladezeit des NE555 immer mindestens ein wenig länger als die Entladezeit?

5. Warum bleibt der NE555 beim ersten Einschalten des Stromkreises etwas länger im eingeschalteten Zustand?

6. Nehmen wir an, wir möchten, dass unsere Schaltung 2 s lang eingeschaltet und 1 s lang ausgeschaltet ist. Welche Werte sollten wir für R1 und R2 verwenden, wenn wir denselben Kondensator beibehalten, um dies zu erreichen?

7. Angenommen, wir möchten, dass unsere Schaltung 10 s lang eingeschaltet und 3 s lang ausgeschaltet ist. Welche Werte sollten wir für R1 und R2 verwenden, wenn wir denselben Kondensator beibehalten, um dies zu erreichen?

8. Das Werk rief an und teilte mit, dass der von uns gewünschte Kondensator für die Schaltung nicht mehr verfügbar sei und wir stattdessen nur einen 23-μF-Kondensator verwenden könnten. Berechnen Sie die vorherige Aufgabe mit diesem geänderten Kondensatorwert neu.

9. Wie hoch ist der Strom, den unser Ausgang vom Chip bezieht?

10. Wie viel Strom verbraucht die RC-Schaltung in Abb. 18-2, wenn der Chip zum ersten Mal eingeschaltet wird (und der Kondensator somit leer und auf 0 V ist)?

Klangerzeugung mit Oszillationen

In Kap. 18 haben wir gelernt, wie man eine Oszillatorschaltung baut. Oszillationen wirken sich auf viele Bereiche der Elektronik aus, aber der am unmittelbarsten nutzbare Bereich (abgesehen von der Erzeugung blinkender Lichter) ist die Erzeugung von Tönen.

19.1 Wie der Ton von Lautsprechern erzeugt wird

Wie in Kap. 18 erwähnt, ist Schall das Ergebnis von Schwingungen (d. h. von oszillierenden Bewegungen) in der Luft. Diese Schwingungen werden in der Elektronik mit einem Lautsprecher erzeugt, wenn der Lautsprecher hin und her schwingt. Der Lautsprecher schwingt hin und her, weil er mit einem Magneten und einer Spule verbunden ist. Wenn die Elektrizität in der Spule zwischen positiven und negativen Ladungen schwankt, wird der Magnet von der Spule angezogen und abgestoßen, wodurch der Lautsprecher hin und her bewegt wird.

© Der/die Autor(en), exklusiv lizenziert an APress Media, LLC, ein Teil von
Springer Nature 2023
J. Bartlett, *Elektronik für Einsteiger*, https://doi.org/10.1007/978-3-662-66243-4_19

Die Frequenz dieser Schwingung bestimmt die Tonhöhe des Tons (d. h. wie hoch oder tief der Ton ist). Ist die Frequenz höher (kürzere Perioden), so ist die Tonhöhe höher. Ist die Frequenz niedriger (längere Perioden), so ist die Tonhöhe niedriger.

Im Vergleich zu den blinkenden Lichtern, mit denen wir uns in Kap. 18 beschäftigt haben, haben die Töne, die Sie hören können, alle eine viel höhere Frequenz. Das untere Ende des hörbaren Tons liegt bei etwa 20 Hz, d. h. bei 20 Zyklen pro Sekunde. Das obere Ende liegt bei etwa 20 kHz (d. h. 20.000 Hz). Diese Werte variieren von Person zu Person, aber für die meisten Menschen ist dies ein guter Richtwert. Wenn wir versuchen würden, eine LED so schnell blinken zu lassen, könnten wir sie nicht sehen – sie würde nur im Vergleich zu einem normalen Licht etwas schwächer aussehen.

19.2   Elektrizität grafisch darstellen

Wenn wir es mit Schaltkreisen zu tun haben, die schnell oszillieren, müssen wir eine Möglichkeit haben, das Geschehen zu visualisieren. Bei Schaltkreisen mit einem oder zwei Zuständen brauchen wir nicht viel zu visualisieren – wir müssen nur die Werte berechnen. Bei Schaltkreisen, die ständig oszillieren (z. B. bei Tonschaltungen), ist es jedoch hilfreich, die Spannungen zu verschiedenen Zeitpunkten grafisch darstellen zu können.

Es gibt verschiedene Möglichkeiten, Elektrizität grafisch darzustellen. Eine der gebräuchlichsten Möglichkeiten ist die Darstellung der *Zeit* auf der *x-Achse* und der *Spannung* auf der *y-Achse*. So wird sichtbar, wie sich die Spannung innerhalb des Stromkreises verändert. Da jeder Punkt eines Stromkreises eine andere Spannung hat, müssen Sie angeben, *welchen Punkt* des Stromkreises Sie grafisch darstellen wollen. Nimmt man z. B. die 555-Oszillatorschaltung aus Kap. 18 (d. h. Abb. 18-2), so sind die beiden Stellen, deren Spannungen man grafisch darstellen möchte (a) direkt vor dem Kondensator und (b) direkt nach dem Ausgangsstift.

Es ergeben sich *sehr* unterschiedliche Diagramme, aber beide sind lehrreich. Das Diagramm von (a) zeigt Ihnen, wie die Eingangsseite der Schaltung aussieht und das Diagramm von (b) zeigt Ihnen, wie die Ausgangsseite der Schaltung aussieht.

Beachten Sie, dass sich Abb. 19-1 ziemlich gleichmäßig verändert (außer bei Richtungsänderungen). Das liegt daran, dass sich die Spannung beim Aufladen des Kondensators mit der Zeit gleichmäßig ändert. Er lädt sich auf, bis er $\frac{2}{3}$ der Versorgungsspannung erreicht und entlädt sich dann auf $\frac{1}{3}$ der Versorgungsspannung. Dies geschieht immer wieder, wie Sie in der Grafik sehen können.

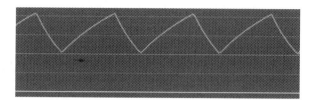

Abb. 19-1. Ein Diagramm der Kondensatorspannung in einem 555-Oszillator

Der Ausgang ist jedoch entweder *an* oder *aus*. Daher zeigt Abb. 19-2 eine sehr zackige Kurve. Dies wird als **Rechteckwelle** bezeichnet, da sie im Grunde rechteckig ist. Die Spannung steigt fast augenblicklich von null auf die Zielspannung und nachdem sie dort ein wenig verweilt hat, fällt die Spannung genauso augenblicklich wieder ab, wie sie gestiegen ist.

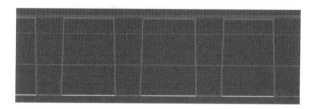

Abb. 19-2. Ein Diagramm der Ausgangsspannung in einem 555-Oszillator

Neben der Spannung kann auch der Strom auf die gleiche Weise graphisch dargestellt werden, obwohl er schwieriger zu messen ist. Da die Spannung mit einfachen Messfühlern gemessen werden kann und für die Messung des Stroms ein Draht ausgetauscht werden muss, konzentriert man sich meist nur auf die Messung der Spannung.

Spezielle Geräte, sog. **Oszilloskope**, können zur Messung von Spannungsänderungen über die Zeit verwendet werden. Diagramme wie in den Abb. 19-1 und 19-2 können erstellt werden, indem man ein Oszilloskop an den Stromkreis anschließt, während dieser in Betrieb ist.[1] Früher kosteten Oszilloskope Tausende von US-Dollar, aber heute kann man ein kleines Handoszilloskop für weniger als 50 US-Dollar kaufen.

Die Verwendung eines Oszilloskops liegt außerhalb des Rahmens dieses Buches, aber die Grundlagen sind einfach genug. Ein Oszilloskop hat normalerweise eine aktive Sonde und eine Massesonde. Die Massesonde wird an die Masse des Stromkreises angeschlossen, die aktive Sonde an den Punkt des Stromkreises, den Sie messen wollen. Dann schaut man auf den Bildschirm und sieht, wie hoch die Spannung an diesem Punkt über einen bestimmten

---

[1] Bei den in den Abbildungen dargestellten Graphen handelt es sich jedoch um Idealisierungen und nicht um die tatsächliche Ausgabe eines Oszilloskops.

Zeitraum ist. Die meisten Oszilloskope verfügen über alle möglichen Einstellungen, z. B. wie groß der zu messende Spannungsbereich sein soll und wie groß das Zeitfenster sein soll, das auf dem Bildschirm angezeigt werden soll. In jedem Fall bieten Oszilloskope grafische Darstellungen von oszillierenden Spannungen.

19.3 Ausgeben eines Tons an den Kopfhörer

In diesem Abschnitt werden wir die Schaltung in Abb. 18-2 modifizieren, um einen Kopfhörerausgang einzufügen. Die Abb. 19-3 zeigt die endgültige Schaltung und Abb. 19-4 zeigt, wie sie aufgebaut wird. Diese Schaltung weist einige Änderungen gegenüber der ursprünglichen Schaltung auf, die wir in diesem Abschnitt besprechen werden.

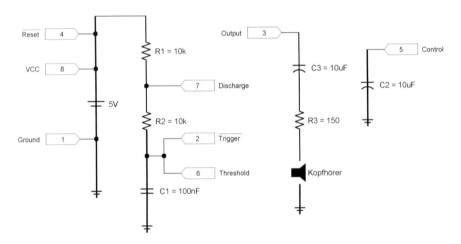

Abb. 19-3. Schaltplan für einen einfachen 555-basierten Tongenerator

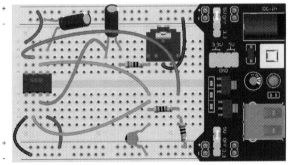

Abb. 19-4. Breadboard-Layout für einen 555-basierten Tongenerator

Die ersten Änderungen an dieser Schaltung betreffen die RC-Zeitschaltung. Da wir die Schaltung im Audiobereich einsetzen wollen, machen wir eine viel höhere Frequenz (d. h. eine kürzere Periode). Dazu haben wir den Elektrolytkondensator gegen einen Keramikkondensator von 100 nF ausgetauscht. Dann haben wir die Widerstände auf jeweils 10 kΩ verringert. Dadurch wird ein Ton mit einer Periode von 0,003 s erzeugt. Wenn man den Kehrwert nimmt, erhält man eine Frequenz von etwa 333 Hz. Das liegt für die meisten Menschen im Hörbereich. Sie können die Widerstände und Kondensatoren nach Belieben für verschiedene Tonfrequenzen einstellen. Wir verwenden lediglich die Gleichungen aus Kap. 18, um die Periode und die Frequenz zu bestimmen.

Die merkwürdige Änderung liegt in der Ausgangsschaltung. Als wir die LED zum Blinken brachten, verwendeten wir nur einen mittelgroßen Widerstand, um den Ausgangsstrom zu begrenzen. Hier verwenden wir jedoch eine Kombination aus einem Kondensator und einem Widerstand. Das *sieht aus wie* ein RC-Zeitglied – und das wäre es auch, wenn eine konstante Spannung anliegen würde. In dieser Schaltung schwankt jedoch die Spannung, die in den RC-Schaltkreis fließt und das bringt eine ganze Reihe neuer Überlegungen mit sich.

19.4 AC vs. DC

In Kap. 3 haben wir die Begriffe *Gleichstrom* (DC) und *Wechselstrom* (AC) eingeführt. Bei Gleichstromkreisen hat der Stromkreis eine mehr oder weniger konstante Spannung. Unsere Stromversorgung hat eine bestimmte Spannung, unser Ausgang hat eine bestimmte Spannung usw. In Wechselstromkreisen hingegen schwankt die Spannung hin und her. Diese Schwingungen führen zu einer ganzen Reihe neuer Überlegungen.

In reinen Wechselstromkreisen schwanken Spannung und Strom sowohl zu positiven als auch zu negativen Werten. Was ist ein negativer Strom? Ein negativer Strom entsteht, wenn der Strom in die *entgegengesetzte* Richtung fließt. In einem *reinen* Wechselstromkreis fließt der Strom also hin und her und wechselt während des Betriebs zwischen den Richtungen, wobei er in jeder Richtung etwa gleich lange verweilt.

Einige Bauteile, wie z. B. Lautsprecher, gehen davon aus, dass sie reine Wechselströme empfangen oder verarbeiten. Das heißt, sie *erwarten*, dass der Strom an einem bestimmten Punkt die Richtung wechselt. Wie bereits erwähnt, wird der Lautsprecher durch wechselnde Spannungen in einer Spule angetrieben, wodurch sich die Anziehungskraft der Spule auf einen Magneten ändert. Diese Schwankungen in der Anziehung und Abstoßung bewegen die Spule hin und her, wodurch die Lautsprechermembran bewegt wird, die die Luft in Schwingungen versetzt – die wiederum Ihr Trommelfell in Schwingungen versetzt –, die Sie hören. Lautsprecher erwarten, dass der oszillierende Strom etwa gleichmäßig in jede Richtung hin und her fließt.

In unserer Schaltung schwankt die Spannung jedoch nur zwischen einer positiven Spannung und 0 V. Wenn Sie sich das Diagramm in Abb. 19-2 ansehen, bemerken Sie, dass die Spannung zwar bis zu einer positiven Spannung ansteigt, aber der *niedrigste Wert*, den sie jemals erreicht, ist null. Es handelt sich also nicht um einen reinen Wechselstromkreis, da er nicht um 0 V zentriert ist. Das heißt, die Ausgangsspannung kann als eine Kombination aus einem Wechselspannungssignal und einer Gleichspannung betrachtet werden.

19.5   Verwendung von Kondensatoren zur Trennung von AC- und DC-Bauteilen

Manchmal ist es gut, eine Gleichstromvorspannung zu haben und manchmal müssen wir unsere Wechsel- und Gleichstromsignale voneinander trennen. Kondensatoren sind dafür hervorragend geeignet. Es heißt, dass Kondensatoren den Wechselstrom durchlassen und den Gleichstrom *blockieren*. Dies ist eine vereinfachte Sichtweise und wir werden in späteren Kapiteln noch ein wenig mehr ins Detail gehen, aber für den Moment ist es gut.

Um zu verstehen, warum dies geschieht, sollten wir uns daran erinnern, was ein Kondensator physikalisch gesehen tut. Er speichert Ladung – wie eine kleine Batterie. Erinnern Sie sich: Auch wenn der Weg zwischen den Platten eines Kondensators blockiert ist, zieht eine positive Ladung, die sich auf einer Seite ansammelt, Elektronen auf die andere Seite, was bedeutet, dass die andere Seite hinter dem Kondensator ebenfalls positiver wird. Erinnern Sie sich daran, was passiert, wenn der Kondensator *zum ersten Mal* aufgeladen wird? Der Kondensator wirkt im Grunde wie ein Kurzschluss. Wenn sich der Kondensator füllt, verhält er sich mehr und mehr wie ein Widerstand und verhindert, dass Strom fließt.

Wenn also eine konstante Spannung anliegt, wird der Kondensator, sobald er fast voll ist, im Wesentlichen nicht mehr aufgeladen (oder kommt dem sehr nahe). Sobald er voll ist, *blockiert* er also im Grunde jeden weiteren Stromfluss. Da sich das, was auf der einen Seite des Kondensators fließt, auf das auswirkt, was auf der anderen Seite ist, blockiert diese Blockierung auch die *Übertragung* des Stroms auf die andere Seite. Wenn also eine Gleichspannung anliegt, wird der Kondensator den Stromfluss auf lange Sicht blockieren. Der Strom auf der *anderen* Seite des Kondensators ist dann gleich *null*.

Aber was passiert, wenn *sich* die Spannung *ändert*? Ändert sich die Spannung, dann lässt der Kondensator Strom durchfließen. Steigt die Spannung, dann hat der Kondensator mehr Speicherplatz zur Verfügung (da die Speichermenge von der Spannung abhängt). Während er sich auf den neuen Wert auflädt, fließt der Strom. Sinkt die Spannung, muss sich der Kondensator wieder in den Stromkreis entladen.

Wenn sich der Kondensator nun wieder in den Stromkreis entlädt, in *welche Richtung fließt dann der Strom?* Nun, das bedeutet, dass der Strom aus dem Kondensator jetzt in die *entgegengesetzte* Richtung fließt!

Das bedeutet, dass der Kondensator am Ende nur Spannungsänderungen an die andere Seite des Stromkreises weiterleitet! Während sich der Kondensator lädt und entlädt, fließt die Ladung durch beide Seiten des Kondensators. Wenn sich also die Spannung (und damit die Ladung) am Kondensator ändert, fließt tatsächlich Strom. Wenn die Spannung jedoch gleich bleibt, bewegen sich keine Elektronen, egal wie hoch die Spannung ist. Wenn sich die Spannung nicht ändert, fließt also kein Strom, auch wenn auf einer Seite eine positive Spannung anliegt. Bei gleichbleibendem Strom ist die Spannung auf der anderen Seite des Kondensators also gleich null.

Da die Änderungen auf und ab gehen, die Gleichstromvorspannung aber nicht auf und ab geht, hat dies den Effekt, dass Wechselstrom durch den Kondensator geschickt wird, aber die Gleichstromvorspannung blockiert wird.

Daher werden Kondensatoren in einer Schaltung oft in Reihe geschaltet, um Teile der Schaltung, die reinen Wechselstrom erzeugen, mit anderen Teilen der Schaltung zu verbinden, die eine Gleichstromvorspannung aufweisen. Da der Ausgang des 555 eine Gleichstromvorspannung aufweist und Lautsprecher im Allgemeinen für einen reinen Wechselstromausgang optimiert sind, filtert der Kondensator in unserer Ausgangsschaltung die Gleichstromvorspannung heraus und liefert ein reines Wechselstromsignal.

Ein Kondensator, der auf diese Weise verwendet wird, wird als **Koppelkondensator** bezeichnet.

Wenn Sie aus irgendeinem Grund *nur* die Gleichstromkomponente haben wollen, können Sie den Kondensator auch so verdrahten, dass er auf Masse geht. Dadurch wird der Wechselstromanteil des Signals auf Masse gelegt, sodass nur die Gleichstromkomponente im Stromkreis verbleibt. In einem solchen Szenario wird der Kondensator als **Filterkondensator** verwendet.

Die Verwendung eines Koppelkondensators führt zu einer geringen Verzerrung, da die Gleichstromvorspannung eine gewisse Auswirkung auf das Signal hat und weil unterschiedliche Kondensatorwerte für die Kopplung verschiedener Frequenzen optimal sind. Für Audioanwendungen sollte ein Kondensator zwischen 10 nF und 10 µF verwendet werden.

19.6 Wattzahl der Lautsprecher

Der nächste Widerstand in der Schaltung ist der R3-Widerstand. Der R3-Widerstand dient dazu, das Ausgangssignal zum Kopfhörer zu begrenzen.

Kopfhörer und Lautsprecher sind alle ein wenig seltsam – es gibt sehr wenig Standardisierung. Verschiedene Kopfhörer haben unterschiedliche Widerstände in den Lautsprechern und unterschiedliche Toleranzen für die Wattzahl, die durch sie geleitet werden kann. Lautsprecher werden in der Regel danach eingestuft, (a) wie viel Widerstand sie dem Stromkreis hinzufügen, (b) wie laut sie bei einer bestimmten Wattzahl sind und (c) wie hoch ihre maximale Wattzahl ist. Auch wenn die Werte stark variieren, kann man bei Kopfhörern mit ziemlicher Sicherheit davon ausgehen, dass die Kopfhörer als 16-Ω-Widerstände wirken und maximal 20 mW verbrauchen können.

Der Ausgang des 555-Timers ist 1,7 V kleiner als meine Versorgungsspannung. Bei einer 5-V-Quelle beträgt der Ausgang also 3,2 V. Da wir ihn jedoch auf 0 V zentriert haben, beträgt der Ausgang nur die Hälfte davon: 1,6 V. Wir können die Formel $P = \dfrac{V}{R^2}$ aus Kap. 10 verwenden, um zu bestimmen, wie viel Watt dies liefern wird. Wenn der Lautsprecher 16 Ω hat, beträgt die Leistung, die der Kopfhörer ohne den zusätzlichen Widerstand verbraucht, $\dfrac{1.6^2}{16} = 0,16$ W $= 160$ mW. Der R3-Widerstand entzieht also einen Teil dieser Leistung.

Mit dem Widerstand beträgt die kombinierte Leistung des Widerstands und des Kopfhörerlautsprechers 166 Ω. Daher ist die Leistung hier $\dfrac{1.6^2}{166} = 0,015$ W $= 15$ mW. Bedenken Sie jedoch, dass dies die *kombinierte* Leistung des Widerstands und unseres Lautsprechers ist. Der Lautsprecher liefert nur etwa $\dfrac{1}{10}$ des Widerstands, also verbraucht er nur bis zu $\dfrac{1}{10}$ der Leistung, also 1,5 mW.

Die Berechnung hierfür ist relativ einfach, da wir mit Rechteckwellen arbeiten. Bei anderen Ausgangstypen wird die Berechnung schwieriger, weil man die *Form* der Welle berücksichtigen muss. Aber darauf gehen wir in diesem Buch nicht ein. Die Berechnung anhand der Spitzenspannung ist eine einfache Methode, die Ihnen einen guten Ausgangspunkt bietet und Sie können selbst beurteilen, ob Sie mehr oder weniger Widerstand für Ihre eigenen Schaltungen benötigen.

19.7 Klangregler

Wie ich bereits erwähnt habe, sind alle Kopfhörer unterschiedlich und mit Ausnahme des Koppelkondensators haben sie alle einen unterschiedlichen Frequenzbereich und benötigen unterschiedlich viel Leistung. Normalerweise wird dies durch einen Lautstärkeregler berücksichtigt.

Dies geschieht in der Regel mit einem **veränderlichen Widerstand**. Bei einem veränderlichen Widerstand dreht man normalerweise einen Knopf und der Widerstand ändert sich. Es gibt verschiedene Bezeichnungen für veränderliche Widerstände – veränderlicher Widerstand, einstellbarer Widerstand, Rheostat und Trimmwiderstand –, die sich jedoch alle leicht unterscheiden. Trimmwiderstände sind für diesen Zweck am einfachsten zu verwenden, aber wahrscheinlich auch am schwersten zu finden.

Um einen variablen Widerstand zu verwenden, müssen Sie einen mit dem richtigen Wertebereich finden und dann einfach den Ausgangswiderstand R3 durch Ihren variablen Widerstand ersetzen.

Eine häufigere Art von Bauteilen, die als variabler Widerstand verwendet werden können, ist ein Potenziometer. Ein Potenziometer ist im Grunde ein variabler Spannungsteiler. Das Symbol für ein Potenziometer ist in Abb. 19-5 dargestellt. Es hat drei Anschlüsse – Eingang, Masse und Ausgang. Durch Drehen des Knopfes wird der relative Widerstand auf jeder Seite des Spannungsteilers eingestellt, um den Ausgang zu verändern.

Abb. 19-5. Das Potenziometersymbol

Potenziometer wurden als variable Spannungsteiler gebaut. Die Abb. 19-6 zeigt, wie dies aussieht. Im Wesentlichen steuert der Benutzer einen Knopf, der die Ausgangsspannung ändert, indem er die Spannungsteilung zwischen den Widerständen ändert.

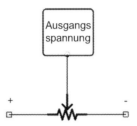

Abb. 19-6. Das Potenziometer als Spannungsteiler

Sie können ein Potenziometer jedoch auch als einfachen variablen Widerstand verwenden, indem Sie nur eine Seite des Potenziometers anschließen. Die Abb. 19-7 zeigt diese Konfiguration.

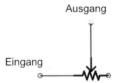

Abb. 19-7. Das Potenziometer als variabler Widerstand

Die einfachste Art, das Potenziometer für einen Lautstärkeregler zu verwenden, ist es wie in Abb. 19-7 aufzubauen, wobei der Eingang vom Koppelkondensator kommt und der Ausgang zum Lautsprecher führt. Der Widerstand von Potenziometern ist sehr unterschiedlich. Wenn wir also ein Potenziometer als Lautstärkeregler einsetzen wollen, müssen wir darauf achten, dass der Widerstandsbereich ungefähr dem benötigten Wert entspricht (etwa 150 Ω).

19.8 Rückblick

In diesem Kapitel haben wir das Folgende gelernt:

1. Schall ist das Ergebnis von Schwingungen in der Luft, die von unseren Trommelfellen aufgenommen werden.

2. Der Ton kann durch eine schwingende Lautsprechermembran erzeugt werden, die gegen die Luft schwingt.

3. Die Schwingungen in einem Lautsprecherkonus werden durch einen Magneten erzeugt, der durch elektrische Schwingungen zu einem anderen Magneten hingezogen und wieder abgestoßen wird.

4. Schall hat im Allgemeinen höhere Frequenzen (d. h. kürzere Zeiträume) als die, die wir für Blinklichter verwenden.

5. Die hörbaren Schallfrequenzen reichen von 20 Hz bis 20 kHz.

6. Bei Stromkreisen, in denen sich Spannung und/oder Strom mit der Zeit ändern, ist es oft hilfreich, die Änderungen an bestimmten Punkten in einem Diagramm darzustellen, um die Vorgänge zu veranschaulichen.

7. Das Ausgangssignal des 555-Timers wird als Rechteckwelle bezeichnet, da es an bestimmten Punkten steile Spannungsänderungen aufweist, die eine rechteckige Kurve ergeben.

8. Ein Oszilloskop kann zur Messung und Aufzeichnung dieser Art von Diagrammen verwendet werden.

9. Spannungen, die schnell mit der Zeit oszillieren, werden als Wechselstrom oder AC-Spannungen bezeichnet.

10. Bei oszillierenden Spannungen, die sich nicht etwa gleichmäßig auf beiden Seiten von 0 V aufhalten, spricht man von einer Gleichspannungsvorspannung.

11. Die DC-Vorspannung gibt an, wie viel Spannung Sie von der Spannung abziehen müssen, damit die Spannung auf 0 V zentriert ist.

12. Die meisten Schaltkreise haben Gleichstromvorspannungen, aber die meisten Ausgabegeräte (z. B. Lautsprecher) benötigen die Gleichstromvorspannung nicht und verwenden nur die Wechselstromkomponente des Signals.

13. Die Vorspannungsgleichspannung kann entfernt werden, indem ein Koppelkondensator in Reihe mit dem Ausgangssignal geschaltet wird. Der Kondensator überträgt nur *Spannungsänderungen* und beseitigt so die Vorspannungsgleichspannung.

14. Lautsprecher und Kopfhörer unterscheiden sich erheblich in ihren Eigenschaften.

15. Die wichtigsten Überlegungen sind, wie viele Ohm Widerstand sie haben und wie viele Watt benötigt werden, um den Klang zu erzeugen.

16. Bei Kopfhörern kann man davon ausgehen, dass der Lautsprecher 16 Ω hat und weniger als 20 mW Leistung benötigt.

17. Wenn Ihr Ausgangssignal größer als dieser Wert ist, sollten Sie einen Widerstand in Reihe schalten, um einen Teil der Leistung des Ausgangssignals zu verbrauchen.

18. Der Ausgangswiderstand kann durch einen variablen Widerstand oder ein Potenziometer ersetzt werden, um eine benutzergesteuerte Ausgangseinstellung zu erhalten, die auch als Lautstärkeregler bezeichnet wird.

19. Ein Potenziometer ist ein variabler Spannungsteiler. Wenn man jedoch nur den positiven und den Ausgangsanschluss verwendet, kann es stattdessen als variabler Widerstand verwendet werden.

19.9   Anwenden, was Sie gelernt haben

1. Warum ist das Eingangsspannungssignal des 555-Timers gleichmäßig, das Ausgangssignal aber quadratisch?

2. Wird durch die Erhöhung des Widerstands von R1 und R2 die Tonhöhe höher oder niedriger?

3. Fällt Ihnen eine Möglichkeit ein, die Schaltung so zu verändern, dass die Tonhöhe bei eingeschalteter Schaltung eingestellt werden kann?

4. Welche Leistung würde bei der Schaltung in Abb. 19-3 an den Kopfhörer abgegeben werden, wenn Sie einen 8-Ω-Lautsprecher anstelle des 16-Ω-Lautsprechers verwenden würden? Wie wäre es mit einem 100-Ω-Lautsprecher?

5. Die Frequenz der A-Note über dem mittleren C auf dem Klavier beträgt 440 Hz. Entwerfen Sie eine Änderung dieser Schaltung, die diese Frequenz ergibt.

6. Der Ausgang des 555 ist 1,7 V niedriger als die verwendete Stromversorgung. Wie wirkt es sich auf die Wattzahl der Kopfhörer aus, wenn wir die Stromversorgung auf 9 V ändern?

Induktoren

In diesem Kapitel beginnen wir mit der Untersuchung von **Induktoren** bzw. **Spulen**.

20.1 Induktoren, Spulen und magnetischer Fluss

In Kap. 16 haben wir gelernt, dass Kondensatoren Ladung mithilfe eines elektrischen Feldes speichern. Wir haben auch gelernt, dass Kondensatoren ihre Ladung auch dann noch behalten, wenn sie vom Rest des Stromkreises getrennt werden. In Kap. 19 haben wir gelernt, dass Kondensatoren Gleichstromsignale blockieren, aber Wechselstromsignale durchlassen.

20.1.1 Was ist ein Induktor?

Ein Induktor ist so etwas wie der böse Zwilling des Kondensators. Sein Verhalten erinnert stark an das von Kondensatoren, aber er arbeitet mit einem anderen Aspekt des elektrischen Verhaltens. Kondensatoren speichern Ladung und geben sie als Reaktion auf Spannungsänderungen ab. Induktoren hingegen speichern den **magnetischen Fluss** und geben ihn als Reaktion auf Stromänderungen ab. Daher tendieren Kondensatoren dazu, Spannungen auszugleichen und Induktoren dazu, Ströme auszugleichen.

Die Abb. 20-1 zeigt, wie ein Induktor in einem Schaltplan aussieht. Induktoren sind nicht gepolt und können daher in beide Richtungen verdrahtet werden.

© Der/die Autor(en), exklusiv lizenziert an APress Media, LLC, ein Teil von
Springer Nature 2023
J. Bartlett, *Elektronik für Einsteiger*, https://doi.org/10.1007/978-3-662-66243-4_20

Das Symbol stellt grob eine Drahtspule dar, da Induktoren im Wesentlichen aus diesem Material bestehen.

Abb. 20-1. Das Symbol für einen Induktor

20.1.2   Was ist ein magnetischer Fluss?

Wenn Strom in einem Draht fließt, erzeugt er ein sehr kleines Magnetfeld. Es ist nicht groß genug, um etwas zu erfassen, aber es ist vorhanden. Der Fluss ist die Gesamtmenge an Magnetismus, die in einem Induktor vorhanden ist. Da dies ein Technikbuch und kein Physikbuch ist, werden wir nicht viel Zeit darauf verwenden, zu erklären, was der Fluss ist und wie er funktioniert. Wir werden einfach verstehen, dass es sich um die Gesamtgröße des Magnetfeldes eines Bauteils handelt, die in Weber (Wb) gemessen wird. Um ein Gefühl dafür zu bekommen, was ein Weber ist, hat ein kleiner Stabmagnet einen

Fluss von etwa $\dfrac{1}{1000}$ Wb.

Nebenbei bemerkt: Wenn wir sagen, dass etwas magnetisch ist, meinen wir in der Regel nicht den Gesamtfluss von etwas, sondern die *Dichte* dieses Flusses – die Menge des Flusses in einem bestimmten Gebiet. Die Flussdichte wird in

Tesla (T) gemessen (1 T ist $\dfrac{1 \text{ Wb}}{1 \text{ m}^2}$), aber wir werden uns in diesem Kurs nicht

mit Einheiten (Tesla) oder Flussdichten beschäftigen.

20.1.3   Was ist der Unterschied zwischen elektrischen und magnetischen Feldern?

Als wir über Kondensatoren sprachen, haben wir auch ein wenig über elektrische Felder gesprochen. Elektrische und magnetische Felder sind miteinander verwandt, aber unterschiedlich. Ein elektrisches Feld wird durch einen Ladungsunterschied zwischen zwei Oberflächen erzeugt. Elektrische Felder können auch dann bestehen, wenn kein Strom fließt – es müssen nur zwei unterschiedlich geladene Oberflächen vorhanden sein. Grundsätzlich übt jedes geladene Objekt über eine bestimmte Entfernung eine Kraft auf ein anderes geladenes Objekt aus und das ist das elektrische Feld.

Das Magnetfeld existiert jedoch nur, wenn eine Ladung in Bewegung ist. Wenn eine Ladung in Bewegung ist, erzeugt sie zusätzlich zum elektrischen Feld ein *magnetisches* Feld um sich herum, das senkrecht zum Draht verläuft. Dieses

Feld übt ebenfalls eine Kraft auf geladene Objekte aus, die sich in einem geringen Abstand befinden, jedoch in einem viel größeren Abstand als das elektrische Feld. Wenn sich der Strom im Draht verlangsamt, wandelt das Magnetfeld außerdem seine eigene Energie in Strom im Draht um.

Die Größe eines Magnetfeldes in einem einzelnen Draht ist sehr, sehr klein und kann vernachlässigt werden. Die Stärke des Magnetfelds eines Drahts kann jedoch erhöht werden, indem man ihn um einen zylindrischen Kern wickelt (aufspult). Dadurch werden die Magnetfelder der Drähte so ausgerichtet, dass sich die Felder zu einem kombinierten Magnetfeld addieren können. Jede Windung um den Kern fügt dem Magnetfeld ein zusätzliches Bit hinzu. Geräte, die auf diesem Prinzip beruhen, werden Spulen oder **Induktoren** genannt.

Wenn ein Induktor zum ersten Mal eingeschaltet wird, fließt der größte Teil des Stroms in den Aufbau des Magnetfelds des Induktors. Während sich das Magnetfeld aufbaut, kann immer mehr Strom fließen, bis es einen stabilen Zustand erreicht. Wenn der Stromfluss dann abnimmt, wird die Energie des Magnetfelds in Strom umgewandelt und versucht, die Differenz auszugleichen.

Während ein Kondensator Energie in Form von Ladung speichert und bei einer Spannungsänderung abgibt, speichert ein Induktor Energie in Form eines magnetischen Flusses und gibt sie bei einer Stromänderung ab. Die Induktivität einer Spule wird mit der Einheit Henry (H) ausgedrückt. Die Kerngleichungen von Kondensatoren und Induktoren sind ebenfalls miteinander verwandt. Die Definitionsgleichung eines Kondensators lautet $Q = C \cdot V$, wobei Q die Ladung des Kondensators ist. Die Definitionsgleichung für eine Induktivität ist ebenso einfach:

$$\phi = L \cdot I. \tag{20.1}$$

In dieser Gleichung ist ϕ der magnetische Fluss in der Spule (in Weber), L ist die Induktivität (in Henry) und I ist der Strom (in Ampere). **Henry** ist die primäre Einheit der Induktivität und hat die Abkürzung H.

> **Beispiel 20.19** Wie viel magnetischer Fluss wird gespeichert, wenn ich eine Induktivität von 50 μH und einen konstanten Strom von 2 mA habe?
>
> $\phi = L \cdot I$
>
> $L = 50 \, \mu H = 0.00005 \text{ H}$
>
> $I = 2 \; mA = 0.002 \text{ A} \phi = 0.00005 \cdot 0.002$
>
> $\quad = 0.0000001 \text{ Wb} = 0.1 \; \mu Wb.$

Wir haben also 0,0000001 Wb Fluss oder 0,1 μWb Fluss.

Wenn also eine relativ konstante Strommenge fließt, ist es einfach, die Flussmenge im Magnetfeld zu berechnen.

20.2 Induzierte Spannungen

Änderungen des Flusses eines Magnetfeldes induzieren Spannungen. Die Höhe der induzierten Spannung hängt davon ab, wie schnell sich der Fluss ändert. Die induzierte Spannung ist im Wesentlichen die Änderung des Flusses geteilt durch die Anzahl der Sekunden, die für die Änderung benötigt wurden. Wenn der Fluss abnimmt, wird die Energie in Spannung umgewandelt, die steigt. Nimmt der Fluss zu, wird die Energie aus der Spannung entnommen, die dann sinkt. Wenn also eine Abnahme von 10 Wb im Laufe von 2 s auftritt, beträgt

die induzierte Spannung $\frac{10\text{Wb}}{2\text{ s}} = 5$ V .

Die formale Aussage dazu ist als lenzsche Regel bekannt. Sie wird wie folgt angegeben:

$$V_{\text{Durchschnitt}} = -\frac{\text{Änderung des magnetischen Flusses}}{\text{Änderung der Zeit}}. \qquad (20.2)$$

Die durchschnittliche Spannung, die durch die Änderung eines Magnetfelds über einen bestimmten Zeitraum erzeugt wird, ist gleich der Flussmenge, die durch das Feld reduziert wurde, geteilt durch denselben Zeitraum.

Der Fluss in der Spule ändert sich nun mit dem Strom, wie in Gl. 20.1. angegeben. Wenn der Strom abnimmt, wird der Fluss in Spannung umgewandelt. Erhöht sich der Strom, so wird mehr Fluss in das Magnetfeld eingebracht, wodurch Spannung verbraucht wird.

Wenn sich die Menge des Flusses ändert, entsteht eine Spannung. Der Betrag der Flussänderung (in Weber) geteilt durch die Zeit, die für die Änderung benötigt wurde (in Sekunden), ergibt die durch die Änderung erzeugte Spannung. Wenn also der Strom abfällt, wird der Fluss in Spannung umgewandelt. Wenn wir eine Spannung hinzufügen, wird auch der Strom erhöht.

20.3 Widerstand gegen Änderungen des Stroms

Letztendlich widersteht ein Induktor Stromänderungen. Wenn der Strom ansteigt, wird der Strom zunächst für den Aufbau des Magnetfelds verwendet und daher dauert es einige Zeit, bis die volle Strommenge durchgelassen wird. Wenn der Strom sinkt, nimmt der Fluss des Magnetfelds ab, was wiederum in Spannung umgewandelt wird, die wiederum mehr Strom induziert.

Die Drosselspule ist in Bezug auf den Strom das Gegenteil des Kondensators. Bei Gleichstrom wirkt der Kondensator, wenn er zum ersten Mal an den Stromkreis angeschlossen wird, wie ein Kurzschluss – der Strom fließt im Grunde so lange, bis sich der Kondensator zu füllen beginnt. Wenn der Kondensator voll ist, verhält er sich wie ein offener Stromkreis – er verhindert, dass weiterer Strom fließt.

Der Induktor ist das Gegenteil davon. Beim ersten Anschluss an den Stromkreis verhält sich die Induktionsspule wie ein offener Stromkreis – der Strom wird im Wesentlichen zum Aufbau des Magnetfelds verwendet. Wenn die Stärke des Magnetfelds zunimmt, kann immer mehr Strom fließen. Sobald der Magnetfeldfluss dem entspricht, was er für den gegebenen Strom sein sollte, fließt der Strom ungehindert, als ob die Spule gar nicht vorhanden wäre, wie bei einem Kurzschluss.

Zusammenfassend lässt sich sagen, dass ein Kondensator als offener Stromkreis für Gleichstrom und als Kurzschluss für Wechselstrom wirkt. Die Drosselspule wirkt als Kurzschluss für anhaltenden Gleichstrom und als offener Stromkreis für Wechselstrom.

20.4 Analogie aus der Mechanik

Wenn Sie sich für Mechanik interessieren, können Sie sich einen Induktor wie ein Schwungrad vorstellen. Schwungräder speichern mechanische Energie in der Bewegung eines großen oder schweren Rades. Es braucht Energie, um das Rad zum Drehen zu bringen, aber sobald es sich dreht, kann das Rad selbst den Mechanismus weiter antreiben. Das Rad wird verwendet, um den Antrieb der anderen Komponenten des Mechanismus auszugleichen.

Ein Motor, der von Kolben angetrieben wird, bewegt sich z. B. etwas unregelmäßig, da die Kraft der Kolben während ihrer Bewegung nicht konstant ist. Durch den Anbau eines Schwungrads wird die Energieabgabe jedoch ausgeglichen. Wenn die Kolben mehr Leistung abgeben, geht der größte Teil der überschüssigen Energie an das Schwungrad, und wenn die Kolben weniger Leistung abgeben, kann der Mechanismus durch die Kraft des Schwungrads angetrieben werden.

20.5 Verwendungen von Induktoren

Induktoren werden in einer sehr großen Vielfalt von Anwendungen eingesetzt – viel mehr als Kondensatoren. Kondensatoren werden in erster Linie wegen ihrer Wirkung *in* elektronischen Schaltkreisen verwendet – sie filtern Rauschen, blockieren Gleichstrom, koppeln gleichstrombehaftete Schaltkreise usw. Das elektrische Feld, das an den Platten des Kondensators erzeugt wird, ist jedoch für sich genommen ziemlich nutzlos, da das Feld mit zunehmender Entfernung sehr schnell abnimmt. Induktoren werden in Schaltkreisen für ähnliche Zwecke wie Kondensatoren verwendet (ihre Funktionsweise entspricht weitgehend der eines Kondensators), aber zusätzlich hat das magnetische Feld der Induktoren unzählige Verwendungsmöglichkeiten, da seine Wirkung in größerer Entfernung stärker ist. Zu diesen Verwendungen gehören die folgenden:

- Induktoren werden zur Herstellung von **Elektro-magneten** verwendet, um große Gegenstände auf-zunehmen und abzusetzen.

- Induktoren werden zur Herstellung von **Trans-formatoren** verwendet, die das Magnetfeld eines Induktors nutzen, um einen Strom in einem anderen Induktor zu erzeugen.

- Induktoren werden für den Bau von Motoren verwendet, bei denen die elektromagnetischen Spulen zum Drehen einer Welle eingesetzt werden.

- Induktoren werden für die Herstellung von Lautsprechern verwendet, die das Magnetfeld nutzen, um die Lautsprechermembran hin und her zu bewegen.

- Induktoren werden für die Herstellung von Relais verwendet, die das Magnetfeld zum Öffnen und Schließen von Schaltern nutzen.

Dies sind nur einige der Anwendungen von Induktoren. Kurz gesagt, das von der Drosselspule erzeugte Magnetfeld ermöglicht viele der Schnittstellen zwischen elektronischen Geräten und der realen Welt.

20.6 Induktiver Kick

Ein wichtiger Punkt, den man bei der Verwendung von Induktoren beachten sollte, ist das Konzept des induktiven Kicks. Die lenzsche Regel (Gl. 20.2) besagt, dass eine Abnahme des magnetischen Flusses eine Spannung induziert. Da der magnetische Fluss durch die Zeit geteilt wird, um die Spannung zu erhalten, bedeutet dies, dass eine kürzere Zeitspanne eine größere Spannung erzeugt. Ein plötzlicher Abfall des magnetischen Flusses verursacht also eine Spannungsspitze.

Aber wie wird der Fluss gesteuert? Aus Gl. 20.1. geht hervor, dass eine Verringerung des Stroms zu einer Verringerung des magnetischen Flusses führt. Eine plötzliche Stromverringerung führt daher zu einer plötzlichen Verringerung des magnetischen Flusses, was wiederum eine große Spannungsspitze in der Spule selbst verursacht. Diese Spannungsspitze wird als **induktiver Kick** bezeichnet und kann elektronische Bauteile in der Nähe beschädigen. Um einen induktiven Kick zu vermeiden, kann eine **Flyback-Diode**, auch **Schutzdiode** oder **Snubber-Diode** genannt, eingesetzt werden.

Eine Flyback-Diode ist eine normale Diode (*keine* Zener-Diode), die rückwärts über die Anschlüsse einer Spule geschaltet ist. Im Normalbetrieb leitet die Diode nicht. Wenn die Diode jedoch ausgeschaltet ist, stellt sie einen sicheren Pfad für die erzeugte Spannung zur Verfügung (zurück durch die andere Seite der Spule) und ermöglicht der Spule, die Spannung auf eine viel kontrolliertere Weise abzuleiten.

Die Abb. 20-2 zeigt, wie diese Schaltung aufgebaut ist. Wie Sie sehen können, fließt der Strom im Normalbetrieb in Pfeilrichtung. Da die linke Seite positiver ist als die rechte Seite, kann kein Strom durch die Diode fließen. Wenn der Strom jedoch abgeschaltet wird, wird die rechte Seite sehr schnell positiver und die Diode leitet den überschüssigen Strom durch die Spule zurück, damit die zusätzliche Energie langsamer abgeführt werden kann.

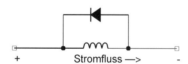

Abb. 20-2. Eine Snubber-Diode

Sie fragen sich vielleicht, warum sich die Spannung nicht von selbst wieder nach links verschiebt, wenn die rechte Seite positiver ist. Die Antwort ist, dass das Magnetfeld, das die Spannung erzeugt, in der Spule selbst gerichtet ist. Die Bewegung des Feldes ist so beschaffen, dass sie den Strom im Wesentlichen nach rechts drückt (weshalb eine Spannung erzeugt wird). Daher führt die Flyback-Diode diese überschüssige Spannung zurück auf die linke Seite der Diode.

Flyback-Dioden werden mit allen Arten von Induktoren (Motoren, Elektromagneten usw.) überall dort eingesetzt, wo Komponenten vorhanden sind, die durch einen induktiven Stoß beschädigt werden könnten. Für einfache Anwendungen eignet sich fast jede Art von Diode als Flyback-Diode. Dioden unterscheiden sich jedoch in ihrer Reaktionsgeschwindigkeit auf Spannungsänderungen. In einigen Schaltungen kann die Geschwindigkeit, mit der eine Diode auf Spannungsänderungen reagiert, von Bedeutung sein.

20.7 Rückblick

In diesem Kapitel haben wir das Folgende gelernt:

1. Induktoren sind elektronische Bauteile, die aus einem um einen Kern gewickelten Draht bestehen, der es ihnen ermöglicht, Ladung in ihrem Magnetfeld zu speichern.

2. Die Stärke eines Magnetfelds ist der magnetische Fluss und wird in Weber (Wb) gemessen.

3. Während ein *elektrisches* Feld durch das *Vorhandensein* von Ladungen entsteht, wird das *magnetische* Feld durch die *Bewegung* von Ladungen (d. h. durch den Strom) erzeugt.

4. Wenn der Strom in einer Induktionsspule ansteigt, wird der zusätzliche Strom zunächst dazu verwendet, den Fluss des Magnetfelds aufzubauen, bevor ein neuer stationärer Zustand erreicht wird.

5. Wenn der in einen Induktor fließende Strom abnimmt, wird der Fluss des Magnetfelds in eine Spannung umgewandelt, die den Ausgangsstrom erhöht und der Stromänderung widersteht.

6. Induktoren wirken Stromänderungen entgegen. Sie wirken als Widerstände gegen Wechselstrom und als Kurzschlüsse gegen Gleichstrom.

7. Ein Induktor ist vergleichbar mit einem Schwungrad in der Mechanik, das Energie in einem rotierenden Rad speichert.

8. Induktoren sind nützlich, weil sie nicht nur interessante elektrische Eigenschaften haben, sondern auch aufgrund ihres Magnetfelds eine Schnittstelle zur realen Welt bilden, da Magnetfeldeffekte eine viel größere Reichweite haben als elektrische Feldeffekte.

9. Wenn die Stromzufuhr zu einer Induktionsspule plötzlich unterbrochen wird, entsteht eine hohe Spannung, die als induktiver Kick bezeichnet wird.

10. Eine Snubber-Diode wird verwendet, um die negativen Auswirkungen eines induktiven Kicks abzuschwächen.

20.8 Anwenden, was Sie gelernt haben

1. Wenn ich eine Schaltung haben möchte, die Gleichstrom blockiert, aber Wechselstrom zulässt, sollte ich dann einen Induktor oder einen Kondensator verwenden?

2. Wenn ich eine Schaltung haben möchte, die Gleichstrom zulässt, aber Wechselstrom blockiert, sollte ich dann einen Induktor oder einen Kondensator verwenden?

3. Warum werden Induktoren so häufig in Systemen eingesetzt, die mit der Außenwelt interagieren?

4. Warum kommt es zu einem induktiven Kick?

5. Zeichnen Sie den Schaltplan einer Spule, bei der die positive Seite der Spule mit einem Schalter und die negative Seite mit einer LED und einem Widerstand verbunden ist. Fügen Sie eine Dämpfungsdiode ein, um die LED vor den Auswirkungen des Ausschaltens des Schalters zu schützen.

6. Wozu dient die Snubber-Diode?

7. Wie groß ist der magnetische Fluss im Magnetfeld eines Induktors von 5 H, durch den ein Dauerstrom von 2 A fließt?

8. Wie groß ist der magnetische Fluss im Magnetfeld eines Induktors mit 7 µH, durch den ein Dauerstrom von 3 mA fließt?

9. Wie viel Strom fließt durch einen Induktor mit einer Induktivität von 4 H mit einem Fluss von 0,3 Wb in seinem Magnetfeld?

10. Wenn das Magnetfeld eines Induktors einen Fluss von 5 Wb hat und innerhalb von 2 s auf 3 Wb abnimmt, wie hoch ist die durchschnittliche Spannung, die in diesem Zeitraum erzeugt wird?

11. Wenn das Magnetfeld einer Induktionsspule einen Fluss von 1 µWb hat und innerhalb von 0,4 s auf 2 µWb ansteigt, wie hoch ist dann die durchschnittliche Spannung, die in dieser Zeitspanne erzeugt wird?

12. Wenn der Strom, der durch eine 3-H-Drosselspule fließt, in einem Zeitraum von 0,01 s von 7 auf 1 mA abfällt, wie hoch ist dann die durchschnittliche Spannung in diesem Zeitraum?

Induktoren und Kondensatoren in Schaltkreisen

In diesem Kapitel werden wir uns einige der grundlegenden Verwendungs-möglichkeiten von einfachen Induktoren ansehen.

21.1 RL-Schaltungen und Zeitkonstanten

So wie wir eine RC-Schaltung für Kondensatoren hatten, gibt es eine ähnliche Schaltung für Induktoren – die RL-Schaltung. So wie Induktoren das Alter Ego von Kondensatoren sind, sind RL-Schaltungen das Alter Ego von RC-Schaltungen.

Ein RL-Stromkreis ist ein Stromkreis, der aus einem Widerstand (R) und einer Induktivität (L) in Reihe besteht. Sie ähneln in Aufbau und Verwendung den RC-Schaltungen, die wir in Kap. 17 betrachtet haben, weisen aber einige wichtige Unterschiede auf.

© Der/die Autor(en), exklusiv lizenziert an APress Media, LLC, ein Teil von
Springer Nature 2023
J. Bartlett, *Elektronik für Einsteiger*, https://doi.org/10.1007/978-3-662-66243-4_21

In RC-Schaltungen ist die RC-Zeitkonstante die Zeit, die benötigt wird, um einen Kondensator auf 63,2 % der vollen Spannung aufzuladen, wenn er über einen Widerstand gekoppelt ist. Das heißt, nach Ablauf einer Zeitkonstante beträgt die Spannung zwischen den Schenkeln des Kondensators 63,2 % der Versorgungsspannung.

In RL-Schaltungen ist die RL-Zeitkonstante die Zeit, die benötigt wird, um das Magnetfeld der Spule auf 63,2 % seines Endwertes aufzuladen. Da die Größe des Magnetfelds und der Strom direkt miteinander verbunden sind, ist dies auch die Zeit, die benötigt wird, um den Strom auf 63,2 % seines Endwerts zu bringen.

Die Berechnung der RL-Zeitkonstante *unterscheidet sich von* der Berechnung der RC-Zeitkonstante. Die RL-Zeitkonstante wird ermittelt, indem die Induktivität in Henry (L) durch den Widerstand in Ohm (R) *geteilt* wird:

$$\tau = \frac{L}{R}.$$ (21.1)

Die Abb. 21-1 zeigt die Beziehung zwischen der Anzahl der Zeitkonstanten, dem Strom durch die Spule und der Spannung an der Spule. Dies ist die gleiche Tabelle wie die für RC-Zeitkonstanten (Abb. 17-1), nur dass Strom und Spannung miteinander vertauscht sind.

Anzahl der Zeitkonstanten	% des Stroms	% der Spannung
0.5	39.3 %	60.7 %
0.7	50.3 %	49.7 %
1	63.2 %	36.8 %
2	86.5 %	13.5 %
3	95.0 %	5.0 %
4	98.2 %	1.8 %
5	99.3 %	0.7 %

Abb. 21-1. RL-Zeitkonstanten

Beispiel 21.20 Nehmen wir an, wir haben eine Induktivität von 2 H in Reihe mit einem 500-Ω-Widerstand an eine 5-V-Quelle angeschlossen. Wie lange dauert es, bis die Spule 2,5 V an ihren Anschlüssen hat?

Um dieses Problem zu lösen, muss man wissen, dass 2,5 V im Grunde die Hälfte der Spannungsquelle ist. Daher müssen wir uns Abb. 21-1 ansehen und diejenige finden, die der Hälfte der Spannung am nächsten kommt. Das ist die Zeitkonstante 0,7.

Nun müssen wir herausfinden, wie groß die Zeitkonstante für diese Schaltung ist. Die Induktivität beträgt 2 H und der Widerstand 500 Ω. Gemäß Gl. 21.1 dividieren wir also die Induktivität durch den Widerstand:

$$\tau = \frac{2}{500}$$
$$= 0.004 \text{ s.}$$

Daher beträgt die Zeitkonstante 0,004 s. Wir wollen 0,7 Zeitkonstanten, also lautet die endgültige Antwort 0,004 s · 0,7 = 0,0028 s.

21.2 Induktoren und Kondensatoren als Filter

Wie bereits erwähnt, kann man sich Kondensatoren und Induktoren im Allgemeinen so vorstellen, dass Kondensatoren Wechselstrom zulassen, aber Gleichstrom blockieren, während es bei Induktoren genau andersherum ist. Induktoren lassen Gleichstrom zu, blockieren aber Wechselstrom.

Man kann dies auch als Frequenzgang bezeichnen. Wenn man mit Signalen arbeitet (Audioschaltungen, Funkschaltungen usw.), möchte man oft bestimmte Frequenzen verarbeiten und andere nicht. Je niedriger die Frequenz bei einer Spule ist, desto leichter kann sie von einer Seite zur anderen durchgelassen werden. Bei einem Kondensator gilt: Je höher die Frequenz, desto leichter ist der Durchgang von einer Seite zur anderen.

Viele Audiosysteme haben verschiedene Lautsprecher, die für unterschiedliche Frequenzen optimiert sind. Üblich sind zwei Lautsprecher – ein Tieftöner, der für die tiefen Töne zuständig ist, und ein Hochtöner, der für die hohen Töne zuständig ist. Durch den Einsatz von Kondensatoren und Induktoren können Schaltungsentwickler festlegen, welche Frequenzen an welche Lautsprecher gehen.

In Funksystemen werden auch Kondensatoren und Induktoren verwendet. Jede Funkstation arbeitet auf einer bestimmten Trägerfrequenz. Eine **Trägerfrequenz** ist die dominante Frequenz, die zur Übertragung eines Signals verwendet wird. Beim Bau eines Funkempfängers werden Kondensatoren und Induktoren verwendet, um die spezifische Frequenz von allen anderen Frequenzen zu isolieren, die über die Luft übertragen werden.

In Kap. 22 werden die mathematischen Zusammenhänge näher erläutert.

21.3 Parallel und in Reihe geschaltete Kondensatoren und Induktoren

Kondensatoren und Induktoren können bei der Frequenzfilterung oft die Rolle des jeweils anderen übernehmen. Wie bereits erwähnt, können Sie einen Kondensator verwenden, um Wechselstromsignale zuzulassen und Gleichstrom- und Niederfrequenzsignale zu blockieren. Induktoren bewirken das Gegenteil – sie lassen Gleichstrom- und Niederfrequenzsignale zu und blockieren Wechselstromsignale. In der Not kann man aber auch die eine die Aufgabe der anderen übernehmen.

Stellen Sie sich vor, Sie möchten das Rauschen in einem Schaltkreis beseitigen. Rauschen ist im Wesentlichen hochfrequenter Wechselstrom. Anhand der zuvor definierten Regeln könnten wir einen Induktoren in Reihe mit dem Stromkreis schalten, um das Rauschen zu entfernen. Die Abb. 21-2 zeigt, wie das aussehen kann. Es gibt jedoch auch eine andere Möglichkeit.

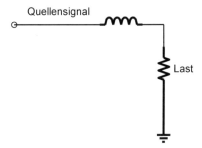

Abb. 2 I - 2. Beseitigung hoher Frequenzen mit einem Induktor

Anstatt einen Induktor in Reihe mit der Schaltung zu schalten, können wir stattdessen einen Kondensator parallel zur Schaltung verdrahten, der auf Masse geht. Die Abb. 21-3 zeigt diese Konfiguration. Da Wechselstromsignale durch einen Kondensator fließen, kann man sich das so vorstellen, dass der Kondensator die Wechselstromsignale zur Masse ableitet, bevor sie die Last erreichen.

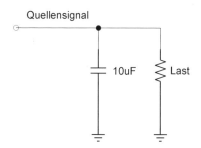

Abb. 21-3. Beseitigung hoher Frequenzen mithilfe eines Kondensators

Das Gleiche gilt für die Filterung von Niederfrequenzen. Normalerweise wird ein Kondensator verwendet, um Niederfrequenz- oder Gleichstromsignale zu blockieren, wenn er in Reihe geschaltet ist. Ein Induktor kann jedoch parallel verwendet werden, um niedrige Frequenzen an die Masse abzuleiten, während hohe Frequenzen durchgelassen werden.

In beiden Fällen, wenn die Ströme, die zur Masse fließen, signifikant sind, könnte man auch einen kleinen Widerstand in die Parallelschaltung einbauen. Dadurch wird die Fähigkeit der Schaltung, Signale an die Masse weiterzuleiten, verringert, aber auch ein Kurzschlussverhalten verhindert, wenn erhebliche Signale an die Masse abgeleitet werden.

Wenn Sie von der Inline- zur Parallelversion dieser Schaltungen wechseln, verschwenden Sie außerdem die Energie, die gegen die Masse abgeleitet wird. In den Serienversionen der Schaltungen wird ungenutzte Energie entweder blockiert oder gespeichert. Daher wird nicht wirklich viel Energie verschwendet. Bei den Parallelschaltungen wird die gefilterte Leistung jedoch einfach an die Masse weitergeleitet, wodurch sie im Grunde genommen verschwendet wird.

21.4 Rückblick

In diesem Kapitel haben wir das Folgende gelernt:

1. Eine Widerstand-Induktor-Reihenschaltung wird als RL-Schaltung bezeichnet.

2. RL-Schaltungen haben eine sehr ähnliche Zeitkonstante wie RC-Schaltungen.

3. Die Zeitkonstante für eine RL-Schaltung ergibt sich aus der *Division* der Induktivität durch den Widerstand.

4. Bei RL-Schaltungen werden die Spannungs- und Stromwerte für jede Zeitkonstante vertauscht.

5. Induktoren und Kondensatoren können zum Filtern bestimmter Frequenzen verwendet werden.

6. Kondensatoren lassen hohe Frequenzen durch, während Induktoren niedrigere Frequenzen durchlassen.

7. Durch den gemeinsamen Einsatz von Kondensatoren und Induktoren kann man einen bestimmten Frequenzbereich festlegen, den man entweder blockieren oder zulassen möchte.

8. Radios nutzen diese Funktion, um nur die gewünschten Frequenzen der Radiosender zu filtern.

9. Kondensatoren und Induktoren können für die jeweils andere Aufgabe in Filtern verwendet werden, indem sie parallel geschaltet werden, sodass sie ihre Stromart (Wechsel- oder Gleichstrom) zur Masse führen, anstatt sie zur Last durchzulassen.

21.5 Anwenden, was Sie gelernt haben

1. Wie groß ist die Zeitkonstante einer Reihenschaltung aus einem 50-Ω-Widerstand und einer Induktivität von 2 H?

2. Wie groß ist die Zeitkonstante einer Reihenschaltung aus einem 10-Ω-Widerstand und einer Induktivität von 5 µH?

3. Wenn ich eine 9-V-Batterie an eine Reihenschaltung aus einem 1-kΩ-Widerstand und einer Induktivität von 23 µH anschließe, wie lange dauert es dann, bis der Strom durch den Induktor etwa 87 % seines Höchstwertes erreicht?

4. Wenn ich eine 5-V-Quelle an eine Reihenschaltung aus einem 2-kΩ-Widerstand und einer Induktivität von 6 µH anschließe, wie lange dauert es dann, bis die Spannung an dem Induktor unter 0,25 V fällt?

5. Welches Bauteil kann ich in Reihe mit einer Schaltung verdrahten, die ein unerwünschtes hohes Rauschen aufweist, um das Rauschen zu beseitigen?

6. Welche Komponente kann ich parallel zu einem Schaltkreis mit unerwünschten hohen Geräuschen verdrahten, um das Rauschen zu beseitigen, wenn ich einen Schaltkreis habe?

7. (a) Welche Arten von Strömen sperrt eine Induktionsspule und (b) welche Arten von Strömen lässt eine Induktionsspule zu?

8. (a) Welche Arten von Strömen blockiert ein Kondensator und (b) welche Arten von Strömen lässt er zu?

9. Wenn ich ein Radio baue, muss ich nur ganz bestimmte Frequenzen durchlassen. Welches Bauteil oder welche Kombination von Bauteilen würde ich dafür verwenden?

Blindwiderstand und Impedanz

22.1 Blindwiderstand

Wir haben in diesem Buch schon oft über Widerstand gesprochen. Beim Widerstand geht es speziell um die Fähigkeit eines Bauteils, Strom gut zu leiten. Wenn ein Stromkreis auf Widerstand stößt, geht Energie durch den Widerstand verloren.

Eine andere Möglichkeit, den Stromfluss zu verhindern, ist der *Blindwiderstand*. Bei dem Blindwiderstand wird die Leistung nicht abgeleitet, sondern der *Stromfluss gänzlich verhindert*.

Denken wir noch einmal darüber nach, was passiert, wenn eine Spannung an einen Kondensator in Reihe geschaltet wird. Der Kondensator beginnt sich zu füllen. Je mehr sich der Kondensator füllt, desto weniger Ladung kann auf die Platte des Kondensators gelangen. Dadurch wird verhindert, dass sich die andere Seite ebenfalls füllt und es kann kein Strom durch den Kondensator fließen. Dies wirkt *ähnlich wie ein Widerstand – er* verhindert (behindert) den Stromfluss. Es wird jedoch keine Leistung abgeführt, da der Stromfluss tatsächlich verhindert wird. Dies wird als **Blindwiderstand** bezeichnet. Bei Kondensatoren wird er als **kapazitiver Blindwiderstand** bezeichnet, bei Induktoren als **induktiver Blindwiderstand**.

Der Blindwiderstand ist normalerweise frequenzabhängig. Um noch einmal auf das Beispiel des Kondensators zurückzukommen: Bei hohen Frequenzen lädt und entlädt sich der Kondensator ständig, sodass er nie wirklich voll wird und den Stromfluss nicht sehr stark behindert. Daher besitzen Kondensatoren bei hochfrequentem Wechselstrom nur einen sehr geringen Blindwiderstand. Bei niedrigeren Frequenzen haben die Kondensatoren jedoch Zeit, sich zu füllen, und wenn sie voll sind, behindern sie den Stromfluss. Daher besitzen Kondensatoren bei niedrigeren Frequenzen mehr Blindwiderstand.

Der Blindwiderstand wird wie der Widerstand in Ohm gemessen. Sie können jedoch nicht einfach zu Widerständen addiert werden, daher wird ihnen in der Regel der Buchstabe j vorangestellt. So wird ein Blindwiderstand von 50 Ω in der Regel als $j50$ Ω bezeichnet, damit er als Blindwiderstand verstanden wird. Blindwiderstände können miteinander addiert werden und Widerstände können miteinander addiert werden. Wie man sie kombiniert, wird in Abschn. 22.2 „Impedanz" erläutert. Blindwiderstände werden gewöhnlich mit dem Buchstaben X bezeichnet.

Der Blindwiderstand eines Kondensators (X_C) wird durch die folgende Formel angegeben:

$$X_C = -\frac{1}{2\pi \cdot f \cdot C}. \tag{22.1}$$

In dieser Formel steht f für die Wechselstromfrequenz des Signals (in Hertz) und C für die Kapazität. Es mag seltsam erscheinen, dass dies einen negativen Wert ergibt. Der Grund dafür wird im weiteren Verlauf deutlich werden. Es handelt sich jedoch *nicht* um eine negative Impedanz – das werden wir sehen, wenn wir den Blindwiderstand mit dem Widerstand kombinieren.

> **Beispiel 22.21** Wie groß ist der Blindwiderstand eines 50-nF-Kondensators bei einem Signal von 200 Hz? Um dies herauszufinden, verwenden wir einfach die Formel:
>
> $$X_C = -\frac{1}{2\pi \cdot f \cdot C}$$
> $$= \frac{1}{2\pi \cdot 200 \cdot 0.00000005}$$
> $$\approx \frac{1}{2 \cdot 3.14 \cdot 200 \cdot 0.00000005}$$
> $$= \frac{1}{0.00000624}$$
> $$\approx -j160256 \ \Omega.$$

Anhand dieser Formel können Sie erkennen, warum man sagt, dass ein Kondensator Gleichstrom blockiert. Gleichstrom ist im Wesentlichen ein Strom, der nicht schwingt. Mit anderen Worten, die Frequenz ist null. Daher reduziert sich die Formel auf $\frac{1}{0}$, was unendlich ist. Daher hat er einen unendlichen Blindwiderstand gegen Gleichstrom.

Beachten Sie auch, was passiert, wenn die Frequenz steigt. Mit zunehmender Frequenz wird der Nenner größer und größer. Das bedeutet, dass der Blindwiderstand immer kleiner wird – immer näher an null. Wenn die Frequenz steigt, geht der Blindwiderstand im Wesentlichen gegen null, wird aber nie dort ankommen, weil die Frequenz nicht unendlich sein kann.

Die Formel für den **induktiven Blindwiderstand** (X_L) ist sehr ähnlich:

$$X_L = 2\pi \cdot f \cdot L. \tag{22.2}$$

In dieser Gleichung steht f für die Signalfrequenz und L für die Induktivität der Spule in Henry.

> **Beispiel 22.22** Nehmen wir an, ich habe einen Induktor mit einer Induktivität von 3 H mit einem 50-Hz-Wechselstromsignal. Wie hoch ist der Blindwiderstand des Induktors in dieser Schaltung?
>
> $$\begin{aligned} X_L &= 2\pi \cdot f \cdot L \\ &= 2 \cdot 3.14 \cdot 50 \cdot 3 \\ &= j9420 \ \Omega. \end{aligned}$$

Der Blindwiderstand in dieser Schaltung beträgt $j9420 \ \Omega$.

22.2 Impedanz

In der Tat werden Widerstand und Blindwiderstand in einem Stromkreis in der Regel kombiniert, um eine Größe zu erhalten, die als **Impedanz** bekannt ist und einfach die Kombination von Widerstand und reaktiven Größen ist. Die Impedanz wird oft mit dem Buchstaben Z bezeichnet.

Widerstand und Blindwiderstand werden nicht direkt addiert; stattdessen kann man sich vorstellen, dass sie im Winkel zueinander wirken. Nehmen wir an, ich beginne bei meinem Haus und gehe 10 Fuß vor die Haustür. Dann drehe ich mich um 90° nach rechts und gehe weitere 10 m. Ich bin zwar 20 Fuß gegangen, aber ich bin *nicht* 20 Fuß von meiner Tür entfernt. Ich bin stattdessen etwas mehr als 15 m von meiner Tür entfernt. Ich kann dies als meine Verschiebung bezeichnen. Die Abb. 22-1 zeigt, wie dies visuell aussieht.

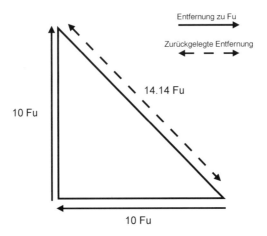

Abb. 22-1. Zurückgelegte Gesamtstrecke vs. Gesamtverschiebung

Da es sich um ein rechtwinkliges Dreieck handelt, befindet sich die Entfernung vom Anfang zum Ende auf der Hypotenuse dieses Dreiecks. Wir können die Gesamtverschiebung mithilfe des Satzes von Pythagoras berechnen ($A^2 + B^2 = C^2$). Wenn wir C (Gesamtverschiebung) lösen, erhalten wir

$$C = \sqrt{A^2 + B^2}. \tag{22.3}$$

Wenn ich also in unserem Entfernungsbeispiel 10 Fuß vorwärts gehe, nach links abbiege und weitere 10 Fuß gehe, wäre die gesamte zurückgelegte Entfernung

$$C = \sqrt{A^2 + B^2}$$
$$= \sqrt{10^2 + 10^2}$$
$$= \sqrt{100 + 100}$$
$$= \sqrt{200}$$
$$\approx 14.14.$$

Die Gesamtimpedanz ist wie die Gesamtentfernung von Ihrer Tür. Widerstand und Blindwiderstand sind wie unterschiedliche Laufrichtungen (im rechten Winkel zueinander) und die Impedanz ist die Gesamtverschiebung. Deshalb verwenden wir den Buchstaben *j*, um den Blindwiderstand zu bezeichnen – sie ist genau wie der Widerstand, nur in eine andere Richtung.

Wie berechnet man nun die Impedanz? Sie wird *genau wie* die Verschiebungsberechnung in Gl. 22.3 berechnet:

$$\text{Impedanz} = \sqrt{\text{Widerstand}^2 + \text{Blindwiderstand}^2}. \tag{22.4}$$

Oder wir können mit den üblichen Abkürzungen sagen:

$$Z = \sqrt{R^2 + X^2}. \tag{22.5}$$

Schauen wir uns an, wie wir Gl. 22.4 zur Berechnung der Gesamtimpedanz verwenden können. Wenn ich einen Stromkreis habe, der einen Widerstand von 30 Ω und einen Blindwiderstand von *j20* Ω hat, dann lautet die Formel für die Gesamtimpedanz

$$
\begin{aligned}
\text{Impedanz} &= \sqrt{\text{Widerstand}^2 + \text{Blindwiderstand}^2} \\
&= \sqrt{30^2 + 20^2} \\
&= \sqrt{900 + 400} \\
&= \sqrt{1300} \\
&\approx 36.1 \ \Omega.
\end{aligned}
$$

Wie Sie sehen, berechnen wir mit dieser Formel eine Gesamtimpedanz, sodass das *j* wegfällt.

> **Beispiel 22.23** Wenn ich einen 1-kΩ-Widerstand in Reihe mit einem 100-nF-Kondensator mit einem 800-Hz-Signal habe, wie hoch ist die Gesamtimpedanz für das Signal, das meine Schaltung liefert?
>
> Um die Impedanz zu ermitteln, benötigen wir sowohl den Widerstand als auch den Blindwiderstand. Wir haben bereits den Widerstand: 1 kΩ. Der Blindwiderstand wird mithilfe von Gl. 22.1 ermittelt:
>
> $$
> \begin{aligned}
> X_c &= -\frac{1}{2\pi \cdot f \cdot C} \\
> &= \frac{1}{2\pi \cdot 800 \cdot 0.0000001} \\
> &\approx \frac{1}{0.0005024} \\
> &\approx -j1990 \ \Omega.
> \end{aligned}
> $$

Der Blindwiderstand beträgt also etwa $-j1990\ \Omega$.

Wenn also der Widerstand $1000\ \Omega$ und der Blindwiderstand $-j1990\ \Omega$ beträgt, wie hoch ist dann die Impedanz? Die Impedanz wird mithilfe von Gl. 22.4 ermittelt:

$$\text{Impedanz} = \sqrt{\text{Widerstand}^2 + \text{Blindwiderstand}^2}$$
$$= \sqrt{1000^2 + \left(-1990\right)^2}$$
$$= \sqrt{1000000 + 3960100}$$
$$= \sqrt{4960100}$$
$$\approx 2227\ \Omega.$$

22.3 RLC-Schaltungen

Bislang haben wir RC(Widerstand-Kondensator)- und RL(Widerstand-Induktor)-Schaltungen besprochen. Wenn Sie alle diese Komponenten miteinander kombinieren, erhalten Sie eine RLC(Widerstand-Induktor-Kondensator)-Schaltung.

Wenn Sie die Impedanz solcher Schaltungen berechnen, müssen Sie sicherstellen, dass Sie den Blindwiderstand *sowohl* der kapazitiven als auch der induktiven Komponenten berücksichtigen. Induktoren und Kondensatoren bieten zwar beide einen Blindwiderstand für bestimmte Frequenzen, aber ihre Blindwiderstände sind eigentlich entgegengesetzt zueinander. Das heißt, der Blindwiderstand des einen hebt den Blindwiderstand des anderen auf. Aus diesem Grund ist der kapazitive Blindwiderstand negativ und der induktive Blindwiderstand positiv.

Daher können Sie bei der Berechnung von Blindwiderständen, die *sowohl* Induktivität als auch Kapazität umfassen, die Blindwiderstände genauso addieren, wie Sie Widerstände addieren würden. Da jedoch die kapazitiven Blindwiderstände negativ und die induktiven Blindwiderstände positiv sind, heben sie sich bis zu einem gewissen Grad gegenseitig auf.

> **Beispiel 22.24** Wenn ich eine Induktivität von 5 mH und einen Kondensator von 5 µF in Reihe mit einem 200-Ω-Widerstand habe, wie groß ist dann die Impedanz der Schaltung bei einer Frequenz von 320 Hz?
>
> Um dieses Problem zu lösen, müssen wir zunächst den kapazitiven Blindwiderstand (X_C) und den induktiven Blindwiderstand (X_L) ermitteln. Um den

kapazitiven Blindwiderstand zu ermitteln, verwenden wir Gl. 22.1:

$$X_C = -\frac{1}{2\pi \cdot f \cdot C}$$

$$= \frac{1}{2\pi \cdot 320 \cdot 0.000005}$$

$$\approx \frac{1}{0.01}$$

$$\approx -j1990 \ \Omega.$$

Der induktive Blindwiderstand wird mit Gl. 22.2 ermittelt:

$$X_L = 2\pi \cdot f \cdot L$$

$$= 2\pi \cdot 320 \cdot 0.005$$

$$\approx j10 \ \Omega.$$

Nun können wir diese Blindwiderstände einfach zusammenzählen:

$$X_{total} = X_L - X_C$$

$$= j\,10 \ \Omega + -j\,100 \ \Omega$$

$$= -j90 \ \Omega.$$

Die Tatsache, dass dieser Wert negativ ist, stellt kein Problem dar, da er im nächsten Schritt quadriert wird (wodurch der negative Wert verschwindet). Da wir nun den Widerstand (200 Ω) und den Blindwiderstand ($-j90 \ \Omega$) kennen, müssen wir nur noch Gl. 22.4 verwenden, um die Gesamtimpedanz zu berechnen:

$$\text{Impedanz} = \sqrt{\text{Widerstand}^2 + \text{Blindwiderstand}^2}$$

$$= \sqrt{200^2 + (-90)^2}$$

$$= \sqrt{200^2 + (-90)^2}$$

$$= \sqrt{40000 + 8100}$$

$$= \sqrt{48100}$$

$$\approx 219 \ \Omega.$$

Die Gesamtimpedanz (Widerstand gegen den Strom) in dieser Schaltung beträgt also 219 Ω.

22.4 Ohmsches Gesetz für Wechselstromkreise

In einem Wechselstromkreis ändern sich Strom und Spannung ständig. Daher müssten Sie bei Verwendung des traditionellen ohmschen Gesetzes immer wieder das ohmsche Gesetz berechnen, um die Beziehungen zwischen Spannung, Strom und Widerstand herauszufinden.

Es gibt jedoch eine Form des ohmschen Gesetzes, die sich direkt auf Wechselstromkreise mit einer bestimmten Frequenz bezieht. Das heißt, es ist im Wesentlichen eine *Zusammenfassung* der Spannungen und Ströme, die in jedem Zyklus auftreten. Das ohmsche Gesetz für Wechselstromkreise ist im Grunde identisch mit dem vorherigen ohmschen Gesetz, aber die Begriffe sind leicht unterschiedlich:

$$V_{RMS} = I_{RMS} \cdot Z. \tag{22.6}$$

In diesem Fall ist die Spannung, auf die wir uns beziehen (V_{RMS}), eine *durchschnittliche* Spannung über einen Zyklus von Wechselstrom. Dieser Durchschnitt wird als RMS-Durchschnitt bezeichnet. Er unterscheidet sich ein wenig von dem typischen Durchschnittswert, an den Sie vielleicht denken. Wenn eine Wechselspannung zwischen positiv und negativ hin und her schwankt, liegt die tatsächliche Durchschnittsspannung wahrscheinlich bei null. Bei der RMS-Spannung geht es jedoch um die Berechnung des durchschnittlichen Betrages des Stoßes in jeder Richtung – positiv oder negativ. Daher wird die Effektivspannung immer ein positives Ergebnis liefern.[1]

Ebenso bezieht sich der Strom auf den Effektivstrom (I_{RMS}). Genau wie die Effektivspannung ist auch der Effektivstrom immer positiv, da er die durchschnittliche Stromstärke in *jeder* Richtung misst.

Schließlich wird die Impedanz Z berechnet, wie wir in diesem Kapitel festgestellt haben, indem Widerstände und Blindwiderstände zu einer Impedanz zusammengefasst werden.

So kann das ohmsche Gesetz für Wechselstromkreise verwendet werden, um zusammenfassende Beziehungen über die durchschnittliche Spannung, den durchschnittlichen Strom und die Impedanz in einem Wechselstromsignal auszudrücken.

---

[1] RMS steht für Root Mean Square. Man erhält ihn, indem man (a) jeden Datenpunkt quadriert, (b) die Quadrate mittelt und dann (c) die Quadratwurzel aus dem Mittelwert zieht. Aus diesem Grund ist er positiv – es geht um Quadrate.

Beispiel 22.25 Ich habe einen Wechselstromkreis mit einer Effektivspannung von 10 V. Ich habe die Impedanz dieses Stromkreises auf 20 Ω berechnet. Wie hoch ist der Effektivstrom dieses Stromkreises?

Um das herauszufinden, müssen wir das ohmsche Gesetz ein wenig umstellen:

$$V_{RMS} = I_{RMS} \cdot Z,$$

$$I_{RMS} = \frac{V_{RMS}}{Z}.$$

Jetzt verwende ich einfach die angegebenen Werte, um die Lücken auszufüllen:

$$I_{RMS} = \frac{V_{RMS}}{Z} = \frac{10}{20} = 0.5 \text{ A}.$$

In diesem Stromkreis würde durchschnittlich ein halbes Ampere (500 mA) durch den Stromkreis fließen.

Beispiel 22.26 Ich habe eine Wechselspannungsquelle mit einer Effektivspannung von 5 V, die mit 200 Hz läuft. Sie ist in Reihe mit einem 50-kΩ-Widerstand und einem 50-nF-Kondensator geschaltet. Wie hoch ist der Strom in dieser Schaltung?

Um dies herauszufinden, müssen wir zunächst die Gesamtimpedanz des Stromkreises ermitteln. Das heißt, wir müssen Gl. 22.1 verwenden, um den Blindwiderstand des Kondensators zu ermitteln:

$$
\begin{aligned}
X_C &= -\frac{1}{2\pi \cdot f \cdot C} \\
&= \frac{1}{2 \cdot 3.14 \cdot 200 \cdot 0.000005} \\
&= \frac{1}{0.00000628} \\
&\approx -j159236 \ \Omega.
\end{aligned}
$$

Da wir nun den Widerstand (50 kΩ) und den Blindwiderstand (−j159236 Ω) kennen, können wir sie in Gl. 22.5 einsetzen:

$$Z = \sqrt{R^2 + X^2}$$
$$= \sqrt{50000^2 + 159236^2}$$
$$= \sqrt{2500000000 + 25356103696}$$
$$= \sqrt{27856103696}$$
$$\approx 166901 \ \Omega.$$

Jetzt können wir das ohmsche Gesetz für Wechselstromkreise anwenden (Gl. 22.6 zur Ermittlung des Stroms):

$$I_{RMS} = \frac{V_{RMS}}{Z}$$
$$= \frac{5}{166901}$$
$$\approx 0.00003 \ A.$$

Das bedeutet, dass der durchschnittliche Strom (I_{RMS}) etwa 0,00003 A oder 30 μA beträgt.

22.5 Resonanzfrequenzen von RLC-Schaltungen

Wie wir gesehen haben, geht der kapazitive Blindwiderstand gegen null, wenn die Frequenz ansteigt. Ebenso nimmt der induktive Blindwiderstand zu, wenn die Frequenz ansteigt. Außerdem haben der kapazitive Blindwiderstand und der induktive Blindwiderstand entgegengesetzte Vorzeichen – negativ für den kapazitiven Blindwiderstand und positiv für den induktiven Blindwiderstand.

Interessant ist, dass es bei einer Kombination aus Induktoren und Kondensatoren immer eine Frequenz gibt, bei der sich ihre Blindwiderstände genau aufheben. Dieser Punkt wird als **Resonanzfrequenz** des Stromkreises bezeichnet.

Wenn ein Kondensator und ein Induktor in Reihe geschaltet sind, spricht man von einer LC-Serienschaltung. Da der Induktor hohe Frequenzen und der Kondensator niedrige Frequenzen hemmt, können LC-Schaltungen verwendet werden, um einen ganz bestimmten Frequenzbereich durchzulassen. Die Mitte dieses Bereichs wird als **Resonanzfrequenz** der Schaltung bezeichnet.

Wenn Sie gut mit Algebra umgehen können, können Sie Gl. 22.1 und 22.2 kombinieren, um die Resonanzfrequenz eines Stromkreises zu ermitteln (d. h., Sie addieren sie zu null und lösen dann die Frequenz *f*). Um Ihnen diese Mühe zu ersparen, gibt es jedoch eine Formel, mit der Sie die Resonanzfrequenz eines Stromkreises ermitteln können:

$$f = \frac{1}{2\pi\sqrt{L \cdot C}}.$$

(22.7)

Bei dieser Frequenz gibt es keine Gesamtreaktanz im Stromkreis – die einzige Impedanz ist der Widerstand.

> **Beispiel 22.27** Nehmen wir an, Sie haben einen 20-µF-Kondensator in Reihe mit einer Induktivität von 10 mH. Wie hoch ist die Resonanzfrequenz dieser Schaltung?
>
> Um die Resonanzfrequenz zu ermitteln, brauchen wir nur Gl. 22.7 anzuwenden:
>
> $$f = \frac{1}{2\pi\sqrt{L \cdot C}}$$
> $$= \frac{1}{2\pi\ \sqrt{0.01 \cdot 0.00002}}$$
> $$= \frac{1}{2\pi\ \sqrt{0.0000002}}$$
> $$\approx \frac{1}{2\pi \cdot 0.000447}$$
> $$\approx \frac{1}{0.00279}$$
> $$\approx 358\ \text{Hz}.$$
>
> Daher hat dieser Stromkreis eine Resonanzfrequenz von 358 Hz. Das bedeutet, dass dieser Stromkreis bei dieser Frequenz keine Blindimpedanz hat.

Resonanzfrequenzen sind wichtig für die Signalverarbeitung. Sie können in Audiogeräten verwendet werden, um den Klang einer bestimmten Frequenz zu verstärken (da alle anderen Frequenzen einen Widerstand aufweisen). Sie können zur Auswahl von Radiosendern in Radiogeräten verwendet werden (da dies die einzige Frequenz ist, die ohne Widerstand durchgelassen wird). Man kann auch eine bestimmte Frequenz entfernen, indem man einen Resonanzfrequenzkreis auf Masse legt und so eine bestimmte Frequenz widerstandslos gegen die Masse kurzschließt.

22.6 Tiefpassfilter

Wie bereits erwähnt, lassen Kondensatoren Wechselstrom zu und sperren Gleichstrom. Wenn Sie die AC-Komponente eines Signals entfernen möchten, kann ein Kondensator angeschlossen werden, um den AC-Anteil Ihres Signals auf Masse zu legen. Dies wird als Tiefpassfilter bezeichnet, da die hochfrequente (AC-)Komponente des Signals zur Masse geleitet wird, während die niederfrequente (DC-)Komponente des Signals durchgelassen wird.

Woher weiß man, welche Größe der Kondensator haben muss? Eine Faustregel besagt, dass der Blindwiderstand des Kondensators gegenüber dem Signal, das man *behalten* will, größer sein muss als der Widerstand, der in den Kondensator eintritt (wir wollen einen größeren Widerstand, weil wir nicht wollen, dass das Signal durch den Kondensator kommt).

Daher können wir Gl. 22.1 folgendermaßen abändern:

$$f = \frac{1}{2\pi \cdot R \cdot C} \qquad (22.8)$$

oder

$$C = \frac{1}{2\pi \cdot R \cdot f}. \qquad (22.9)$$

Wenn Sie den Eingangswiderstand kennen, können Sie diese letzte Gleichung verwenden, um einfach die Größe des benötigten Kondensators zu ermitteln (wenn Sie keinen Eingangswiderstand haben, können Sie einfach einen Widerstand Ihrer Wahl hinzufügen und C berechnen).

22.7 Umwandlung eines PWM-Signals in eine Spannung

In Kap. 15 haben wir darüber gesprochen, dass der Arduino-Mikrocontroller keine analoge Spannung ausgeben kann, sondern diese mit einem PWM-Signal imitieren kann, indem er sein 5-V-Signal ein- und ausschaltet, um Zwischenspannungen zu imitieren. Wir können einen Tiefpassfilter verwenden, um ein PWM-Signal in eine Spannung umzuwandeln.

Die entsprechende Schaltung ist recht einfach und wird in Abb. 22-2 dargestellt. Der Widerstand und der Kondensator dienen dazu, das untere Ende der Frequenz des Signals, das entfernt wird, abzustimmen.

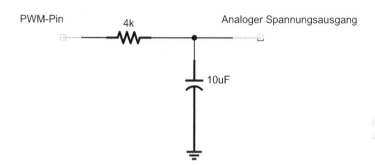

Abb. 22-2. Umwandlung eines PWM-Signals in einen Analogwert mit einem Kondensator

Laut den technischen Daten beträgt die PWM-Frequenz etwa 490 Hz. Theoretisch könnte man den Blindwiderstand des Kondensators mit Gl. 22.1 ermitteln. Da das PWM-Signal jedoch in der Praxis eine Rechteckwelle ist (mit sehr scharfen Flanken), ist ein größerer Kondensator erforderlich. In jedem Fall entfernt dieser Filter die Wechselstromkomponente des PWM-Signals und lässt nur die Restspannung übrig, die sie darstellt.

22.8 Rückblick

In diesem Kapitel haben wir das Folgende gelernt:

1. Der Blindwiderstand (*X*) ist eine Eigenschaft einiger elektronischer Bauteile, die dem Widerstand ähnelt, aber den Stromfluss *verhindert*, anstatt ihn in Wärme umzuwandeln (d. h. zu *zerstreuen*).

2. Der Blindwiderstand wird, wie der Widerstand, in Ohm gemessen. Dem Blindwiderstand wird ein *j* vorangestellt, um anzugeben, dass es sich um einen Blindwiderstandswert handelt.

3. Der Blindwiderstand ist frequenzabhängig – die Höhe des Blindwiderstands hängt von der Frequenz des Signals ab.

4. Für Kondensatoren und Induktoren gibt es jeweils Formeln, mit denen sich der Blindwiderstand der Bauteile berechnen lässt.

5. Kondensatoren haben einen negativen und Induktoren einen positiven Blindwiderstand. Das bedeutet, dass ihre Blindwiderstände bis zu einem gewissen Grad gegenläufig sind und sich gegenseitig aufheben.

6. Die Impedanz (Z) ist die gesamte Hemmung des Stromflusses, die sowohl ohmsche als auch reaktive Elemente umfasst.

7. Blindwiderstand und Widerstand werden auf die gleiche Weise zur Impedanz zusammengefasst, wie man zwei verschiedene Laufrichtungen zu einer Gesamtentfernung vom Ausgangspunkt kombinieren kann – mithilfe des Satzes des Pythagoras.

8. Die Effektivspannung (V_{RMS}) ist die durchschnittliche Spannung eines Wechselstromkreises, unabhängig von der Richtung (positiv oder negativ) der Spannung. Sie kann verwendet werden, um die Auswirkungen einer Wechselspannung zusammenzufassen.

9. Der Effektivstrom (I_{RMS}) ist der durchschnittliche Strom eines Wechselstromkreises, unabhängig von der Richtung (positiv oder negativ) der Spannung. Er kann verwendet werden, um die Auswirkungen eines Wechselstroms zusammenzufassen.

10. Das ohmsche Gesetz für Wechselstromkreise liefert die zusammenfassende Beziehung zwischen Effektivspannung, Effektivstrom und Impedanz in einem Wechselstromkreis. Es ist identisch mit dem vorherigen ohmschen Gesetz, verwendet aber die zusammengefassten Werte für den Stromkreis bei einer bestimmten Frequenz und nicht die Werte zu einem bestimmten Zeitpunkt.

11. Die Resonanzfrequenz eines Stromkreises ist die Frequenz, bei der sich induktiver Blindwiderstand und kapazitiver Blindwiderstand gegenseitig aufheben.

12. Resonanzfrequenzen können überall dort eingesetzt werden, wo die Isolierung einer Frequenz wichtig ist, da die Resonanzfrequenz die einzige Frequenz ist, die keinen Widerstand erfährt.

13. Tiefpassfilter entfernen Wechselstromsignale und lassen niederfrequente Signale passieren.

14. Ein Tiefpassfilter kann verwendet werden, um ein Arduino-PWM-Signal in eine Spannung umzuwandeln.

22.9 Anwenden, was Sie gelernt haben

1. Wenn die Frequenz eines Signals steigt, wie wirkt sich das auf den Blindwiderstand eines Kondensators aus? Wie verhält es sich mit einem Induktor?

2. Wenn die Frequenz eines Signals sinkt, wie wirkt sich das auf den Blindwiderstand eines Kondensators aus? Wie verhält es sich mit einem Induktor?

3. Welche Aussage über das Verhältnis zwischen dem kapazitiven Blindwiderstand und dem induktiven Blindwiderstand bei der Resonanzfrequenz ist richtig?

4. Warum wird der Strom nicht durch einen Blindwiderstand verbraucht?

5. Wie werden Blindwiderstand und Widerstand zu einer Impedanz kombiniert?

6. Berechnen Sie den kapazitiven Blindwiderstand eines 3-F-Kondensators bei 5 Hz.

7. Berechnen Sie den kapazitiven Blindwiderstand eines 20-μF-Kondensators bei 200 Hz.

8. Berechnen Sie den induktiven Blindwiderstand einer Induktivität von 7 H bei 10 Hz.

9. Berechnen Sie den induktiven Blindwiderstand einer Induktivität von 8 mH bei 152 Hz.

10. Berechnen Sie die Impedanz einer Schaltung mit einem 200-Ω-Widerstand in Reihe mit einem 75-μF-Kondensator bei einem Signal von 345 Hz.

11. Berechnen Sie die Impedanz einer Schaltung mit einem 310-Ω-Widerstand in Reihe mit einem 90-nF-Kondensator bei einem Signal von 800 Hz.

12. Berechnen Sie die Impedanz einer Schaltung ohne Widerstand und mit einer Induktivität von 60 mH bei einem Signal von 89 Hz.

13. Berechnen Sie die Impedanz einer Schaltung mit einem 50-Ω-Widerstand in Reihe mit einer Induktivität von 75 μH bei einem Signal von 255 Hz.

14. Wenn ich einen Wechselstromkreis mit einer Effektivspannung von 6 V und einer Impedanz von 1 kΩ habe, wie hoch ist der durchschnittliche (Effektiv-)Strom dieses Stromkreises?

15. Wenn ich einen Wechselstromkreis habe und die Wechselspannung mit einem Effektivwert von 10 V und den Wechselstrom mit einem Effektivwert von 2 mA messe, wie hoch ist dann die Impedanz dieses Kreises?

16. Wie hoch ist der Effektivstrom, der in einem 80-Hz-Wechselstromkreis mit einer Effektivspannungsquelle von 8 V in Reihe mit einem 500-Ω-Widerstand, einer Induktivität von 5 H und einem 200-nF-Kondensator fließt?

17. Berechnen Sie die Impedanz einer Schaltung mit einem 250-Ω-Widerstand in Reihe mit einer Induktivität von 87 μH und einem 104-μF-Kondensator bei einem Signal von 745 Hz.

18. Wie hoch ist die Resonanzfrequenz des Kreises aus der vorherigen Frage?

19. Wie hoch ist der Blindwiderstand eines Stromkreises bei seiner Resonanzfrequenz?

20. Wenn ich einen 10-μF-Kondensator habe, wie groß muss dann die Spule sein, um eine Resonanzfrequenz von 250 Hz zu erreichen?

Gleichstrom-motoren

Ein **Gleichstrommotor** ist ein Gerät, das elektrische Gleichstromleistung in mechanische Leistung umwandelt. Er arbeitet, indem er eine Welle mithilfe von Elektromagnetismus dreht. Gleichstrommotoren sind recht einfach zu bedienen, obwohl sie eine etwas andere Denkweise erfordern als die, die wir bisher bei der Untersuchung von Schaltkreisen angewandt haben.

23.1 Theorie der Funktionsweise

Es gibt zwar mehr als eine Art von Motor, aber der „typische" Gleichstrommotor ist ein sog. **Bürstenmotor**. Dieser Motor hat einen festen Außenbehälter (**Stator** genannt, weil er stationär ist), der Magnete mit entgegengesetzten Polen enthält. Im Inneren des Stators befindet sich ein Anker mit Elektromagneten, der mit der **Welle** verbunden ist (die Welle ist das, was sich dreht). Die Elektromagnete auf dem Anker der Welle werden dann so erregt, dass sie denselben Pol der aktuellen magnetischen Ausrichtung haben.

Wenn Sie schon einmal versucht haben, zwei Magnete mit demselben Pol zusammenzuschieben, wissen Sie, dass die Magnetfelder eine große physikalische Kraft aufbringen, um dies zu verhindern. Daher drücken die Magnetfelder der feststehenden Magnete auf die vorübergehend erzeugten

© Der/die Autor(en), exklusiv lizenziert an APress Media, LLC, ein Teil von
Springer Nature 2023
J. Bartlett, *Elektronik für Einsteiger*, https://doi.org/10.1007/978-3-662-66243-4_23

Felder der Elektromagneten am Anker der Welle. Wenn sich die Welle dreht, um sich mit den feststehenden Magneten auszurichten, wird auch der Stecker gedreht, der die Welle mit dem Strom verbindet. Beim Drehen werden die Anschlüsse der Welle nun mit der *entgegengesetzten* Polarität verbunden, sodass ihre Felder nicht mehr ausgerichtet sind! Die Welle dreht sich also weiter.

Ein bestimmter Motortyp, ein sog. **bürstenloser Motor**, funktioniert ähnlich, nur dass hier nicht die rotierende Welle die Polarität des Stroms ändert, sondern feste Magnete auf der Welle und Elektromagnete als feste Magnete verwendet werden. Indem er Wechselstrom durch die Elektromagnete schickt, ändert er die Polarität der festen Magnete hin und her und bewegt die Welle durch das Magnetfeld. Bürstenlose Motoren sind in der Regel teurer, können sich aber schneller drehen und haben weniger Teile, die verschleißen können.

Obwohl bürstenlose Motoren intern mit Wechselstrom arbeiten, werden sie von außen betrachtet wie Gleichstrommotoren betrieben. Bürstenlose Motoren haben einen internen Schaltkreis, der den Gleichstrom in eine Wechselstromwellenform umwandelt, um die Elektromagneten entsprechend zu erregen.

23.2   Wichtige Fakten über Motoren

Motoren benötigen viel Strom, v. a. beim Anfahren. Beim Anfahren benötigen sie noch mehr Strom (oft das Zehnfache ihres normalen Stroms). Diese Strommenge benötigen sie auch, wenn sie sich nicht mehr drehen (sog. Abwürgen).

Motoren werden nach ihrer effizientesten Betriebsspannung eingestuft. Wenn ein Motor für 5 V ausgelegt ist, bedeutet das nicht, dass man ihn nicht auch mit einer anderen Spannung betreiben kann, sondern dass sich beim Betrieb mit anderen Spannungen einige seiner Eigenschaften ändern und er wahrscheinlich nicht mehr so effizient ist.

Motoren erzeugen eine negative Spannung, die sog. *Gegen-EMK*, die der ihnen zugeführten Spannung entgegengesetzt ist. Motoren erzeugen umso mehr Gegen-EMK, je schneller sie sich drehen. An dem Punkt, an dem die Gegen-EMK gleich der bereitgestellten Spannung ist, dreht sich der Motor nicht mehr schneller. Auch der Innenwiderstand der Motorspulen führt zu einem gewissen Spannungsabfall, der jedoch im Vergleich zur Gegen-EMK relativ gering ist.

Wenn nichts an der Welle befestigt ist, wird die Stromstärke, mit der der Motor arbeitet, als **Leerlaufstrom** bezeichnet, und die Drehzahl, mit der sich der Motor dreht, als **Leerlaufdrehzahl** (**RPM** bedeutet „Umdrehungen pro Minute").

Das Schwierigste jedoch, was ein Motor tun kann, ist *beginnen* sich zu drehen. Wenn sich der Motor nicht bewegt und seine maximale Drehkraft (bekannt als **Drehmoment**) aufbringt, um sich zu bewegen, spricht man von einem **Blockierzustand**. Dies ist der anstrengendste Zustand, den ein Motor erreichen kann, und viele Motoren können nicht länger als ein paar Sekunden im Stillstand überleben. Die Höhe des Drehmoments, das ein Motor im Blockierzustand liefert, wird als **Blockierdrehmoment** bezeichnet und die Höhe des Stroms, den der Motor in diesem Zustand verbraucht, wird als **Blockierstrom** bezeichnet. Wenn Sie glauben, dass Ihr Stromkreis für einen Motor richtig dimensioniert ist, der Motor aber nicht anspringt, liegt das oft daran, dass er nicht genug Strom für den Stillstand bekommt. Sie können dies manchmal sogar überprüfen, indem Sie die Welle von Hand drehen und sehen, ob der Motor dann zum Leben erwacht.

Beachten Sie, dass sich ein Motor beim ersten Einschalten immer im Stillstand befindet.

23.3 Verwendung eines Motors in einer Schaltung

Gleichstrommotoren sind gut, weil sie sich im Grunde selbst regulieren. Sie drehen sich schnell genug, um sich an die ihnen zugeführte Spannung anzupassen, und nehmen genug Strom auf, um das richtige Drehmoment für die Last zu erzeugen. Wenn Sie mehr über die Details und Berechnungen wissen möchten, lesen Sie Anhang D, Abschn. „Berechnungen für Gleichstrommotoren". Wenn Sie sich jedoch an die in den technischen Daten angegebene Spannung halten, kommt die Drehzahl des Motors im Allgemeinen den Spezifikationen recht nahe. Im Allgemeinen führen niedrigere Spannungen zu niedrigeren Drehzahlen und höhere Spannungen zu höheren Drehzahlen.

Es ist ziemlich selten, dass man einem Motorstromkreis einen Serienwiderstand hinzufügt. Hierfür gibt es mehrere Gründe. Der erste Grund ist, dass sich Motoren, wie bereits erwähnt, im Grunde selbst regulieren. Das bedeutet:

1. Sie nehmen nur so viel Strom auf, wie sie für das gegebene Drehmoment benötigen, und nicht mehr. Daher ist ein Strombegrenzungswiderstand nicht erforderlich. Wenn Sie den Strombegrenzungswiderstand für stationäre Bedingungen berechnen, liefert er außerdem zu wenig Strom für den Stillstand.

2. Sie nutzen die gegebene Spannung, um die Drehzahl zu erreichen, die sie ausbalanciert. Daher gibt es keine überschüssige Spannung, die verbraucht wird.

Außerdem kann der Serienwiderstand tatsächlich Probleme verursachen. Die Stromstärke, die ein Motor aufnehmen kann, kann sehr stark variieren. Wie bereits erwähnt, kann der Stillstandsstrom manchmal das Zehnfache des Ruhestroms betragen. Bei einem Serienwiderstand variiert der Spannungsabfall über dem Widerstand ebenfalls um das Zehnfache, was sich auf die dem Motor zur Verfügung stehende Spannung auswirkt und somit die Leistungsspezifikationen des Motors verändert. Im Falle eines Strömungsabrisses wird die Leistung des Motors genau zum falschen Zeitpunkt verringert.

Wenn Sie also die Spannung für einen Motor herabsetzen wollen, um die richtige Drehzahl zu erreichen, sollten Sie dies auf eine im Wesentlichen widerstandsfreie Weise tun, indem Sie Dioden, Transistoren oder andere Komponenten verwenden, die dem Motor keinen nennenswerten Serienwiderstand hinzufügen.

Sie möchten jedoch auch problematischen Bedingungen vorbeugen. Sie möchten nicht, dass ein Kurzschluss in Ihrem Motor Ihren gesamten Stromkreis durchbrennt. Aus diesem Grund sollten Sie eine Sicherung (anstelle eines Strombegrenzungswiderstands) einbauen, die bei zu hohem Strom auslöst, um den Rest des Stromkreises zu schützen.

Da Motoren Elektromagnete enthalten, arbeiten sie außerdem mit Induktion. Wie in Kap. 20 erwähnt, entsteht bei der Unterbrechung der Stromzufuhr zu einem Induktor eine Spannungsspitze aufgrund des Zusammenbruchs der elektromagnetischen Felder. Daher müssen wir eine Dämpfungsdiode vorsehen, um zu verhindern, dass dieser Strom unsere empfindlichen Geräte durchbrennt. In Abb. 20-2 sehen Sie, wie die Schaltung aufgebaut ist.

Da Motoren durch Induktion betrieben werden, werden sie oft mit dem gleichen Symbol wie ein Induktor dargestellt.

23.4 Befestigen von Dingen an Motoren

Motoren drehen einfach eine Welle. Was passiert, nachdem die Welle sich zu drehen beginnt, liegt technisch gesehen außerhalb des Rahmens dieses Buches und ist ganz Ihnen überlassen. Nichtsdestotrotz möchte ich mir einen Moment Zeit nehmen, um über das Anbringen von Dingen an Motoren zu sprechen.

Die erste Frage, die sich stellt, ist, *wie* man etwas an der Motorwelle befestigen kann. Es gibt mehrere gängige Möglichkeiten:

   1.   Einige Gegenstände sind so gebaut, dass sie **mechanisch** auf eine Welle **passen**. Das heißt, man kann sie mit etwas Kraft auf die Welle schieben, aber es ist unwahrscheinlich, dass sie einfach von selbst abfallen.

2. Einige Gegenstände werden mit einer **Stellschraube** befestigt. Diese Methode ähnelt der vorherigen, mit dem Unterschied, dass der Aufsatz nicht durch die reine Passform an Ort und Stelle gehalten wird, sondern durch eine zusätzliche Schraube, die die Kraft aufbringt, nachdem der Aufsatz in Position ist. Dies ermöglicht eine etwas größere Bandbreite an Größenabweichungen, sodass die Stellschraube den Mangel an mechanischer Kraft ausgleicht, wenn die Größen leicht abweichen.

3. Schließlich müssen einige Teile geklebt, geschweißt oder auf andere Weise dauerhaft an der Welle befestigt werden. Das Problem bei dieser Methode ist, dass man den Motor, wenn er einmal befestigt ist, für nichts anderes mehr verwenden kann.

Was befestigen wir also an unserem Motor?

Nun, man *kann* Dinge wie Räder direkt an der Motorwelle befestigen. Bei frei drehenden Dingen wie Propellern macht man genau das. Das funktioniert auch bei Rädern. Das Problem ist, dass kleine Gleichstrommotoren oft nicht das Drehmoment erzeugen können, das man für typische Anwendungen braucht. Deshalb braucht man ein Getriebe, um das niedrige Drehmoment/ die hohe Drehzahl des Motors in ein hohes Drehmoment/eine niedrige Drehzahl an die Räder zu übertragen.

Vielerorts werden Getriebe verkauft, die all dies für Sie erledigen. Sie können sogar Motoren kaufen, bei denen das Getriebe bereits im Motorpaket enthalten ist. Dann verbinden Sie Ihr Getriebe mit der Achse der Räder mit einem Zahnrad oder einem Riemen, und das Rad führt schlussendlich die Bewegungen aus.

Ich finde es interessant, dass dies alles nur eine Reihe von Umwandlungen ist. Zunächst wandeln wir elektrische Leistung in mechanische Leistung um. Dann wandeln wir Leistung mit niedrigem Drehmoment/hoher Drehzahl in Leistung mit hohem Drehmoment/geringer Drehzahl um. Dies ähnelt der Funktionsweise eines Transformators in der Elektronik, der niedrigen Strom/ hohe Spannung in hohen Strom/niedrige Spannung und umgekehrt umwandelt. Dann wandeln die Räder die Rotationsenergie in lineare Energie um, indem sie Ihr Projekt auf dem Boden entlangfahren oder einen Riemen antreiben usw. Wir haben eine Energiequelle (die Batterie) und die Sache, die wir tun wollen (Dinge bewegen), und wir müssen herausfinden, wie wir die Energie, die wir haben, am besten in die Energie umwandeln können, die wir brauchen.

23.5 Bidirektionale Motoren

Oft wollen wir, dass sich Motoren sowohl vorwärts als auch rückwärts drehen. Die meisten Motoren können sich rückwärts drehen, indem man die positiven und negativen Leitungen zum Motor umkehrt. Wir müssen das jedoch elektrisch machen können, anstatt jemanden zu zwingen, die Drähte auf unserer Platine umzukehren, wenn er rückwärts statt vorwärts fahren will.

Es ist schon schwierig genug, eine Schaltung zu erstellen, bei der der Strom in beide Richtungen fließen kann, aber hinzu kommt das Problem der Positionierung der Dämpfungsdioden – sie werden in *beiden* Richtungen benötigt! Wenn wir jedoch nur Dämpfungsdioden in jeder Richtung anbringen würden, käme es auf jeden Fall zu einem Kurzschluss (der Strom würde lieber durch die Diode in unsere Richtung fließen als durch den Motor).

Es wurde ein Schaltkreistyp entwickelt, der diese Überlegungen berücksichtigt, eine sog. **H-Brücke**. Wir werden hier nicht näher darauf eingehen, wie H-Brücken funktionieren oder wie man sie einsetzt, aber ich dachte, ich sollte sie erwähnen.

Wenn Sie an H-Brücken interessiert sind, ist der L293 ein beliebter Chip.

23.6 Servomotoren

Ein **Servomotor** (meist nur Servo genannt) ist ein Motor, der sich nicht dreht, sondern einen Winkel erzeugt. Denken Sie an ein ferngesteuertes Auto. Um das Auto zu drehen, müssen die Räder in einem Winkel stehen. Ein normaler Gleichstrommotor treibt die Räder an, aber ein Servomotor sorgt dafür, dass sich die Räder in einem bestimmten Winkel drehen.

Servos werden durch das Senden eines oszillierenden Signals betrieben, ähnlich wie der Ausgang eines 555er-Timers (siehe Kap. 18). Servos erwarten alle 20 ms ein Signal und die Länge des Signals bestimmt den Winkel des Servos:

- Wenn das Signal 1,5 ms dauert, befindet sich der Servo in der mittleren (neutralen) Position.
- Wenn das Signal 1,0 ms beträgt, dreht sich der Servo um 90° gegen den Uhrzeigersinn.
- Wenn das Signal 2,0 ms beträgt, dreht sich der Servo um 90° im Uhrzeigersinn.
- Zwischen diesen Positionen dreht sich der Servo proportional.

Wie Sie sehen können, kann der Servo um 180° schwingen. Der Servo erwartet, dass er kontinuierlich Signale empfängt, während er eingeschaltet ist, um seine Position beizubehalten, aber diese Position kann jederzeit durch eine Änderung der Länge des Signals geändert werden. Wie sich ein Servo verhält, wenn kein Signal anliegt, hängt von dem jeweiligen Servo ab, den Sie verwenden.

Servomotoren haben getrennte Eingänge für ihre Versorgungsspannung und ihr Signal. Das Signal muss den Motor nicht mit Strom versorgen – er wird über seine Versorgungsspannung gespeist. Stattdessen muss der Servomotor nur ein kleines Signal empfangen, um seine Drehung zu erkennen, und die eigentliche Leistung wird über seinen Spannungseingang geliefert.

23.7 Schrittmotoren

Schrittmotoren sind Motoren, die sich in sehr genauen Schritten drehen. Wenn Sie etwas brauchen, das sich frei drehen kann, aber eine *genaue* Anzahl von Umdrehungen oder sogar halbe Umdrehungen, Viertelumdrehungen usw. benötigt, bietet ein Schrittmotor diese Möglichkeit. Schrittmotoren werden häufig in 3-D-Druckern eingesetzt, wo der Druckkopf eine bestimmte Strecke zurücklegen muss. Die Integrität der erzeugten Struktur hängt davon ab, dass sich der Druckkopf an der exakt richtigen Stelle befindet. Daher muss die Drehung der Welle genau gesteuert werden.

Die Steuerung von Schrittmotoren liegt weit außerhalb des Rahmens dieses Buches und erfordert in der Regel zusätzliche Hardware (bekannt als Schrittmotortreiberschaltung), aber ich wollte sicherstellen, dass Sie wissen, was sie sind und warum sie wichtig sind.

23.8 Rückblick

In diesem Kapitel haben wir das Folgende gelernt:

1. Ein Gleichstrommotor wandelt elektrische Energie in mechanische Drehkraft um, indem er entweder die Magnetisierung der Welle (bei Bürstenmotoren) oder die der feststehenden Magneten (bei bürstenlosen Motoren) verändert.

2. Die mechanische Rotationsleistung wird als Drehmoment bezeichnet.

3. Motoren benötigen in der Regel sehr viel Strom, v. a. beim Anfahren.

4. Die Nennspannung eines Motors steht im Zusammenhang mit der Motordrehzahl – bei sinkender Spannung sinkt die Drehzahl, bei steigender Spannung steigt sie. Dies ist auf die negative Spannung (Gegen-EMK) zurückzuführen, die durch die Bewegung des Motors erzeugt wird.

5. Der Strom, der durch einen Motor fließt, hängt mit dem Drehmoment zusammen, das zum Drehen des Motors erforderlich ist – ein höheres erforderliches Drehmoment zieht mehr Strom.

6. Wenn sich ein Motor nicht dreht (entweder weil er gerade erst anläuft oder weil seine Last zu hoch ist), befindet er sich in einem Blockierzustand.

7. Der Blockierstrom ist die Stromstärke, die der Motor im Blockierzustand aufnimmt (in der Regel etwa zehnmal so hoch wie im stationären Zustand).

8. Das Überziehdrehmoment ist das Drehmoment, das beim Überziehen erzeugt wird.

9. Wenn ein Motor so geladen wird, dass er über einen längeren Zeitraum im Stillstand bleibt, kann es ihn beschädigen.

10. Einem Motorstromkreis wird fast nie ein Serienwiderstand hinzugefügt.

11. Snubber-Dioden werden verwendet, um induktive Spitzen zu dämpfen, die beim Abschalten des elektromagnetischen Feldes des Motors entstehen.

12. Getriebe können das niedrige Drehmoment/die hohe Drehzahl eines Motors in ein hohes Drehmoment/eine niedrige Drehzahl umwandeln.

13. Motoren können mit einer H-Brücke bidirektional eingesetzt werden.

14. Ein Servomotor ist ein Motor, der sich nicht dreht, sondern einen festen Winkel auf der Grundlage der Länge eines Signals einstellt, das alle 20 ms an ihn gesendet wird.

15. Ein Schrittmotor ist ein Motor, der eine präzise Steuerung der Drehbewegung der Welle ermöglicht.

23.9 Anwenden, was Sie gelernt haben

1. Wenn Sie verhindern wollen, dass zu viel Strom durch einen Motor fließt, was sollten Sie dafür verwenden?

2. Was passiert mit der Drehzahl eines Motors, wenn ich die Spannung an meinem Motor reduziere?

3. Was sollte an einem Motor angebracht werden, um die anderen Teile des Stromkreises zu schützen, wenn der Motor abgeschaltet wird?

4. Nennen Sie einen Grund, warum ein Vorwiderstand nicht mit einem Motor verwendet werden sollte.

5. Wenn ich einen Roboter baue und den Winkel des Roboterarms steuern möchte, welche Art von Motor könnte ich dann verwenden?

6. Wenn ich eine Maschine bauen würde, um Bauteile in einer präzisen Position auf einer Platine zu platzieren, welche Art von Motor sollte ich dann wählen, um das zu erreichen?

Verstärkerschaltungen

Leistungsver-stärkung mit Transistoren

Verstärkung ist die Umwandlung eines Signals mit geringer Leistung in ein Signal mit höherer Leistung. Wenn wir an Verstärkung denken, denken wir normalerweise an Tonverstärker für Musikinstrumente. Das sind in der Tat Verstärker, und wir werden später in diesem Buch einen Tonverstärker bauen. Aber *immer*, *wenn* Sie ein Eingangssignal mit geringer Leistung in ein Ausgangssignal mit höherer Leistung umwandeln, haben Sie das Signal verstärkt, egal ob es sich um ein Gleich- oder ein Wechselstromsignal handelt. In diesem Kapitel werden wir uns auf die Verstärkung von Gleichstromsignalen konzentrieren.

Bei vielen Geräten ist die Leistung, die sie abgeben können, oder sogar die Leistung, die sie abgeben sollen, begrenzt. Mikrocontroller z. B. sind in der Regel sehr empfindlich, was die Menge an Strom angeht, die sie liefern können. Der ATmega328/P (der im Arduino Uno verwendet wird) hat z. B. eine maximale Stromstärke von 40 mA, was für einen Mikrocontroller eigentlich recht großzügig ist. Andere Typen von Mikrocontrollern, wie z. B. viele PIC-

J. Bartlett, *Elektronik für Einsteiger*, https://doi.org/10.1007/978-3-662-66243-4_24

Mikrocontroller, sind für einen Ausgangsstrom von 25 mA oder weniger ausgelegt. Außerdem ist die Spannung mehr oder weniger auf die Betriebsspannung des Chips festgelegt, die in der Regel 3–5 V beträgt.

Zahlreiche Anwendungen erfordern jedoch eine höhere Ausgangsleistung (Strom, Spannung oder Leistung), als diese bereitstellen können. Ein typischer Spielzeuggleichstrommotor z. B. benötigt etwa 250 mA für den Betrieb. Wenn Sie also den Motor mit einem Mikrocontroller steuern wollen, müssen Sie eine Möglichkeit haben, den kleinen Ausgangsstrom in einen größeren Ausgangsstrom umzuwandeln, um den Motor anzutreiben.

Ein weiteres Szenario ist eine Situation, in der wir einen Hochleistungsmotor oder ein anderes Gerät über eine Taste oder einen Schalter steuern wollen. Manchmal kann es problematisch sein, einen Schalter für ein Gerät zu haben, durch den eine hohe Leistung fließt. Es könnte gefährlich sein oder Geld kosten. Nehmen wir an, wir hätten einen Schalter, mit dem wir ein Hochleistungsgerät steuern wollen, das sich in einer Entfernung von 1000 Fuß befindet. Wenn wir die volle Leistung über den Schalter laufen lassen würden, müssten wir größere Kabel verlegen und den großen Widerstand in den Drähten berücksichtigen. Die Verlegung von Strom über diese Entfernung führt aufgrund des Leitungswiderstands zu Leistungsverlusten, was die Kosten für den Betrieb des Geräts erhöht! Wenn wir jedoch stattdessen einen Stromkreis mit geringem Stromverbrauch verwenden, um den Schalter zu betreiben, haben wir nicht annähernd so viel Verlustleistung. Wir müssen lediglich die Ausgangsleistung des Schalters *verstärken*, um unser Gerät zu steuern, sobald das Signal es erreicht. Der Grad der Verstärkung, der dabei auftritt, wird als **Verstärkung** eines Verstärkers bezeichnet.

24.1   Ein Gleichnis zur Verstärkung

Wie wir in Kap. 10 festgestellt haben, sagt uns die Physik, dass wir die Leistung von etwas nicht wirklich erhöhen können. Was wir jedoch tun können, ist, ein kleineres Leistungssignal zu verwenden, um eine größere Leistungsquelle zu steuern, und das ist es, was wir als Verstärkung bezeichnen.

Nehmen wir an, wir haben einen Damm an einem Fluss. Der Fluss möchte flussabwärts fließen, aber er wird durch den Damm blockiert. Nehmen wir an, wir haben einen Riesen namens Andre, der mit seiner Kraft den Damm anheben kann. Wenn Andre den Damm ein wenig anhebt, fließt ein wenig Wasser. Wenn Andre den Damm sehr stark anhebt, kann das gesamte Wasser fließen. Die Kraft des Wassers selbst ist größer als Andres Kraft. Deshalb kann Andre seine Kraft „verstärken", indem er den Damm hebt und senkt.

Nehmen wir an, am Ende des Flussbettes befände sich ein Bauwerk, das Andre zerstören wollte, aber er selbst ist nicht stark genug, um es zu tun. Der Fluss ist jedoch stark genug, um es zu schaffen. Anstatt also zu versuchen, das

Bauwerk selbst zu zerstören, beschließt Andre, den Damm zu erhöhen und die Kraft des Flusses dafür zu nutzen.

Man beachte, dass Andre die Kraft des Flusses nicht wirklich erhöht hat. Stattdessen *kontrollierte* er (ein Wesen mit geringerer Kraft) den Betrieb des Flusses (ein Wesen mit höherer Kraft), indem er den Damm (den physischen Widerstand gegen das Wasser) anpasste. Auf diese Weise *verstärkte* er die Auswirkungen seiner Handlungen, indem er den Widerstand des Stroms mit höherer Kraft kontrollierte.

24.2 Verstärkung mit Transistoren

Eine sehr verbreitete Methode zur Verstärkung der Ausgangsleistung in Projekten ist der Einsatz von **Transistoren**. Der Begriff „Transistor" ist die Abkürzung für „Transconductance Varistor", was bedeutet, dass es sich um einen elektrisch gesteuerten variablen Widerstand handelt. Mit anderen Worten, er hilft Ihnen, ein Signal in Ihrem Projekt auf die gleiche Weise zu verstärken, wie der Staudamm Andre erlaubt hat, seine Leistung zu verstärken. Der Transistor funktioniert wie ein kontrollierbarer elektrischer Damm, der es einem elektrischen Signal mit geringerer Leistung ermöglicht, ein elektrisches Signal mit höherer Leistung zu kontrollieren, indem der Widerstand angepasst wird.

Man kann es sich auch wie einen Wasserhahn für den Außenbereich vorstellen: Das Wasser, das durch den Wasserhahn fließt, wird durch den Drehknopf an der Oberseite gesteuert, der einen variablen Widerstand für den Durchfluss bietet. Der Wasserhahn kann voll aufgedreht, voll zugedreht oder irgendwo dazwischen sein, je nachdem, wie der Knopf eingestellt ist. Die Einstellung des Drehknopfes ist wie der Eingangsstrom – ein bestimmter Eingangsstrompegel steuert die Menge des austretenden Flusses.

Es gibt viele verschiedene Arten von Transistoren mit einer großen Vielfalt an Funktionsweisen. Allen gemeinsam ist, dass sie drei (manchmal vier) Anschlüsse haben, von denen einer als Steuerventil für den Stromfluss zwischen den beiden anderen dient.

Der Hauptunterschied zwischen den Transistortypen besteht darin, ob der Drehknopf am Wasserhahn durch Spannung oder durch Strom gesteuert wird. Die stromgesteuerten Transistoren werden als **Bipolartransistoren** (Bipolar Junction Transistors, BJTs) bezeichnet, die spannungsgesteuerten als **Feldeffekttransistoren** (Field-Effect Transistors, FETs).

Als grobe Verallgemeinerung kann man sagen, dass FETs am besten für Schaltanwendungen mit geringerem Stromverbrauch geeignet sind, während BJTs am besten für Leistungsverstärkung geeignet sind. Dieses Kapitel befasst sich mit BJTs.

BJTs gibt es in zwei Grundformen, je nachdem, ob der Knopf normalerweise geschlossen ist, aber durch positiven Strom eingeschaltet wird (ein npn-Transistor) oder ob der Knopf normalerweise offen ist, aber durch positiven Strom geschlossen wird (ein pnp-Transistor). Im Folgenden werden wir uns auf npn-Transistoren konzentrieren.

24.3   Teile des BJT

Ein BJT hat drei Anschlüsse – den Kollektor, die Basis und den Emitter. Bei BJT-npn-Transistoren fließt ein kleiner positiver Strom an der Basis (die Sie sich wie den Knopf eines Wasserhahns vorstellen können), der den Stromfluss vom Kollektor zum Emitter steuert. Je mehr Strom durch die Basis fließt, desto mehr Strom kann zwischen dem Kollektor und dem Emitter fließen.

Die Abb. 24-1 zeigt, wie ein npn-BJT in einem Schaltplan aussieht. Der Kollektor befindet sich in diesem Diagramm oben rechts. Der Emitter ist die Linie mit dem nach außen zeigenden Pfeil. Der zu regelnde Strom ist der Strom zwischen Kollektor und Emitter. Die Basis ist die horizontale Linie, die in der Mitte des Transistors verläuft. Die Basis fungiert als Drehknopf, der den Stromfluss zwischen Kollektor und Emitter begrenzen kann.

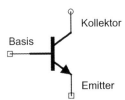

Abb. 24-1. Das schematische Symbol für einen Transistor

Die Abb. 24-2 zeigt ein konzeptionelles Bild der Funktionsweise des Transistors. Die Verbindung von der Basis zum Emitter funktioniert wie eine Diode und die Verbindung vom Kollektor zum Emitter funktioniert wie ein variabler Widerstand, der Widerstände von null (vollständig offener Damm) bis unendlich (vollständig geschlossener Damm) bietet. Der Widerstand des variablen Widerstands richtet sich nach dem Strom, der durch die Basis fließt. Der variable Widerstand wird so eingestellt, dass unter bestimmten Bedingungen der *Strom*, der vom Kollektor zum Emitter fließt, ein bestimmtes Vielfaches des Stroms ist, der von der Basis zum Emitter fließt.

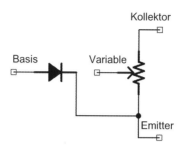

Abb. 24-2. Eine konzeptionelle Ansicht des Transistorbetriebs

Wenn wir über die Spannungen und Ströme sprechen, die durch den Widerstand fließen, gibt es spezielle Bezeichnungen, die Sie sich merken und im Hinterkopf behalten müssen. Jedes Beinchen des Transistors wird nach dem ersten Buchstaben seiner Funktion benannt. Der Kollektor ist C, der Emitter ist E und die Basis ist B. Dann wird jede der Spannungen/Ströme je nach dem Beinchen, von dem und zu dem sie fließen, benannt. Daher ist V_{BE} die Spannungsdifferenz zwischen Basis und Emitter, V_{CE} ist die Spannungsdifferenz zwischen Kollektor und Emitter und V_{CB} ist die Spannungsdifferenz zwischen Kollektor und Basis. I_{BE} ist der Strom, der zwischen der Basis und dem Emitter fließt, und I_{CE} ist der Strom, der zwischen dem Kollektor und dem Emitter fließt. Der gesamte Strom, der aus dem Emitter fließt, ist $I_{BE} + I_{CE}$. Nehmen Sie sich Zeit, über diese Bezeichnungen nachzudenken, da wir sie häufig verwenden werden, wenn wir über Transistoren und ihre Verwendung in einer Schaltung sprechen.

Ein Foto eines Transistors ist in Abb. 24-3 zu sehen. Dies ist der Transistor, auf den wir uns in diesem Kapitel konzentrieren werden – der 2N2222A (manchmal auch PN2222A genannt). Es ist wichtig, das Datenblatt zu lesen, um Informationen über Ihren Transistor zu erhalten – v. a., um zu wissen, welches Transistorbeinchen welches ist! Im Bild in Abb. 24-3 ist der Kollektor rechts, die Basis in der Mitte und der Emitter links. Beachten Sie, dass einige andere Transistoren *andere* Pinkonfigurationen haben, weshalb es so wichtig ist, die Datenblätter zu prüfen. Beim P2N2222A (sehr ähnlicher Name!) sind beispielsweise die Kollektor- und Emitterpins vertauscht!

Abb. 24-3. Ein 2N2222A-Transistor in einem TO-92-Gehäuse

Transistoren können auch in verschiedenen Formen und Größen erhältlich sein, die als **Gehäuse** bezeichnet werden. Das in Abb. 24.3 dargestellte Gehäuse ist als TO-92-Gehäuse bekannt. Andere Gehäuse, die Sie sehen können, sind ein TO-18-Gehäuse (das wie ein kleiner Metallzylinder aussieht) oder ein Gehäuse, das einem integrierten Schaltkreis ähnelt.

24.4   Grundlagen des npn-Transistorbetriebs

Um die Funktionsweise von npn-Transistoren vollständig zu verstehen, ist eine Menge komplizierter Mathematik erforderlich. Man kann sie jedoch „gut genug" verstehen, wenn man sich ein paar einfache Regeln merkt.

24.4.1   Regel 1: Der Transistor ist standardmäßig ausgeschaltet

Wenn in der Basis kein Strom fließt, fließt standardmäßig auch kein Strom vom Kollektor zum Emitter. npn-Transistoren befinden sich standardmäßig im „Aus"-Zustand.

24.4.2   Regel 2: V_{BE} muss 0,6 V betragen, um den Transistor einzuschalten

Denken Sie daran, dass die Basis mit dem Emitter im Wesentlichen durch eine Diode verbunden ist. Dioden haben einen Spannungsabfall von etwa 0,6 V. Sobald also die Basisspannung auf 0,6 V *über* der Emitterspannung ansteigt, schaltet sich der Transistor ein und der Strom beginnt zu fließen.

24.4.3 Regel 3: V_{BE} wird immer genau 0,6 V betragen, wenn der Transistor eingeschaltet ist

Dies ist eine logische Konsequenz der vorherigen Regel. Erinnern Sie sich aus Kap. 8, dass wir Dioden verwendet haben, um feste Spannungsdifferenzen zwischen Punkten in einem Stromkreis zu erhalten. Das ist bei einem Transistor nicht anders. Da der BE-Übergang wie eine Diode wirkt, wird die Basis immer 0,6 V über dem Emitter liegen, wenn der Transistor eingeschaltet ist.

24.4.4 Regel 4: Der Kollektor sollte immer positiver sein als der Emitter

Technisch gesehen ist es zwar möglich, dass der Kollektor unter die Spannung der Basis oder des Emitters fällt, aber bei npn-Transistoren ist dies im Allgemeinen keine gute Idee. Es macht die Schaltung viel schwieriger zu analysieren. In diesem Buch wird davon ausgegangen, dass die Schaltung auf diese Weise aufgebaut ist.

24.4.5 Regel 5: Wenn der Transistor eingeschaltet ist, ist I_{CE} eine lineare Verstärkung von I_{BE}

Wenn der Transistor eingeschaltet ist, verstärkt der Transistor den *Strom*, der von der Basis zum Emitter fließt, indem er die Schleusentore zwischen Kollektor und Emitter einstellt. Der Multiplikator, um den der Transistor verstärkt, wird als **Betawert** des Transistors bezeichnet – **dies** ist die Stromverstärkung, die ein npn-Transistor bietet. Das Symbol für diesen Wert kann entweder β oder h_{FE} sein. Das Problem mit dem Betawert eines Transistors ist, dass er nicht sehr genau oder sehr konstant ist. Bei einer Charge „identischer" Transistoren können die Betawerte sehr unterschiedlich sein. Und während sie in Betrieb sind, beeinflussen die Temperatur und andere Umgebungsfaktoren den Betawert ebenfalls. Es gibt einige Möglichkeiten, dies zu kompensieren, aber machen Sie sich einfach klar, dass dies passiert. Es gibt zwar Transistoren mit einer großen Bandbreite an Betawerten, aber die gängigsten npn-Transistoren haben einen Betawert von etwa 100.

Die Ausnahmen hiervon sind in den Regeln 6 und 7 festgelegt.

24.4.6   Regel 6: Der Transistor kann nicht mehr verstärken, als der Kollektor liefern kann

Dies ist v. a. eine Erinnerung daran, dass die Verstärkung *durch* den Kollektorstrom erfolgt. Wenn der Kollektor die Verstärkung nicht liefern kann, wird sie nicht stattfinden. Grundsätzlich müssen wir uns den Transistor als einen Widerstand zwischen Kollektor und Emitter vorstellen, der sich selbst so einstellt, dass das Verhältnis (Betawert) zwischen dem Basis-Emitter-Strom und dem Kollektor-Emitter-Strom erhalten bleibt. Er kann also nicht weniger Widerstand bieten als keinen Widerstand.

24.4.7   Regel 7: Wenn die Basisspannung größer ist als die Kollektorspannung, ist der Transistor gesättigt

Wenn die Basisspannung über die Kollektorspannung ansteigt, verhält sich der Transistor so, als gäbe es keinen Widerstand zwischen Kollektor und Emitter. Dies wird als **Sättigungsmodus** bezeichnet.

Anhand dieser Regeln ist es recht einfach, über das Verhalten von Transistoren nachzudenken. Im nächsten Abschnitt werden wir diese Regeln in die Praxis umsetzen.

24.5   Der Transistor als Schalter

Eines der Probleme mit Transistoren besteht darin, dass es eine Weile dauert, bis die Verwendung eines Transistors intuitiv wird. Wie wir in den nächsten Kapiteln sehen werden, müssen bei Transistoren viele spezielle Überlegungen angestellt werden. Aus diesem Grund verwenden viele Menschen Transistoren nicht direkt, sondern ausschließlich integrierte Schaltungen (siehe Kap. 11). Da integrierte Schaltungen auf den Anforderungen einer Schaltung und nicht auf einfachen physikalischen Eigenschaften beruhen, sind sie in der Regel viel einfacher zu handhaben. Der größte Teil des Rätselratens entfällt und die Chips sind so konstruiert, dass sie auf einfache Weise in einen Schaltkreis eingesetzt werden können. Auch wenn sich manche Leute dafür entscheiden, integrierte Schaltungen zu verwenden, anstatt direkt Transistoren einzusetzen, lohnt es sich, ihre Funktionsweise zu verstehen. Es ist immer besser, sich für eine Option zu entscheiden, weil man die verfügbaren Alternativen versteht, als sich für eine Option zu entscheiden, weil sie die Einzige ist, die man versteht.

Wenn wir an Taster und Schalter denken, setzen die meisten Menschen den Schalter natürlich an den *Anfang* des Schaltkreises, der ein- oder ausgeschaltet werden soll. Die Abb. 24-4 zeigt, wie das aussieht. Es ist jedoch genauso gut möglich, den Schalter am Ende zu platzieren, wie in Abb. 24-5 gezeigt.

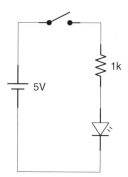

Abb. 24-4. Verwendung eines Schalters am Anfang eines Stromkreises

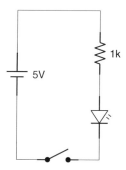

Abb. 24-5. Verwendung eines Schalters am Ende eines Stromkreises

Wenn wir Transistoren als Schalter verwenden, setzen wir sie fast immer an das *Ende* einer Schaltung. Der Grund dafür sollte klar werden, wenn wir Schaltungen untersuchen.

Die erste Schaltung, die wir uns ansehen wollen, ist in Abb. 24-6 dargestellt. In dieser Schaltung gibt es keinen wirklichen *Bedarf* für einen Transistor – wir hätten den Schalter genauso gut an die Stelle des Transistors setzen können. Wenn wir jedoch verstehen, wie diese Schaltung funktioniert, können wir andere Transistorschaltungen besser verstehen. In dieser Schaltung wird die Basis durch ein kleines Signal gesteuert (die Größe des Signals wird durch die Größe des Widerstands bestimmt). Wenn die Basis eingeschaltet wird, schaltet sie die Verbindung vom Kollektor zum Emitter ein, die den Strom zum Motor steuert (die Diode ist einfach eine Dämpfungsdiode, wie in Kap. 20 beschrieben).

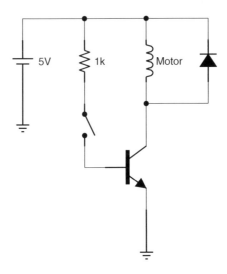

Abb. 24-6. Verwendung eines Transistors als Schalter für einen Motor

---

VISUALISIERUNG DES INDUKTIVEN KICKS

Wenn Sie den induktiven Kick in Aktion sehen wollen, können Sie den Snubber in der Schaltung in Abb. 24-6 durch eine LED ersetzen. Jedes Mal, wenn Sie den Schalter umlegen, leuchtet die LED für einen Moment auf.

Wenn der Emitter eines Transistors wie in diesem Beispiel einfach direkt mit der Masse verbunden ist, lässt sich die Schaltung am einfachsten analysieren, indem man den Stromfluss durch die Basis betrachtet. Wenn der Schalter geschlossen ist, fließt ein Strom von der Spannungsquelle durch den Widerstand über den Transistor zur Masse. Wie viel Strom? Nun, das ist eigentlich eine einfache Frage. Denken Sie daran, dass der Übergang von der Basis zum Emitter wie eine einfache Diode behandelt werden kann (Regeln 2 und 3). Wir haben also eine sehr einfache Schaltung zu analysieren: Spannungsquelle, Widerstand, Diode und Masse. Die Spannungsquelle beträgt 5 V, und wir haben eine Diode (0,6 V) im Schaltkreis, sodass die Spannung durch den Widerstand 4,4 V beträgt. Da der Widerstand ein 1-kΩ-Widerstand ist, beträgt der Strom nach dem ohmschen Gesetz $I = \dfrac{V}{R} = \dfrac{4.4}{1000} = 0.0044$ A oder 4,4 mA.

Da der Strom, der durch die Basis fließt (I_{BE}), 4,4 mA beträgt, wie viel Strom fließt dann vom Kollektor zum Emitter? Für unsere Übungen gehen wir davon aus, dass der Betawert der Transistoren genau 100 beträgt. Nach Regel 5 bedeutet das, dass der Strom, der vom Kollektor zum Emitter fließt, das 100-Fache des Basisstroms beträgt. Daher kann der Strom, der vom Kollektor zum Emitter fließt, durch $I_{CE} = \beta \cdot I_{BE} = 100 \cdot 4{,}4 = 440$ mA bestimmt werden. Der Strom, der vom Kollektor zum Emitter fließt, beträgt also 440 mA. Da der Strom am Kollektor 440 mA beträgt, bedeutet dies, dass der Strom, der durch den Motor fließt, ebenfalls 440 mA beträgt.

Je nach dem Strom, der durch den Motor fließen *soll*, könnten wir andere Widerstandswerte wählen, um den Strom auf den entsprechenden Wert einzustellen. Aufgrund von Regel 6 wird der Kollektorstrom jedoch auch durch die Eigenschaften des Motors begrenzt.

Warum haben wir also den Transistor an das Ende der Schaltung gesetzt? Stellen wir uns vor, wir hätten der Schaltung eine Komponente hinzugefügt – einen Widerstand nach dem Emitter und vor der Masse. Plötzlich ist die Schaltung viel schwieriger zu analysieren. Und warum? Nun, wir können den Basisstrom nicht mehr bestimmen, indem wir uns einfach den Strompfad durch die Basis ansehen. Die Spannung an diesem Endwiderstand basiert *nicht* auf dem Basisstrom, sondern auf dem *kombinierten* Strom von Basis und Kollektor. Wenn also Bauteile nach dem Emitter vorhanden sind, muss man zur Analyse des Basisstroms untersuchen, wie die Bauteile nach der Basis auf den *kombinierten* Strom von Basis und Kollektor reagieren. Es ist *möglich*, dies zu tun, aber die Mathematik macht keinen Spaß. Wenn wir stattdessen den Emitter *direkt* mit der Masse verbinden, vereinfachen wir unsere Berechnungen, weil wir die Spannung nach dem Emitter *kennen* – da sie mit der Masse verbunden ist, ist sie gleich null.

Wenn wir also den Emitter direkt an die Masse anschließen, können wir den Stromfluss von der Basis *unabhängig* vom Stromfluss vom Kollektor analysieren. Außerdem wird durch den Anschluss des Emitters an die Masse automatisch sichergestellt, dass unsere Gleichstromkreise die Regel 4 befolgen und es ist einfach zu analysieren, wann der Transistor nach Regel 2 ein- und ausgeschaltet wird.

So wie wir uns mehrere gängige Widerstandsschaltungen angesehen haben, gibt es auch mehrere gängige Transistorschaltungen. Die Transistorschaltung, mit der wir uns in diesem Kapitel beschäftigen, wird als **gemeinsame Emitterschaltung** bezeichnet. Das liegt daran, dass sich die „interessanten" Teile der Schaltung an der Basis (die den zu verstärkenden Strom liefert) und am Kollektor (wo die vorhergehende Schaltung den verstärkten Strom genossen hat) befinden und der Emitter mit einem gemeinsamen Bezugspunkt (in diesem Fall die Masse) verbunden ist.

24.6　Anschließen eines Transistors an einen Arduino-Ausgang

Um zu verstehen, *warum* wir überhaupt einen Transistor für einen Schalter verwenden, stellen wir uns vor, dass wir einen Motor wie in Abb. 24.6 haben, aber in diesem Fall wollen wir, dass er durch einen Ausgangspin von einem Arduino mit einem ATmega328/P gesteuert wird.

Die Ausgangspins dieses Chips geben 5 V aus, aber ihr Nennstrom liegt bei maximal 40 mA. Motoren benötigen jedoch normalerweise viel mehr Strom als das. Wenn wir wollen, dass unser Motor so viel Strom wie in Abb. 24.6 verbraucht, würde der Chip durchbrennen, wenn wir ihn direkt an den Ausgang anschließen würden.

Wir können jedoch stattdessen den Ausgang des Arduino mit der Basis eines Transistors verbinden. Dann wird der Strom, der aus dem Arduino kommt, *viel kleiner* sein als der Strom, den der Motor verbraucht.

Die Abb. 24-7 zeigt, wie dies konfiguriert ist. Der Schaltplan für diesen Aufbau ist fast identisch mit dem von Abb. 24-6. Der einzige Unterschied besteht darin, dass der elektrische Ausgang des Arduino zur Steuerung des Basisstroms verwendet wird und nicht ein mechanischer Schalter. Wir können sogar genau berechnen, wie viel Strom verbraucht wird. Da es eine Diode (im Transistor) gibt, wird der Widerstand 4,4 V verbrauchen. Da $I = \dfrac{V}{R}$, ist $I = \dfrac{4.4}{1000} = 4.4\ mA$.

Bei einem Betawert von 100 bedeutet dies, dass unser Motor 440 mA liefern kann.

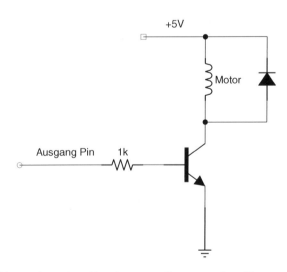

Abb. 2 4 - 7 . Verwendung eines Transistors zur Steuerung eines Motors mit einem Mikrocontroller

24.7 Stabilisierung des Betawerts des Transistors mit einem Rückkopplungswiderstand

Wie wir bereits erwähnt haben, ist der Betawert des Transistors kein sehr stabiler Parameter. Wenn wir etwas mit einem Transistor in Massenproduktion herstellen würden, würde jedes Gerät einen Transistor mit einem anderen Betawert haben. Außerdem würde der Betawert bei der Verwendung des Geräts *driften*, d. h., Dinge wie die Temperatur des Transistors würden sich auf den Betawert auswirken, sodass er nicht einmal während der gesamten Zeit, in der es eingeschaltet war, denselben Wert hätte!

Um dies zu umgehen, haben Ingenieure Wege entwickelt, die *tatsächliche* Verstärkung einer Schaltung zu stabilisieren, auch wenn sich der Betawert des Transistors verschiebt. Die Art und Weise, wie dies erreicht wird, hängt stark von der Art der verwendeten Schaltung ab. In einer gewöhnlichen Emitterschaltung wie der, die wir in diesem Kapitel betrachtet haben, können wir einen Widerstand zum Emitter hinzufügen, um die Verstärkung des Transistors zu stabilisieren. Ich weiß, dass ich *gerade gesagt habe*, dies nicht zu tun, weil es schwierig ist, die Auswirkungen zu analysieren. Wenn man jedoch einen einzelnen Widerstand an den Emitter anfügt, haben andere Leute die Berechnungen für Sie durchgeführt, damit dies einfach funktioniert.

Um sich vorzustellen, *warum* das Hinzufügen eines Widerstands zum Ausgang den Betawert des Transistors stabilisiert, müssen wir uns überlegen, was passiert, wenn man dies tut. Wenn der Betawert des Transistors ohne den Widerstand ansteigt, erhöht sich einfach der Stromfluss am Kollektor. Da der Emitter mit der Masse verbunden ist, gibt es keine wirklichen Auswirkungen mehr. Wenn ich jedoch einen Widerstand an den Emitter anschließe, dann erhöht sich mit der Erhöhung des Stromflusses am Kollektor *auch* die Spannung am Emitter. Da die Spannung zwischen Basis und Emitter (V_{BE}) bei 0,6 V liegen *muss*, wird dadurch der Strom in der Basis tatsächlich *verringert*.

Dies wird als **Rückkopplung** bezeichnet, d. h., der *Ausgang* des Schaltkreises wirkt auf irgendeine Weise auf den Eingang zurück. Manchmal kommt es zu einer Rückkopplung, weil der Ausgang mit dem Eingang verdrahtet ist, aber in diesem Fall erhöht der Widerstand einfach die Spannung am Emitter, wodurch die Basis zurückgezogen wird.

Durch das Hinzufügen eines Widerstands zur Basis wird die Verstärkung des Transistors auf einen *festen* Wert *begrenzt*, der sich weder aufgrund von Herstellungsproblemen noch aufgrund von Änderungen während des Betriebs ändert, da sich der Betawert des Transistors aufgrund der Temperatur ändert. Außerdem ist die Berechnung hierfür sehr einfach. Wenn der Betawert Ihres Transistors zwischen 50 und 200 schwankt, können Sie einen Widerstand zum Emitter hinzufügen, der die tatsächliche Transistorverstärkung auf unter 50 begrenzt und diesen Wert sehr stabil hält, auch wenn der Betawert des Transistors abweicht. In einer solchen Konfiguration ist die stabilste Verstärkung, die Sie für einen bestimmten Betawert des Transistors erhalten können, etwa $\frac{1}{4}$ des niedrigsten Betawerts des Transistors.

Die Gleichung für die Auswirkung eines Rückkopplungswiderstandes auf eine Transistorschaltung hängt von der Schaltung selbst ab – es gibt keine allgemeingültige Regel. Allerdings sind die Rückkopplungswiderstände im Vergleich zum Rest der Schaltung in der Regel recht klein.

Bei den meisten Schaltungen sollten Sie einfach mit einem kleinen Rückkopplungswiderstand (10–100 Ω) beginnen. Der Rückkopplungswiderstand verbessert in der Regel die Stabilität Ihres Aufbaus, auch wenn Sie nicht genau berechnen können, wie sich dies auf den Betawert des Transistors auswirkt. Das bedeutet, dass Ihr Aufbau wahrscheinlich auch mit verschiedenen Transistoren und bei unterschiedlichen Temperaturen weiter funktionieren wird. Sie sollten sich nur darüber im Klaren sein, dass Sie damit zwar die Stabilität erhöhen, aber auch die Verstärkung begrenzen (was bei Motoren manchmal problematisch ist).

24.8 Ein Wort der Warnung

Eine Sache, die man bei Transistoren beachten sollte, ist, dass sie sehr heiß werden können! Transistoren haben eine maximale Stromstärke, die oft auf der Wärmemenge basiert, die sie ableiten können. Transistoren, die große Ströme bewältigen können, werden als **Leistungstransistoren** bezeichnet und haben in der Regel einen Aufsatz für einen **Kühlkörper**, der ihnen hilft, die Wärme effizienter an die Luft abzugeben.

Wenn Sie eine Schaltung ähnlich der in diesem Kapitel bauen, müssen Sie sowohl die technischen Daten des Motors (wie viel Spannung und Strom ist für den Betrieb erforderlich) als auch die technischen Daten des Transistors (wie viel Strom kann der Transistor verarbeiten) beachten. Wenn der Motor nicht genug Spannung oder Strom hat, schaltet er sich möglicherweise nicht ein, und wenn der Transistor den Strom nicht verarbeiten kann, kann er leicht durchbrennen.

24.9 Rückblick

In diesem Kapitel haben wir das Folgende gelernt:

   1. Oft ist es von Vorteil, ein Signal mit hoher Leistung durch ein Signal mit niedriger Leistung zu steuern.

2. Die beiden Haupttypen von Transistoren sind Bipolartransistoren (Bipolar Junction Transistors, BJTs) und Feldeffekttransistoren (Field-Effect Transistors, FETs).

3. BJTs sind stromgesteuerte Bauelemente und FETs sind spannungsgesteuerte Bauelemente.

4. Die Anschlüsse eines BJTs sind die Basis (B), der Kollektor (C) und der Emitter (E).

5. Spannungen und Ströme, die durch einen Transistor fließen, werden mit den Anschlüssen bezeichnet, durch die der Strom fließt. Zum Beispiel bezieht sich I_{BE} auf den Strom, der zwischen der Basis (B) und dem Emitter (E) fließt, und V_{CE} auf die Spannungsdifferenz zwischen dem Kollektor (C) und dem Emitter (E).

6. BJTs gibt es in zwei Hauptkonfigurationen: npn und pnp.

7. Bei npn-Transistoren bewirkt ein kleiner positiver Strom an der Basis einen größeren Strom, der vom Kollektor zum Emitter fließt.

8. Bei pnp-Transistoren reduziert der Strom an der Basis den Stromfluss vom Kollektor zum Emitter.

9. npn-Transistoren können anhand dieser sieben Regeln analysiert werden:

   • Der Transistor ist standardmäßig ausgeschaltet.

   • V_{BE} muss 0,6 V betragen, um den Transistor einzuschalten.

   • V_{BE} wird immer *genau* 0,6 V betragen, wenn der Transistor eingeschaltet ist.

   • Der Kollektor sollte immer positiver sein als der Emitter.

   • Wenn der Transistor eingeschaltet ist, ist I_{CE} eine lineare Verstärkung von I_{BE}.

   • Der Transistor kann nicht mehr verstärken, als der Kollektor liefern kann.

   • Wenn die Basisspannung größer ist als die Kollektorspannung, ist der Transistor gesättigt (er bietet keinen Widerstand vom Kollektor zum Emitter).

10. Die Stromverstärkung eines Transistors wird als Beta-wert des Transistors bezeichnet (auch bekannt als β oder h_{FE}).

11. Der tatsächliche Betawert eines Transistors ist nicht sehr stabil und schwankt aufgrund von Fertigungsunterschieden zwischen den einzelnen Transistoren und sogar innerhalb eines einzelnen Transistors aufgrund von Umgebungsschwankungen wie der Temperatur erheblich.

12. Bei der Verwendung als Schalter werden Transistoren normalerweise am *Ende* einer Schaltung platziert, um die Schaltungsanalyse zu erleichtern.

13. Transistoren werden häufig verwendet, um die Ausgänge von Geräten mit niedrigen Stromgrenzen (z. B. Mikrocontroller) mit Geräten zu koppeln, die höhere Ausgangsströme benötigen (z. B. Motoren).

14. Um die Verstärkung einer Transistorschaltung so zu stabilisieren, dass sie nicht mit dem Betawert des Transistors schwankt, können Sie einen kleinen Emitterwiderstand einbauen.

24.10   Anwenden, was Sie gelernt haben

Sofern nicht anders angegeben, wird davon ausgegangen, dass es sich bei dem Transistor um einen BJT-npn-Transistor handelt und dass der Betawert stabil ist:

1. Wenn die Basis eines Transistors 3 V beträgt und der Transistor eingeschaltet ist, wie hoch ist dann die Emitterspannung?

2. Wenn die Basis eines Transistors 45 V beträgt und der Emitter eingeschaltet ist, wie hoch ist dann die Emitterspannung?

3. Wenn die Basis eines Transistors bei 5 V liegt und der Emitter, wenn er leitet, bei 4,5 V liegen müsste, ist der Transistor dann ein- oder ausgeschaltet?

4. Wenn die Basis eines Transistors 0,6 V beträgt und der Emitter auf Masse liegt, ist der Transistor dann ein- oder ausgeschaltet?

5. Wenn die Basis eines Transistors 0,4 V beträgt und der Emitter auf Masse liegt, ist der Transistor dann ein- oder ausgeschaltet?

6. Wenn ein Transistor einen Basisstrom (I_{BE}) von 2 mA und der Transistor einen Betawert von 55 hat, wie viel Strom fließt dann durch den Kollektor (I_{CE})?

7. Wie hoch ist der Gesamtstrom, der aus dem Emitter in der vorherigen Aufgabe herauskommt?

8. Wenn ein Transistor einen Basisstrom von 3 mA und der Transistor einen Betawert von 200 hat, wie viel Strom fließt dann durch den Kollektor?

9. Was bedeutet es für den Betrieb unseres Transistors, wenn die Basisspannung größer ist als die Kollektorspannung?

10. Der Ausgang Ihres Mikrocontrollers beträgt 3,3 V und unterstützt einen maximalen Ausgangsstrom von 10 mA. Entwerfen Sie anhand von Abb. 24.7 eine Schaltung zur Steuerung eines Motors, der 80 mA zum Betrieb benötigt. Nehmen Sie an, dass der Betawert des Transistors 100 beträgt.

11. Gestalten Sie die vorherige Schaltung so um, dass sie einen Stabilisierungswiderstand am Emitter verwendet, um Schwankungen im Betawert des Transistors zu verhindern.

Transistorspannungsverstärker

In Kap. 24 haben wir mit der Untersuchung des BJT-npn-Transistors begonnen. Wir haben festgestellt, dass der Transistor eigentlich den *Strom* verstärkt, sodass der Strom, der in den Kollektor fließt, ein Vielfaches (bekannt als β) des Stroms ist, der in die Basis fließt.

Obwohl ein Transistor eine Stromverstärkung bewirkt, werden wir in diesem Kapitel lernen, wie man diese in eine Spannungsverstärkung umwandelt.

25.1 Umwandlung von Strom in Spannung mit dem ohmschen Gesetz

Wenn der Transistor uns eine Stromverstärkung bietet, wie können wir dann eine Verstärkung der Stromstärke in eine Verstärkung der Spannung umwandeln? Die Antwort ist einfach: Das ohmsche Gesetz beschreibt die Beziehung zwischen Strom und Spannung: $V = I \cdot R$. Daher kann eine Stromverstärkung in eine Spannungsverstärkung umgewandelt werden, wenn wir einen Widerstand verwenden! Je größer der Widerstand ist, desto größer ist die Änderung des Spannungsabfalls, die eine bestimmte Stromänderung bei diesem Widerstand hervorruft.

© Der/die Autor(en), exklusiv lizenziert an APress Media, LLC, ein Teil von
Springer Nature 2023
J. Bartlett, *Elektronik für Einsteiger*, https://doi.org/10.1007/978-3-662-66243-4_25

Um das zu sehen, sehen Sie sich die Schaltung in Abb. 25-1 an. Beachten Sie, dass diese Schaltung für sich genommen ziemlich nutzlos ist, aber sie ist hilfreich, um zu veranschaulichen, wie die Berechnungen funktionieren. In dieser Schaltung wird der Strom an der Basis durch den Widerstand R_B gesteuert. Dieser Strom wird zu einem erhöhten Strom vom Kollektor verstärkt. Der Strom am Kollektor wird jedoch über den Widerstand R_C gesteuert. Da dies über einen Widerstand geschieht, gilt das ohmsche Gesetz und die Größe des Spannungsabfalls über R_C hängt von dem Strom ab, der durch ihn fließt.

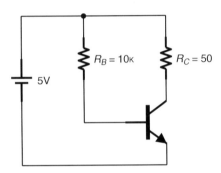

Abb. 25-1. Ein einfacher Strom-Spannungs-Verstärker

Erinnern Sie sich an das ohmsche Gesetz, das besagt, dass $V = I \cdot R$, sodass jede Erhöhung des Stroms den Spannungsabfall über R_C erhöht, zumindest bis die Spannung am Kollektor gleich der Basisspannung ist (die in dieser Schaltung 0,6 V beträgt). Wenn das passiert, kann der Transistor nichts mehr tun – er behandelt den Kollektor-Emitter-Übergang einfach als Kurzschluss.

Berechnen wir nun, was unsere Schaltung tatsächlich tut. Die Spannung an der Basis beträgt 5 V – 0,6 V = 4,4 V (wir müssen den diodenartigen Spannungsabfall im Transistor von der Basis zum Emitter berücksichtigen). Mithilfe des ohmschen Gesetzes können wir daher den Basisstrom mit I = V/R = 4,4/10000 = 0,0004 A berechnen.

Nehmen wir an, dass der Betawert des Transistors 100 ist. Der Strom, der am Kollektor fließt, beträgt dann 0,0004·100 = 0,040 A. Der Spannungsabfall über dem Widerstand kann also mit dem ohmschen Gesetz berechnet werden. V = I·R = 0,040–50 = 2 V.

Nehmen wir nun an, wir ändern R_B, damit mehr Strom durch den Transistor fließt. Verringern wir R_B von 10 auf 6 kΩ. Jetzt beträgt der Basisstrom I = V/R = 4,4/6000 = 0,000733 A. Der am Kollektor fließende Strom ist dann 100·0,000733 = 0,0733 A. Der Spannungsabfall über dem Widerstand ist jetzt also V = I·R = 0,0733·50 ≈ 3,67 V.

Wenn wir den Strom erhöhen, steigt auch der Spannungsabfall am Widerstand. Sie fragen sich vielleicht, was mit der zusätzlichen Spannung passiert. Da der Emitter des Widerstands auf Masse liegt und sich die Spannung an R_C ständig ändert, wo bleibt da der Rest der Spannung? Der Transistor verschluckt sie im Wesentlichen.

Zur Erinnerung: In unserem Transistormodell in Abb. 24.2 fungiert der Transistor als variabler Widerstand für den Kollektorstrom. Daher findet der restliche Spannungsabfall *innerhalb* des Transistors statt.

Was wir also tun, ist, Änderungen des Stroms an der Basis in Änderungen des Spannungsabfalls an R_C (und ebenso an V_{CE} des Transistors) zu übertragen.

Wie Sie vielleicht bemerkt haben, ist der Ort, an dem die „Aktion" stattfindet, bei Transistoren nicht immer genau dort, wo man sie erwartet. In dieser Schaltung ist der Ort, an dem die Spannungsverstärkung *tatsächlich stattfindet*, ein Widerstand (R_C), der an den *Kollektor* angeschlossen ist. Der Transistor, der als Verstärker fungiert, sendet das verstärkte Signal also nicht an den Emitter. Stattdessen kann man sich vorstellen, dass er das verstärkte Signal an den Kollektor sendet, wo der Widerstand am Kollektor den verstärkten Strom in einen entsprechenden Spannungsabfall umwandelt.

> **Beispiel 25.28** Wie hoch ist in der Schaltung in Abb. 25.1 die Spannung am Widerstand R_C, wenn der Basiswiderstand R_B auf 20 kΩ ansteigt?
>
> $$I_B = 4.4 / 20000 = 0.00022 \text{ A},$$
> $$I_C = 100 \cdot I_B = 100 \cdot 0.00022 = 0.022 \text{ A}$$
> $$V_{RB} = I_C \cdot R_B = 0.022 \cdot 50 \approx 1.1 \text{ V}.$$

Nur um zu sehen, wohin wir gehen, werden wir schließlich kleine Spannungsänderungen an der Basis verwenden, um Stromänderungen an der Basis auszulösen, die dann zu einer größeren Änderung der Spannung an R_C verstärkt werden.

25.2 Ablesen des verstärkten Signals

Wir haben es also geschafft, einen Spannungsabfall zu erzeugen, der sich als Reaktion auf Änderungen des Stroms an der Basis ändert. Aber wie können wir diesen Spannungsabfall ablesen? Es ist ziemlich schwierig, ihn direkt abzulesen, aber wir können seinen *Kehrwert* direkt ablesen.

Schauen Sie sich Abb. 25-2 an. In dieser Abbildung haben wir eine Ausgangssignalleitung hinzugefügt, um zu zeigen, wo wir den Ausgang des Verstärkers ablesen würden (d. h., wo wir den Rest der Schaltung, die die

Verstärkung erhält, anschließen würden). Wir legen die Ausgangsleitung *zwischen* den Kollektorwiderstand R_C und den Transistor. Dadurch erhalten wir die Spannung der Quellenspannung (5 V) *abzüglich* der Spannung an R_C. Wenn also eine hohe Spannung an R_C anliegt, spiegelt sich dies in einer niedrigen Spannung an unserem Ausgang wider. Wenn eine niedrige Spannung an R_C anliegt, spiegelt sich dies in einer hohen Spannung am Ausgang wider.

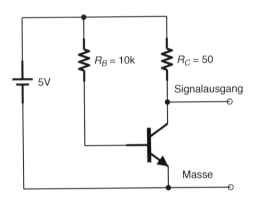

Abb. 25-2. Ablesen des verstärkten Signals von einem Spannungsverstärker

Diese Art von Ausgang wird als **invertierter Ausgang** bezeichnet, da die Ausgangsspannung im Wesentlichen umgekehrt verstärkt wird. Das funktioniert bei Audiosignalen sehr gut, da es für den Hörer keinen Unterschied macht, ob das Signal invertiert ist oder nicht. Wenn wir das Signal jedoch wieder in die nicht invertierte Form bringen wollen, können wir einfach eine weitere Verstärkungsstufe an das Ende anfügen (wir werden sehen, wie man das in Abschn. 25.4 macht).

Nach all dem sollte ich darauf hinweisen, dass wir immer noch nicht wissen, wie wir ein Audiosignal verstärken können – noch nicht. Das kommt im nächsten Abschnitt.

25.3 Verstärkung eines Audiosignals

Was wir wirklich wollen, ist, ein Audiosignal zu verstärken. Stellen Sie sich vor, jemand singt in ein Mikrofon und wir wollen das Signal verstärken, damit wir es an einen Lautsprecher senden können. Wie würden wir das tun?

Es gibt eine Reihe von Problemen, die man lösen muss, um dies zu erreichen. Man könnte sich vorstellen, dass man einfach ein Mikrofon an die Basis des Transistors anschließen und direkt verstärken könnte. Das ist eine gute Idee, aber leider ist das Leben nicht immer so einfach. Um zu verstehen, warum das so ist, muss man sich vergegenwärtigen, dass Audiosignale im Grunde genommen Wechselstrom sind. Das bedeutet, dass das Signal sowohl positiv *als auch* negativ schwingen kann. Außerdem muss die Basisspannung *über* der Emitterspannung liegen und der Emitter ist mit der Masse verbunden. Wenn wir dies versuchen würden, würden wir die untere (negative) Hälfte des Signals verlieren. Bei einem kleinen Signal könnte sogar das *gesamte* Signal verloren gehen, wenn es nie die erforderlichen 0,6 V über der Masse erreicht.

Daher muss das in den Transistor eingehende Signal **vorgespannt** werden. Im Grunde müssen wir die Spannung des eingehenden Signals so erhöhen, dass der Transistor eingeschaltet bleibt, aber das eingehende Signal nicht übersteuert wird.

Wenn Sie sich an Kap. 19 erinnern, als wir den Tongenerator gebaut haben, mussten wir das Signal entzerren. Dazu nahmen wir das Signal und koppelten es durch einen Kondensator. Dadurch konnten die beiden Seiten mit unterschiedlichen Basisspannungen existieren, aber die Spannungsänderungen durch den Kondensator übertragen. Dies ist die gleiche Idee, aber der Eingang ist unverzerrt und der Ausgang ist verzerrt.

Die Abb. 25-3 zeigt, wie dies in allgemeiner Form aussieht. Vereinfacht kann man sich das Ganze wie einen Spannungsteiler vorstellen. Die Widerstände stellen im Grunde eine Vorspannung ein und diese Spannung wird je nach dem Strom, der durch den Kondensator fließt, verändert.

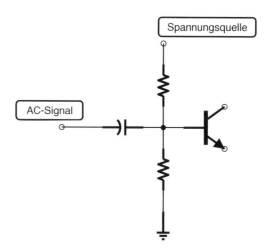

Abb. 25-3. Bauteile einer Transistorvorspannungsschaltung

Das ist zwar in gewisser Weise richtig, aber die Details werden komplizierter, wenn wir weitere Bauteile hinzufügen, insbesondere den Transistor. Der Emitter des Transistors ist über einen Widerstand, R_E, mit der Masse verbunden. Das bedeutet, dass die an der Basis des Transistors ankommende Spannung immer 0,6 V (oder mehr, basierend auf R_E) betragen muss, damit der

Transistor eingeschaltet ist. Das bedeutet, dass auch der Spannungsteiler selbst immer 0,6 V betragen muss (oder etwas darüber aufgrund von R_E).

Die Abb. 25-4 zeigt alle Teile unseres einfachen Transistorverstärkers. Die wichtigste Frage ist, wie wir die Werte der einzelnen Widerstände einstellen. Es gibt viele Überlegungen, die sich sowohl auf die Verstärkung des Verstärkers auswirken als auch darauf, ob das Signal übersteuert wird oder nicht.

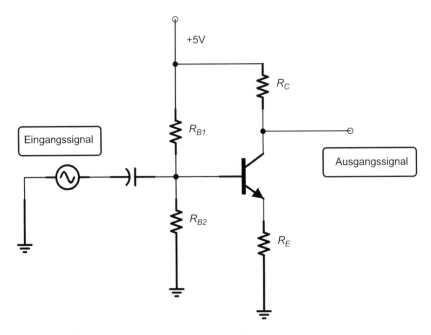

Abb. 25-4. Einstufiger Transistorspannungsverstärker

Die Übersteuerung tritt ein, wenn die Basisspannung unter 0,6 V sinkt, weil der Transistor dann einfach aufhört zu leiten (und wegen R_E sogar etwas darüber hinaus). Clipping tritt auch auf, wenn der Widerstand R_C zu groß ist, denn wenn der durch R_C fließende Strom dazu führt, dass die Spannung am Kollektor zu niedrig wird, hat der Transistor seinen Sättigungspunkt erreicht und hört daher auf zu verstärken. Da R_C den Strom in Spannung umwandelt, muss er auch groß genug sein, um bei der erwarteten Strommenge einen großen Spannungshub zu erzeugen.

Bei den Basiswiderständen (R_{B1} und R_{B2}) müssen Sie bedenken, wie viel Strom Sie von der Eingangsquelle erwarten. Denken Sie daran, dass dieser Strom abwechselnd in positiver und negativer Richtung fließen wird. Wenn die Eingangsquelle in den negativen Bereich schwankt, muss also genügend Strom durch R_{B1} fließen, damit die Spannung positiv bleibt und der Transistor eingeschaltet bleibt. Wenn die Eingangsquelle vollständig in den positiven

Bereich schwingt, kann R_{B2} ebenfalls eine Übersteuerung verhindern, da er einen alternativen Pfad für den eingehenden Strom bietet, der nicht durch den Transistor führt.

Sie fragen sich vielleicht, was der Widerstand an R_E bewirkt. R_E ist ein Rückkopplungswiderstand. Die Verstärkung (β) eines Transistors variiert sowohl innerhalb der Fertigung als auch in Abhängigkeit von der Temperatur. Ein Rückkopplungswiderstand, der die Spannung am Emitter des Transistors erhöht, begrenzt die Höhe der Verstärkung, die der Transistor auf der Grundlage seines Source-Eingangs liefern kann.

Rückkopplung bedeutet, dass der Ausgang einer Schaltung den Eingang in irgendeiner Weise beeinflusst. Manchmal kommt es zu einer Rückkopplung, weil der Ausgang mit dem Eingang zurückverdrahtet ist. In diesem Fall erhöht der Widerstand jedoch einfach die Spannung am Emitter, wodurch weniger Strom durch die Basis und mehr Strom durch R_{B2} fließt.

Durch die Begrenzung der Verstärkung des Widerstands wird die Verstärkung über eine Vielzahl von Betriebsparametern hinweg stabilisiert, sodass Ihre Schaltung auch bei Erwärmung des Transistors weiterhin funktioniert. Würden Sie die Schaltung herstellen, wäre sie durch die Begrenzung der Verstärkung außerdem weniger anfällig für Fertigungsunterschiede zwischen einzelnen Teilen.

Wenn der Ausgang der Schaltung einen Widerstand R_O hat, kann die Stromverstärkung vom Eingang durch den Ausgang wie folgt berechnet werden

$$\text{Verstärkung} = \frac{R_{B2}R_C}{R_E R_O}. \tag{25.1}$$

Um zu verstehen, warum diese Formel funktioniert, siehe Anhang D, Abschn. „Berechnungen der Ausgangsverstärkung bei BJT-Anwendungen mit gemeinsamem Emitter".[1] Die Formel gibt Ihnen nur einen Ausgangspunkt, obwohl Sie normalerweise ein wenig mit den Widerstandswerten herumspielen müssen, um sie zum Funktionieren zu bringen.[2] Beachten Sie auch, dass die Formel nur funktioniert, wenn $R_O > R_C$.

Wenn Sie über Ihre Schaltung nachdenken, werden Sie sie an zwei Punkten analysieren wollen: wenn der Quellenstrom am Eingang am höchsten und am niedrigsten ist (in diesem Fall negativ). Wenn Sie Ihre Schaltung richtig

---

[1] Ich warne Sie, dass die Berechnungen ziemlich hässlich sind (deshalb stehen sie im Anhang). Außerdem müssen Sie den Rest dieses Kapitels bis Kap. 26 lesen, um zu verstehen, was hier passiert.

[2] Der Grund dafür ist, dass die Formel selbst auf einer Reihe von Annahmen und Vereinfachungen beruht. Diese sind in der realen Welt nicht immer zutreffend, sodass man Anpassungen vornehmen muss.

entwickelt haben, sollte die Spannung an R_C stark schwanken, ohne dass es zu einer Übersteuerung kommt (der Transistor schaltet sich ab oder geht in Sättigung).

Am besten fängt man damit an, dass der Spannungsteiler immer genug Strom liefern muss, um den Transistor auch dann eingeschaltet zu halten, wenn der Quellenstrom ins Minus schwankt. Daher sollte der Strom, der durch den Spannungsteiler in die Basis fließt, etwas größer sein als der Strom des Signals. Dies wird als **Ruhestrom** bezeichnet.

In unserem Fall werden wir unsere Schaltung für passive Mikrofone entwickeln, sodass der Quellensignalstrom nur etwa 10 µA (0,01 mA) beträgt. Daher werden wir unseren Ruhestrom auf 0,1 mA festlegen. Das bedeutet, dass R_{B1} etwas weniger als 50 kΩ betragen sollte. Wir werden hier einen Standardwiderstand von 47 kΩ verwenden. R_{B2} verträgt einen weiten Wertebereich – im Grunde jeden Wert, der mindestens ein Viertel der Größe von R_{B1} beträgt (die Spannung darf nicht unter die Emitterspannung fallen, sonst hört der Transistor auf zu leiten). Wir nehmen hier einen Wert von 20 kΩ.

Wir wollen einen Wert für R_C, der die Spannung etwa halb so weit wie möglich schwingen lässt (wir müssen sowohl für den 0,6-V-Abfall am Transistor als auch für die tatsächliche Ausgabe an den Rest des Systems Spielraum lassen). Wenn wir eine 25-fache Verstärkung anstreben, beträgt der maximale Basisstrom 0,11 mA (Ruhestrom plus Quellenstrom), der maximale Kollektorstrom also 2,75 mA (25 ∗ 0,11). Wir wollen, dass R_C bei diesem Pegel etwa 1,5 V abfällt (wir müssen etwas Spielraum für eine Reihe von Zwecken aufsparen, einschließlich des Überschreitens des Spannungsabfalls an R_E, des zusätzlichen Diodenabfalls, um über der Basisspannung zu bleiben, und etwas Zusätzliches, das für den Strom verwendet wird, der aus dieser Stufe des Verstärkers fließt). Daher ist der Widerstand für einen Spannungsabfall von 1,5 V bei 2,75 mA $R = \dfrac{V}{I} = \dfrac{1}{0.00275} \approx 545\ \Omega$. Alles in der Nähe dieses Wertes sollte gut funktionieren, also werden wir mit einem 510-Ω-Widerstand fortfahren.

Wir haben bereits erwähnt, dass der Gesamtgewinn durch $\dfrac{R_{B2} RC}{R_E R_O}$ gegeben ist. Bis jetzt haben wir $\dfrac{20,000 \cdot 510}{R_E R_O}$. Wir können davon ausgehen, dass die nächste Stufe des Verstärkers einen Widerstand von 2000 Ω hat (dies ist der Basiswiderstand der nächsten Stufe des Verstärkers – siehe Anhang D, Abschn. „Berechnungen der Ausgangsverstärkung bei BJT-Anwendungen mit gemeinsamem Emitter" warum dies als Schätzung funktioniert). Um also eine 25-fache Verstärkung zu erhalten, können wir Folgendes tun:

$$\text{Verstärkung} = \frac{R_{B2}R_C}{R_E R_O},$$

$$25 = \frac{20,000 \cdot 510}{R_E \, 2,000}$$

$$R_E = \frac{20,000 \cdot 510}{2,000 \cdot 25}$$

$$R_E = 204.$$

Beim Testen stellte ich fest, dass ein kleinerer Widerstand für R_E besser funktionierte, also verwendete ich einen 47-Ω-Widerstand. Auch hier sind die Gleichungen stark vereinfacht und dienen nur als Ausgangspunkt für Experimente.

25.4 Hinzufügen einer zweiten Stufe

Eine einzige Verstärkerstufe ist nicht immer ausreichend. Wenn Ihre Signalquelle schwach genug ist, brauchen Sie manchmal mehr Leistung, um sie zu hören. Dies kann auf verschiedene Weise erreicht werden. Am einfachsten ist es, eine weitere Ausgangsstufe zu Ihrem Verstärker hinzuzufügen.

Dazu müssen wir die nächste Stufe so gestalten, dass sie den Ausgang unserer ersten Stufe berücksichtigt. Wir müssen einen Kopplungskondensator verwenden, um die Spannungsänderung vom Ausgang der ersten Stufe in unsere Vorspannungsschaltung für die zweite Stufe zu bewältigen. Ohne den Koppelkondensator würden die Spannungseigenschaften des Transistors die Funktionsweise unserer vorherigen Stufe stark verändern. Daher hilft uns der Kopplungskondensator, die verschiedenen Teile der Schaltung zu isolieren.

Der Strom, der in diese Stufe fließt, ist nun wesentlich größer als in der vorherigen Stufe. Unsere vorherige Stufe hatte einen Eingangsstrom von etwa 0,01 mA. Bei einer tatsächlichen 25-fachen Verstärkung wird der einfließende Strom wahrscheinlich etwa 0,25 mA betragen. Daher müssen wir diese Stufe anders planen (d. h. einen anderen Ruhestrom verwenden).

Mit dem gleichen Verfahren wie bei der vorherigen Stufe können wir 0,75 mA als Ruhestrom verwenden und einen 5,1-kΩ-Widerstand (um einen Standardwert zu wählen) für R_{B1} und einen 2-kΩ-Widerstand für R_{B2} einsetzen. Unser größter Vorwärtshub beträgt jetzt 1 mA und daher beträgt der verstärkte Strom 25 * 1 = 25 mA. Um den Spannungsabfall von 1,5 V zu erreichen, benötigen wir für R_C einen Widerstand von $\dfrac{1.5}{0.0025} = 60\ \Omega$. Wir gehen von einem 100-Ω-Widerstand aus.

Der Ausgangswiderstand wird unser Kopfhörer sein, den wir auf 16-Ω schätzen können. Die Berechnung ergibt

$$\text{Verstärkung} = \frac{R_{B2}R_C}{R_E R_O},$$

$$25 = \frac{2{,}000 \cdot 100}{16 \cdot R_E}$$

$$R_E = \frac{2{,}000 \cdot 100}{25 \cdot 16}$$

$$R_E = 100\ \Omega.$$

Auch hier musste ich den R_E ändern, um eine bessere Leistung zu erzielen. Das ist nicht überraschend, denn die Gleichung ist nur mäßig zuverlässig, wenn $R_O > R_C$ ist. Die Senkung von R_E dieser Stufe auf 10 Ω schien gut zu funktionieren.

Der Ausgang der zweiten Stufe wird wiederum über einen Koppelkondensator mit dem Kopfhörerausgang gekoppelt und kann bei Bedarf durch einen weiteren Widerstand (oder einen variablen Widerstand zur Lautstärkeregelung) gedämpft werden.

Die Abb. 25-5 zeigt den kompletten zweistufigen Verstärker. Mit dieser Schaltung können Sie die meisten Mikrofone und die meisten Kopfhörer verwenden, um genügend Ausgangsleistung zu erhalten, um sich selbst in Ihren Kopfhörern zu hören (wenn Sie kein Mikrofon haben, können Kopfhörer in der Tat ein wenig als Mikrofon funktionieren). Die Abb. 25-6 zeigt den zweistufigen Verstärker auf einem Breadboard.

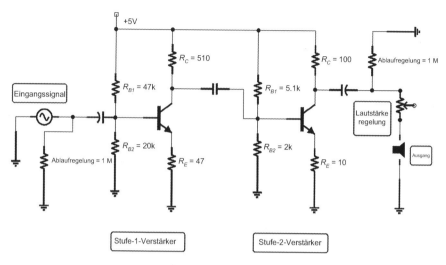

Abb. 25-5. Die vollständige zweistufige Verstärkerschaltung

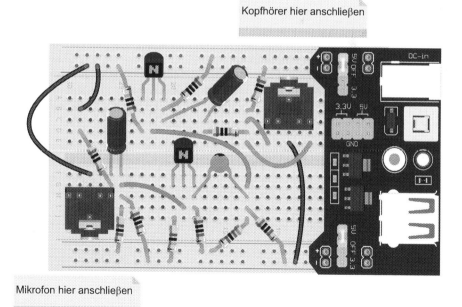

Abb. 25-6. Der zweistufige Verstärker auf einem Breadboard

Alle Kondensatoren können so ziemlich jede Standardkapazität über etwa 100 nF haben. Die Kondensatoren, die das DC-Bias-Signal koppeln, sollten, wenn sie gepolt sind, mit ihrer negativen Seite in Richtung des nicht gepolten Signals zeigen. Der Koppelkondensator zwischen den beiden Stufen sollte idealerweise nicht gepolt sein, obwohl das bei diesen Leistungspegeln keine große Rolle spielt. Wenn Sie hier einen gepolten Kondensator verwenden müssen, ist es am besten, wenn die negative Seite der zweiten Stufe zugewandt ist, da diese bei etwa 0,6 V liegen sollte, während die positive Seite in den positiven Bereich schwingen sollte.

Eine Sache in dieser Schaltung, die wir noch nicht besprochen haben, sind die Ableitwiderstände, die direkt neben den Koppelkondensatoren für die Eingangs- und Ausgangsschaltung angeschlossen sind. Es handelt sich um sehr große Widerstände (1.000.000 Ω). Sie sind so groß, dass sie keine Auswirkungen auf die Berechnungen in der Schaltung selbst haben, aber sie bieten einen Platz, an dem die negative Seite des Kondensators abfließen kann, wenn nichts angeschlossen ist. Andernfalls kann die Restladung des Kondensators nicht abfließen und bleibt bestehen, auch wenn die Schaltung ausgeschaltet ist und die Geräte nicht angeschlossen sind.

25.5 Verwendung eines Oszilloskops

Die Entwicklung von Transistorverstärkern kann schwierig sein, da viele Dinge schiefgehen können. Obwohl es einen gewissen Spielraum gibt, kann die Verwendung der falschen Widerstände zu Verzerrungen oder einem Verlust an Verstärkung führen. Das falsche Anschließen eines einzigen Bauteils kann die gesamte Schaltung unhörbar machen.

Da beim Aufbau von Audioschaltungen eine Vielzahl von Dingen schiefgehen kann, ist es am besten, ein Oszilloskop zu verwenden. Mit einem Oszilloskop können Sie visuell sehen, wie die Spannungen an jedem Punkt Ihrer Schaltung aussehen. Oszilloskope können so wenig oder so viel kosten, wie Sie wollen. Es gibt Taschenoszilloskope, die Sie für weniger als ein nettes Abendessen kaufen können, und es gibt Tischoszilloskope, für deren Anschaffung Sie mehrere Monatsgehälter benötigen würden. Alle diese Geräte sind hilfreich bei der Analyse Ihrer Schaltung, sodass Sie sehen können, was mit den Spannungen an jedem Punkt der Schaltung geschieht.

25.6 Rückblick

In diesem Kapitel haben wir das Folgende gelernt:

I. Obwohl Transistoren eine Stromverstärkung bieten, können Stromänderungen mithilfe des ohmschen Gesetzes in Spannungsänderungen umgewandelt werden.

2. Die Verwendung eines Widerstands am Kollektor ermöglicht es uns, eine Spannungsänderung auf der Grundlage der Änderungen der durch den Transistor fließenden
Ströme „abzulesen".

3. Die Verwendung eines Widerstands auf diese Weise
kehrt die Kurvenform *um* − es wird eine niedrige Spannung angezeigt, wenn viel Strom fließt, und eine hohe
Spannung, wenn es wenig Strom gibt.

4. Durch Hinzufügen eines Emitterwiderstands wird die
Spannungsverstärkung in der Schaltung begrenzt, um va-
riable/schwankende Betawerte des Transistors zu kompensieren.

5. Um ein Audiosignal zu verstärken, müssen wir dem Signal
eine Gleichstromvorspannung hinzufügen, damit der
Transistor in seinem Arbeitsbereich (positive Spannung)
bleibt.

6. Die einfachste Art, einen Transistor zur Verstärkung
eines Signals zu verwenden, besteht darin, einen
Spannungsteiler an die Basis des Transistors anzuschließen, wobei ein Kopplungskondensator das Signal in
den Spannungsteiler einspeist.

7. Der neutrale, „signallose" Entwurfspunkt wird als Ruhepunkt eines Stromkreises bezeichnet. Der Ruhepunkt ist
der Zustand des Stromkreises, wenn das eingehende
Wechselstromsignal neutral (0 V) ist.

8. Das Wechselstromsignal wird über einen Koppelkondensator in den Spannungsteiler eingekoppelt, um die
Differenz zwischen dem reinen Wechselstromsignal und
dem gleichstromgeprägten Signal zu verwalten.

9. Die Schaltung sollte sowohl bei den höchsten als auch bei
den niedrigsten Ausschlägen um den Ruhepunkt des Ein-
gangssignals analysiert werden.

10. Der Kollektorwiderstand sollte so gewählt werden, dass
der Spannungshub maximiert und gleichzeitig eine Übersteuerung verhindert wird.

11. Schwache Wechselstromsignale benötigen oft mehrere
Verstärkungsstufen, um eine ausreichende Ausgangsleistung für die Ansteuerung der Ausgänge zu gewährleisten.

12. Der Ausgang des einen Verstärkers kann über einen Kondensator in den Eingang eines zweiten Verstärkers gekoppelt werden.

13. Wenn die Signalquellen und -ausgänge nicht dauerhaft verbunden sind, können die Koppelkondensatoren durch Hinzufügen eines Ableitwiderstands entleert werden, nachdem die Buchsen getrennt wurden.

14. Bei einem Transistorverstärker können zahlreiche Dinge schiefgehen, wie z. B. die Begrenzung des Audiosignals, ein schlechter Ruhestrom oder ein versehentlicher Verlust der Verstärkung durch eine falsche Wahl der Widerstände, ganz zu schweigen von einem einfachen Fehlbau der Schaltung.

15. Aufgrund der Vielzahl von Fehlern, die auftreten können, ist es am einfachsten, Probleme in einem Verstärker mit einem Oszilloskop zu diagnostizieren, mit dem Sie die Vorgänge an jedem Punkt des Schaltkreises visualisieren können.

25.7   Anwenden, was Sie gelernt haben

1. Welche Aufgabe hat der Widerstand im Kollektor eines Transistorverstärkers?

2. Welchen Zweck hat der Widerstand im Emitter eines Transistorverstärkers?

3. Warum gibt es eine Vorspannung an der Basis des Transistors? Warum kann das Signal nicht einfach direkt an die Basis angeschlossen werden?

4. Warum wird das Signal über einen Kondensator eingekoppelt?

5. Warum invertiert der in diesem Kapitel behandelte einstufige Spannungsverstärker seinen Ausgang?

6. Wenn der Ausgang des zweistufigen Verstärkers in eine dritte Stufe gekoppelt wird, würde der Signalstrom in beide Richtungen um 1,85 mA schwanken. Entwerfen Sie eine dritte Verstärkerstufe, die diese Stromstärke verarbeiten kann.

Prüfung von Teilstromkreisen

Zum Abschluss unserer Diskussion über Verstärkung werden wir uns mit Teilschaltungen befassen. Oftmals müssen Sie eine Schaltung entwerfen, die mit einer anderen Schaltung verbunden ist und diese entweder mit Strom versorgt oder von ihr Strom erhält. In den Verstärkerschaltungen aus Kap. 25 wurden die Ausgänge z. B. mit einem Lautsprecher verbunden. Sie könnten auch an einen anderen Verstärker oder an eine Stompbox (ein Gerät zur Modulation des eingehenden Signals) oder an eine Aufnahmeschaltung angeschlossen werden.

26.1   Die Notwendigkeit eines Modells

Um Schaltkreise miteinander zu verbinden, müssen wir in der Lage sein, in allgemeiner Form zu beschreiben, wie diese Schaltkreise zusammenpassen. Wenn wir mit Transistoren und anderen Leistungsverstärkern zu tun haben, müssen wir oft ein vereinfachtes Modell dafür entwickeln, wie sich der Eingang einer Schaltung oder der Ausgang einer Schaltung verhält. Zu Beginn (in Kap. 7) haben wir gelernt, wie man mehrere Widerstände in Reihe und parallel schaltet und sie zu einem gleichwertigen Einzelwiderstand kombiniert.

© Der/die Autor(en), exklusiv lizenziert an APress Media, LLC, ein Teil von
Springer Nature 2023
J. Bartlett, *Elektronik für Einsteiger*, https://doi.org/10.1007/978-3-662-66243-4_26

Wenn man sich mit einer Leistungsverstärkerschaltung beschäftigt, ist es oft notwendig, verschiedene Teile der Schaltung für sich zu betrachten und herauszufinden, wie sie zu anderen Teilen der Schaltung *aussehen*. Die Art und Weise, wie eine Teilschaltung auf andere Teile der Schaltung wirkt, wird als Thévenin-Äquivalent oder Ersatzschaltung bezeichnet.

Ein Thévenin-Äquivalentschaltkreis reduziert eine Teilschaltung auf

- eine einzelne Spannungsquelle (AC, DC oder DC-vorgespannter AC, ausgedrückt in RMS-Spannung),

- eine einzelne Impedanz (d. h. ein Widerstand) in Reihe mit der Spannungsquelle.

Beachten Sie, dass die einzelne Spannungsquelle eine *andere* sein kann als die tatsächlich angeschlossene Spannungsquelle. Sie sehen also, wie die Schaltung im Vergleich zu einer anderen Schaltung aussieht. Bei einer Spannungs-teilerschaltung *sieht* der Ausgang des Spannungsteilers z. B. so aus, *als* käme er von einer niedrigeren Spannungsquelle.

Die Abb. 26-1 zeigt einen Stromkreis und sein Thévenin-Äquivalentschaltkreis. Um die Beziehung zwischen dem Stromkreis und den an den Stromkreis angeschlossenen Objekten zu verstehen, können wir den Stromkreis und sein Thévenin-Äquivalent als identisch betrachten. Ein Thévenin-Äquivalent-schaltkreis vereinfacht das Modellieren, Berechnen und Verstehen der Funktionsweise von Stromkreisen erheblich.

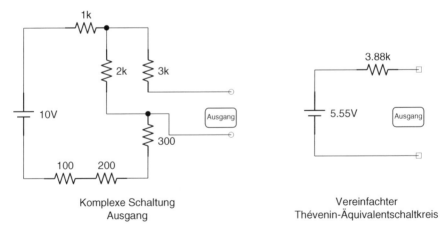

Komplexe Schaltung
Ausgang

Vereinfachter
Thévenin-Äquivalentschaltkreis

Abb. 26-1. Eine komplizierte Schaltung und Ihr Thévenin-Äquivalentschaltkreis

Jedes Netzwerk von Stromquellen und Widerständen kann in einen Thévenin-Äquivalentschaltkreis umgewandelt werden. Man kann auch einen Thévenin-Äquivalentschaltkreis für eine Schaltung mit Kondensatoren und Induktoren erhalten, aber die Berechnungen werden schwieriger und die Ergebnisse sind nur für eine bestimmte Frequenz gültig (jede Frequenz hat einen anderen Thévenin-Äquivalentschaltkreis). Der Einfachheit halber beschränken wir uns auf ohmsche Schaltungen.

26.2 Berechnung der Thévenin-Äquivalentwerte

Um zu sehen, wie man die Spannung und den Widerstand für einen Thévenin-Äquivalentschaltkreis berechnet, wird in diesem Abschnitt eine klassische Spannungsteilerschaltung betrachtet und analysiert, wie sie im Vergleich zu anderen angeschlossenen Schaltungen „aussieht". Die Abb. 26-2 zeigt ein Beispiel für eine Teilschaltung. Wie die meisten Teilschaltungen hat auch diese Schaltung zwei Ausgangspunkte – A und B. Was wir wissen wollen, ist Folgendes: Wenn wir eine andere Schaltung an A und B anschließen, gibt es dann ein Modell, mit dem wir verstehen können, wie die andere Schaltung unsere Schaltung „sieht"? Das Ziel der Erstellung eines Thévenin-Äquivalentschaltkreises ist es, zu verstehen, wie unser Schaltkreis für andere angeschlossene Schaltkreise aussehen wird.

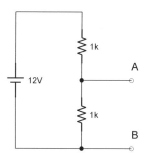

Abb. 26-2. Teilschaltung eines Spannungsteilers

Da unser Thévenin-Äquivalentschaltkreis eine Spannungsquelle und einen einzelnen Widerstand hat, müssen wir die Spannung und den Widerstand dieses Schaltkreises berechnen. Um die Spannung zu berechnen, müssen wir herausfinden, wie hoch die Spannung des Stromkreises am Ausgang ist, wenn *nichts angeschlossen* ist. Das heißt, wenn A und B nicht angeschlossen sind und ich mein Multimeter an A und B anschließe, wie hoch ist dann die Spannung? Das ist die Thévenin-Spannung. Da es sich um einen Spannungsteiler handelt, können Sie dies mit normalen Spannungsteilerberechnungen herausfinden. In diesem Fall haben wir eine 12-V-Quelle und der Spannungsteiler teilt sie genau in zwei Hälften (1 kΩ für jede Hälfte). Die Ausgangsspannung beträgt also 6 V. Unser Thévenin-Äquivalentschaltkreis hat also eine 6-V-Quelle.

Nun müssen wir unseren Thévenin-Widerstand ermitteln. Dazu gibt es mehrere Tricks, aber der einfachste besteht darin, alle Spannungsquellen in Ihrem Stromkreis durch einen Draht zu ersetzen (d. h. einen Kurzschluss) und einfach den Gesamtwiderstand zwischen A und B zu berechnen.[1]

Die Abb. 26-3 zeigt, wie dies aussieht. Um den Thévenin-Widerstand dieser Schaltung zu berechnen, muss man einfach den Gesamtwiderstand von A nach B berechnen. In diesem Fall gibt es zwei parallele Pfade von A nach B – einen durch den ersten und einen durch den zweiten Widerstand. Daher addieren wir die Widerstände als Parallelwiderstände. Daraus ergibt sich der Thévenin-Widerstand:

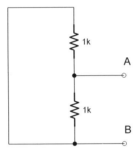

Abb. 26-3. Berechnen des Thévenin-Widerstands des Stromkreises

$$R_T = \cfrac{1}{\cfrac{1}{R_1} + \cfrac{1}{R_2}}$$

$$= \cfrac{1}{\cfrac{1}{1000} + \cfrac{1}{1000}}$$

$$= \cfrac{1}{0.001 + 0.001}$$

$$= \cfrac{1}{0.002}$$

$$= 500 \ \Omega.$$

---

[1] Wir haben in diesem Buch nicht viel über Stromquellen gesprochen. Der Vollständigkeit halber sollte ich jedoch darauf hinweisen, dass Sie bei der Berechnung des Thévenin-Wi-derstands eine Stromquelle durch einen offenen Stromkreis (d. h. eine Lücke im Draht) ersetzen sollten.

Wir würden also sagen, dass dieser Teilstromkreis eine Thévenin-Spannung von 6 V und einen Thévenin-Widerstand von 500 Ω hat. Wenn wir einen Stromkreis an diesen Stromkreis anschließen, wird der andere Stromkreis einen Stromkreis wie in Abb. 26-4 „sehen".

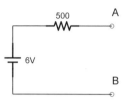

Abb. 26-4. Das Thévenin-Äquivalent des Spannungsteilers

Wenn Sie sich selbst davon überzeugen wollen, können Sie sich verschiedene Schaltkreise vorstellen, die sowohl an unseren ursprünglichen Schaltkreis als auch an den Thévenin-Äquivalentschaltkreis angeschlossen sind. Sie werden feststellen, dass die Spannungs- und Stromstärke, die der Thévenin-Äquivalentschaltkreis an den anderen Stromkreis liefert, in allen Fällen genau die gleiche ist wie die des ursprünglichen Stromkreises.

Das soll nicht heißen, dass die Schaltungen selbst genau gleichwertig sind. Unser ursprünglicher Spannungsteiler verbraucht eine Menge Strom, wenn er die Spannung der Spannungsquelle herunterfährt. Dadurch wird nicht nur Energie aus unserer Batterie verschwendet, sondern wahrscheinlich auch eine Menge Wärme erzeugt. *Jede Teilschaltung, die an A und B angeschlossen wird,* wird jedoch feststellen, dass sowohl unsere ursprüngliche Schaltung als auch der Thévenin-Äquivalentschaltkreis denselben Ausgang liefern.

26.3 Ein anderer Weg zur Berechnung des Thévenin-Widerstands

Es gibt noch eine andere Möglichkeit, den Thévenin-Widerstand zu berechnen. Bei dieser Methode wird zunächst berechnet, wie hoch der Strom wäre, wenn man A und B direkt mit einem Draht kurzschließen würde. Dieser Strom wird als Kurzschlussstrom oder I_{SHORT} bezeichnet. Nach der Berechnung dieses Stroms können Sie die Thévenin-Spannung durch I_{SHORT} teilen, um den Thévenin-Widerstand zu erhalten.

Dabei müssen Sie bedenken, dass alles, was parallel zu unserem Kurzschluss liegt, im Wesentlichen ignoriert wird – der Strom wird immer durch unseren Kurzschluss fließen wollen.

Die Abb. 26-5 zeigt, wie dies aussieht. Wir wollen nun den Strom berechnen, der von A nach B fließt. Da A nach B ein Kurzschluss parallel zu unserem zweiten Widerstand ist, wissen wir, dass der *gesamte* Strom den Kurzschluss bevorzugt. Das bedeutet, dass der Strom, der durch A und B fließt, einfach der Strom ist, der durch den ersten Widerstand begrenzt wird.

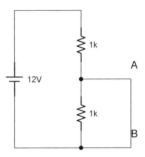

Abb. 26-5. Ermitteln der Kurzschlussspannung

Da wir also eine 12-V-Quelle und einen 1-kΩ-Widerstand haben, beträgt der Kurzschlussstrom

$$I_{SHORT} = \frac{V}{R}$$

$$= \frac{12}{1000}$$

$$= 0.012 \text{ A.}$$

Um nun den Thévenin-Widerstand zu bestimmen, dividieren wir die Thévenin-Spannung durch diese Zahl:

$$R_{Thevenin} = \frac{V_{Thevenin}}{I_{SHORT}}$$

$$= \frac{6}{0.012}$$

$$= 500 \ \Omega.$$

Wie Sie sehen, ist dies derselbe Wert, den wir mit der vorherigen Methode erhalten haben.

26.4 Ermittlung des Thévenin-Äquivalents eines Wechselstromkreises mit reaktiven Elementen

Wenn eine Schaltung reaktive Elemente (Induktoren und Kondensatoren) enthält, müssen wir uns etwas mehr Mühe geben, um den Thévenin-Äquivalentschaltkreis zu finden.

Bei Gleichstromkreisen ist dies relativ einfach. Da Kondensatoren Gleichstrom blockieren und Induktoren einen Kurzschluss für Gleichstrom darstellen, können wir die Kondensatoren einfach als offene Stromkreise (d. h. nicht angeschlossen) und die Induktoren als Kurzschlüsse (einfache Drähte) behandeln. Bei Wechselstromkreisen kann man sich ein Bild davon machen, indem man das Gegenteil annimmt, d. h. Kondensatoren als Kurzschlüsse und Induktoren als offene Stromkreise.

Wenn Sie jedoch versuchen würden, das Problem explizit zu lösen, ist es etwas schwieriger. Das Problem besteht darin, dass eine vollständige Analyse solcher Schaltungen komplexe Zahlen (d. h. Zahlen mit der imaginären Einheit *i*) erfordert. Die Technik entspricht zwar in etwa dem Addieren von Widerständen in Reihe und parallel, wie wir es bereits getan haben, aber es ist viel schwieriger, die Berechnungen mit komplexen Zahlen durchzuführen.

Für die Zwecke dieses Buches sollten die bisherigen Ausführungen über Gleich- und Wechselstrom für ein allgemeines Verständnis der Funktionsweise Ihrer Schaltung ausreichen.

26.5 Verwendung von Thévenin-äquivalenten Beschreibungen

Viele Schaltungen werden ihren Nutzern durch die Bezeichnungen des Thévenin-Äquivalents beschrieben. Zum Beispiel werden viele Schaltungen durch ihre Eingangs- oder Ausgangsimpedanz beschrieben. So können Sie sich grob vorstellen, was passiert, wenn Sie Ihre eigene Schaltung an solche Schaltungen anschließen.

Stellen Sie sich vor, Sie haben eine Schaltung mit einer Thévenin-Äquivalent-Ausgangsimpedanz von 500 Ω. Wenn Sie eine Ausgangsschaltung anschließen, die nur einen Widerstand von 250 Ω hat, was glauben Sie, was das mit dem Signal macht? Nun, da der Ausgang der Schaltung einem 500-Ω-Widerstand entspricht (das ist es, was Thévenin-Äquivalent bedeutet), habe ich, wenn ich einen 250-Ω-Widerstand anschließe, einen Spannungsteiler geschaffen, bei dem zwei Drittel der Spannung durch die Schaltung, die ich anschließe, abfallen und ich nur ein Drittel der Ausgangsspannung erhalte.

Beträgt die Impedanz meines Stromkreises hingegen 50.000 Ω, so ist der Spannungsabfall am Ausgang des betreffenden Stromkreises im Vergleich zum Spannungsabfall innerhalb meines Stromkreises vernachlässigbar. Dies bedeutet, dass mein Stromkreis im Wesentlichen die volle Thévenin-Äquivalentspannung erhält.

Wir können damit auch die Stromstärke berechnen, die unsere Schaltung aufnehmen wird. Nehmen wir an, eine Schaltung liefert ein Thévenin-Äquivalent von 4 V mit einer Impedanz von 800 Ω. Wie viel Strom fließt, wenn ich einen Ausgangskreis mit 3000 Ω anschließe? Der Gesamtwiderstand beträgt 3800 Ω, also beträgt der Strom $V/R = 4/3800 \approx 1{,}05$ mA.

Das Gleiche gilt für den Anschluss eines von Ihnen hergestellten Eingangsschaltkreises an einen Ausgangsschaltkreis, den jemand anderes hergestellt hat. Beispielsweise werden Lautsprecher und Kopfhörer normalerweise mit einer Impedanz von 8, 16 Ω usw. angegeben. Streng genommen sind sie keine Widerstände, aber bei normalen Audiofrequenzen verhalten sie sich im Wesentlichen wie solche – sie haben eine Thévenin-Äquivalentimpedanz (ihre Thévenin-Äquivalentspannung ist null).

> **Beispiel 26.29** Wenn ich einen Ausgangskreis habe, der einem Thévenin-Äquivalent von 3 V RMS und 200 Ω entspricht und ich ihn an einen Kopfhörer mit 16 Ω anschließe, wie hoch ist dann die Leistung des Kopfhörers in Watt?
>
> Wir können diese Schaltung einfach als eine Spannungsquelle mit zwei in Reihe geschalteten Widerständen verstehen. Die Spannungsquelle beträgt 3 V und die Widerstände sind 200 und 16 Ω, insgesamt 216 Ω. Der Strom ist also $V/R = 3/216 \approx 0{,}0139$ A. Der Spannungsabfall in den Kopfhörern ist $I \cdot R = 0{,}0139 \cdot 16 \approx 0{,}222$ V. Die an die Kopfhörer abgegebene Leistung ist also $V \cdot I = 0{,}222 \cdot 0{,}0139 \approx 0{,}00309$ W, also 3,09 mW.

26.6 Experimentelle Ermittlung von Thévenin-Äquivalentschaltungen

Neben der Verwendung von Schaltplänen zur Bestimmung von Thévenin-Äquivalentschaltungen ist es auch möglich, diese experimentell zu ermitteln. Wenn Sie sich über die Eingangs- oder Ausgangseigenschaften Ihres Geräts nicht sicher sind, können Sie sie selbst messen. Das Problem bei der Selbstmessung ist, dass man eine Last an den Stromkreis anschließen muss.

Einige Schaltkreise werden durchgeschmort, wenn eine falsch dimensionierte Last angeschlossen wird. Sie wurden bereits gewarnt.

Der einfachste Weg, das Thévenin-Äquivalent experimentell zu bestimmen, ist ziemlich unsicher, aber er wird uns helfen, besser zu verstehen, warum die Methode funktioniert. Stellen Sie sich einen Spannungsteiler vor, bei dem der untere Widerstand einen extrem großen Widerstand hat, beispielsweise 100 MΩ. In einem solchen Spannungsteiler hat der untere Widerstand fast den gesamten Spannungsabfall, richtig? Wenn der untere Widerstand unendlich wäre, würde er sogar den gesamten Spannungsabfall verursachen.

Aus diesem Grund können wir die Thévenin-Äquivalentspannung bestimmen, indem wir die Ausgangsspannung messen, wenn nichts angeschlossen ist, denn kein Anschluss bedeutet, dass der Widerstand zwischen dem Ausgang und der Masse unendlich ist. Die Messung dieses Wertes ergibt die Thévenin-Äquivalentspannung.

Um den Thévenin-Äquivalentstrom zu bestimmen, können wir den Ausgang kurzschließen. Dies ist das physikalische Äquivalent zu der konzeptionellen Methode, die wir in Abschn. 26.3 „Ein anderer Weg zur Berechnung des Thévenin-Widerstands" verwendet haben. In diesem Fall liegen die *einzigen* Impedanzen für den Strom im Gerät selbst. Unter Anwendung des ohmschen Gesetzes gibt die Stromstärke, die dabei fließt, Aufschluss darüber, wie groß der Widerstand ist, den der Ausgang erzeugt.

> **Beispiel 26.30** Wie lautet der Thévenin-Äquivalentschaltkreis, wenn ich die Leerlaufspannung des Ausgangs einer unbekannten Schaltung mit 8 V und den Kurzschlussstrom des Ausgangs mit 10 mA messe?
>
> Um dies herauszufinden, verwenden wir einfach das ohmsche Gesetz. Welcher Widerstand würde dazu führen, dass eine 8-V-Quelle einen Strom von 10 mA hat?
>
> $$R = V / I$$
> $$= 8 / 0.010$$
> $$= 800.$$

Unser Thévenin-Äquivalentschaltkreis beträgt also 8 V mit einer Impedanz von 800 Ω.

Das Problem bei dieser Methode ist, dass Sie Ihren Ausgang normalerweise nicht kurzschließen wollen. Außerdem benötigen einige Schaltungen eine Art von Last, um richtig zu funktionieren. Um sich auf solche Szenarien einzustellen, gibt es eine Reihe von Gleichungen, die es uns ermöglichen, den Spannungsabfall über einem großen und einem kleinen Widerstand (anstelle von unendlich und keinem Widerstand) zu messen und einen Thévenin-Äquivalentschaltkreis zu erstellen.

Die Gleichungen sind etwas kompliziert, aber man kann sie direkt aus dem ohmschen Gesetz ableiten, wenn man sich damit beschäftigt (siehe Anhang D, Abschn. „Die Thévenin-Formel" um die Ableitung zu sehen). Die erste Gleichung berechnet die Thévenin-Äquivalentspannung (V_T) aus der Spannung mit hohem Widerstand (V_H), dem hohen Widerstandswert (R_H), der Spannung mit niedrigem Widerstand (V_L) und dem niedrigen Widerstandswert (R_L):

$$V_T = \frac{\dfrac{V_H}{R_H} R_H - R_L}{1 - \dfrac{V_H R_L}{R_H V_L}}. \tag{26.1}$$

Dann können wir den Thévenin-Äquivalentwiderstand berechnen:

$$R_T = \frac{V_T R_L}{V_L} - R_L. \tag{26.2}$$

Für einen relativ sicheren und einfachen Ausgangspunkt können Sie 1 MΩ für den hohen Widerstandswert und 1 kΩ für den niedrigen Widerstandswert verwenden.

Beispiel 26.3 I Ich habe eine Schaltung, die einen Ausgang erzeugt, für den ich die Thévenin-Äquivalenteigenschaften kennen muss. Ich habe die Schaltung mit einem 200-Ω-Widerstand für meinen niedrigen Widerstand und einem 1000-Ω-Widerstand für meinen hohen Widerstand getestet. Mit dem 200-Ω-Widerstand gab es einen Spannungsabfall von 2 V über dem Widerstand. Mit dem 1000-Ω-Widerstand gab es einen Spannungsabfall von 5 V. Wie lautet der Thévenin-Äquivalentschaltkreis für diese Schaltung?

Zunächst wird die Thévenin-Äquivalentspannung nach Gl. 26.1 ermittelt:

$$V_T = \frac{\dfrac{V_H}{R_H} R_H - R_L}{1 - \dfrac{V_H R_L}{R_H V_L}}$$

$$= \frac{\dfrac{5}{1000} \, 1000 - 200}{1 - \dfrac{5 \cdot 200}{1000 \cdot 2}}$$

$$= \frac{0.005 \cdot 800}{1 - \dfrac{1000}{2000}}$$

$$= \frac{4}{0.5}$$

$$= 8\,V.$$

Anschließend können wir den Thévenin-Äquivalentwiderstand mithilfe von Gl. 26.2 ermitteln:

$$R_T = \frac{V_T R_L}{V_L} - R_L$$

$$= \frac{8 \cdot 200}{2} - 200$$

$$= 800 - 200$$

$$= 600 \ \Omega.$$

Unsere unbekannte Schaltung hat also eine Thévenin-Äquivalentspannung von 8 V und eine Thévenin-Äquivalentimpedanz von 600 Ω.

Diese Methode ist deshalb so wertvoll, weil sie eine Möglichkeit bietet, das Thévenin-Äquivalent einer Teilschaltung *experimentell* zu bestimmen, für die man keinen Schaltplan hat oder für die die Bestimmung des Thévenin-Äquivalentschaltkreises aufgrund nicht linearer Komponenten wie Transistoren schwierig sein könnte.

26.7 Rückblick

In diesem Kapitel haben wir das Folgende gelernt:

1. Um Schaltkreise miteinander verbinden zu können, ohne alle Einzelheiten ihrer Implementierung zu kennen, benötigen wir ein vereinfachtes Modell der Funktionsweise dieser Schaltkreise mit anderen Schaltkreisen, mit denen sie verbunden sind.

2. Ein Thévenin-Äquivalentschaltkreis ist eine Kombination aus einer einzelnen Spannungsquelle und einer einzelnen Serienimpedanz, die die Reaktion des gegebenen Schaltkreises auf andere angeschlossene Schaltkreise modelliert.

3. Zur Berechnung der Thévenin-Äquivalentspannung wird der Spannungsabfall bei einem offenen Stromkreis zwischen den beiden Klemmen berechnet. Dies ist die Thévenin-Äquivalentspannung.

4. Zur Berechnung der Thévenin-Äquivalentimpedanz wird die Impedanz von einer Klemme zur anderen (oder zur Masse, wenn es nur eine Klemme gibt) berechnet, wobei alle Spannungsquellen durch Kurzschlüsse ersetzt werden.

5. Alternativ können Sie die Thévenin-Äquivalentimpedanz berechnen, indem Sie den Strom berechnen, der von einer Klemme zur anderen fließt, wenn ein Kurzschluss zwischen den Klemmen besteht. Verwenden Sie dann das ohmsche Gesetz, um den Widerstand zu berechnen.

6. Mithilfe von Thévenin-Äquivalentschaltungen lässt sich nachvollziehen, wie sich die Widerstände angeschlossener Schaltungen auf das Signal auswirken, das aus einer Schaltung austritt oder in sie eintritt.

7. Thévenin-Äquivalentschaltkreise können auch experimentell ermittelt werden.

8. Obwohl nicht empfohlen, lassen sich die Thévenin-Äquivalentspannung und der -widerstand leicht ermitteln, indem man einfach den Spannungsabfall eines offenen Stromkreises über den Klemmen und den Strom, der durch einen Kurzschluss zwischen den Klemmen fließt, misst.

9. Eine bessere Möglichkeit zur experimentellen Messung der Thévenin-Äquivalente besteht darin, die Spannung mit zwei verschiedenen Lastwiderständen an den Klemmen zu messen. Dann können die Thévenin-Äquivalente mithilfe der Gl. 26.1 und 26.2 ermittelt werden.

26.8 Anwenden, was Sie gelernt haben

1. Warum sollte man wissen wollen, wie der Thévenin-Äquivalentschaltkreis eines Stromkreises aussieht?

2. Was sind die beiden Bestandteile eines Thévenin-Äquivalentschaltkreises?

3. Denken Sie an den zweistufigen Verstärker, den Sie in Kap. 25 gebaut haben. Wie würden Sie vorgehen, um den Thévenin-Äquivalentschaltkreis zu finden, wie es vom Kopfhörer gesehen wird?

4. Angenommen, ich habe eine Schaltung, bei der die Ausgangsklemmen bei offenem Stromkreis einen Spannungsabfall von 2 V haben und bei Kurzschluss ein Strom von 2 mA durch sie fließt. Zeichnen Sie den Thévenin-Äquivalentschaltkreis.

5. Wenn ich einen Thévenin-Äquivalentschaltkreis von 4 V mit einer Impedanz von 400 Ω habe, wie hoch ist dann der Spannungsabfall der Last, wenn ich einen 2000-Ω-Widerstand über den Ausgang lege?

6. Wenn ich einen Thévenin-Äquivalentschaltkreis von 3 V mit einer Impedanz von 100 Ω habe, wie hoch sind dann der Spannungsabfall, der Strom und die Leistung der Last, wenn ich einen Kopfhörer mit 32 Ω anschließe?

7. Berechnen und zeichnen Sie den Thévenin-Äquivalentschaltkreis der folgenden Schaltung:

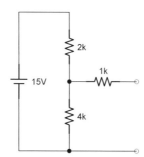

8. Angenommen, ich habe eine Schaltung, bei der ich bei einer Last von 350 Ω einen Spannungsabfall von 7 V und bei einer Last von 2000 Ω einen Spannungsabfall von 8 V erhalte. Berechnen und zeichnen Sie den Thévenin-Äquivalentschaltkreis.

Verwendung von Feldeffekttransistoren für Schalt- und Logikanwendungen

In Kap. 24 haben wir zwei Arten von Transistoren besprochen: bipolare Sperrschichttransistoren (BJTs) und Feldeffekttransistoren (FETs). In den vorangegangenen Kapiteln haben wir uns v. a. auf BJTs konzentriert, weil sie für verschiedene Aufgaben, die gemeinhin als „Verstärkung" bezeichnet werden, hervorragend geeignet sind.

Es gibt jedoch zwei Verstärkungsaufgaben, für die BJTs hervorragend geeignet sind: Schalt- und Logikschaltungen. Viele Menschen denken nicht an Verstärkung, wenn sie an logische Schaltungen denken, aber sie benötigen

J. Bartlett, *Elektronik für Einsteiger*, https://doi.org/10.1007/978-3-662-66243-4_27

tatsächlich Verstärkung. Denken Sie an den Speicher eines Computers (der eine Art von Logikschaltung ist). Der Speicher des Computers muss auch dann noch funktionieren, wenn er beschrieben worden ist. Wenn es keine Verstärkung gäbe, würde das Signal mit der Zeit verblassen.[1] Daher ist eine Verstärkung erforderlich, um das Signal einfach „festzuhalten".

Dies ist zwar auch mit BJTs möglich, aber da BJTs Stromverstärker sind, verbrauchen sie in der Regel viel Strom, um dies zu erreichen. Feldeffekttransistoren (FETs) arbeiten stattdessen mit Spannung und benötigen nur sehr wenig Strom für den Betrieb. Daher sind sie für logische Anwendungen sehr effizient.

27.1   Funktionsweise eines FET

Ein FET besteht aus sehr ähnlichen Teilen wie ein BJT. Er besteht aus drei Teilen – einem **Gate**, einer **Source** und einem **Drain**.[2]

Die grundlegende Funktionsweise des FET besteht darin, dass eine *Spannung* am Gate die Stromleitung zwischen Drain und Source steuert. Das Gate steuert die Stromleitung zwischen Drain und Source. Wie BJTs haben FETs einen vollständig ausgeschalteten, einen vollständig eingeschalteten und einen teilweise eingeschalteten Zustand. Im Gegensatz zu BJTs bieten FETs jedoch auch im „voll eingeschalteten" Zustand einen Widerstand zwischen Drain und Source. Aus diesem Grund werden für stromorientierte Anwendungen häufig BJTs verwendet – in ihrem voll eingeschalteten Zustand begrenzen sie den Strom vom Kollektor zum Emitter nicht.

Im Gegensatz zum BJT wird der FET mit Spannungen und nicht mit Strom betrieben. Aus diesem Grund verbraucht das Gate so gut wie keinen Strom (es kann ein Thévenin-Äquivalent von Hunderten von Megaohm Widerstand haben). Während BJTs also Strom verbrauchen, um ihre Funktion zu erfüllen, verbrauchen FETs fast keinen.

FETs können so gebaut werden, dass sie in einer von zwei Betriebsarten arbeiten:

- Ein FET im **Verarmungsmodus** ist normalerweise „eingeschaltet" (sodass Strom zwischen Drain und Source fließen kann), schaltet sich aber aus, wenn eine ausreichende Spannung (im Vergleich zur Source) am

---

[1] Beachten Sie, dass es in der Tat einige Arten von Speicher gibt, die eine beträchtliche Zeitspanne ohne Verstärkung überdauern können. Ich vereinfache nur, um den Punkt zu verdeutlichen.

[2] Einige FETs haben auch ein **Substrat** (auch **Body** genannt), aber das würde den Rahmen dieses Buches sprengen.

Gate anliegt. Durch die Spannung wird die Leitfähigkeit des Transistors „verarmt".

- Ein FET im **Anreicherungsmodus** ist normalerweise „aus" (er blockiert den Stromfluss zwischen Drain und Source), schaltet sich aber ein, wenn am Gate eine ausreichende Spannung (im Vergleich zur Source) angelegt wird. Durch die Spannung wird die Leitfähigkeit des Transistors „verbessert".

FETs werden aufgrund ihrer Ausrichtung als **n-Kanal** oder **p-Kanal** unterschieden. Bei einem n-Kanal-FET fließt der Strom vom Drain zur Source (d. h. der Drain wirkt wie der Kollektor und die Source wie der Emitter). Bei einem p-Kanal-FET fließt der Strom von der Source zum Drain (d. h. die Source wirkt wie der Kollektor und der Drain wirkt wie der Emitter). Bei einem FET im Anreicherungsmodus aktiviert das Gate den Kanal, wenn die Gatespannung (im Vergleich zur Source) ausreichend positiv ist, wenn es sich um einen n-Kanal handelt, und ausreichend negativ, wenn es sich um einen p-Kanal handelt. Bei einem FET im Verarmungsmodus schließt das Gate den Kanal, wenn die Gatespannung (im Vergleich zur Source) ausreichend negativ ist, wenn es sich um einen n-Kanal handelt, und ausreichend positiv, wenn es sich um einen p-Kanal handelt.[3]

Bei einem p-Kanal-FET im Verarmungsmodus ist beispielsweise die Source positiv und der Drain negativ und der Kanal schließt sich, wenn die Gatespannung im Vergleich zur Source immer negativer wird.

Außerdem haben die meisten FETs eine „Schwellenspannung", die das Gate erreichen muss, bevor es sich einschaltet.

Abgesehen vom Kanal und der Betriebsart werden FETs auf unterschiedliche Weise hergestellt, was zu zahlreichen verschiedenen Arten von FETs führt – MOSFETs, JFETs, QFETs, MNOSs u. a. Jeder dieser Typen hat seine eigenen Betriebseigenschaften (Schwellenspannung, Kanalwiderstand usw.). Der Einfachheit halber werden wir uns auf einen bestimmten FET konzentrieren – den n-Kanal-MOSFET im Anreicherungsmodus. Dies ist der am häufigsten von Bastlern verwendete FET.

---

[3] Ich weiß, dass dies eine Menge Informationen sind, aber es gibt so viele Begriffe, auf die Sie wahrscheinlich stoßen werden, dass ich sicher sein möchte, dass Sie mit ihrer praktischen Bedeutung vertraut sind. Wie Sie im Folgenden sehen werden, werden wir hier eigentlich nur eine Art von FET verwenden.

27.2   Der n-Kanal-MOSFET im Anreicherungsmodus

Der bekannteste FET ist wahrscheinlich der n-Kanal-MOSFET im Anreicherungsmodus. Da es sich um einen n-Kanal-MOSFET handelt, fungiert die Drainelektrode als Kollektor und die Sourceelektrode als Emitter (in Anlehnung an unsere BJT-Terminologie). Das ist eine Umkehrung der üblichen Denkweise, aber das ist die Realität des Benennungsschemas. Da es sich um ein Bauelement im Anreicherungsmodus handelt, ist die Brücke zwischen Drain und Source geschlossen, es sei denn, am Gate wird eine positive Spannung (im Vergleich zur Source) angelegt.

Die Abb. 27-1 zeigt das schematische Symbol für den n-Kanal-MOSFET. Beachten Sie, dass der Pfeil von der *Source* nach außen zeigt. Das liegt daran, dass die Source bei diesem Transistor die gleiche Funktion wie der Emitter bei einem BJT hat.

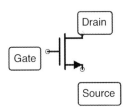

Abb. 27-1.   Das schematische Symbol für einen n-Kanal-MOSFET-Transistor

27.3   Verwendung eines MOSFETs

Die Abb. 27-2 zeigt eine schematische Darstellung einer vereinfachten Verwendung eines MOSFETs. In dieser Abbildung wird das Gate des MOSFET durch einen Schalter gesteuert. Wenn der Schalter eingeschaltet ist, ist der MOSFET leitend. Wichtig ist jedoch, dass der Weg zum Gate des MOSFET im Grunde genommen überhaupt keinen Strom verbraucht!

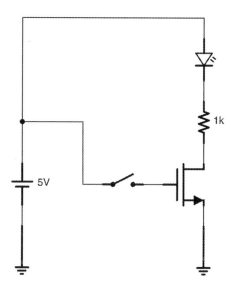

Abb. 27-2. Eine einfache MOSFET-Schaltung

Dies ist besonders wichtig, wenn es um kleine Mikrocontroller geht. Einige von ihnen haben extrem niedrige Toleranzen für die Ströme, die sie liefern können. Indem man einen MOSFET an den Ausgangspin anschließt, kann man den vom Mikrocontroller ausgegebenen Strom praktisch auf null setzen und einfach den Strom durch den MOSFET liefern lassen. Die Abb. 27-3 zeigt diese Konfiguration. Dies ist im Grunde die gleiche Schaltung wie in Abb. 27-2, außer dass (a) ein Mikrocontroller das Gate steuert und (b) wir einen Pull-down-Widerstand am Gate hinzugefügt haben (Anmerkung: Die Abb. 27-2 benötigt ebenfalls einen Pull-down-Widerstand, aber wir haben ihn der Einfachheit halber weggelassen). Der Pull-down-Widerstand stellt sicher, dass das Gate mit einer bekannten Spannung verbunden ist, auch wenn der Pin kein aktives Signal sendet. Dies ist v. a. bei MOSFETs wichtig, da diese nicht viel Strom verbrauchen, sodass die Ladung nach dem Abschalten im Schaltkreis verbleiben kann.

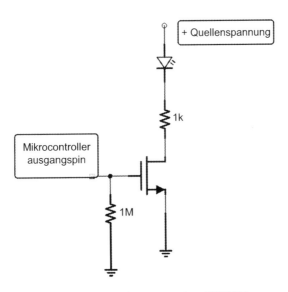

Abb. 27-3. Ein Mikrocontrollerpin zur Steuerung eines MOSFETs

Ein Problem ist jedoch, dass, wie bereits erwähnt, MOSFETs immer einen Widerstand zwischen Drain und Source haben, wodurch die Stromstärke, die ein MOSFET liefern kann, begrenzt ist. Wenn wir z. B. einen Motor antreiben wollten, müssten wir den Strom erhöhen. Dies ist möglich, indem wir einen BJT an den Ausgang unseres MOSFETs anschließen. Die Abb. 27-4 zeigt diese Konfiguration. Beachten Sie, dass beide Transistoren mit einem Pull-down-Widerstand versehen sind. Dadurch wird ein versehentliches Durchschalten unserer Geräte verhindert.

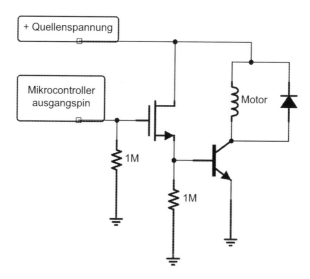

Abb. 27-4. Kombination eines MOSFETs mit einem BJT zur Stromversorgung eines Motors

Wenn in dieser Konfiguration das Gate des MOSFETs hochgezogen wird, wird die Verbindung vom Drain zur Source geöffnet. Strom fließt in die Basis des BJT, wodurch Strom vom Kollektor zum Emitter fließen kann. Die Menge, die er zulässt, basiert auf dem Betawert des Transistors. Dieser Strom wird vom Motor genutzt.

Aber selbst diese Konfiguration liefert möglicherweise nicht genug Strom. Der Transistor kann nur das verstärken, was er vom MOSFET erhält und der Ausgangsstrom des MOSFET ist manchmal einfach nicht hoch genug für eine einstufige Verstärkung. Daher können wir den Ausgang des ersten BJT als Eingang für die Basis eines zweiten BJT verwenden, um die Leistung noch weiter zu erhöhen. Die Abb. 27-5 zeigt diese Konfiguration. Beachten Sie, dass jeder Transistor einen Pull-down-Widerstand hat, um sicherzustellen, dass er abgeschaltet wird, wenn der Pin auf Low geht.

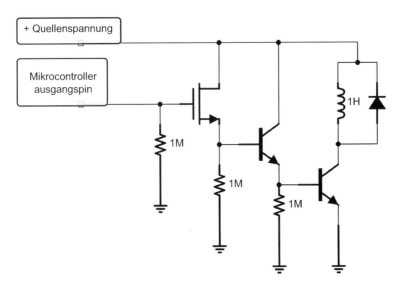

Abb. 27-5. Ein MOSFET mit zwei BJTs für höheren Strom

Bei dieser Konfiguration fließt praktisch unbegrenzter Strom durch den Kollektor des Transistors und es wird kein Stromausgang des Mikrocontrollers verwendet.

27.4 MOSFETs in Logikschaltungen

MOSFETs eignen sich auch hervorragend für Logikschaltungen, da sie praktisch keinen Strom verbrauchen. Der Weg vom Drain zur Source kann zwar Strom verbrauchen, aber wenn der Ausgang von der Source zu einem *anderen* MOSFET geht, verbraucht auch dieser keinen Strom. Wie wir bereits erwähnt haben, kann man sich das Gate eines MOSFETs als einen Widerstand in der Größenordnung von 100 MΩ vorstellen. Daher verhindert das ohmsche Gesetz, dass eine nennenswerte Strommenge in sie fließt.

In Kap. 12 lernten wir integrierte Schaltungen kennen, die logische Funktionen wie AND, OR und NOT ausführen können. Wir können dieselben logischen Funktionen mit MOSFET-Transistoren nachbilden (wir können sie auch mit BJTs nachbilden, aber wir würden dabei viel Strom verschwenden).

Die Abb. 27-6, 27-7 und 27-8 zeigen, wie diese Gates mit MOSFETs verdrahtet werden könnten. Beachten Sie, dass jeder Transistor auch einen Pull-down-Widerstand benötigt, der der Einfachheit halber nicht abgebildet ist.

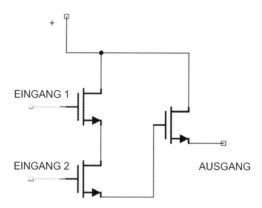

Abb. 27-6. Ein AND-Gatter mit MOSFETs

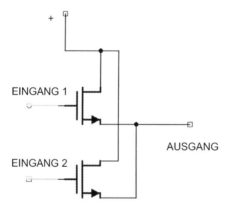

Abb. 27-7. Ein OR-Gatter mit MOSFETs

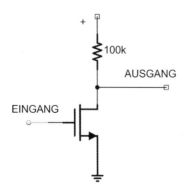

Abb. 27-8. Ein NOT-Gatter mit MOSFETs

27.5   Rückblick

In diesem Kapitel haben wir das Folgende gelernt:

1. Feldeffekttransistoren (FETs) sind den BJTs ähnlich, werden aber durch Spannung statt durch Strom gesteuert.

2. Die Teile des FET-Transistors sind das Gate, die Source und der Drain, wobei es vom Transistortyp abhängt, ob die Source oder der Drain auf der positiven Seite liegt.

3. Der n-Kanal-MOSFET im Verarmungsmodus ist (etwas verwirrend) so verdrahtet, dass sich der Drain auf der positiven Seite und die Source auf der negativen Seite befindet. Durch Anlegen einer positiven Spannung am Gate kann Strom vom Drain zur Source fließen.

4. Da FETs mit Spannung arbeiten, verbraucht das Gate fast keinen Strom, was sie ideal für die Steuerung von Geräten durch Mikrocontroller macht.

5. Wenn ein Gerät wirklich stromhungrig ist, kann ein FET in Kombination mit einem oder zwei BJTs verwendet werden, um dem Gerät zusätzlichen Strom zuzuführen.

6. FETs können auch in Kombination miteinander verwendet werden, um logische Schaltungen zu erzeugen, die sehr wenig Strom verbrauchen.

27.6   Anwenden, was Sie gelernt haben

1. Warum ist es besonders wichtig, bei FET-Transistoren Pull-down-Widerstände vorzusehen?

2. Welche Arten von FETs sind normalerweise zwischen Drain und Source leitend? Welche sind normalerweise nicht leitend?

3. Erstellen Sie eine Schaltung, die ein AND-Gatter und ein OR-Gatter mit n-Kanal-MOSFETs kombiniert. Sie soll eine LED einschalten, wenn die Tasten 1 und 2 oder die Taste 3 gedrückt werden.

4. Warum wird für die Stromversorgung eines Elektromotors zusätzlich zum MOSFET ein BJT benötigt?

Weiter gehen

Herzlichen Glückwunsch! Sie haben das Ende dieses Buches erreicht! Hoffentlich ist dies aber nur der Anfang Ihrer Reise durch die Elektronik. Von hier aus gibt es viele Wege, die Sie einschlagen können.

Wenn Sie sich hauptsächlich mit digitaler Elektronik (Programmierung und Verwendung von Mikrocontrollern) beschäftigen, dann enthält dieses Buch wahrscheinlich das gesamte Elektronikwissen, das Sie brauchen. Von hier aus sollten Sie mehr über die Programmierung und mehr über die Geräte lernen, die Sie für Ihre Projekte verwenden wollen. Außerdem gibt es eine ganze Reihe von Zusatzgeräten, die mit diesen Mikrocontrollern gesteuert werden können. Der beste nächste Schritt wäre, zu lernen, wie man programmiert und welche Geräte es gibt. Ein guter Einstieg wäre das Buch *Beginning Arduino* von Michael McRobert, das Buch *Beginning Arduino Programming* von Brian Evans oder *Coding the Arduino* von Bob Dukish.

Wenn Sie sich mehr für die Bereiche Klang und Verstärkung interessieren, wären die nächsten Schritte entweder zu lernen, wie man das mit Mikrocontrollern macht, oder zu lernen, wie man das direkt mit Kondensatoren, Induktoren und anderen elektronischen Komponenten macht. Für den Weg mit Mikrocontrollern sollten Sie Mike Cooks *Arduino Music and Audio Projects* oder Alexandros Drymonitis' *Digital Electronics for Musicians* ausprobieren. Wenn Sie direkt mit Elektronik arbeiten möchten, lesen Sie Craig Andertons Klassiker *Electronic Projects for Musicians* oder, falls Sie ein Exemplar finden können, Nicholas Boscorellis *The Stomp Box Cookbook*. Ray Wilsons *Make: Analog Synthesizers* ist ebenfalls gut.

© Der/die Autor(en), exklusiv lizenziert an APress Media, LLC, ein Teil von Springer Nature 2023
J. Bartlett, *Elektronik für Einsteiger*, https://doi.org/10.1007/978-3-662-66243-4_28

Wenn Sie mehr über Elektromotoren und sich bewegende Geräte erfahren möchten, gibt es ebenfalls eine Vielzahl von Möglichkeiten. David Cooks *Robot Building for Beginners* ist ein guter Einstieg, ebenso wie das Nachfolgebuch *Intermediate Robot Building*. Jeff Cicolani hat auch ein Buch mit dem Titel *Beginning Robotics with Raspberry Pi and Arduino* herausgebracht, das einen Blick wert ist. Das Buch *Arduino Robotics* enthält auch viele fortgeschrittene Ideen, darunter einen selbst gebauten Segway-Klon.

Wenn Sie mehr über die Funktionsweise der Bauteile selbst wissen wollen, ist das beste und ausführlichste (wenn auch sehr teure!) Handbuch von Paul Horowitz *The Art of Electronics*. Wenn Elektronik Ihr Beruf werden soll, ist es jeden Cent wert. Andernfalls ist es wahrscheinlich ein wenig zu fortgeschritten (und teuer) für den Gelegenheitsbastler.

Wenn Ihnen die Mathematik gefallen hat und Sie mehr wissen möchten, schlage ich vor, dass Sie zunächst die Infinitesimalrechnung lernen, da ein großer Teil der Mathematik der Elektronik in gewisser Weise auf der Infinitesimalrechnung basiert. Das Buch, das ich Ihnen dafür empfehlen würde, ist mein eigenes Buch *Calculus from the Ground Up*.

Wie auch immer, ich wünsche Ihnen viel Erfolg auf Ihrer Reise durch die Elektronik. Sie sind gut vorbereitet, um zu beginnen!

Glossar

AC Siehe *Wechselstrom*.

Wechselstromnetz Dies ist die Art von Strom, die von den öffentlichen Versorgungsunternehmen an Ihr Haus geliefert wird. Er beträgt normalerweise 120 V Wechselstrom und wechselt 50–60-mal pro Sekunde hin und her.

Wechselstromsignal Dies ist die Art von Strom, die normalerweise von einem Mikrofon oder einer Antenne aufgenommen wird. Es hat eine sehr geringe Stromstärke und muss normalerweise vor der Verarbeitung verstärkt werden.

Wechselstrom Strom, bei dem die Richtung des Stromflusses ständig wechselt. Dies kann sich auch auf einen kontinuierlichen Strom von Spannungsschwankungen beziehen.

Amp Eine Kurzform von Ampere. Siehe *Ampere*.

Ampere Ein Ampere ist ein Maß für die Bewegung von Ladung. Es entspricht einer Ladung von 1 C/s, die sich an einem bestimmten Punkt in einem Stromkreis bewegt.

Verstärkung Ein Signal mit geringer Leistung wird in ein Signal mit hoher Leistung umgewandelt. Dies geschieht in der Regel durch die Verwendung des Signals mit niedriger Leistung zur Steuerung einer Quelle mit hoher Leistung und deren Manipulation zur Nachahmung des Signals mit niedriger Leistung.

UND-Funktion Eine logische Funktion, die einen wahren Wert ergibt, wenn alle ihre Eingänge wahr sind.

UND-Gatter Ein logisches Gatter, das die UND-Funktion implementiert.

© Der/die Herausgeber bzw. der/die Autor(en), exklusiv lizenziert an APress Media, LLC, ein Teil von Springer Nature 2023
J. Bartlett, Elektronik für Einsteiger, https://doi.org/10.1007/978-3-662-66243-4

Anode Eine Anode ist die „positive Seite" eines gepolten Geräts. Beachten Sie, dass bei Batterien die Anode eigentlich der negative Pol ist (weil die positive Ladung hier *eintritt*).

Arduino Eine beliebte Umgebung für die Programmierung von Mikrocontrollern, einschließlich eines Standardsets von Entwicklungsplatinen für eine Vielzahl von Mikrocontrollern.

Arduino IDE Ein Softwareprogramm, das zum Schreiben und Hochladen von Programmen für Arduino-basierte Mikrocontroller verwendet wird.

Ordnungszahl Die Anzahl der Protonen, die ein bestimmtes Element hat.

Autorange-Multimeter Ein Multimeter, bei dem man den wahrscheinlichen Wert des Messwerts nicht im Voraus kennen muss.

Baud Eine Art, die Kommunikationsrate auszudrücken. Bedeutet „Bits pro Sekunde".

Betawert Der Betrag der Verstärkung, den ein BJT erzeugen kann.

Bit Binäre Ziffer. Ein wahrer oder falscher (oder 1 oder 0) Wert.

BJT Bipolarer Sperrschichttransistor. Bei diesem Transistortyp steuert der Strom an der Basis des Transistors die Leitung zwischen dem Kollektor und dem Emitter.

Hochsetzsteller Siehe *DC-DC-Leistungswandler*.

Breadboard Eine Vorrichtung, die das Zusammenfügen von Bauteilen erleichtert. Siehe auch *lötfreies Breadboard*.

Durchbruchspannung Der Spannungsabfall, der auftritt, wenn eine Diode den Strom sperrt, die Spannung jedoch die Kapazität der Diode selbst übersteigt und die Sperre „durchbricht". Dies ist bei normalen Dioden problematisch, aber ein erwarteter Teil des Betriebs von Zener-Dioden.

Brücke Ein Zwischenraum in der Mitte eines Breadboards, der die Klemmenleisten trennt.

Bürstenmotor Ein Motor, der durch Veränderung seiner inneren magnetischen Konfiguration auf der Grundlage von Drähten, die sich in der Welle drehen, funktioniert.

Bürstenloser Motor Ein Motor, der seine äußere magnetische Konfiguration durch die Erzeugung eines Wechselstroms im Inneren des Motors ändert. Bürstenlose Motoren sind weniger anfällig für Ausfälle, da weniger Teile verschleißen.

Kapazität Kapazität ist die Fähigkeit, eine elektrische Ladung zu halten.

Kapazitiver Blindwiderstand Der Blindwiderstand, der von kondensatorähnlichen Bauteilen herrührt.

Trägerfrequenz Eine Frequenz, auf die ein anderes Signal gelegt wird.

Kathode Eine Kathode ist die „negative Seite" eines gepolten Geräts. Beachten Sie, dass bei Batterien die Kathode eigentlich der positive Pol ist (weil die positive Ladung hier *austritt*).

Ladung Die Ladung ist eine grundlegende Größe in der Physik. Ein Teilchen kann positiv geladen (wie ein Proton), negativ geladen (wie ein Elektron) oder neutral geladen (wie ein Neutron) sein. Die Ladung wird in Coulomb gemessen.

Chip Siehe *integrierte Schaltung.*

Schaltplan Die Zeichnung einer Schaltung unter Verwendung spezieller Symbole, die zeigen, wie die Bauteile verbunden sind, ohne dass man sich Gedanken darüber machen muss, wie die Schaltung physisch auf dem Breadboard angeordnet wird.

Schaltungsmuster Ein Schaltungsmuster ist eine gängige Methode zum Aufbau (und zum Verständnis) bestimmter Arten von Schaltungen oder Teilschaltungen.

Geschlossener Stromkreis Ein Stromkreis ist geschlossen, wenn es einen vollständigen Weg vom Plus- zum Minuspol gibt.

CMOS CMOS ist eine Technologie zur Herstellung integrierter Schaltungen (insbesondere MOSFETs) und steht für „complementary metal oxide semiconductor". Es ist auch ein Standard für Wahr-Falsch-Spannungspegel, der von Logikchips verwendet wird, die mit CMOS-Technologie hergestellt wurden.

Spule Siehe *Induktor.*

Kommentar In der Computerprogrammierung ist ein Kommentar eine Codezeile, die der Computer ignoriert und die demjenigen, der den Code liest, Informationen vermitteln soll.

Gemeinsamer Punkt Siehe *Masse.*

Gemeinsamer Emitter Ein Transistorschaltungsmuster, bei dem der Emitter mit einer bekannten, festen Spannung verbunden ist.

Anschlusspunkt Eine Stelle auf einem Breadboard, an der ein Draht oder ein Bauteil befestigt werden kann.

Erhaltungsgröße Eine Erhaltungsgröße kann im normalen Verlauf des Geschehens weder geschaffen noch zerstört werden kann. Energie ist eine Erhaltungsgröße – sie kann weder geschaffen noch zerstört, sondern nur übertragen werden.

Konventioneller Stromfluss Der konventionelle Stromfluss beschreibt den Fluss positiver Ladung in einem Stromkreis von einer positiven Quelle (häufig eine Batterie) zur Masse oder einem negativen Anschluss.

Coulomb Ein Coulomb ist eine elektrische Ladungsmenge: 1 C entspricht ungefähr der Ladung von $6,242 \cdot 10^{18}$ Protonen. Die gleiche Anzahl von Elektronen ergibt eine Ladung von -1 C. Coulomb wird durch das Symbol C dargestellt.

Kopplungskondensator Ein Kopplungskondensator ist ein Kondensator, der Schaltkreise miteinander verbindet, in der Regel mit unterschiedlichen Gleichspannungsoffsets. Der Kopplungskondensator überträgt Spannungsänderungen (d. h. Wechselspannung), während er die Gleichspannungsversatzspannungen daran hindert, sich gegenseitig zu beeinflussen.

Datenblatt Die von einem Bauteil oder einer integrierten Schaltung bereitgestellte Dokumentation, die technische Einzelheiten über den Betrieb des Bauteils enthält.

Debugging Der Prozess der Fehlersuche in elektronischen Schaltungen oder Computercode.

DC-DC-Leistungswandler Ein Gerät, das Spannungspegel umwandelt (wie ein Transformator), jedoch für Gleichstromkreise.

DC-Vorspannung Siehe *DC-Offset*.

DC Siehe *Gleichstrom*.

Gleichstrommotor Ein Gerät, das elektrische Gleichstromleistung in mechanische Leistung umwandelt.

DC-Offset Wenn ein Wechselstrom um eine andere Spannung als null zentriert ist, ist die mittlere Spannung der DC-Offset.

Verarmungsmodus Ein FET im Verarmungsmodus bedeutet, dass der FET normalerweise zwischen Drain und Source leitet, aber durch eine ausreichende Gate-Source-Spannung (ausreichend positiv für einen p-Kanal oder ausreichend negativ für einen n-Kanal) unterbrochen wird.

Entwicklungsplatine Eine Entwicklungsplatine ist eine vorgefertigte Platine, die das Ausprobieren bestimmter Chips und Bauteile (und das Erstellen von Beispielprojekten mit ihnen) erheblich erleichtert.

Digitale Logik Eine Konvention, bei der Spannungen (normalerweise eine positive Spannung und eine Nullspannung) verwendet werden, um „wahre" und „falsche" Werte (oder „1" und „0") darzustellen.

Diode Ein elektrisches Bauteil, das Strom nur in eine Richtung fließen lässt.

DIP Siehe *Dual In-line Package*.

Gleichstrom Strom, bei dem der Stromfluss die gleiche Richtung beibehält. Er kann auch als konstante Spannung von einem Pluspol zu einem Minuspol betrachtet werden (d. h. eine Spannung, die nicht ständig variiert oder ihre Richtung ändert).

Dissipation Dissipation bezeichnet die Fähigkeit, etwas loszuwerden. Bei der Wärmeableitung geht es um die Beseitigung der in Schaltkreisen erzeugten zusätzlichen Wärme.

Drain (Transistor) Eine Seite des Hauptstrompfads eines FETs. Dies ist die positive Seite in einem n-Kanal-FET und die negative Seite in einem p-Kanal-FET.

Dual In-Line Package Ein Gehäusetyp für integrierte Schaltungen mit zwei parallelen Stiften, der gut auf die Brücke eines Breadboards passt.

Elektrisches Feld Dies ist die Anziehungskraft entgegengesetzter Ladungen, die voneinander getrennt, aber nahe beieinander sind.

Elektromagnet Ein Magnet, der durch einen Induktor erzeugt wird. Elektromagnete ermöglichen es der Elektronik, die physikalische Welt zu manipulieren.

Elektronenstromfluss Der Elektronenstromfluss beschreibt den Fluss negativer Ladungen von einer negativen Quelle oder Masse zu ihrem Ziel (oft ein positiver Pol einer Batterie).

Elektron Ein negativ geladenes Teilchen, das sich normalerweise an der Außenseite eines Atoms befindet.

Energie Die Fähigkeit, Arbeit zu verrichten, normalerweise in Joule gemessen.

Anreicherungsmodus Ein FET im Anreicherungsmodus bedeutet, dass der FET normalerweise zwischen Drain und Source nicht leitet, aber eine ausreichende Gate-Source-Spannung eine Leitung ermöglicht (ausreichend positiv, wenn es sich um einen n-Kanal handelt, und ausreichend negativ, wenn es sich um einen p-Kanal handelt).

Äquivalentwiderstand Wenn mehrere Widerstände in Reihe oder parallel geschaltet sind, kann ihre Funktion durch einen einzigen Widerstand nachgeahmt werden. Dieser Widerstand hat den gleichen Widerstand wie die Widerstandsschaltung, die er ersetzt. Siehe auch *Thévenin-Äquivalentschaltung*.

Farad Die Grundeinheit der Kapazität, benannt nach Michael Faraday.

Rückkopplung Wenn der Output eines Prozesses auf den Input eines Prozesses zurückwirkt.

FET Feldeffekttransistor. Dies ist ein Transistortyp, bei dem das Gate die Leitung zwischen Drain und Source steuert.

Filterkondensator Ein Kondensator, der dazu dient, Signale eines bestimmten Frequenzbereichs aus dem Signal zu entfernen.

Flashspeicher Eine Art von Speicher in integrierten Schaltkreisen, der auch nach dem Ausschalten des Geräts erhalten bleibt.

Flux Siehe *magnetischer Fluss*.

Flyback-Diode Siehe *Snubber-Diode*.

Durchlassspannungsabfall Der Betrag der Spannung, den eine Diode beim Durchfluss des Stroms verbraucht.

Frequenz Wie oft ein Zyklus eines Oszillators einen vollen Zyklus durchläuft, gemessen in Hertz (Zyklen pro Sekunde).

Funktion In der Computerprogrammierung ist eine Funktion ein Codeblock, der eine Aufgabe erfüllt und einen Wert an den Code zurückgeben kann, der die Funktion aufgerufen hat.

Verstärkung Der Grad der Verstärkung eines Signals durch ein Bauteil.

Gatter (Logikschaltung) Siehe *Logikgatter*.

Gate (Transistor) Bei einem FET ist das Gate der Eingang, der den Weg zwischen Drain und Source über Spannungspegel steuert. Gates verbrauchen im Allgemeinen eine vernachlässigbare Menge an Strom.

Masse Der gewählte Punkt in einem Stromkreis, an dem andere Spannungen gemessen werden. Bei DC-Batteriestromkreisen ist dies in der Regel einfach der Minuspol der Batterie.

H-Brücke Ein Gerät, das die Steuerung eines Zweiwegemotorantriebs erleichtert.

Header Stellen auf einer Leiterplatte, an denen zusätzliche Schaltungen oder Drähte angeschlossen werden können.

Wärme Ungerichtete Energie. In der Elektronik ist Wärme in der Regel auf die Ineffizienz von Schaltkreisen zurückzuführen. Alle Schaltungen sind bis zu einem gewissen Grad ineffizient und diese Ineffizienz wird als Wärme an die Umgebung abgegeben.

Kühlkörper Ein Kühlkörper ist ein Objekt, in der Regel groß und aus Metall, das an einem Teil eines Schaltkreises angebracht wird, um die Wärme an die Umgebung und weg vom Schaltkreis selbst abzuleiten.

Henry Die Maßeinheit für die Induktivität.

Hertz Eine Maßeinheit für die Frequenz/Oszillation; abgekürzt Hz. Hertz bezieht sich auf die Anzahl der Zyklen pro Sekunde.

IC Siehe *integrierte Schaltung*.

In-System-Programmierer Ein Gerät, das Ihren Computer mit einem Mikrocontroller verbindet und ein neues Programm an den Mikrocontroller überträgt.

Induktivität Der Widerstand, den eine Induktionsspule bei Stromänderungen bietet; gemessen in Henry.

Induktiver Kick Wenn der Strom in einer Spule plötzlich blockiert wird, bricht das Magnetfeld plötzlich zusammen und erzeugt eine plötzliche große Spannung an der Kathode.

Induktiver Blindwiderstand Der Blindwiderstand, der von induktionsähnlichen Bauteilen herrührt.

Induktor Ein Bauteil, das in der Regel aus gewickeltem Draht besteht und Energie in einem Magnetfeld speichert. Induktoren widerstehen Stromänderungen.

Impedanz Der Widerstand, den ein Stromkreis dem Wechselstrom entgegensetzt, d. h. eine Kombination aus Widerstand und Blindwiderstand. Die Impedanz bezieht sich in der Regel auf eine bestimmte Frequenz.

Ineffizienz Im Energiebereich ist Ineffizienz die Menge an Energie, die bei der Durchführung eines Prozesses verschwendet wird. Alle Prozesse sind bis zu einem gewissen Grad ineffizient.

Integrierter Schaltkreis Ein miniaturisierter Schaltkreis, der auf einem Siliziumchip aufgebaut ist.

Internationales System der Einheiten Siehe *SI-Einheiten*.

Invertierter Eingang oder Ausgang Ein Eingang oder Ausgang ist invertiert, wenn Sie das Gegenteil von dem senden (oder empfangen), was Sie normalerweise erwarten würden.

ISP Siehe *systeminternes Programmiergerät*.

Joule Eine Standardeinheit für Arbeit oder Energie. Sie ist definiert als die Arbeit, die geleistet wird, wenn ein 1 kg schweres Objekt 1 m bewegt wird. Es kann auch als die Arbeit definiert werden, die geleistet wird, wenn 1 C Ladung durch 1 V elektrische Potenzialdifferenz bewegt wird.

Knotenpunkt Der Punkt, an dem zwei oder mehr Drähte oder Bauteile miteinander verbunden sind.

1. **kirchhoffsches Gesetz (Knotenregel)** An jeder Verbindungsstelle ist der Gesamtstrom, der in die Verbindungsstelle fließt, genau der gleiche wie der Gesamtstrom, der aus der Verbindungsstelle herausfließt.

2. kirchhoffsches Gesetz (Maschenregel) Bei zwei beliebigen Punkten eines Stromkreises (zu einem bestimmten Zeitpunkt) ist die Spannungsdifferenz zwischen den beiden Punkten gleich groß, egal welchen Weg man zurücklegt, um von einem Punkt zum anderen zu gelangen. Dies kann auch so ausgedrückt werden, dass jeder vollständige, geschlossene Weg in einem Stromkreis einen Spannungsabfall von null aufweist.

Latch Ein einfacher Speichertyp, der ein einzelnes Bit mithilfe von Logikgattern speichert.

Leitung Eine metallische Verbindungsstelle eines Bauteils.

Bein Siehe *Blei.*

Logikfunktion Eine Funktion, die einen oder mehrere logische (wahr/falsch) Werte als Eingabe erhält und einen oder mehrere (normalerweise einen) logische Werte als Ausgabe produziert.

Logikgatter Eine Schaltung, die eine logische Funktion implementiert. Das ist etwas anderes als ein Transistorgate. Verwirrenderweise werden Logikgatter aus Transistoren gebaut, die ein Gate haben können.

Schleife In der Computerprogrammierung ist eine Schleife eine Gruppe von Befehlen, die mehrfach wiederholt wird.

Magnetischer Fluss Die in einem elektrischen Feld gespeicherte Energie.

Mechanische Passung Die Fähigkeit zweier Objekte, sich durch einfaches Zusammenschieben zu verbinden.

Speicher Die Fähigkeit einer Schaltung, frühere Werte zu speichern. Wird oft in der Computerprogrammierung verwendet, um Werte zu speichern.

Mikrochip Siehe *integrierte Schaltung.*

Mikrocontroller Eine integrierte Schaltung, die als eigenständiger Computer arbeitet; wird normalerweise zur Steuerung kleiner elektronischer Geräte verwendet.

Milliampere Eine Kurzform von Milliampere. Siehe *Milliampere.*

Milliampere Ein Tausendstel eines Ampere. Siehe *Ampere.*

MOSFET Ein spezieller (und gängiger) Typ von FET-Transistor.

Multimeter Ein Gerät zur Messung verschiedener elektrischer Größen in Schaltkreisen und Geräten, normalerweise einschließlich Spannung, Strom und Widerstand.

n-Kanal Ein Typ von FET. Bezieht sich auf den physischen Aufbau des FET.

NAND-Funktion Eine logische Funktion, die nur dann einen falschen Wert ergibt, wenn alle ihre Eingänge wahr sind. Eine Kombination aus den Funktionen AND und NOT.

NAND-Gatter Ein logisches Gatter, das die NAND-Funktion implementiert.

npn Ein Typ von BJT.

Neutron Ein ungeladenes Teilchen im Kern eines Atoms.

Leerlaufdrehzahl Die Drehzahl, mit der sich die Welle eines Motors bei seiner Nennspannung dreht, wenn nichts an der Welle befestigt ist.

Leerlaufstrom Die Stromstärke, die ein Motor bei seiner Nennspannung aufnimmt, wenn nichts an der Welle befestigt ist.

Nicht polarisiertes Bauteil Eine Schaltungskomponente (z. B. ein Widerstand), bei der es keine Rolle spielt, welches Ende als Anode oder Kathode verwendet wird.

NOR-Funktion Eine logische Funktion, die einen falschen Wert ergibt, wenn einer ihrer Eingänge (oder eine Kombination von Eingängen) wahr ist. Eine Kombination aus den Funktionen ODER und NICHT.

NOR-Gatter Ein logisches Gatter, das die NOR-Funktion implementiert.

NOT-Funktion Eine logische Funktion, die eine Eingabe annimmt und ihr Gegenteil liefert.

NOT-Gatter Ein logisches Gatter, das die NOT-Funktion implementiert.

Kern Der Kern ist der Teil des Atoms, in dem sich Protonen und Neutronen befinden.

Ohm Die Maßeinheit für den Widerstand.

Offener Stromkreis Ein offener Stromkreis ist ein Zustand, in dem kein elektrischer Strom fließen kann. Siehe auch *geschlossener Stromkreis, Kurzschluss*.

Offener Kollektor Eine Art von Ausgang einer Schaltung, bei der der „positive" Zustand tatsächlich getrennt ist, während der „Null"-Zustand eine tatsächliche Massespannung ist. Dies wird häufig verwendet, um dem Benutzer des Schaltkreises die Möglichkeit zu geben, seine eigene Spannung über einen Pull-up-Widerstand zu liefern.

ODER-Funktion Eine logische Funktion, die einen wahren Wert liefert, wenn einer ihrer Eingänge wahr ist.

ODER-Gatter Ein logisches Gatter, das die ODER-Funktion implementiert.

Oszillation Oszillieren bedeutet hin und her gehen. In der Elektronik bedeutet Oszillation in der Regel ein periodisches Hin- und Herschwanken von Strom oder Spannung.

Oszillator Ein Oszillator ist eine Schaltung, die in regelmäßigen Abständen zwischen zwei oder mehr Zuständen hin und her schaltet (z. B. von positiver Spannung zu Nullspannung).

Oszilloskop Ein Gerät zum Prüfen von Schaltkreisen und zur Visualisierung des Verhaltens von Schaltkreisen im Zeitverlauf.

p-Kanal Ein Typ von FET. Bezieht sich auf den physischen Aufbau des FET.

Gehäuse Die Art und Weise, wie ein integrierter Schaltkreis umhüllt ist, einschließlich des physischen Gehäuses, der Pinbelegung und der Art der Pins.

Parallelschaltung Eine Schaltung ist eine Parallelschaltung, wenn eine oder mehrere Bauteile in mehreren Zweigen angeordnet sind.

Periode Die Länge eines vollen Zyklus eines Schwingkreises; wird normalerweise in Sekunden gemessen.

Pad Siehe *Pin*.

Pin Bei einem integrierten Schaltkreis ist dies eines der Beine, die aus dem Chip herausragen und die Sie mit Ihrem Schaltkreis verbinden können. Kann sich auch auf das Bein/die Leitung anderer Arten von Bauteilen beziehen.

Pinbelegung Die Pinbelegung bezieht sich auf die Bedeutung bzw. den Zweck, der den einzelnen Pins eines bestimmten integrierten Schaltkreises zugeordnet ist.

pnp Eine Art von BJT.

polarisiertes Bauteil Ein Schaltkreisbauteil (z. B. eine Diode), das eine eindeutige Anode und Kathode hat (d. h. die Seiten des Bauteils sind nicht austauschbar).

Leistung Die kontinuierliche Energiezufuhr, normalerweise in Watt gemessen. In Gleichstromkreisen wird die Leistung als die Spannung (in Volt) multipliziert mit dem Strom (in Ampere) berechnet.

Stromschienen Siehe *Stromschienen*.

Stromschienen Der Teil eines Breadboards (in der Regel durch rote und blaue Linien gekennzeichnet), der normalerweise für Stromanschlüsse verwendet wird.

Leistungstransistor Ein Transistor, der für große Spannungs- und Stromstärken ausgelegt ist.

Programmierumgebung Eine Reihe von Werkzeugen, die die Programmierung für bestimmte Geräte oder auf bestimmte Weise erleichtern.

Schutzdiode Eine Diode, die einen Stromkreis schützt, in der Regel entweder vor dem Rückwärtseinlegen einer Batterie oder, im Falle einer Snubber-Diode, vor induktivem Rückstoß.

Proton Ein positiv geladenes Teilchen im Kern eines Atoms.

Pull-up-Widerstand Ein an eine positive Spannung angeschlossener Widerstand, der eine positive Standardspannung liefert, wenn keine andere Spannung an die Leitung angeschlossen ist.

Pull-down-Widerstand Ein an eine positive Spannung angeschlossener Widerstand, der eine Standardnullspannung liefert, wenn keine andere Spannung an die Leitung angeschlossen ist.

Pulsweitenmodulation Senden eines Signals mit einer festen Pulsfrequenz, wobei der Prozentsatz der Zeit, in der das Signal hoch bzw. niedrig ist, variiert. Dies ist eine Möglichkeit, Spannungspegel an Geräte auszugeben, die keine Ausgabe mit unterschiedlichen Spannungspegeln unterstützen.

PWM Siehe *Pulsweitenmodulation*.

Ruhestrom In einem Transistorverstärker ist der Ruhestrom die Strommenge, die in die Basis des Transistors fließt, wenn kein Signal anliegt.

RC-Glied Ein Widerstand in Reihe mit einem Kondensator, der in der Regel zur Zeitmessung verwendet wird.

Blindwiderstand Dies ist ein Teil der Impedanz, der dem Widerstand ähnlich ist, aber eher einen Fluss verhindert als Energie ableitet. Der Blindwiderstand basiert normalerweise auf der Frequenz des Signals.

Widerstand Der Widerstand misst, wie stark ein Bauteil dem Stromfluss widersteht. Der Widerstand wird in Ohm (Ω) gemessen.

Resonanzfrequenz Die Resonanzfrequenz eines Stromkreises ist die Frequenz des Stromkreises, bei der sich die induktiven und kapazitiven Blindwiderstände gegenseitig aufheben.

RMS Eine Methode zur Berechnung von Durchschnittswerten, die sich auf die Größenordnung konzentriert.

RPM Umdrehungen pro Minute. Wie oft sich die Welle eines Motors in einer Minute dreht.

RS-232 Ein Protokoll für die serielle Kommunikation, das Spannungspegel, Timing und andere wichtige Signalisierungsmerkmale für das Senden und Empfangen von Bits über zwei Drähte beschreibt.

Sättigungsmodus Dies tritt bei einem Transistor auf, wenn er vollständig eingeschaltet ist und das Signal nicht weiter verstärken kann. Im Sättigungsmodus verhält sich der Transistor eher wie ein eingeschalteter Schalter und nicht wie ein Verstärker.

Schematisch Siehe *Schaltplan*.

Serielle Schnittstelle Eine Art von Eingabe-/Ausgabemechanismus, der Daten bitweise sendet, oft unter Verwendung des RS-232-Protokolls.

Reihenschaltung Eine Reihenschaltung ist eine Schaltung oder ein Teil einer Schaltung, bei der alle Bauteile hintereinander geschaltet sind.

Servomotor Ein Motor, der sich nicht dreht, sondern einen Winkel erzeugt.

Stellschraube Eine Schraube, deren Zweck es ist, Druck auf ein anderes Teil auszuüben, um es zusammenzufügen.

Welle Der rotierende Teil eines Motors.

Kurzschluss Ein Kurzschluss liegt vor, wenn der Strompfad vom Plus- zum Minuspol keinen Widerstand aufweist.

SI-Einheiten Der internationale Standard für physikalische Maßeinheiten.

Senke Wenn ein Bauteil oder ein Schaltkreis Strom empfängt.

Snubber-Diode Eine Diode, die rückwärts über die Klemmen einer Spule geschaltet wird, um den Stromkreis vor induktivem Rückstoß zu schützen.

Lot Eine Substanz, die erhitzt werden kann, um Drähte, Bauteile und andere metallische Gegenstände miteinander zu verbinden.

Löten Die Tätigkeit, Dinge mithilfe von Lötzinn miteinander zu verbinden.

Lötfreies Breadboard Ein Gerät, das aus einer Reihe verbundener Klemmen besteht, in die Bauteile nach Belieben eingesetzt und entfernt werden können, was den Aufbau von Schaltungen auf nicht dauerhafte Weise ermöglicht.

Quelle Wenn ein Bauteil oder eine Schaltung einen Stromausgang hat.

Source Eine Seite des Hauptstrompfads eines FETs. Dies ist die negative Seite in einem n-Kanal-FET und die positive Seite in einem p-Kanal-FET.

Rechteckwelle Ein oszillierendes Signal, bei dem sich das Signal fast die gesamte Zeit entweder im hohen oder im niedrigen Zustand befindet und dazwischen fast keine Zeit vergeht.

SR-Latch Ein einfacher Speichertyp, der ein einzelnes Bit speichern kann.

Blockierzustand Bei einem Elektromotor ist dies der Zustand, in dem sich der Motor nicht dreht, während er sein maximales Drehmoment abgibt.

Blockierstrom Die Stromstärke, die der Motor im Blockierzustand verbraucht.

Stator Der feste Außenbehälter eines Motors.

Terminal Siehe *Leitung*. Kann sich auch auf einen weiblichen Empfänger für ein Kabel beziehen.

Klemmleiste Auf einem Breadboard ist eine Klemmleiste eine Reihe von Anschlusspunkten, die innerhalb des Breadboards miteinander verbunden sind, sodass das Einstecken mehrerer Bauteile oder Drähte auf einer Klemmleiste diese miteinander verbindet.

Thévenin-Äquivalentschaltung Eine Verallgemeinerung der Art und Weise, wie eine Schaltung eine andere Schaltung „sieht", als bestünde sie nur aus einer Stromquelle und einer Impedanz bzw. einem Widerstand.

TO-220-Gehäuse Eine Art der Unterbringung einer integrierten Schaltung, in der Regel für Transistoren, Spannungsregler oder andere leistungsorientierte Geräte. Es besteht aus drei Anschlüssen und einem Kühlkörper.

Drehmoment Rotationsleistung. Bei einem Motor ist dies die Menge an Drehkraft, die der Motor auf die Welle überträgt.

Transformator Ein Paar von Induktoren, die das Magnetfeld in einer Spule nutzen, um einen Strom in der anderen Spule zu erzeugen. Sie werden in der Regel verwendet, um Spannungspegel in verschiedenen Stromkreisen umzuwandeln und um Teile eines Stromkreises zu isolieren. Transformatoren funktionieren nur in Wechselstromkreisen. Für Gleichstromkreise siehe *DC-DC-Leistungswandler*.

Transistor Eine Schaltungskomponente, die zum Schalten, zur Logik und zur Verstärkung verwendet wird. Im Allgemeinen funktioniert ein Transistor so, dass ein Anschluss den Stromfluss zwischen zwei anderen Anschlüssen steuert. Siehe auch *FET* und *BJT*.

TTL Eine Abkürzung für Transistor-zu-Transistor-Logik. Es handelt sich um einen alten Standard für Logikchips zur Signalisierung von wahren und falschen Werten, der in der Regel mit 5 V arbeitet.

Maßeinheit Ein Standardmarker, der für die Quantifizierung verwendet wird, z. B. Gramm (Gewicht), Sekunden (Zeit) oder Meter (Länge).

Einheitenpräfix Ein Einheitenpräfix ist ein Modifikator, der an ein Wort angehängt werden kann, um anzugeben, dass es mit einem bestimmten Betrag multipliziert werden soll: 1 km bedeutet z. B. 1000 m und 1 mm bedeutet ein Tausendstel eines Meters.

Variable In der Computerprogrammierung ist eine Variable ein Speicherplatz, an dem ein Wert gespeichert wird, der sich ändern kann.

Drehwiderstand Ein Widerstand, dessen Wert sich ändert.

Spannung Eine Spannung ist die „Leistung" einer elektrischen Ladung. Formal ist sie das Verhältnis der potenziellen Energie einer Ladung zur Größe einer Ladung. Sie kann auch als die Änderung des magnetischen Flusses über die Zeit beschrieben werden.

Spannungsteiler Ein Spannungsteiler liegt vor, wenn zwei Bauteile (in der Regel Widerstände) miteinander verbunden sind und eine Klemme dazwischen liegt, die eine Spannung zwischen den beiden Bauteilen haben soll.

Spannungsabfall Die Spannungsdifferenz zwischen zwei Punkten in einem Stromkreis. Dies bezieht sich in der Regel auf die Menge an Spannung, die in einem bestimmten Bauteil eines Stromkreises verbraucht wird.

Watt Eine Einheit der Leistung: 1 W entspricht der Abgabe von 1 J/s.

Arbeit Arbeit entsteht, wenn eine Kraft eine Verschiebung (Änderung der Position) bewirkt. Arbeit wird oft in Joule gemessen.

XOR-Funktion Eine logische Funktion, die einen wahren Wert ergibt, wenn einer (und nur einer) ihrer Eingänge wahr ist.

XOR-Gatter Ein logisches Gatter, das die XOR-Funktion implementiert.

Zener-Diode Eine Diode, die so verdrahtet werden soll, dass ihre Durchbruchspannung ausgenutzt wird.

Elektroniksymbole

Symbol	Bauteil	Beschreibung
	Batterie	Eine Batterie wird durch eine lange Linie und eine kurze Linie dargestellt, die übereinander gestapelt sind. Manchmal gibt es zwei Sätze von langen und kurzen Leitungen. Die lange Leitung ist der Pluspol und die kurze Leitung ist der Minuspol (der normalerweise als Masse verwendet wird).
	Widerstand	Ein Widerstand wird durch eine scharfe, gewellte Linie mit Drähten dargestellt, die an beiden Seiten herauskommen.
	Potenziometer	Ein Potenziometer wird durch einen Widerstand mit einem Pfeil in der Mitte dargestellt. Dies zeigt an, dass die Positionierung des Drehknopfes Einfluss darauf hat, wie die Spannung aufgeteilt wird.
	Diode	Eine Diode wird durch einen Pfeil mit einem Strich dargestellt, der anzeigt, dass der Strom in Pfeilrichtung von positiv nach negativ fließen kann, in der anderen Richtung jedoch blockiert ist.
	LED	Ein LED-Symbol sieht ähnlich aus wie eine Diode (da es sich um eine Diode handelt), aber es hat auch zwei kurze Linien, die von ihm ausgehen und die Tatsache darstellen, dass es Licht aussendet.

© Der/die Herausgeber bzw. der/die Autor(en), exklusiv lizenziert an APress Media, LLC, ein Teil von Springer Nature 2023
J. Bartlett, Elektronik für Einsteiger, https://doi.org/10.1007/978-3-662-66243-4

Symbol	Bauteil	Beschreibung
	Zener-Diode	Eine Zener-Diode wird wie eine normale Diode dargestellt, jedoch mit abgewinkelten Linien, die aus dem Sperrbalken herausragen, um zu verdeutlichen, dass die Sperrwirkung nicht ihre einzige Funktion ist.
	Schaltfläche	Ein Knopf wird durch eine Linie dargestellt, die zwei Drähte verbinden könnte. Dies bedeutet, dass die beiden Teile des Stromkreises miteinander verbunden werden, wenn der Knopf gedrückt wird.
	Schalter	Ein Schalter ist wie ein Knopf, aber er ist auf einer Seite verankert. Dies bedeutet, dass die Position des Schalters semipermanent ist. Im Gegensatz zu einem Knopf, der gedrückt und dann wieder losgelassen wird, bleibt der Schalter dort, wo man ihn hinlegt.
	Kondensator (unpolarisiert)	Ein Kondensator wird durch zwei parallele Linien dargestellt, die durch einen Zwischenraum getrennt sind, der die Tatsache darstellt, dass ein Kondensator aus zwei Platten besteht, die sich nicht berühren.
	Kondensator (gepolt)	Ein gepolter Kondensator ist ähnlich wie ein ungepolter Kondensator, nur dass die negative Seite des Kondensators mit einer Kurve versehen ist.
	Induktor	Ein Induktor wird durch eine geschwungene Linie dargestellt, um die Tatsache zu verdeutlichen, dass die Drähte in einem Induktor gewickelt sind. Dieses Symbol wird häufig verwendet, um nicht nur einfache Induktoren darzustellen, sondern auch Anwendungen von Induktoren wie Motoren und Elektromagneten.
	BJT-npn	Der BJT-npn-Transistor ist ein Gerät mit drei Anschlüssen, wobei eine Leitung vom Kollektor zum Emitter führt und eine Leitung zum Emitter, wobei ein Pfeil zum Emitter zeigt. Die Leitung, die auf die durchgezogene flache Linie trifft, ist die Basis, die den Fluss steuert. Sie können sich merken, dass es sich um einen npn-Transistor handelt, weil der Pfeil „Never Points iN."

Symbol	Bauteil	Beschreibung
	n-Kanal-MOSFET-Transistor im Anreicherungsmodus	Der n-Kanal-MOSFET-Transistor im Anreicherungsmodus hat ein ähnliches Symbol wie der BJT, aber das Gate berührt die Leitung, die den Drain mit der Source verbindet, nicht. Das liegt daran, dass das Gate eines FETs nicht wirklich am Stromfluss beteiligt ist, sondern nur das Gate selbst mit Spannung steuert.

Namenskonventionen für integrierte Schaltkreise

Die Namenskonventionen für ICs können auf den ersten Blick verwirrend sein. In Wirklichkeit gibt es keinen offiziellen Standard für Chipnamen, aber es gibt einige Konventionen, die häufig befolgt werden. Wenn ein Chip erfunden wird, weist das Unternehmen, das ihn erfunden hat, ihm eine Teilenummer zu. Die Gerichte haben jedoch entschieden, dass Teilenummern nicht urheberrechtlich geschützt werden können. Wenn also ein anderer Hersteller einen ähnlichen oder identischen Chip mit der gleichen Pinbelegung herstellt, wird er oft die gleiche Teilenummer verwenden.

Grundlegende Konventionen für Logikchips

Logikchips werden häufig in zwei Familien eingeteilt, die sich auf die Spannungspegel stützen, die sie erwarten und erzeugen. **TTL** (steht für Transistor-zu-Transistor-Logik) ist ein alter Standard für Logikchips, der normalerweise mit 5 V arbeitet. TTL-Chips betrachten ein Signal als „falsch", wenn es unter 0,8 V liegt, und als „wahr", wenn es über 2,2 V liegt, und können zusammenbrechen, wenn sie Spannungen erhalten, die deutlich über 5 V liegen. Zwischen 0,8 und 2,2 V liegt ein Bereich, in dem der resultierende Wert nicht vorhersehbar ist. Ursprünglich bezog sich der Begriff TTL auf die Bauweise der Logikchips, doch heute bezieht er sich in der Regel auf die erwarteten Eingangs-/Ausgangspegel des Chips.

CMOS ist eine neuere Technologie und mit ihr kam ein neuerer Standard für die Interpretation von Logikpegeln. CMOS-Chips unterstützen einen viel größeren Versorgungsspannungsbereich als TTL, aber ihre Logikpegel sind ein wenig anders. Bei CMOS reicht falsch von 0 V bis zu einem Drittel der Versorgungsspannung (egal wie hoch diese ist – CMOS kann normalerweise von 3 bis 15 V betrieben werden), und wahr reicht von zwei Dritteln der Versorgungsspannung bis zur vollen Versorgungsspannung.

Chips werden oft in einer Serie hergestellt – eine ganze Reihe von Chips, die alle komplementäre Funktionen erfüllen. Die gängigste Serie von Logikchips ist die Serie 7400, die ursprünglich von Texas Instruments entwickelt wurde. Die Serie 7400 begann als eine Reihe von TTL-Chips. Einige gängige Chips aus dieser Serie sind der 7400 selbst (ein Quad-NAND-Gatter), der 7408 (ein Quad-AND-Gatter) und der 7432 (ein Quad-NOR-Gatter).

Die Namen von Chips haben oft ein Präfix, das sich entweder auf den Hersteller oder das Unternehmen bezieht, das sie ursprünglich entwickelt hat. Einige Beispiele: Chips von National Semiconductor haben in der Regel ein Präfix LM, Chips von Texas Instruments haben eine ganze Reihe von Präfixen, darunter SN und TI, Chips von Motorola haben in der Regel ein Präfix MC und Chips von Signetics haben in der Regel ein Präfix NE. Es gibt noch viele andere, aber dies soll nur ein Beispiel sein. Die 7400er-Serie hat normalerweise Teilenummern, die mit SN74 beginnen, weil TI sie gebaut hat. Ein SN7408 ist also ein AND-Gatter, das auf Entwürfen von TI basiert.

Jetzt lautet die Serie 7400. Die letzten beiden Ziffern beziehen sich auf die Funktion und Pinbelegung der Chips. Das heißt, in der Serie 7400 bezieht sich „08" auf Quad-AND-Gatter, die alle die gleiche Pinkonfiguration haben. Manchmal werden jedoch auch Buchstaben zwischen „74" und „08" eingefügt. Dies bezieht sich in der Regel auf eine Änderung der elektrischen Eigenschaften des Chips. Eine stromsparende Version der Serie 7400 hat z. B. das Präfix „74LS". Der „SN74LS08"-Chip ist also eine Version des 7408 (d. h., er hat die gleiche Pinbelegung und Funktion), die ursprünglich von TI entwickelt wurde (Präfix SN), aber für einen geringeren Stromverbrauch (LS) ausgelegt ist.

Außerdem haben die Teilenummern oft auch Suffixe. Suffixe beziehen sich oft auf einige äußere Merkmale des Chips. In Kap. 11 haben wir z. B. verschiedene Chipgehäuse erwähnt, wie DIP und SMD. Diese verschiedenen Gehäuse haben unterschiedliche Suffixe. Bei der Serie 7400 wird das DIP-Gehäuse in der Regel mit dem Suffix „P" versehen. Ein SN74LS08P ist also die DIP-Version des SN74LS08 und der NS74LS08NSR ist eine SMD-Version. Es kann auch Suffixe geben, die sich auf Temperatur, Widerstandsfähigkeit und gelegentlich sogar auf elektrische Ausgangseigenschaften beziehen.

Wenn ein anderer Hersteller denselben Chip herstellt, kann es vorkommen, dass er den Herstellercode ändert und andere Suffixe verwendet. Texas Instruments verkauft z. B. einen SN74HC08P, einen DIP 7408, der CMOS-Pegel bis zu 6 V verwendet (dafür steht das HC). Im Wesentlichen derselbe Chip ist von Fairchild erhältlich, die ihn MM74HC08N nennen. Das MM-Präfix wird von Fairchild verwendet und es handelt sich um denselben 74HC08-Chip. Bei Fairchild wird ein „N"-Suffix verwendet, um einen DIP-Chip zu kennzeichnen.

Wie bereits erwähnt, handelt es sich hierbei nur um Konventionen, nicht um Standards, sodass sie nicht immer zutreffen. Sie können jedoch hilfreich sein, damit Sie wissen, dass, wenn jemand einen 7432-Chip angibt und Sie Teilenummern sehen, die SN74LS32P sagen, Sie in der Lage sein könnten, festzustellen, dass dies zumindest eine gewisse Beziehung zu dem Chip hat, den Sie suchen.

ANHANG

D

Mehr Mathematik, als Sie wissen wollten

Dieser Anhang ist ein Katalog von Gleichungen in der Elektronik und woher sie stammen, für diejenigen, die neugierig sind. Dieses Buch ist eher für einen einführenden Ansatz gedacht, aber trotzdem sind viele Leute neugierig. Dieses Kapitel ist nichts für schwache Nerven und es könnte viel Mathematik beinhalten, die Sie nicht belegt haben. Deshalb befindet es sich in einem Anhang.

Wenn Sie jedoch neugierig sind, finden Sie hier die mathematischen Antworten auf Ihre Fragen.

Grundlegende Formeln

Ladungs- und Strommengen

- 1 C = 6,241509 * 10^{18} Elektronen (wie viele Elektronen hat ein Coulomb).

- $I = \dfrac{dc}{dt}$ (Strom ist die Ableitung der Ladung nach der Zeit).

- $1\,A = 1\,\dfrac{C}{s}$ (A = Ampere; C = Coulomb; s = Sekunde).

- 3,6 C = 1 mAh (C = Coulomb; *mAh* steht für Milliampere-stunde, eine gängige Einheit für Batterien).

© Der/die Herausgeber bzw. der/die Autor(en), exklusiv lizenziert an APress Media, LLC, ein Teil von Springer Nature 2023
J. Bartlett, Elektronik für Einsteiger, https://doi.org/10.1007/978-3-662-66243-4

Volt-Größen

Volt ist im Grunde ein Maß für die Energie pro Ladungseinheit. Volt ist auch als elektromotorische Kraft (EMK) oder $\in$ bekannt. Spannungen können auf verschiedene Weise ausgedrückt werden:

- $V = \dfrac{J}{C}$ (J = Joule; C = Coulomb).

- $V = \dfrac{potential\,energy}{charge}$.

- (N = Newton; m = Meter; C = Coulomb).

- $V = \dfrac{kg \cdot m^2}{A \cdot s^3}$ (kg = Kilogramm; m = Meter; A = Ampere; s = Sekunden).

- $V = \dfrac{d\phi}{dt}$ (Das faradaysche Induktionsgesetz – die Spannung ist die Ableitung des Flusses des Magnetfeldes nach der Zeit).

Widerstands- und Leitfähigkeitsmessgrößen

Der Widerstand wird in Ohm angegeben. Der Kehrwert des Widerstands ist der Leitwert (die Fähigkeit des Stroms, durch einen Draht zu fließen) und wird in Siemens (S) gemessen. Die Einheit Siemens wird auch als mho (Ohm rückwärts buchstabiert) bezeichnet und manchmal durch ein umgedrehtes Omega (Ω) gekennzeichnet:

- $G = \dfrac{1}{R}$ (G = Leitwert in Siemens, R = Widerstand).

- $G = \dfrac{I}{V}$ (G = Leitwert; I ist Strom; V ist Spannung).

- $R = \dfrac{V}{I}$ (ohmsches Gesetz).

Einzelne Materialien haben einen spezifischen Widerstand (ρ).

$$R = \rho \cdot \frac{Länge}{Querschnittsfläche}. \qquad (D.1)$$

Mit anderen Worten: Von Anfang bis Ende nimmt der Widerstand mit der Querschnittsfläche ab und mit der Länge zu.

Ohmsches Gesetz

V ist die Spannung (in Volt), *I* der Strom (in Ampere) und *R* der Widerstand (in Ohm):

$$V = I \cdot R. \tag{D.2}$$

Leistung

P ist in Watt angegeben. Für Gleichstromkreise gelten die folgenden Regeln. Für Wechselstromkreise gelten sie, wenn der Widerstand tatsächlich eine Impedanz ist:

- $P = V \cdot A.$
- $P = I^2 R.$
- $P = \dfrac{V^2}{R}.$

Kapazität

Die Kapazität ist die Fähigkeit, Ladung zu speichern.

Die Grundgleichung für einen Kondensator lautet

$$Q = V \cdot C. \tag{D.3}$$

Q ist die gespeicherte Ladungsmenge, *V* ist die Spannung an den Anschlüssen und *C* ist die Kapazität in Farad.

Die Ableitung dieser Gleichung nach der Zeit ist

$$\frac{dQ}{dt} = \frac{dV}{dt} \cdot C. \tag{D.4}$$

Da der Strom die Ableitung der Ladung ist, kann man also sagen

$$I = C \, \frac{dV}{dT}. \tag{D.5}$$

Die Kapazität von Kondensatoren ergibt sich aus der Gleichung

$$C = \epsilon_r \epsilon_0 \frac{A}{d}. \tag{D.6}$$

Dabei ist C die Kapazität, ϵ_r die Dielektrizitätskonstante dessen, was die Platten des Kondensators trennt, ϵ_0 die Dielektrizitätskonstante des freien Raums, A die Fläche der Platten in Quadratmetern und d der Abstand zwischen den Platten in Metern.

Induktivität

Die Grundgleichung für einen Induktor lautet

$$\phi = L \cdot I. \tag{D.7}$$

Dabei ist ϕ der Fluss des Magnetfeldes in Weber, L die Induktivität in Henry und I der Strom in Ampere. Die Ableitung ergibt die Spannung:

$$\frac{d\phi}{dt} = L \frac{dI}{dt}. \tag{D.8}$$

$$V = L \frac{dI}{dt} \tag{D.9}$$

Mit anderen Worten: Die erzeugte Spannung ist proportional zur Änderung des Stroms.

Die Induktivität einer Drahtspule kann wie folgt berechnet werden:

$$L = \frac{\mu \cdot N^2 \cdot A}{l}. \tag{D.10}$$

Dabei ist N die Anzahl der Drahtwindungen, A die Fläche der Spule, l die Länge der Spule und μ hängt von dem verwendeten Kern ab.

Halbleiter

Bauteile aus Silizium werden als Halbleiter bezeichnet und haben sehr nützliche nicht lineare Eigenschaften.

Dioden

Dioden haben keinen festen Spannungsabfall, wie wir in diesem Buch annehmen. Es handelt sich um eine Exponentialfunktion, die jedoch so steil ist, dass sie für die meisten Zwecke wie ein fester Spannungsabfall von 0,6 V wirkt. Die tatsächliche Gleichung lautet

$$I = I_S \left(e^{\frac{V}{\eta\, V_T}} - 1 \right). \tag{D.11}$$

I_S ist der Sättigungsstrom (hängt von der Konstruktion der Diode ab), V ist die Spannung, η ist entweder 1 für Germanium oder 2 für Silizium und V_T wird als thermische Spannung bezeichnet (die Spannung, die allein durch die Bewegung der Teilchen bei einer bestimmten Temperatur erzeugt wird, normalerweise etwa 0,026 V bei Raumtemperatur).

npn-BJT

Während wir die allgemeinen Regeln für BJTs erörtert haben, ist das technische Modell, mit dem sie modelliert werden können, als Ebers-Moll-Modell bekannt. Dieses Modell ist sehr viel komplexer in der Anwendung, weshalb wir es in diesem Kapitel nicht weiter behandeln.

Es gibt auch mehrere verschiedene Ebers-Moll-Modelle, je nach gewünschtem Detaillierungsgrad. Das grundlegende Ebers-Moll-Modell für einen leitenden, aber ungesättigten Transistor sieht wie folgt aus:

$$I_E = I_S \left(e^{\frac{V_B E}{V_T}} - 1 \right). \tag{D.12}$$

Dabei ist I_E der Emitterstrom (man kann ihn auch für den Kollektorstrom verwenden, da sie ungefähr gleich sind). I_S ist der Sättigungsstrom der Basis-Emitter-Diode und V_T ist die Thermospannung, genau wie bei Dioden.

Berechnungen für Gleichstrommotoren

Der Spannungsabfall über einem Motor (V_m) wird durch die folgende Gleichung definiert:

$$V_m = V_b + R_m I_m.$$

Dabei ist V_b die Gegen-EMK des Motors, R_m ist der Innenwiderstand der Motorverdrahtung und I_m ist der Strom, der durch den Motor fließt – also im Grunde nur das ohmsche Gesetz plus die Gegen-EMK, die durch das Drehen des Motors erzeugt wird.

Wie viel Gegen-EMK wird also erzeugt? Das können wir folgendermaßen bestimmen:

$$V_b = K_e \omega.$$

In dieser Gleichung variiert K_e je nach Motor und wird in der Regel in Volt pro Umdrehung pro Minute oder in Volt pro Radiant pro Sekunde angegeben. ω ist lediglich die Drehzahl in den angegebenen Einheiten.

Ebenso kann das erzeugte Drehmoment aus dieser Gleichung ermittelt werden:

$$T = K_T I_m.$$

In dieser Gleichung ist K_T die Drehmomentkonstante für den Motor (achten Sie auf die Einheiten) und I_m ist der Strom, der durch den Motor fließt. Wenn Sie den Spitzenstrom kennen, können Sie das maximal verfügbare Drehmoment des Motors ermitteln.

Interessanterweise kann man sehen, dass eine Erhöhung des Drehmoments tatsächlich bis zu einem gewissen Grad die Drehzahl des Motors beeinflusst. Die vollständige Gleichung für die Spannung am Motor lautet

$$V_m = K_e \omega + R_m I_m.$$

Das Drehmoment wirkt sich auf I_m aus. Dadurch erhöht sich der durch $R_m I_m$ gegebene Spannungsabfall. Bei einer festen Spannungsquelle bleibt dadurch weniger Spannung für den Teil $K_e \omega$ der Gleichung übrig. Da K_e eine Konstante ist, bedeutet dies, dass ω bis zu einem gewissen Grad reduziert wird.

555 Timer-Oszillator-Frequenzgleichung

In Kap. 18 haben wir gelernt, wie man mit dem 555-Timerchip Oszillatoren herstellt. In diesem Kapitel wollte ich, dass Sie sich darauf konzentrieren, zu lernen, was mit dem 555-Timer passiert, anstatt eine Formel zu verwenden. Es gibt jedoch eine schöne, einfache Formel, mit der Sie das Widerstands-Kondensator-Netzwerk des 555-Timers mit der endgültigen Ausgangsfrequenz in Beziehung setzen können.

Die Formel lautet wie folgt:

$$f = \frac{1.44}{C\left(R_1 + 2R_2\right)}.$$ (D.13)

In dieser Gleichung ist f die Frequenz, R_1 der von der Versorgungsspannung kommende Widerstand, R_2 der Widerstand neben dem Kondensator und C der Timer-Kondensator.

Um zu verstehen, woher diese Gleichung kommt, muss man sich vergegenwärtigen, dass die Frequenz einfach $\frac{1}{\text{period}}$ ist. Wir können Formeln für Zeitkonstanten verwenden, um die Periode zu ermitteln, und sie dann einfach umdrehen, um die Frequenz zu finden.

Wie Sie sich erinnern, ist die Periode nur die Gesamtzeit, die für einen Lade-/Entladezyklus benötigt wird. Die 555 lädt sich *sowohl* über R_1 als auch über R_2 auf, entlädt sich aber nur über R_2. Da sie außerdem nur zwischen $\frac{1}{3}$ und $\frac{2}{3}$ voll hin und her springt, benötigt sie nur 0,693 Zeitkonstanten.

Daher können wir zwei Formeln verwenden, eine für die Ladezeit und eine für die Entladezeit:

$$T_{\text{Laden}} = 0.693 \; C \left(R_1 + R_2\right),$$
$$T_{\text{Entladen}} = 0.693 \; R_2.$$

Der Gesamtzeitraum ist die Summe dieser beiden Zeiträume. Sie erhalten also

$$\begin{aligned}
T_{\text{Zeitraum}} &= 0.693 \; C \left(R_1 + R_2\right) + 0.693 \; C \; R_2 \\
&= 0.693 \; C\left(\left(R_1 + R_2\right) + R_2\right) \text{ ausklammern } 0.693 \; C \\
&= 0.693 \; C \left(R_1 + 2R_2\right) \text{ umstellen.}
\end{aligned}$$

Da $f = \dfrac{1}{T_{\text{Zeitraum}}}$, können wir die obige Gleichung umdrehen und erhalten

$$f = \frac{1}{0.693 \ C \left(R_1 + 2R_2\right)}$$

$$= \frac{1}{0.693} \ \frac{1}{C\left(R_1 + 2R_2\right)} \text{umstellen}$$

$$\approx 1.44 \ \frac{1}{C\left(R_1 + 2R_2\right)}$$

$$= \frac{1.44}{C\left(R_1 + 2R_2\right)}.$$

Letzten Endes ist es genau das, was Sie getan haben, als Sie diese Probleme gelöst haben; Sie haben es einfach von Hand gemacht, anstatt eine nette kleine Formel zu verwenden. Eine Formel kapselt nur die Dinge ein, die Sie normalerweise ohnehin tun, vereinfacht sie aber auf eine Reihe von vordefinierten Schritten.

Ich habe eine Hassliebe zu Formeln. Formeln sind schön, weil sie einfach zu verwenden sind. Wenn man sie jedoch verwendet, vergisst man leicht die grundlegenden Fakten, die ihnen zugrunde liegen. Die grundlegenden Fakten sind wichtiger als die Formel, denn man kann die grundlegenden Fakten neu anordnen und je nach Bedarf alle möglichen Formeln entwickeln. Wenn man die grundlegenden Fakten kennt und weiß, wie man Formeln erstellt, kann man, falls man einmal eine Formel vergisst, leicht eine aus den grundlegenden Fakten ermitteln. Daher ist es zwar wichtig, sich Formeln zu merken, aber genauso wichtig ist es, zu wissen, *warum* Formeln funktionieren, denn so können Sie tiefer und breiter denken und Ihr Wissen an neue Situationen anpassen.

Berechnungen der Ausgangsverstärkung bei BJT-Anwendungen mit gemeinsamem Emitter

In Kap. 25 haben wir gezeigt, wie man einen mehrstufigen Verstärker für den von einem Mikrofon kommenden Ton aufbaut.

Allerdings haben wir einen Großteil der dafür erforderlichen Berechnungen weggelassen. Das liegt daran, dass sie, nun ja, schwierig sind.

Wie auch immer, wenn Sie nicht gerne mit der Hand wedeln, dann ist dieser Abschnitt für Sie.

In Kap. 25 haben wir gesagt, dass bei einem Verstärker mit gemeinsamem Emitter die Verstärkung des Ausgangsstroms im Vergleich zum Eingangsstrom

durch $\frac{R_{B2}R_C}{R_E R_0}$ bestimmt wird, wobei R_{B2} der untere Widerstand des Spannungsteilers ist, in den das Signal eingespeist wird, R_C der Kollektorwiderstand, R_E der Emitterwiderstand und R_O der Ausgangswiderstand ist (siehe Abb. 25.4 für das Diagramm).

Beachten Sie, dass jeder Strom, der vom Eingang in die Schaltung fließt (im Gegensatz zum Ruhestrom, der von der Spannungsquelle durch R_{B1} kommt), zwei alternative Wege nehmen kann – durch R_E oder durch R_{B2}. Die relativen Beträge, die dies tun, basieren auf der Höhe der Spannung, die R_E nutzt.

Was wir tun wollen, ist, die Verstärkung zwischen unserem Eingangsstrom (nennen wir ihn I_{IN}) und dem Strom am Kollektor (I_C) zu analysieren. Das ist unsere tatsächliche Verstärkung durch den eingehenden Strom.

Das Problem besteht darin, zu wissen, wie viel des ankommenden Stroms (I_{IN}) tatsächlich durch R_{B2} oder R_E fließt. Dies hängt von der Spannung in R_E ab. Eine höhere Spannung in R_E bedeutet, dass der Strom wahrscheinlich stattdessen durch R_{B2} fließt. Daraus geht bereits hervor, dass die Größe von R_E die Höhe der Verstärkung begrenzt, da ein erhöhter Betawert im Transistor auch die Spannung von R_E erhöht, was ebenfalls die Menge des eingehenden Stroms begrenzt, was eine entsprechende Verringerung der Verstärkung zur Folge hat.

Unsere Schaltung arbeitet nun hauptsächlich mit einem Ruhestrom, Q. Wir haben bereits festgestellt, dass dieser Strom das dominierende Signal ist. Das bedeutet, dass die Spannung zwischen der Basis und der Masse eine Kombination aus dem Spannungsabfall der Diode, dem Strom in R_E von Q und dem Strom in R_E vom Betawert des Transistors (βQ) sein wird. Daher ist der gesamte Spannungsabfall von der Basis zur Masse $V_{BG} = QR_E + \beta QR_E + 0{,}6$.

Wir können dies als einen „virtuellen Widerstand" betrachten. Der Strom, der mit I_{in} hereinkommt, wird vergleichsweise klein sein, sodass wir das ohmsche Gesetz umkehren können, um zu sehen, wie dies als Widerstand für den eingehenden Strom aussieht. Aufgrund von $R = \dfrac{V}{I}$ können wir sagen, der Widerstand gegen den neuen Strom beträgt hier

$$R_{BG} = \frac{QR_E + \beta QR_E + 0.6}{Q} = R_E + \beta R_E + \frac{0.6}{Q} \approx R_E + \beta R_E. \qquad (D.14)$$

Wir haben den Begriff $\dfrac{0.6}{Q}$ fallen gelassen, weil er uns einen sehr geringen vergleichenden Widerstand bieten würde, und wir versuchen, unser Leben zu vereinfachen.

Wenn nun ein neuer Strom mit I_{IN} ankommt, hat er zwei Zweige, denen er folgen kann, jeder mit seinem eigenen Widerstand. Ein Teil des Stroms wird durch R_{B2} abgeleitet und ein Teil wird durch R_{BG} verstärkt. Die Menge, die durch $R_B\,G$ fließt, nennen wir I_U (für *nutzbaren* Eingangsstrom). Die Menge, die durch R_{B2} fließt, ist einfach $I_{IN} - I_U$.

Bei parallelen Widerständen kann die relative Strommenge, die durch jeden Widerstand fließt, wie folgt berechnet werden

$$\frac{I_1}{I_2} = \frac{R_2}{R_1}.$$ (D.15)

Sie können dies anhand des ohmschen Gesetzes erkennen. Da $I_1 = \dfrac{V_1}{R_1}$ und $I_2 = \dfrac{V_2}{R_2}$ wird das Verhältnis der Ströme zu $\dfrac{I_1}{I_2} = \dfrac{\frac{V_1}{R_1}}{\frac{V_2}{R_2}}$. Da $V_1 = V_2$ (die Widerstände sind parallel geschaltet und haben daher den gleichen Spannungsabfall) reduziert sich dies auf Gl. D.15.

Daher wird I_{IN} zwischen R_{B2} und R_{BG} aufgeteilt. Daher können wir sagen

$$\frac{I_U}{I_{IN} - I_U} = \frac{R_{B2}}{R_{BG}},$$ (D.16)

$$I_U = I_{IN}\frac{R_{B2}}{R_{BG}} - I_U\frac{R_{B2}}{R_{BG}},$$ (D.17)

$$I_U + I_U\frac{R_{B2}}{R_{BG}} = I_{IN}\frac{R_{B2}}{R_{BG}},$$ (D.18)

$$I_U = \frac{I_{IN}R_{B2}}{R_{BG}\left(1+\dfrac{R_{B2}}{R_{BG}}\right)},$$ (D.19)

$$I_U = \frac{I_{IN}R_{B2}}{R_{BG} + R_{B2}}.$$ (D.20)

Die Strommenge durch den Kollektor, die durch den nutzbaren Strom aus dem Signal (und nicht aus dem Ruhestrom Q) stammt, können wir als I_{CQ} bezeichnen:

$$I_{CQ} = \beta I_U.$$ (D.21)

Die Gesamtverstärkung unseres Signals ergibt sich also aus dem Verhältnis des verstärkten Ausgangsstroms I_{CQ} zum Eingangsstrom I_{IN} :

$$\frac{I_{CQ}}{I_{IN}} = \frac{\beta I_U}{I_{IN}} \tag{D.22}$$

$$= \frac{\beta \left(\dfrac{I_{IN} R_{B2}}{R_{BG} + R_{B2}} \right)}{I_{IN}} \tag{D.23}$$

$$= \frac{\beta}{I_{IN}} \frac{I_{IN} R_{B2}}{R_{BG} + R_{B2}} \tag{D.24}$$

$$= \frac{\beta R_{B2}}{R_{BG} + R_{B2}} \tag{D.25}$$

$$\approx \frac{\beta R_{B2}}{R_E + \beta R_E + R_{B2}}. \tag{D.26}$$

Wie Sie sehen, schwächt dies die Wirkung von β ab, da es sowohl im Zähler als auch im Nenner steht.

Um die Extreme zu sehen, wenn β niedrig ist (d. h. im einstelligen Bereich) und R_E im Vergleich zu R_{B2} klein ist, reduziert sich dies auf

$$\frac{I_{CQ}}{I_{IN}} \approx \beta \; \frac{R_{B2}}{R_{B2}} = \beta. \tag{D.27}$$

Wenn β zunimmt, werden die dominierenden Terme

$$\frac{I_{CQ}}{I_{IN}} \approx \frac{\beta R_{B2}}{\beta R_E} = \frac{R_{B2}}{R_E}. \tag{D.28}$$

Wir nennen diesen besonderen Gewinn γ (ein kleingeschriebenes griechisches „g"). Daher also

$$\gamma = \frac{R_{B2}}{R_E}. \tag{D.29}$$

Nun wird der tatsächliche Ausgangsstrom (der durch den Kondensator zur nächsten Stufe oder zum Lautsprecher fließt) weitgehend durch den Widerstand der nächsten Stufe bestimmt!

Was wir bisher bestimmt haben, ist die Strommenge, die durch I_C von I_{IN} fließt. Die Gesamtstrommenge in I_C wird $\beta(Q + I_U)$ sein. Q wird jedoch im Wesentlichen stabil sein und daher die Spannung an R_C nicht verändern und Kondensatoren sehen nur *Spannungsänderungen*. Daher ist der einzige Teil, der durch den Kondensator übertragen wird, die Spannungsänderung an R_C aufgrund von I_U, die βI_U oder, in Bezug auf unser tatsächliches Eingangssignal, γI_{IN} sein wird.

Als Nächstes müssen wir herausfinden, wie viel Strom wir tatsächlich aus unserer Verstärkungsstufe übertragen werden. Dies ist der Strom, der durch den Koppelkondensator fließt. Da der Koppelkondensator *nur* Änderungen überträgt, ist der einzige Strom, der durch diesen Zweig der Schaltung fließt, der Änderungsstrom. Daher fließt der Ruhestrom nicht durch den Kondensator.

Wir müssen also herausfinden, wie wir den in den Kondensator fließenden Strom abschätzen können. Wir haben bereits I_{IN} als unseren Eingangsstrom, I_U als den nutzbaren Strom, der an der Basis verstärkt wird, und I_C als den Strom, der in den Kollektor fließt, festgelegt.

Der Strom, der aus R_C kommt, hat zwei Möglichkeiten, wohin er fließt. Er kann entweder über den Kondensator in den nächsten Teil des Stromkreises fließen oder durch den Transistor fließen. Dies hängt vom Widerstand der jeweiligen Leitung ab.

Wir beginnen mit der Berechnung des Ruhewiderstands der Strecke, die durch den Transistor und R_E führt. Wenn V unsere positive Spannung ist, dann ist der Strom, wenn er durch R_C fließt, abgefallen. Dann wird er im restlichen Stromkreis wieder abfallen.

Der Betrag, um den die Spannung durch R_C abfällt, ist $I_T R_C$ (weil die Gesamtspannung durch R_C geht). Wir können I_T durch $I_0 + I_C$ ersetzen, was bedeutet, dass der Spannungsabfall $(I_0 + I_C)R_C$ beträgt. Den Rest des Spannungsabfalls nennen wir die „Transistorpfad"-Spannung. Sie ist einfach

$$V_{TPATH} = V - \left(\left(I_0 + I_C \right) R_C \right).$$ (D.30)

Das ohmsche Gesetz besagt, dass $R = \dfrac{V}{I}$, also der Widerstand auf diesem Pfad, wie folgt ist:

$$R_{TPATH} = \frac{V - \left(\left(I_0 + I_C \right) R_C \right)}{I_C}.$$ (D.31)

Da $I_C = \beta Q$, dann

$$R_{\text{TPATH}} = \frac{V - \left(\left(I_o + \beta Q\right) R_c\right)}{\beta Q}. \qquad \text{(D.32)}$$

Der Widerstand des anderen Pfades ist im Wesentlichen der Thévenin-Widerstand des Ausgangskreises (was immer hinter dem Kondensator liegt). Wir werden in Kürze darüber sprechen, was er sein sollte, aber für den Moment nennen wir ihn einfach R_0.

Wir haben also zwei Widerstandswerte: R_0 und R_{TPATH}. Wenn sich der Strom ändert (z. B. von I_{IN}), wird zusätzlicher Strom gezogen, der durch beide Pfade fließt. Die Menge, die durch jeden Pfad fließt, hängt vom Widerstand jedes Pfades ab.

Da die Stromänderungen im Vergleich zum Ruhestrom gering sind, können wir die Auswirkungen dieser Änderungen auf die Widerstände selbst ignorieren (d. h., wie sich die Stromänderung auf R_{TPATH} auswirkt). Wir werden I_T verwenden, um den gesamten zusätzlichen Strom darzustellen, der durch R_c fließt, weil die Ströme mit I_{IN} einfließen. I_0 ist der Betrag, der tatsächlich aus dem Stromkreis herausfließt.

Wie bereits erwähnt, ist bei zwei parallelen Widerständen, R_1 und R_2, $\dfrac{I_1}{I_2} = \dfrac{R_2}{R_1}$.

Daher kann man sagen, dass die relative Strommenge zwischen der Strommenge, die herausfließt (I_0), und der Strommenge, die durch den Transistor fließt (γI_{IN}) sich wie folgt berechnet:

$$\frac{I_o}{\gamma I_{\text{IN}}} = \frac{\dfrac{V - \left(\left(I_o + \beta Q\right) R_c\right)}{\beta Q}}{R_o} = \frac{V - \left(\left(I_o + \beta Q\right) R_c\right)}{\beta Q R_o}. \qquad \text{(D.33)}$$

Wir können dann für I_0 lösen:

$$I_o \beta Q R_o = \left(V - \left(\left(I_o + \beta Q\right) R_c\right)\right) \gamma \, I_{\text{IN}}, \qquad \text{(D.34)}$$

$$I_o \beta Q R_o = V \gamma I_{\text{IN}} - \gamma I_{\text{IN}} R_c I_o - \gamma I_{\text{IN}} \beta Q R_c, \qquad \text{(D.35)}$$

$$I_o \beta Q R_o + \gamma I_{\text{IN}} R_c I_o = V \gamma I_{\text{IN}} - \gamma I_{\text{IN}} \beta Q R_c, \qquad \text{(D.36)}$$

$$I_o \left(\beta Q R_o + \gamma I_{\text{IN}} R_c\right) = I_{\text{IN}} \gamma \left(V - \beta Q R_c\right), \qquad \text{(D.37)}$$

$$I_o = \frac{I_{\text{IN}} \gamma \left(V - \beta Q R_c\right)}{\beta Q R_o + \gamma I_{\text{IN}} R_c}. \qquad \text{(D.38)}$$

Daher ist die Gesamtverstärkung (wir bezeichnen sie mit einem großen Gamma, Γ) das Verhältnis von I_{IN} (dem tatsächlichen Eingangssignal) zu I_0 (dem tatsächlichen Ausgangssignal der nächsten Stufe). Unter Verwendung der vorstehenden Äquivalenz für I_0 können wir bestimmen:

$$\Gamma = \frac{I_o}{I_{IN}} = \frac{\dfrac{I_{IN}\gamma\left(V - \beta QR_c\right)}{\beta QR_o + \gamma I_{IN}R_c}}{I_{IN}} \tag{D.39}$$

$$= \frac{I_{IN}\gamma\left(V - \beta QR_c\right)}{\left(\beta QR_o + \gamma I_{IN}R_c\right)I_{IN}} \tag{D.40}$$

$$= \frac{\gamma\left(V - \beta QR_c\right)}{\beta QR_o + \gamma I_{IN}R_c}. \tag{D.41}$$

Da wir mit relativ niedrigen Spannungen arbeiten, ist V im Wesentlichen irrelevant und kann entfernt werden. Da I_{IN} klein ist und R_C im Vergleich zu R_O wahrscheinlich klein ist, können wir den Term $\gamma I_{IN} R_C$ entfernen. Es verbleibt also

$$\Gamma = \frac{I_o}{I_{IN}} \approx \frac{-\gamma\beta QR_c}{\beta QR_o} \tag{D.42}$$

$$\approx -\gamma\,\frac{R_c}{R_o}. \tag{D.43}$$

Da $\gamma = \dfrac{R_{B2}}{R_E}$, können wir dies auch schreiben als

$$\Gamma = \frac{I_o}{I_{IN}} \approx -\gamma\,\frac{R_c}{R_o} = -\frac{R_{B2}R_c}{R_E R_o}. \tag{D.44}$$

Beachten Sie auch, dass dies voraussetzt, dass $R_O > R_C$ und $R_C > R_E$.

Dies ist die gesamte Stromverstärkung vom Eingang zum Ausgang. Beachten Sie, dass dieser Wert negativ ist. Wie wir bereits erwähnt haben, wird bei dieser Art von Verstärker das Signal *invertiert*. Daher ist die Verstärkung negativ.

Wie Sie wahrscheinlich bemerkt haben, gab es viele Schritte und eine Menge Vereinfachungen. Es gab eine Menge Dinge, bei denen wir „unbedeutende" Werte und Ähnliches weggelassen haben. So ist das oft in der Elektronik – man muss herausfinden, welche Teile wirklich wichtig sind.

Glücklicherweise muss nicht jeder diese Gleichungen aufschreiben, weil jemand vor ihm da war und sie hergeleitet hat. Ich persönlich finde das lustig, aber ich weiß, dass das nicht jedermanns Erfahrung ist. Bei den meisten Elektronikprojekten werden einfachere und direktere Anwendungen des ohmschen Gesetzes verwendet. Aber gelegentlich muss man sein Whiteboard herausholen und es etwas übertreiben.

Natürlich habe ich vergessen, wie man R_O, den Widerstand der folgenden Schaltung, bestimmt.

Wenn der Ausgang zu einer anderen Verstärkungsstufe führt, müssen Sie möglicherweise weitere Berechnungen anstellen, um den Widerstand der nächsten Stufe zu ermitteln. Der schwierige Weg besteht darin, sich die Berechnungen zur Ermittlung von R_{BG} und R_{B2} weiter oben in diesem Abschnitt anzusehen und sie für die nächste Stufe zu berechnen und sie als parallele Widerstände zu behandeln. Ein einfacher Weg ist jedoch, einfach R_{B2} als Ersatz für R_O zu verwenden. Das ist zwar nicht ganz korrekt, aber das ist auch nicht das Ziel. Wir suchen nur nach einem Richtwert.

Wenn der Ausgang zu Ihren Kopfhörern führt, müssen Sie nur den Widerstand Ihres Kopfhörers einstecken. Die meisten Kopfhörer haben weniger als 50 Ω, wobei 16 Ω ein ziemlich typischer Wert ist.

Die Thévenin-Formel

In Kap. 26 haben wir zwei Formeln verwendet, mit denen wir den Thévenin-Äquivalentschaltkreis für Schaltungen experimentell berechnen konnten. Die Gl. 26.1 und 26.2 erscheinen seltsam und kompliziert, aber sie lassen sich tatsächlich direkt aus dem ohmschen Gesetz und dem Konzept des Äquivalentschaltkreises ableiten.

Das Thévenin-Theorem besagt, dass jede Kombination von Spannungsquellen und Widerständen durch eine einzige Spannungsquelle und einen einzigen Widerstand ersetzt werden kann. Wir nennen dies unsere Thévenin-Spannungsquelle (*VT*) und unsere Thévenin-Impedanz (*RT*). Wenn wir eine Last (d. h. einen festen Widerstand) an die Ausgangsklemmen dieser Schaltung anschließen, kennen wir den hinzugefügten Widerstand (weil *wir* ihn hinzugefügt haben) und wir können den Spannungsabfall über dem Widerstand leicht mit einem Multimeter oder Oszilloskop messen.

Wir müssen dies mit zwei verschiedenen Lasten messen, da wir zwei Unbekannte haben – V_T und R_T. Wenn wir zwei verschiedene Lasten verwenden, erhalten wir zwei verschiedene Gleichungen mit dem ohmschen Gesetz, die es uns ermöglichen, zwei Variablen zu lösen. Wir nennen unsere Last mit dem geringeren Widerstand R_L und der Spannungsabfall über dem Widerstand R_L ist V_L. Unsere Last mit dem höheren Widerstand nennen wir R_H und der Spannungsabfall über diesem Widerstand ist V_H. Der Strom, der durch jede dieser Lasten fließt (I_L und I_H), kann wie folgt angegeben werden

$$V_L = I_L \cdot R_L$$
$$V_H = I_H \cdot R_H .$$

Das ist ganz einfach das ohmsche Gesetz. Wir können das ohmsche Gesetz auch verwenden, um Gleichungen für den gesamten Stromkreis zu entwickeln, einschließlich der Thévenin-Äquivalentspannung und der Impedanz. Denken Sie daran, dass aufgrund der Stromregeln jeder Strom, der durch unseren Widerstand fließt, auch durch unsere Thévenin-Äquivalentimpedanz fließen muss. Daher ist die Thévenin-Äquivalentspannung der Strom multipliziert mit den beiden Impedanzen zusammen. Daraus ergeben sich die folgenden Gleichungen:

$$V_T = I_L \left(R_L + R_T \right)$$
$$V_T = I_H \left(R_H + R_T \right) .$$

Beide Gleichungen lösen V_T bei einer gegebenen Unbekannten von R_T. Wir können auch eine der beiden Gleichungen umstellen, um R_T zu lösen. Dazu stellen wir die erste Gleichung um:

$$V_T = I_L \left(R_L + R_T \right) \qquad \text{Originalgleichung,}$$

$$\frac{V_T}{I_L} = R_L + R_T \qquad \text{dividieren Sie beide Seiten,}$$

$$\frac{V_T}{I_L} - R_L = R_T \qquad \text{Ziehen Sie } R_L \text{ ab,}$$

$$R_T = \frac{V_T}{I_L} - R_L \qquad \text{aufgelöst für } R_T .$$

Dies ist das Gleiche wie Gl. 26.2. Sie erfordert jedoch V_T, um zu funktionieren. Da wir nun eine Gleichung für R_T haben, können wir diese wieder einsetzen und erhalten eine Gleichung für V_T, ohne R_T zu verwenden. Mit einfachen algebraischen Manipulationen können wir Folgendes tun:

$$V_T = I_H \left(R_T + R_H \right) \qquad \text{Originalgleichung,}$$

$$V_T = I_H R_T + I_H R_H \qquad \text{Distributivgesetz,}$$

$$V_T = I_H \left(\frac{V_T}{I_L} - R_L \right) + I_H R_H \qquad R_T \text{ ersetzen.}$$

$$V_T = I_H \frac{V_T}{I_L} - I_H R_L + I_H R_H \qquad \text{ausmultiplizieren}$$

$$V_T - I_H \frac{V_T}{I_L} = -I_H R_L + I_H R_H \qquad V_{Ts} \text{ zusammenbringen.}$$

Wie Sie sehen, entspricht dies der Gl. 26.1.

Elektronik und Analysis

Analysis ist eines meiner Lieblingsfächer und viele Bereiche der Elektronik ergeben im Lichte der Analysis einen großen Sinn.

Strom und Spannung

Zunächst einmal muss man wissen, dass die Elektronik sowohl statische als auch dynamische Größen umfasst. Ladung z. B. ist eine statische Größe. Strom hingegen ist die *Bewegung* von Ladung und somit eine dynamische Größe. Der Strom, der in einen Punkt eintritt oder ihn verlässt, kann als Differenzial geschrieben werden:

$$I = \frac{dQ}{dt}. \tag{D.45}$$

Wie der Strom ist auch die Spannung eine dynamische Größe, die sich aus der Änderung des magnetischen Flusses (ϕ) ergibt:

$$V = \frac{d\phi}{dt}. \tag{D.46}$$

Kondensatoren und Induktoren

Die statische Gleichung für einen Kondensator lautet

$$Q = V \cdot C, \tag{D.47}$$

wobei Q die Ladung, V die Spannung und C die Kapazität ist. Durch Ableitung beider Seiten kann dies in eine dynamische Gleichung umgewandelt werden:

$$\frac{dQ}{dt} = C \frac{dV}{dt}. \tag{D.48}$$

Da $\frac{dQ}{dt} = I$, können wir dies umschreiben als

$$I = C \, \frac{dV}{dt}. \tag{D.49}$$

Das bedeutet, dass der Strom proportional zur *Änderung* der Spannung ist.

Die statische Gleichung für einen Induktor ist ähnlich:

$$\phi = L \cdot I. \tag{D.50}$$

Die Ableitung der beiden Seiten ergibt

$$\frac{d\phi}{dt} = L \cdot \frac{dI}{dt}. \tag{D.51}$$

Da $V = \dfrac{d\phi}{dt}$, kann dies umgeschrieben werden als

$$V = L \cdot \frac{dI}{dt}. \tag{D.52}$$

Mit anderen Worten: Bei Induktoren ist die Spannung proportional zur Stromänderung.

Zeitkonstanten

Wenn ein idealer Kondensator an eine ideale Spannungsquelle angeschlossen wäre, würde sich der Kondensator sofort aufladen. Wie in Kap. 17 beschrieben, dauert das Aufladen über einen Widerstand jedoch eine gewisse Zeit. Die RC-Zeitkonstante in Verbindung mit Abb. 17.1 bietet eine einfache Möglichkeit, diese Zeitangaben zu ermitteln.

Ein vollständigeres Verständnis lässt sich mit der folgenden Gleichung erreichen:

$$V_C = V_S \left(1 - e^{\frac{-t}{R_C}} \right). \tag{D.53}$$

Dabei ist V_C die Spannung am Kondensator, V_S ist die Spannungsquelle, t ist die Zeit seit Beginn des Ladevorgangs (in Sekunden) und R und C sind der Widerstand und die Kapazität. e ist die eulersche Konstante. Um die Zeitspanne zu ermitteln, können wir die Gleichung für t lösen:

$$t = -RC \, \ln \left(1 - \frac{V_C}{V_S} \right). \tag{D.54}$$

Dabei ist $\dfrac{V_C}{V_S}$ der Spannungsprozentsatz (ausgedrückt als Dezimalzahl). Daher ist die Anzahl der Zeitkonstanten durch $-\ln\left(1-\dfrac{V_C}{V_S}\right)$ gegeben.

Wie wurde also Gl. D.53 überhaupt ermittelt? Da die Spannung über dem Kondensator von der Ladung des Kondensators abhängt, ergibt sich $V_C = \dfrac{Q}{C}$. Da die durch den Widerstand fließende Strommenge durch die Spannung bestimmt werden kann und die Spannung auf der Differenz zwischen der Quelle und dem Kondensator beruht, ergibt sich $I = \dfrac{V_S - V_C}{R}$. Auf der Seite des Kondensators gilt $I = C\dfrac{dV}{dt}$. Da der Strom von irgendwoher kommen muss, muss er vom Widerstand kommen. Das bedeutet also, dass diese Ströme gleich groß sind. Daher ist $\dfrac{V_S - V_C}{R} = C\dfrac{dV_C}{dt}$.

Wir können dies als Differenzialgleichung lösen, indem wir die Variablen voneinander trennen. Dies ergibt $\dfrac{1}{R}\,dt = \dfrac{dV_C}{V_S - V_C}$. Da die Batteriespannungen konstant sind, ist V_S eine Konstante, sodass sich dies zu $\dfrac{t}{R} + D = -C\ln\left(V_S - V_C\right)$ integriert, wobei D die Integrationskonstante ist.[1] Durch Umordnung ergibt sich $\dfrac{-t}{RC} + D = \ln\left(V_S - V_C\right)$. Die Potenzierung beider Seiten ergibt $De^{\frac{-t}{RC}} = V_S - V_C$. Zum Zeitpunkt $t = 0$ ist $D = VS\text{-}VC$. Da wir davon ausgehen, dass die Anfangsspannung des Kondensators gleich null ist, bedeutet dies, dass zu diesem Zeitpunkt $D = V_S$ ist. Daraus wird nun $V_S e^{\frac{-t}{RC}} = V_S - V_C$. Die Umformung zur Lösung von V_C ergibt $V_C = V_S - V_S e^{\frac{-t}{RC}}$. Dies kann vereinfacht werden und ergibt Gl. D.53.

---

[1] D erfährt viele Änderungen, die ich nicht alle begründen werde, aber sie beruhen auf der Tatsache, dass D eine unbekannte Konstante ist und jede Manipulation anderer Konstanten immer noch eine unbekannte Konstante ergibt.

Vereinfachte Datenblätter für gängige Geräte

Datenblätter werden von Elektronikherstellern verwendet, um den Ingenieuren, die sie in Projekten und Produkten verwenden, die Spezifikationen ihrer Bauteile mitzuteilen. Datenblätter sind jedoch in der Regel furchtbar komplex. Typische Datenblätter umfassen etwa 10–30 Seiten und die meisten davon sind völlig nutzlos für jemanden, der nur versucht, eine Schaltung zum Laufen zu bringen. Manchmal stehen auf den ersten Seiten des Datenblatts die verschiedenen Gehäuse, in denen der Chip erhältlich ist, und die Seiten, auf denen beschrieben wird, was das Bauteil *tatsächlich tut*, befinden sich fast ganz hinten. Ich habe sogar schon viele Datenblätter gesehen, in denen nie erwähnt wird, wofür ein Bauteil gedacht ist oder warum man es verwenden sollte.

Um Ihnen das Leben zu erleichtern, habe ich einige vereinfachte Datenblätter erstellt. Diese konzentrieren sich alle auf die typischen Bauteilarten, die in lötfreien Breadboards verwendet werden. Diese Datenblätter orientieren sich auch an *generischen* Bauteilen. Jeder Hersteller hat seine eigenen Bauteile mit eigenen Spezifikationen und eigenen Vor- und Nachteilen. Einige Hersteller haben möglicherweise höhere oder niedrigere Stromspezifikationen, schnellere oder langsamere Schaltzeiten oder andere Variationen. Diese Datenblätter sollten als Ausgangspunkt, aber nicht als letzte Instanz verwendet werden.

J. Bartlett, Elektronik für Einsteiger, https://doi.org/10.1007/978-3-662-66243-4

Verwenden Sie diese Datenblätter, um das gewünschte Bauteil zu finden und seine allgemeinen Eigenschaften, die Funktionen der einzelnen Stifte und die Anschlussmöglichkeiten zu ermitteln. Für die endgültigen Spezifikationen sollten Sie jedoch das Datenblatt des Herstellers zurate ziehen.

Batterien

Überblick

Eine Batterie ist eine Spannungsquelle, d. h., sie liefert eine feste Spannung über einen breiten Strombereich.

Batterien haben zwei Pole – positiv und negativ (oder Masse). Die Nennspannung der Batterie ist die typische Spannung zwischen diesen beiden Polen. Die tatsächliche Spannung einer Batterie schwankt jedoch im Laufe der Lebensdauer der Batterie erheblich.

Batterien weisen auch einen geringen *Innenwiderstand* auf (auch als *äquivalenter Serienwiderstand* bezeichnet), der die Stromstärke begrenzt, die sie liefern können.

Variationen

Akku-Typ	Typische Spannung	Spannungsbereich	Typische Kapazität
AAA	1,5	1,1–1,5	540 mAh
AA	1,5	1,1–1,5	1100 mAh
C	1,5	1,1–1,5	3800 mAh
D	1,5	1,1–1,5	8000 mAh
E (9 V)	9	7,2–9,6	1200 mAh
Knopfzelle (alle Größen)	3	2–3,6	30–620 mAh

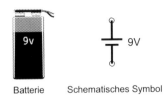

Batterie   Schematisches Symbol

Anmerkungen

Wenn man Batterien parallel schaltet, erhöht sich der verfügbare Strom, aber die Spannung ändert sich nicht. Wenn man die Batterien in Reihe schaltet, erhöht sich ihre Spannung, aber der verfügbare Strom ändert sich nicht.

Knopfzellenbatterien werden als CRxxxx bezeichnet, wobei die ersten beiden Ziffern von xxxx für den Durchmesser in Millimetern und die restlichen Ziffern für die Höhe in Zehntelmillimetern stehen.

Widerstände

Überblick

Widerstände sind Geräte, die dem Stromfluss von einer Klemme zur anderen widerstehen. Der Widerstand eines Widerstands wird in Ohm gemessen.

Die von einem Widerstand abgegebene Leistung (in Watt) wird durch den durch ihn fließenden Strom multipliziert mit dem Spannungsabfall an ihm gemessen. Widerstände sind für ihre maximale sichere Verlustleistung ausgelegt.

Widerstände werden häufig verwendet, um den Stromfluss in einem Schaltkreis zu begrenzen oder um einen Spannungsabfall für einen Eingang zu einem anderen Schaltkreis zu erzeugen.

Einen Widerstandswert finden

Die farbigen Streifen auf einem Widerstand zeigen an, wie hoch sein Widerstand ist. Sie sind jedoch sehr klein und manchmal ist es einfacher, sie mit einem Multimeter zu messen.

Um die farbigen Bänder zu interpretieren, müssen Sie Ihren Widerstand zunächst so ausrichten, dass sich das letzte Band auf der rechten Seite befindet (es ist normalerweise etwas dicker und von den anderen abgesetzt). Dieses Band ist das Toleranzband (verwenden Sie die Toleranzspalte auf der rechten Seite).

Der nächste Bereich auf der linken Seite ist der *Multiplikator*. Verwenden Sie die Spalte Multiplikator, um diesen Wert abzulesen. Die anderen Bereiche werden als Ziffern einer Zahl verwendet, die dann mit dem Multiplikator multipliziert wird.

Widerstand

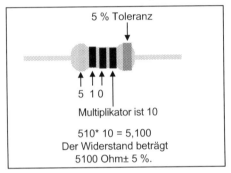

Schematisches Symbol

Farbe	Ziffer	Multiplikator	Toleranz
Schwarz	0	1	
Rot	2	100	± 2 %
Orange	3	1,000	
Gelb	4	10,000	
Grün	5	100,000	± 0.5 %
Blau	6	1,000,000	± 0.25 %
Violett	7	10,000,000	± 0.1 %
Grau	8	100,000,000	± 0.05 %
Weiß	9	1,000,000,000	
Gold		0.1	± 5 %
Silber		0.01	± 10 %

Dioden
Überblick

Eine Diode ist ein Bauelement, das den Stromfluss nur in eine Richtung zulässt und den Stromfluss in die andere Richtung sperrt.

Alle Dioden haben einen *Durchlassspannungsabfall*, d. h. die Spannung, die sie verbrauchen, wenn Strom fließt. Dieser beträgt in der Regel 0,6 V, variiert jedoch je nach Stromfluss ein wenig.

Dioden haben auch eine *Durchbruchspannung in Sperrrichtung*, d. h., die Spannung, die sie in Sperrrichtung aushalten, bevor sie anfangen zu leiten.

Variationen

- Eine LED ist eine lichtemittierende Diode. Der Durchlassspannungsabfall von LEDs hängt von ihrer Farbe ab (Rot = 1,8; Blau = 3,3).

- Eine Zener-Diode ist eine Diode, die für eine bestimmte (in der Regel niedrigere als die übliche) Sperrdurchbruchspannung ausgelegt ist. Die Sperrdurchbruchspannung einer Zener-Diode ist fester/zuverlässiger als ihr Durchlassspannungsabfall.

- Eine Schottky-Diode hat einen geringeren Durchlassspannungsabfall (0,15–0,45 V) und kann sich schneller ein- und ausschalten als gewöhnliche Dioden und gibt dementsprechend auch weniger Wärme ab.

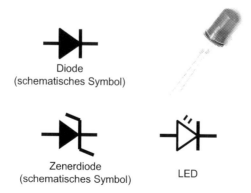

Diode
(schematisches Symbol)

Zenerdiode
(schematisches Symbol)

LED

Vorwärtsspannungsabfall

Bei Dioden wird oft davon ausgegangen, dass sie keinen Widerstand haben, sondern einen einfachen Spannungsabfall. Das heißt, man setzt den Spannungsabfall an und ignoriert den Widerstand. Das funktioniert für die Mathematik, aber die Realität sieht ein wenig anders aus. Im Grunde genommen ist eine Diode ein variabler Widerstand, bei dem der Widerstand variiert, um den Spannungsabfall im Wesentlichen konstant zu halten. Daher verbrauchen Dioden genauso viel Energie wie andere Bauteile, wobei der Spannungsabfall mit dem durch sie fließenden Strom multipliziert wird.

Verwendungen

- Verhindern, dass Batterien rückwärts in einen Stromkreis eingelegt werden,

- Bereitstellung eines festen Spannungsabfalls zwischen zwei Punkten in einem Stromkreis, entweder durch den Durchlassspannungsabfall (normale Diode) oder die Sperrdurchbruchspannung (Zener-Diode),

- Wechselstrom in Gleichstrom umwandeln, indem nur der positive Strom durch den Stromkreis fließen kann.

Kondensatoren

Überblick

Ein Kondensator ist ein Gerät, das Energie mithilfe eines geladenen elektrischen Feldes speichert. Die Größe des Kondensators ist proportional zu der Ladungsmenge, die er speichern kann. Diese Größe wird in Farad gemessen.

Änderungen der Spannung auf der einen Seite des Kondensators werden auf die andere Seite übertragen, eine stationäre Gleichspannung jedoch nicht, nachdem der Kondensator sich zunächst aufgeladen hat.

Das bedeutet, dass Kondensatoren ideal sind, um Wechselstromsignale durch verschiedene Gleichstromvorspannungen zu senden, da lediglich die Spannungsänderungen (die Wechselstromkomponente) durch den Kondensator übertragen werden, während die Vorspannungen selbst blockiert werden. Eine vereinfachte Beschreibung besagt, dass Kondensatoren Wechselstrom zulassen und Gleichstrom blockieren.

Variationen

- Kondensatoren können aus einer Vielzahl von Materialien hergestellt werden, was sich auf mehrere ihrer Eigenschaften auswirkt.

- Kondensatoren können unpolar sein (es spielt keine Rolle, welche Seite welche ist) oder polar (eine Seite sollte immer positiver sein als die andere).

- Keramische Scheibenkondensatoren sind das klassische Beispiel für unpolare Kondensatoren und Elektrolytkondensatoren sind das klassische Beispiel für polare Kondensatoren.

- Kondensatoren unterscheiden sich auch in der Höhe der Spannung, die mit ihnen verwendet werden kann.

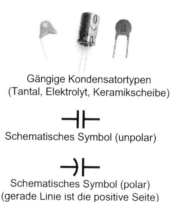

Gängige Kondensatortypen
(Tantal, Elektrolyt, Keramikscheibe)

—||—
Schematisches Symbol (unpolar)

—)|—
Schematisches Symbol (polar)
(gerade Linie ist die positive Seite)

Ermittlung von Kapazitätswerten

Bei größeren Kondensatoren ist einfach der Kapazitätswert aufgedruckt. Auf kleineren Kondensatoren ist lediglich eine Reihe von Ziffern aufgedruckt, z. B. „104", manchmal mit einem Buchstaben dahinter. Diese sind etwas schwieriger zu interpretieren.

Bei diesen Kondensatoren sind die ersten Ziffern so zu lesen, wie sie sind, und die letzte Ziffer ist die Anzahl der zusätzlichen Nullen, die an das Ende angehängt werden müssen. Dieser Wert wird dann als Picofarad interpretiert.

Der Wert „104" bedeutet also, dass wir „10" nehmen und dann „4" Nullen hinzufügen, was „100000" ergibt. Dies ist die Kapazität in Picofarad. Das ist dasselbe wie 100 Nanofarad (nF). Wenn ein Code mit einem Buchstaben beginnt, handelt es sich um eine Toleranzmarkierung.

Induktoren

Überblick

Ein Induktor ist ein Gerät, das Energie in seinem Magnetfeld speichert. Die Größe des Induktors (in Henry) ist proportional zur Größe des magnetischen Flusses, den er bei einer bestimmten Stromstärke erzeugen kann.

Induktoren verhindern Stromänderungen, indem sie ihr elektrisches Feld verändern. Die Verringerung des Stroms durch einen Induktor bewirkt einen teilweisen Zusammenbruch des Feldes, wodurch auf der anderen Seite eine Spannung entsteht, die den Strom speist.

Vereinfacht kann man sich Induktoren so vorstellen, dass sie Gleichstrom zulassen, aber Wechselstrom blockieren.

Induktoren werden im Allgemeinen durch Wickeln von Draht um einen Eisenkern hergestellt.

Verwendungszwecke

- Induktoren dienen als Hauptübergangsstelle zwischen elektrischen und mechanischen Vorgängen durch das Magnetfeld.

- Induktoren werden zum magnetischen Öffnen und Schließen von Ventilen und Schaltern verwendet.

- Induktoren werden zum Antrieb von Elektromotoren verwendet.

- Induktoren werden verwendet, um bestimmte Frequenzen in Schaltkreisen zu begrenzen.

- Induktoren werden in Lautsprechern verwendet, wo Änderungen des Magnetismus die Lautsprecher in Bewegung versetzen.

- Induktoren können als Transformatoren verwendet werden, um Leistung von einer Spannungs-/Stromkombination in eine andere mit gleicher Leistung umzuwandeln.

Verschiedene Arten von Induktoren

Schematisches Symbol

Induktiver Kick

Induktoren verwenden Strom, um ihr Magnetfeld aufrechtzuerhalten. Wenn der Strom plötzlich abnimmt, wird das Magnetfeld in eine große Spannung umgewandelt, wodurch ein sog. induktiver Kick entsteht.

Dieser Kick kann elektronische Bauteile beschädigen. Um dies abzumildern, kann eine Diode rückwärts über die Drosselspule geschaltet werden, sodass sie unter normalen Umständen nicht leitet, aber wenn eine Drosselspule eine Spannungsspitze erzeugt, leitet sie den Strom zurück durch die Drosselspule, wo er sich langsam in einer Schleife abbauen kann, anstatt sich aufzubauen und andere Bauteile mit einer großen Spannungsspitze zu beschädigen.

Farbcodes für Induktoren

Einfache Induktoren (d. h. solche in Gehäusen) werden genauso gekennzeichnet wie Widerstände, mit der Ausnahme, dass der resultierende Wert in *Mikrohenry* und nicht nur in Henry angegeben wird.

npn-BJTs
Überblick

Transistoren gibt es in einer Vielzahl von Konfigurationen. BJTs (Bipolar Junction Transistors) sind *stromverstärkende* Bauteile.

Bei einem npn-Transistor (negativ-positiv-negativ) führen kleine Änderungen des Stroms an der Basis zu großen Änderungen des Stroms, der in den Kollektor fließt.

Bei einem Transistor liegt die Spannung am Emitter einen Diodenabfall (0,6 V) unter der Basis, und wenn das nicht der Fall ist, leitet der Transistor nicht.

Der Betawert des Transistors ist der Multiplikator zwischen dem Basisstrom und dem Kollektorstrom. Die Kollektorspannung muss über der Basisspannung liegen, sonst ist der Transistor gesättigt (wirkt wie ein Kurzschluss zwischen Kollektor und Emitter).

Wenn diese Bedingungen erfüllt sind, wirkt der Transistor wie ein variabler Widerstand, der den Kollektorstrom als Verstärkung des Basisstroms aufrechterhält.

Variationen

- Ein pnp-Transistor ist das Gegenteil eines npn-Transistors: Der an der Basis angelegte Strom *reduziert den* Stromfluss in den Kollektor.

- Ein FET (Feldeffekttransistor) arbeitet mit Spannungen und nicht mit Strom. Dies ermöglicht einen vernachlässigbaren Stromverbrauch an den Eingängen, aber auch eine geringere Verstärkung und kompliziertere Supportüberlegungen.

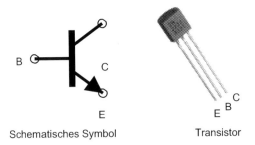

Schematisches Symbol   Transistor

Pinkonfiguration

- Basis (B): Dies ist der Anschluss, der den zu verstärkenden Strom enthält.

- Kollektor (C): Dies ist der Anschluss, in den der verstärkte Strom fließt.

- Emitter (E): Dies ist der Anschluss, aus dem die Ströme sowohl von der Basis als auch vom Kollektor fließen, bei einer Spannung, die um einen Diodenabfall (0,6 V) geringer ist als die der Basis.

Überlegungen zur Konstruktion

Die Transistorkonstruktionen basieren auf den Anschlüssen, die das Signal selbst durchläuft (der dritte Anschluss wird als „gemeinsamer" Anschluss bezeichnet).

Bei Konfigurationen mit gemeinsamem Kollektor (auch Emitterfolger genannt) wird das Signal von der Basis zum Emitter mit einem erhöhten Strom, aber ohne erhöhte Spannung übertragen.

Bei Konfigurationen mit gemeinsamem Emitter gelangt das Signal von der Basis zum Kollektor, wobei der Stromanstieg über einen Kollektor am Widerstand in eine Spannung umgewandelt wird.

YwRobot-Power-Modul

Überblick

Mit diesem Gerät können Sie Ihre Breadboard-Projekte über die Barrel-Buchse mit Strom aus einer Vielzahl von Quellen versorgen. Das Modul regelt die Spannung auf 5 V oder 3,3 V herunter (mit Steckbrücken wählbar).

Das Stromversorgungsmodul verfügt über einen Ein-Aus-Schalter und eine Reihe von Anschlussstiften, die für die Stromzufuhr an anderen Stellen verwendet werden können.

Das Modul ist so konzipiert, dass es auf ein Standard-Breadboard passt, wobei die Ausgangspins direkt auf die Stromschienen des Breadboards ausgerichtet sind.

Achten Sie darauf, dass die positiven und negativen Markierungen auf dem Modul auf die entsprechenden Stromschienen ausgerichtet sind!

Beachten Sie, dass dieses Teil technisch gesehen nicht Teil eines Schaltplans ist und lediglich als Spannungsquelle innerhalb eines Schaltplans dient.

Variationen

- Bei einigen Boards kann die USB-Buchse auch als Stromeingang verwendet werden, bei anderen ist sie nur ein Stromausgang.

- Die Beliebtheit dieses Moduls hat eine Reihe von Herstellern dazu veranlasst, ähnliche Geräte mit einer Vielzahl von Formen und Ein-/Ausgabemethoden zu bauen.

Richten Sie diese mit den +/-
Stromschienen auf Ihrem Breadboard aus.

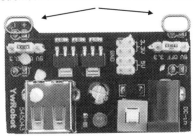

Pinkonfiguration

Das Powermodul wird direkt an Ihr Breadboard angeschlossen. Jede Seite kann über Jumper unabhängig für 3,3 oder 5 V Spannung ausgewählt werden.

In der Mitte befindet sich eine Reihe von Stiftleisten für 3,3, 5 V und Masse.

Beschränkungen

- minimale Eingangsspannung: 6,5 V (DC),
- maximale Eingangsspannung: 12 V (DC),
- Ausgangsspannung: 3,3/5 V (wählbar),
- maximaler Ausgangsstrom: 700 mA,
- Größe des Klinkensteckers: 5,5 mm × 2,1 mm.

555-Timer

Überblick

Der 555-Timer ist eine Sammlung von Komponenten, die so konfiguriert werden können, dass sie Zeitsteuerungen und Oszillationen liefern.

Er verwendet zwei Spannungsebenen – ein Drittel der Versorgungsspannung und zwei Drittel der Versorgungsspannung. Intern besteht es aus

- zwei Komparatoren (einer für jeden Spannungspegel),
- ein Flipflop (Ein-Bit-Speicher), das weiß, in welchem Zustand es sich befindet, und das zum richtigen Zeitpunkt den Zustand wechselt,

- ein Ausgangstreiber,

- ein Rücksetzeingang.

Der Timer ist auf eine externe Schaltung (z. B. eine RC-Zeitschaltung) angewiesen, um die Zeiten zu liefern.

Der Timer hat effektiv zwei Zustände. Im „Lade"-Zustand ist der Discharge-Pin getrennt und der Threshold-Pin wartet auf eine hohe (2/3) Spannung. Im Zustand „Entladen" ist der Discharge-Pin mit Masse verbunden und der Trigger-Pin wartet auf eine niedrige Spannung (1/3). Die typische Verwendung ist die Bereitstellung eines Schwingkreises.

Variationen

- Der 555-Timer kann mit CMOS/FETs oder BJTs implementiert werden. Die FET-Implementierung verbraucht weniger Strom, kann aber weniger Ausgangssignale liefern.

- Es gibt viele Variationen in der maximalen Schwingungsfrequenz.

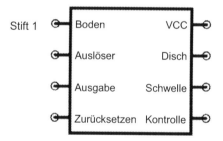

Pinkonfiguration

- **Trigger** und **Threshold** erkennen, wenn die Spannung unter 1/3 bzw. über 2/3 sinkt.

- Die **Entladung** stellt eine Masse bereit, die nur im entladenen Zustand des Chips vorhanden ist.

- Der **Ausgang** liefert eine hohe Spannung, wenn sich der Chip im Ladezustand befindet, und eine niedrige Spannung, wenn er sich im Entladezustand befindet.

- **Reset** sollte normalerweise mit einer positiven Versorgungsspannung verbunden sein – es setzt die Schaltung zurück, wenn es zu niedrig wird.

- Die **Steuerung** ist normalerweise über einen Kondensator (10 µF empfohlen) mit der Masse verbunden.

Spezifikationen

- Versorgungsspannung: normalerweise 2–15 V,

- Ausgangsstrom: 100–200 mA.

Implementierungsbeispiel

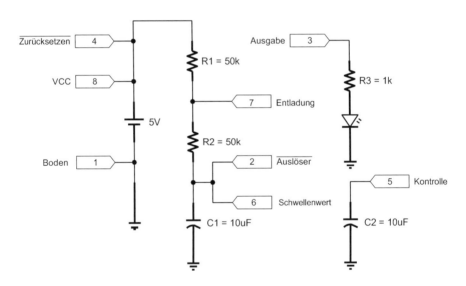

Spannungskomparator LM393 und LM339
Überblick

Der LM393 ist ein Doppelspannungskomparator. Jeder Kanal hat zwei Eingänge, die als IN+ und IN– bezeichnet werden. Wenn die Spannung an IN+ größer ist als die Spannung an IN–, ist der Ausgang (OUT) positiv (eigentlich ist er abgeschaltet; dazu später mehr). Andernfalls ist der Ausgang mit der Masse verbunden.

Der Ausgang wird als „Open-Collector"-Ausgang bezeichnet, was bedeutet, dass im „positiven" Zustand kein Ausgangsstrom fließt und die Verbindung im

Wesentlichen unterbrochen ist. Im negativen Zustand ist der Ausgang jedoch mit Masse verbunden. Das bedeutet, dass Sie zur Verwendung des Ausgangs Ihre eigene positive Spannung über einen Pull-up-Widerstand bereitstellen müssen (so können Sie Ihre eigene Ausgangsspannung einstellen).

Der LM339 ist identisch, hat aber vier statt zwei Kanäle. Beachten Sie, dass das Schaltplansymbol für diesen Baustein dasselbe ist wie das eines Operationsverstärkers, v. a. weil sie ähnliche (wenn auch nicht identische) Funktionen erfüllen.

Variationen

Die verschiedenen Chips unterscheiden sich in der Stromstärke, die sie aufnehmen können, in der Geschwindigkeit, mit der sie auf Änderungen der Eingangsspannung reagieren, in der Sanftheit des Übergangs von einem Zustand zum anderen und in der Mindestdifferenz, die zum Auslösen erforderlich ist.

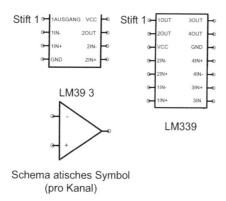

Schema atisches Symbol
(pro Kanal)

Spezifikationen

- Versorgungsspannung: 2–36 V,

- Eingangsspannung: −0 bis 1,5 V V weniger als die Versorgungsspannung,

- Maximaler Sinkstrom: 20 mA (wenn der Ausgang geerdet ist),

- Eingangsimpedanz: hoch (die Eingänge verbrauchen nur sehr geringe Strommengen),

- Chipruhestrom: 1 mA.

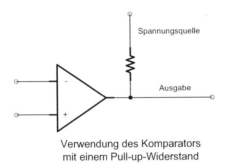

Verwendung des Komparators
mit einem Pull-up-Widerstand

CD4081- und 7408-Vierfach-AND-Gatter

Überblick

Das Vierfach-AND-Gatter ist ein Satz von vier logischen UND-Gattern auf einem einzigen Chip. Der Ausgang (Y) ist nur dann hoch, wenn *beide* Eingänge (A und B) hoch sind.

Die erforderlichen Spannungen für niedrig und hoch am Eingang und die garantierten Spannungen für niedrig und hoch am Ausgang sind im Abschnitt Spezifikationen aufgeführt.

Damit der Ausgang hoch ist, müssen sowohl A als auch B hoch sein. Andernfalls wird der Ausgang (Y) niedrig sein.

Der 7408 und der CD4081 sind die TTL- bzw. CMOS-Versionen des Chips.

Variationen

- 74HC08: pinkompatibel mit dem 7408; Spannungs- und Stromcharakteristik des CD4081,

- 74HCT08: pin- und spannungspegelkompatibel mit 7408; ähnlicher Stromverbrauch wie beim CD4081,

- 74LS08: schnell schaltende Version des 7408.

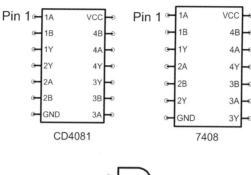

CD4081   7408

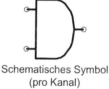

Schematisches Symbol
(pro Kanal)

Spezifikationen (CD408 I)

- Versorgungsspannung: 3–15 V,
- Eingangsspannung (hoch): > 2/3 Versorgung,
- Ausgangsspannung (hoch): Versorgung − 0,05,
- Eingangsspannung (niedrig): < 1/3 Versorgung,
- Ausgangsspannung (niedrig): 0–0,5 V,
- maximaler Ausgangsstrom: ~5 mA.

Spezifikationen (7408)

- Versorgungsspannung: 5 V,
- Eingangsspannung (hoch): > 2 V,
- Ausgangsspannung (hoch): > 2,7 V,
- Eingangsspannung (niedrig): < 0,8 V,
- Ausgangsspannung (niedrig): < 0,4 V,
- maximaler Ausgangsstrom: 100 mA.

CD4071- und 7432-Quad-OR-Gatter

Überblick

Das Vierfach-ODER-Gatter ist ein Satz von vier logischen ODER-Gattern auf einem einzigen Chip. Der Ausgang (Y) ist hoch, wenn *einer oder beide* Eingänge (A und B) hoch sind.

Die erforderlichen Spannungen für niedrig und hoch am Eingang und die garantierten Spannungen für niedrig und hoch am Ausgang sind im Abschn. E.11.3 „Spezifikationen" aufgeführt.

Damit der Ausgang hoch ist, muss entweder A oder B (oder beide) hoch sein. Andernfalls ist der Ausgang (Y) niedrig.

Der 7432 und der CD4071 sind die TTL- bzw. CMOS-Versionen des Chips.

Variationen

- 74HC32: pinkompatibel mit dem 7432; Spannungs- und Stromcharakteristik des CD4071,

- 74HCT32: pin- und spannungspegelkompatibel mit 7432; ähnlicher Stromverbrauch wie beim CD4071,

- 74LS32: schnell schaltende Version des 7432.

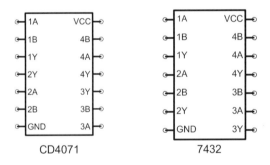

CD4071   7432

Schematisches Symbol
(pro Kanal)

Spezifikationen (CD4071)

- Versorgungsspannung: 3–15 V,
- Eingangsspannung (hoch): > 2/3 Versorgung,
- Ausgangsspannung (hoch): Versorgung − 0,05,
- Eingangsspannung (niedrig): < 1/3 Versorgung,
- Ausgangsspannung (niedrig): 0–0,5 V,
- maximaler Ausgangsstrom: ~5 mA.

Spezifikationen (7432)

- Versorgungsspannung: 5 V,
- Eingangsspannung (hoch): > 2 V,
- Ausgangsspannung (hoch): > 2,7 V,
- Eingangsspannung (niedrig): < 0,8 V,
- Ausgangsspannung (niedrig): < 0,4 V,
- maximaler Ausgangsstrom: 100 mA.

CD4001- und 7402-Vierfach-NOR-Gatter

Überblick

Das Vierfach-NOR-Gatter ist ein Satz von vier NOR-Logikgattern auf einem einzigen Chip. Der Ausgang (Y) ist hoch, wenn *beide* Eingänge (A und B) hoch sind oder wenn *beide* Eingänge niedrig sind.

Die erforderlichen Spannungen für niedrig und hoch am Eingang und die garantierten Spannungen für niedrig und hoch am Ausgang sind im Abschnitt Spezifikationen aufgeführt.

Damit der Ausgang hoch ist, müssen entweder A und B beide hoch sein, oder keiner von beiden muss hoch sein. Andernfalls wird der Ausgang (Y) niedrig sein.

Der 7402 und der CD4001 sind die TTL- bzw. CMOS-Versionen des Chips.

Variationen

- 74HC02: pinkompatibel mit dem 7402; Spannungs- und Stromcharakteristik des CD4001,

- 74HCT02: pin- und spannungspegelkompatibel mit 7402; ähnlicher Stromverbrauch wie CD4001,
- 74LS02: schnell schaltende Version des 7402.

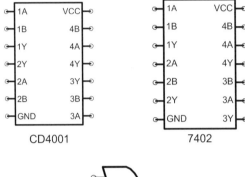

CD4001   7402

Schematisches Symbol
(pro Kanal)

Spezifikationen (CD4001)

- Versorgungsspannung: 3–15 V,
- Eingangsspannung (hoch): > 2/3 Versorgung,
- Ausgangsspannung (hoch): Versorgung − 0,05,
- Eingangsspannung (niedrig): < 1/3 Versorgung,
- Ausgangsspannung (niedrig): 0–0,5 V,
- maximaler Ausgangsstrom: ~5 mA.

Spezifikationen (7402)

- Versorgungsspannung: 5 V,
- Eingangsspannung (hoch): > 2 V,
- Ausgangsspannung (hoch): > 2,7 V,
- Eingangsspannung (niedrig): < 0,8 V,
- Ausgangsspannung (niedrig): < 0,4 V,

- maximaler Ausgangsstrom: 100 mA.

CD4011- und 7400-Quad-NAND-Gatter

Überblick

Das Quad-NAND-Gatter ist ein Satz von vier NAND-Logikgattern auf einem einzigen Chip. Der Ausgang (Y) ist nur dann niedrig, wenn *beide* Eingänge (A und B) hoch sind.

Die erforderlichen Spannungen für niedrig und hoch am Eingang und die garantierten Spannungen für niedrig und hoch am Ausgang sind im Abschnitt Spezifikationen aufgeführt.

Damit der Ausgang hoch ist, können A und B beliebig sein, solange sie nicht beide hoch sind. Andernfalls wird der Ausgang (Y) niedrig sein.

Der 7400 und der CD4011 sind die TTL- bzw. CMOS-Versionen des Chips.

Variationen

- 74HC00: pinkompatibel mit dem 7400; Spannungs- und Stromcharakteristik des CD4011,

- 74HCT00: pin- und spannungspegelkompatibel mit 7400; ähnlicher Stromverbrauch wie beim CD4011,

- 74LS00: schnell schaltende Version des 7400.

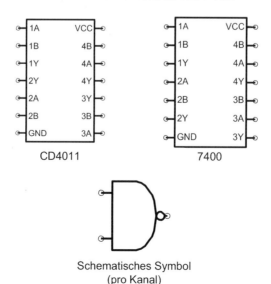

CD4011   7400

Schematisches Symbol
(pro Kanal)

Spezifikationen (CD4011)

- Versorgungsspannung: 3–15 V,
- Eingangsspannung (hoch): > 2/3 Versorgung,
- Ausgangsspannung (hoch): Versorgung − 0,05,
- Eingangsspannung (niedrig): < 1/3 Versorgung,
- Ausgangsspannung (niedrig): 0–0,5 V,
- Maximaler Ausgangsstrom: ~5 mA.

Spezifikationen (7400)

- Versorgungsspannung: 5 V,
- Eingangsspannung (hoch): > 2 V,
- Ausgangsspannung (hoch): > 2,7 V,
- Eingangsspannung (niedrig): < 0,8 V,
- Ausgangsspannung (niedrig): < 0,4 V,
- maximaler Ausgangsstrom: 100 mA.

CD4070- und 7486-Vierfach-XOR-Gatter

Überblick

Das Vierfach-XOR-Gatter (Exklusiv-ODER) ist ein Satz von vier XOR-Logikgattern auf einem einzigen Chip. Der Ausgang (Y) ist hoch, wenn einer der Eingänge (A oder B) hoch ist, *aber nicht beide.*

Die erforderlichen Spannungen für niedrig und hoch am Eingang und die garantierten Spannungen für niedrig und hoch am Ausgang sind im Abschnitt Spezifikationen aufgeführt.

Damit der Ausgang hoch ist, muss entweder A oder B hoch sein, aber nicht beide. Andernfalls wird der Ausgang (Y) niedrig sein.

Der 7486 und der CD4070 sind die TTL- bzw. CMOS-Versionen des Chips.

Variationen

- 74HC86: pinkompatibel mit dem 7486; Spannungs- und Stromeigenschaften des CD4070,

- 74HCT86: pin- und spannungskompatibel mit 7486; ähnlicher Stromverbrauch wie beim CD4070,

- 74LS86: schnell schaltende Version des 7486.

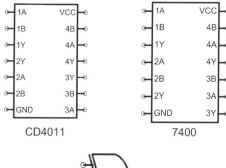

CD4011   7400

Schematisches Symbol
(pro Kanal)

Spezifikationen (CD4070)

- Versorgungsspannung: 3–15 V,

- Eingangsspannung (hoch): > 2/3 Versorgung,

- Ausgangsspannung (hoch): Versorgung – 0,05,

- Eingangsspannung (niedrig): < 1/3 Versorgung,

- Ausgangsspannung (niedrig): 0–0,5 V,

- maximaler Ausgangsstrom: ~5 mA.

Spezifikationen (7486)

- Versorgungsspannung: 5 V,

- Eingangsspannung (hoch): > 2 V

- Ausgangsspannung (hoch): > 2,7 V,

- Eingangsspannung (niedrig): < 0,8 V,

- Ausgangsspannung (niedrig): < 0,4 V,

- maximaler Ausgangsstrom: 100 mA.

Spannungsregler LM78xx

Überblick

Der Spannungsregler LM78xx besteht aus einer Reihe von Chips, die eine konsistente Ausgangsspannung für eine Vielzahl von Eingangsspannungen liefern. Jeder Chip ist mit der Anzahl der Spannungen benannt, die er am Ausgang liefert. So gibt der LM7805 eine konstante Spannung von 5 V und der LM7812 eine konstante Spannung von 12 V aus.

Bei diesen Chips handelt es sich um lineare Spannungsregler, was bedeutet, dass sie die Spannung regulieren, indem sie überschüssige Leistung als Wärme abführen. Für den Fall, dass sich eine erhebliche Wärme entwickelt, kann beim LM78xx ein Kühlkörper an der Rückplatte angebracht werden, der auch als zweite Masse dient.

Der LM78xx benötigt eine Eingangsspannung von mindestens 2,5 V oberhalb der geregelten Spannung. Dies ist die sog. „Drop-out"-Spannung des Chips.

Variationen

- Bei den 78xxSR handelt es sich um eine Reihe von Schalt-reglern, was bedeutet, dass sie bei der Regelung keine nennenswerte Leistung verbrauchen (sie arbeiten durch schnelles Ein- und Ausschalten der Leistung, anstatt überschüssige Leistung zu verbrauchen). Sie verbrauchen deutlich weniger Strom, haben aber einen erheblichen Kostenfaktor.

- Die TL750Mxx-Chips ähneln den LM78xx-Chips, haben aber eine sehr niedrige „Drop-out"-Spannung (~0,6 V).

- Die LM79xx-Chips ähneln den LM78xx-Chips, fungieren aber als *negative* Spannungsversorgung (− 5 V usw.).

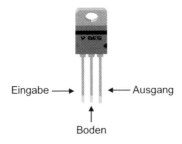

Eingabe ⟶   ⟵ Ausgang

↑
Boden

Spezifikationen

- maximale Eingangsspannung: 35 V,

- maximaler Ausgangsstrom: I A,

- eingebauter Überstromschutz,

- Schutz gegen Kurzschlüsse,

- Überhitzungsschutz (schaltet sich bei Überhitzung ab).

Verwendungshinweise

- Die Spezifikationen erfordern zwei Kondensatoren für den Betrieb – einen 330-nF-Kondensator am Eingang und einen 100-nF-Kondensator am Ausgang (siehe Abb. unten).

Bei sehr einfachen Projekten sind diese Kondensatoren in der Regel nicht erforderlich – Sie können den Eingang einfach direkt mit der positiven Strom-quelle, die Masse mit Ihrer Masse und den Ausgang mit Ihrem Projekt verbin-den.

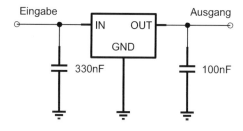

Printed in the United States
by Baker & Taylor Publisher Services